내적치유의
허구성

정 태 홍

RPTMINISTRIES
http://www.esesang91.com

목 차
머리말 ······ 4

이 책이 나오기까지 인도해 주신 하나님께 감사를 드린다. 하나님의 인도 하심이 없었더라면 그렇게 열심히 배우러 다니던 심리 프로그램들에서 벗어 나지 못했을 것이다. 참으로 하나님께서 알게 해 주시지 않았다면 아무런 분 별력 없이 목회를 했을 것이다. 그러기에 돌아볼수록 감사하며 이 길을 끝까 지 잘 가는 것이 기도의 제목이다.

내적치유에 대한 나의 관심은 중고등부를 담당하던 대학원 시절부터 시작 이 되었다. '아이들을 어떻게 더 잘 양육해 갈 것인가?' 하는 당면한 문제 때문이었다. 그러나 현실 목회에서는 그 대안이 뾰족하게 없었다. 그러던 중 에 알게 된 것이 주서택 목사 '내적치유세미나'였다. 그러나 그 소문과 다 르게 그 실상을 알게 되었을 때 너무나도 당황스러웠다. 그리고 그때부터 고 민이 시작되었다. '그러면 어쩌란 말인가?' 하고 말이다. 그 고민이 지금 의 사역을 시작하게 되었다. 그리고 이제 소위 내적치유세미나의 속알맹이가 무엇인지 말하지 않을 수가 없게 되었다.

나는 주서택 목사가 무명의 목사였다면 이 책을 쓰지 않았을지도 모른다. 그러나 그는 이미 그의 홈페이지가 밝히고 있듯이 3만 4천여 명이 그의 세미 나에 참석할 정도로 유명한 인물이다. 국내외에서 내적치유에 관한한 핵심 인물 중에 한 사람으로 부상해 있기 때문에 펜을 들지 않을 수 없었다.

오늘날 이 한국 교회에 성공을 위하여 세상의 철학과 사상의 독을 먹이는 것을 천직으로 생각하는 자들이 수도 없이 많아졌다. 이런 시대의 참담함을 생각하면서, 이제는 내적치유의 허구성이 무엇인지를 말해야만 하는 때가 왔 다. 더 이상 수많은 영혼들이 잘못된 길로 가는 것을 그냥 보고 앉아만 있을 수가 없기 때문이다. 그것이 남의 일이 아닌 우리와 우리의 자녀들이 당면한 문제이기 때문이다.

이제 내적치유는 단순한 심리요법 정도의 수준을 넘어서 뉴에이지 영성에 맞물려서 이미 넘어서는 안 되는 선을 넘었다. 주서택 목사가 알고 하든지 모르고 하든지 간에 그는 이미 그렇게 가고 있다. 그에게서 배운 수많은 아 류들이 교회를 혼란시키고 있으며 성도들은 좌우를 분간하지 못하고 추종하 고 있다. 그 이유가 무엇이든지 간에 시대를 분별하지 못하고 무작정 따라가 서는 안 된다.

나는 주서택 목사에 대해 개인적인 감정으로, 혹은 의도적으로 비방하기 위하여 이 책을 쓴 것이 아니다. 그가 성도들의 아픔과 상처를 위로해 주려는 그 마음에 대하여는 매우 귀하게 생각해야 할 일이다. 그러나, 그의 내적 치유가 진정으로 성경적인 방향으로 나아가고 있는지 진지하게 생각해 보아야 한다.

치유는 참으로 필요하다. 상처입고 낙망한 영혼들을 다시 세워야 한다. 그러나 그 치유의 과정에서 성경의 본질과 핵심을 바꾸거나 혼합해서는 안 된다. 양들의 목자가 되신 예수 그리스도를 본받아 맡기신 양무리를 향한 목자들의 책임은 오직 하나님의 말씀으로 성령님 안에서 양육하여 가는 것이다.

시대의 멘탈리티(mentality)를 파악하고 성경의 진리와 기독교 세계관으로 살아간다는 것은 매우 어려운 일이다. 시대성을 따라가지 않겠다는 것은 그 시대의 수레바퀴에 깔려 죽을 각오가 있어야만 한다. 그러나 그 길이 꼭 어려운 것만은 아니다. 왜냐하면 예수님의 말씀과 같이 진리를 알면 그 속에서 참자유가 있기 때문이다.[1]

나는 오직 성경의 권위와 충분성에 기초를 두고, 이 시대의 화두로 등장한 내적치유에 대하여 무엇이 잘못되어 있는지 함께 고민해 보고 그 허구성을 드러내고자 한다. 그리하여 우리가 과연 어디로 나아가야 하는지 하나님의 말씀 안에서 그 해답을 찾고 진정한 치유와 평안이 넘쳐나기를 기도한다.

기도하면서 원고를 수정하며 도와준 김영갑 목사님, 박갑생 목사님께 감사하며 늘 곁에서 힘이 되어 주는 아내와 두 아들 동욱이와 동인이에게 그리고 이 책이 나오기까지 기도해 주신 가조제일 교회 성도들과 여러 기도의 동역자들에게 진심으로 고마움을 전한다.

정태홍 목사
2011년 3월

---

1) 진리를 알지니 진리가 너희를 자유케 하리라(요 8:32)

1. 내적치유에 목마른 한국교회

권면적 상담이란[2]

우선 주서택 목사의 내적치유에 대하여 분석과 비판에 들어가기 전에, '권면적 상담이 무엇인지?' '권면적 상담의 형성 배경이 무엇인지?' 알아보는 것이 유익합니다. 왜냐하면, 교회가 나아가야 할 방향성을 바르게 알아야 하기 때문입니다.

성경적 상담을 고민하는 사람들은 J. E. 아담스의 권면적 상담을 접하게 됩니다. 아담스에 대한 실체를 알지 못하는 사람들은 아담스가 정말 성경만 가지고 상담한 사람인 줄로 오해를 하게 됩니다. 권면적 상담이 성경적 상담의 최고봉인 줄로 착각합니다. 그러나 조금만 들어가 보면 그 기대가 완전히 무너지게 됩니다.

'권면'이란 헬라어로, 'νυθεσίς'인데 이 단어의 전통적인 개념은 '훈계하다'(admonish), '경고하다'(warn), '가르치다'(teach) 등으로 번역되나 이 단어를 명확히 표현해 주는 단어가 없으므로 그대로 음역하여, '권면'(nouthesis)이란 말로 사용합니다.

권면적 상담학에서는, 인간의 문제는 죄로부터 결과 된 문제라고 믿습니다. 이런 인간의 문제는 하나님의 말씀인 성경으로 지시, 책망, 징계를 통하여 인간의 문제를 해결하도록 돕습니다.[3] 그리하여 삶 속에서 하나님을 사랑하고 그를 기쁘시게 해 드리는 삶을 살아감으로 궁극적으로 하나님께 영광 돌리도록 돕는 것이 '권면적 상담'입니다.

결국 '권면적 상담'은 죄로 병든 심령을 하나님의 말씀으로 수술하고(죄의 고백), 말씀의 위로와 소망으로 권면(치료: 죄 용서의 확신과 위로)하는 방법입니다. 그래서 권면적 상담에서는 상담을 성령님의 사역이라고 보고, 인간에게 모든 판단과 결정을 맡기지 않고 성령님의 인도와 지도하심을 겸손하게 간구합니다.

---

2) Jay E. Adams, 권면적 상담이론의 성경적, 심리학적 근거에 대한 연구, 정미혜, 고신대학교, 1989. / 아담스의 권면적 상담과 로저스의 내담자 중심상담의 비교 및 평가 개혁주의 입장에서, 김영주, 고신대학교, 1990.

3) 그래서 권면적 상담은 지시적 상담이라 불린다. 로저스의 내담자 중심의 상담을 비지시적 상담이라 한다. 이것을 둘 다 섞은 사람이 게리 콜린스다.

J.E. 아담스의 권면적 상담이론의 형성배경

우선 아담스의 권면적 상담이 어떻게 시작되었는지 살펴보겠습니다. 아담스는 사실상 목사로서 상담방법에 대한 아무런 지식도 갖추지 못했으며 그는 가난한 교구민들을 돕는 과정에서 깊은 좌절을 맛보아야 했습니다. 죽음을 앞두고 찾아온 성도에게 아무런 도움을 주지 못한 채 충격을 받은 그는 유능한 상담자가 되어 보려고 마음을 먹었습니다.

그도 처음에는 프로이트와 로저스에게서 도움을 얻어 보려고 무던히도 애를 썼습니다. 그러나 성경에서 '죄' 라고 하는 것을 심리학 교수들은 '질병' 이라고 하는 것에 환멸을 느꼈습니다.[4]

그래서 그는 될 수 있는 대로 상담에 대한 많은 책을 읽고, 일리노이 대학의 상담학 과정에 등록하여 여름 학기동안 성경적인 것은 아니지만 같은 입장에 서 있는 모우러(Mowrer)에게서 배웠습니다.[5] 모우러와 그의 동료들은 '신경증환자', '정신신경증 환자', '정신병자' 로 분류되는 사람들의 이탈된 행동에 대해 '죄를 고백' 시키고 개인적인 '책임' 을 지게 함으로써 치료하는 방법을 사용했습니다.

반면 로저스 학파의 상담은 다음과 같은데, 기본전제가 이런 것입니다. "내 경험으로는 어떠한 방법으로든 당신을 도울 수 없다는 것을 압니다. 당신이 나보다 더 좋은 결정을 할 수 있는 모든 조건을 갖고 있다고 생각합니다. …… 그러나 나는 이 복잡한 문제를 해결하기 위해 안내자의 역할과 공명판과 같이 될 수 있습니다." 피상담자가 상담자 앞에 말을 하면 상담자는 그의 말을 빈틈없이 요약 되풀이함으로 피상담자가 듣고 판단하도록 도와줍니다. 상담자는 충고나 훈계를 할 필요도 없고 해서도 안 됩니다.[6] 피상담자 스스로 문제를 해결할 수 있는 능력을 가지고 있기 때문에 현재의 상태를 중시하고 용납해야 한다는 것입니다. 그가 어떤 죄를 범했더라도 그것을 문제

---

4) 같은 논문에서, 그러면서도 연구를 계속했다. 프로이트의 정신분석학과 로저스의 비지시적 상담에 대한 강의를 듣고 연구하면서도 무언가 석연치 않았다. 점차로 아담스는 맞든 안 맞든 상담의 유형에서 벗어나 즉석에서 성경적인 교훈을 적용시켜 보는 습관에 빠지게 되었다. 이때부터 아담스는 어느 때보다도 성공적인 상담자로서의 경험을 하게 된다.

5) 같은 논문에서, 모우러(Mowrer)의 'The Crisis Psychiatry and Religion' 과 'The New Group Therapy' 는 아담스의 눈을 뜨게 하는 데 큰 역할을 했다.

6) 요즘 교회에서 기도회를 인도할 때나 찬양을 인도할 때 보면, "찬양(기도) 하시면 좋겠습니다." 라고 말하는 것도 다 심리학의 영향이다. 또한 설교 후에 결단과 선택을 강조하는 것은 실존주의의 영향이다. 성경이 말하는 선택은 인간의 실존주의적 선택이 아니다. 그것은 언약적 선택이다. 여호와 우리 하나님 외에는 선택할 길이 없는 선택이다.

삼아서는 환자를 치료할 수 없다고 봅니다. 그런 모든 문제는 뒤로 미루고 현재의 질병상태를 호전시키는 데 관심을 쏟아야 한다는 것입니다.[7]

그러면 프로이트학파는 정신병 또는 신경증 환자를 어떻게 치료할까요? 그들 대부분의 정신질환은 성격 억압 때문에 발생한다고 생각합니다. 다른 하나는 초자아(Superego)가 자아(Ego)와 본능(Id)을 지나치게 억압함으로써 발생한다고 봅니다.

억압으로 발생한 질환을 치료하는 방법은 억압(抑壓, Depression)을 풀어주는 것이라고 합니다.[8] 모든 문제는 자기에게 원인이 있는 것이 아니고 주변 사람들과 사회로 말미암아 발생한다고 생각하게 하여 억압된 감정을 풀어놓자는 것입니다. 그래서 프로이트 학파의 추종자들은 병자의 행동의 책임을 할머니, 어머니, 교회 혹은 특정한 개인에게 전이시키기 위해 그 대상을 찾기에 바쁩니다. 여기에서 무책임의 윤리가 질병을 치료하는 데 사용됩니다.

이와는 반대로 모우러는 자신의 잘못에 대하여 지적하고 책임을 지도록 하는 방법을 통해 로저스학파나 프로이트학파가 "수년에 걸쳐서도 할 수 없었던 심리치료를 불과 몇 주일 만에 성취시켰다"고 했습니다. 그러나 모우러도 역시 "무책임의 윤리"를 "책임의 윤리"라는 정상적인 방법으로 대체했을 뿐 역시 인간의 판단에 기초한 상담을 했습니다.

아담스는 모우러가 그리스도인이 아니라는 점을 지적했습니다.[9] 그리하여 결국 아담스는 모우러와 결별하고 하나님과 성경에 기초한 권면적 상담을 제창하게 되었습니다.[10]

---

7) 같은 논문에서, 아담스는 이것을 "무책임의 윤리"라고 혹평했다. 죄를 범하거나 자신의 문제를 해결할 수 없고 책임을 지기 싫으면 정신병원으로 도피하는 사람들이 있는데 그것을 무조건 용납해서 감정을 치료한다고 문제가 근본적으로 해결되는 것은 아니다. "로저스 학파의 기본전제는 완전히 자유주의적 인본주의 사상 즉 인간의 문제는 인간이 해결한다는 사상과 일치한다"라고 아담스는 지적했다. 그는 또 인간은 자율적 존재이므로 하나님의 도움이 필요 없다는 '죄악 된 신념' 위에 세워진 로저스의 주장은 철저하게 배격해야 한다고 주장했다. 이런 "무책임한 용납"(Irresponsible Acceptance)은 환자를 근본적으로 치료할 수 없고, 오히려 죄를 숨기는 일을 방조하여 오래 병중에 머물도록 하는 결과를 초래한다. 흄(Hume)도 "내담자 중심의 방법은 생각과 실천의 관계를 파괴한다. 이 방법은 상담자가 내담자의 허물을 인정하므로 내담자가 자신의 가치판단은 옆으로 밀어 두도록 만든다"고 평하고 있다.

8) 이것을 통풍작용(通風作用, Ventilation) 또는 전이(轉移, Transference)이론이라고 한다.

9) 이 말의 뜻은 하나님을 인정하지 않는 모든 것은 인본주의요, 인간이 생각하고 판단하는 능력의 이성에 기초한 것임을 밝히는 말이다. 왜냐하면 책임을 지는 일을 위해서는 죄를 규정할 기준이 중요하기 때문이다. 하나님의 말씀만이 절대기준이다. 인간의 기준은 상대성이라 시대와 환경에 따라 죄가 될 수도 있고 안 될 수도 있다.

권면적 상담학의 현실은 무엇인가?

이렇게 성경적이라고 말하는 권면적 상담학은 과연 성경적일까요? 매우 안타깝게도, 그렇게 권면적 상담을 추구해 왔던 웨스트민스터신학교에서 최근에 박사 과정을 마치신 분들도 심리검사와 여러 가지 도구들을 사용하는 것을 보면 이젠 시대의 흐름 속에 많이 변질이 되었다는 것을 알게 됩니다.

권면적 상담학을 주창한 아담스 역시 심리학을 완전히 버리지 않았기 때문에 정면에 내세운 이런 원리들이 전부가 아니었습니다. 아담스 역시 심리학 자체는 거부했지만 임상적 심리학 혹은 상담적 심리학은 반대하지 않았습니다.[11]

그의 이런 자세가 오늘날에까지 영향을 미쳐서 결국은 심리학과 통합하는 혼합주의로 가게 됩니다. 오늘날 웨스트민스터(Westminster Theological Seminary)에서 성경적 상담학(Biblical Counseling)으로 학위를 취득한 분들이 인본주의 상담학자들이 하는 방법들을 실제로 행하면서도 성경적이라고

---

10) 같은 논문에서, - 그는 또 권면적인 상담자는 내담자의 죄악 된 감정을 용납(Acceptance)하고, 다른 사람에게 전이시키기 보다는 오히려 회개(Repentance)와 화해(Reconciliation)를 성립시키는 적절한 방법을 사용해야 한다고 주장했다. 죄를 범한 자가 억압(Depression), 즉 죄책감을 느끼는 것은 당연한 것이며(시 32:4), 이것을 해소할 수 있는 유일한 방법은 죄를 회개하고 용서받는 것이다. 권면적 상담자는 하나님의 말씀으로 죄를 지적하여 회개하게 하고 끝나는 것이 아니라 하나님의 말씀으로 위로하고 싸매는 역할까지도 수행해야 한다고 주장한다.

11) http://www.ivpress.com/title/exc/2263-1.pdf According to Adams, Psychology should be a legitimate and very useful neighbor to the pastor. Psychology may make many helpful studies of man. 「J.E. Adams, What about Nouthetic Counseling?」 the separation of facts from values such that no observation or facts of nature will be helpful in providing facts about values. Hence, Adam's criticism is not meant to apply to a psychology which stays on its own proper turf and functions as a purely descriptive science in terms of treating organic diseases via medicine etc. However, it is meant to apply to those expressions of psychology which illegitimately cross over to the therapeutic process. According to the BC position, all forms of psychotherapy are prescriptive by definition insofar as they attempt to address human nature in general, pathology, values and mechanisms for change. This activity, in turn, renders them unscientific. Thus, Adams objects not to psychology per se but to the "so called clinical and counseling psychology" which he insists is not the domain of scientific psychology but of theology and religion.
그러나, 전형준 교수는 다음과 같이 말함으로써 제이 아담스의 심리학에 대한 입장에 대해 분명하게 말하지 않았다. "제이 애덤스의 입장은 심리학이 성경적 상담에 꼭 필요한 것은 아니라 할지라도 성경적 상담에 심리학의 정보를 사용할 수 있다고 문을 열어 놓았다." (전형준, 성경적상담학, 도서출판 대서, p. 328.)

말합니다. 어떤 분은 음악치료, 미술치료를 하면서도 성경적이라 합니다.

예를 들어, 웨스트민스터에서 성경적상담학을 전공하고 목회상담학 박사학위를 취득한 백석대학의 전형준 교수는 다음과 같이 말합니다.

> (로렌스) 크랩의 경우, 성경과 심리학의 통합을 시도하고, 바른 교회관에서 상담 이론을 출발시킨 장점이 있으나, 평신도 심리학자로서 통합을 시도하면서 심리학을 성경보다 우위에 두는 혼합적 접근의 위험에 노출되어 있다고 본다. …… 제이 애덤스의 입장은 심리학이 성경적 상담에 꼭 필요한 것은 아니라 할지라도 성경적 상담에 심리학의 정보를 사용할 수 있다고 문을 열어 놓았다. …… 필자는 심리학을 포함한 모든 학문이 성경을 통하여 재해석되어야 한다고 생각한다. 그러나 심리학을 완전히 무시하거나 배타적으로 거부하는 것은 결코 아니다. 자연계시의 축복을 인간이 누리고, 자연과학의 원리를 우리가 인정하는 것처럼 인간행동과학으로서의 심리학의 원리와 정보가 성경에 배치되지 않을 경우, 그 범주에서 사용할 수 있다고 본다. 그러나 분명한 것은 결국 성경으로 돌아와야 한다는 것이다.[12]

이렇게 전형준 교수는 성경과 심리학에 대한 자신의 입장을 말합니다. 그는 또한 다음과 같이 말한다.

> 그러나 성경적 상담이 성경으로부터 상담의 모델을 설정하였다는 장점에 대한 지적은 매우 적절한 것이나, "오직 성경으로만 상담한다"는 약점에 대한 지적은 오해가 있다. 지금까지 성경적 상담의 이론적 이해에서 살펴본 것처럼 성경적 상담은 하나님의 특별계시와 함께 일반은총을 부인하지 않는다. 성경적 변화의 역동적 과정 여덟 단계와 성경적 상담의 방법의 네 단계, 즉 사랑하라, 알라, 말하라, 행하라의 단계들에서 살핀 것처럼, 성경적 상담은 심리학이나 일반상담학의 내용들을 완전 무시하거나 부인하는 것이 아니라, 적절히 사용하고 있는 것을 확인할 수가 있다. ……[13]

이 글에서 전형준 교수는 분명하게 심리학과 일반상담학을 "적절히 사용하고 있"다고 말하고 있습니다. 이렇게 적절히 사용하는 성경적 상담학이란 혼합주의 상담학이라는 뜻입니다.

또한, 그의 책, 『성경적 상담학』 419페이지에 가면, 「2) 성경에 나타난 분노와 성경적 상담방안」에서, 「(1) 쓴뿌리를 제거하라」가 나옵니다. 히브

---

12) 전형준, 성경적상담학, 도서출판 대서, p. 329.
13) 전형준, 성경적 상담과 설교, CLC, 2011, pp. 184-185.

리서 12장 14-15절의 성경말씀을 인용하며 설명해 가는데, 쓴뿌리를 다음과 같이 말합니다.

> 이 말씀에서 히브리서 기자는 그리스도인은 모든 사람과 더불어 화평함과 거룩함을 따르라고 말씀하면서 이것이 없이는 아무도 주를 보지 못할 것임을 강조하고 있다. 즉 종말에 주님이 재림하실 때 생명의 부활을 얻어 주님을 뵈올 수 있는 자는 화평함과 거룩함을 따른 사람임을 가르친다(14절). 이것은 하나님의 은혜로 가능하다는 사실을 말씀하면서 그 은혜에 이르지 못하는 자가 없도록 권면하고 있다(15절). 문제는 화평함과 거룩함을 따르지 못하게 하는 요인이 있다는 것이다. 그것이 바로 "쓴뿌리"이다.[14]

전형준 교수는 이 쓴뿌리를 제거하는 것에 대하여 다음과 같이 말합니다.

> 인간을 괴롭게 하고 더럽게 할 수 있는 쓴 뿌리를 제거하는 것이 무엇보다 중요하다. 그러나 인간의 마음에 자리 잡고 있는 쓴 뿌리는 인간적인 방법으로 제거할 수가 없다. 그것은 철학이나 심리학으로 제거되는 것도 아니다. 하나님의 도우심이 필요하다.[15]

그러면, 문제는 무엇일까요? 첫째는 그가 말하는 쓴뿌리 개념이 성경적이지 않습니다. 전형준 교수의 같은 책 『성경적상담학』을 보면, 비슷하게 본문을 인용하면서(약 4:6b-12) 이렇게 말합니다.

> …… 그러므로 성경적 상담자는 내담자의 고통스러운 상황 속에서 나타난 반응과 쓴 뿌리, 즉 상처 입은 마음으로 인하여 나타난 나쁜 결과를 설명해 줄 수 있어야 한다.[16]
> 당신이 분노의 원인을 붙잡을 때 당신은 누구에게 복종하는 것인가? 당신은 하나님과 함께 반응하는 사람이다.[17]

이것은 성경과 심리학을 섞은 설명입니다. 로렌스 크랩을 비판하며 자신은 마치 성경적인 것처럼 말하지만 실제로는 심리학과 혼합된 상담입니다. 이것이 현대의 성경적 상담의 실상입니다.

---

14) 전형준, 성경적상담학, 대서, 2012, p. 420.
15) 같은 책, p. 420.
16) 전형준, 성경적상담학, 대서, 2012, pp. 87-88.
17) 전형준, 성경적상담학, 대서, 2012, pp. 102-103.

둘째는 그가 쓴뿌리를 말하면서 폴 트립(Paul D. Tripp)[18]을 말하는데, 폴 트립은 혼합주의자입니다.[19] 웨스트민스터 상담학 교수 중에 한 사람입니다. 그는 필라델피아 신학대학원에서 석사, 웨스트민스터 신학교에서 목회상담학 박사학위를 받았습니다. 그러나 그가 하는 상담방식은 일반 심리상담에서 하는 방식과 매우 유사합니다.

그리스도인들은 명심해야 합니다. J. E. 아담스의 권면적 상담은 이미 끝났습니다. 그 처음 의도와는 다르게 변질되었으며 이제는 성경적 상담이 아닙니다. 그것은 전형적인 "혼합주의 성경적 상담"의 한 형태에 불과합니다. 성경적 상담운동(BCM, Biblical Counseling Movement)은 일반상담이나 별반 차이가 없는 새로운 트렌드일 뿐입니다.

더 나아가, 전형준 교수는 어떻게 말하고 있을까요? 프로이트(Sigmund Freud, 1856-1939)의 영향을 받은 에릭슨(Erik Homburger Erikson, 1902-1994)의 발달단계 8단계를 말합니다. 에릭슨의 마지막 8단계는 무일까요?[20]

---

18) http://mall.godpeople.com/?G=9788953118348 미국 텍사스 주 달라스에 위치한 리디머신학교(Redeemer Seminary)의 목회상담학 교수였으며, 지금은 웨스트민스터 신학대학원에서 실천신학(성경적 상담학)을 가르치고 있으며, 각종 세미나의 유명 강사로 활동하고 있다. 필라델피아 글렌사이드에 위치한 기독교상담교육재단(CCEF)에서 '변화되는 삶' 사역을 이끌고 있으며, 텍사스 주 포트워스 목회상담센터(Center for Pastoral Life and Care) 대표로도 활동하고 있다. 또한 폴 트립 미니스트리(Paul Tripp Ministries)를 설립해서 활발한 사역을 하고 있다.

19) http://www.psychoheresy-aware.org/tripp_syncretism_1.html
Popular author, speaker, and counselor Paul Tripp is an example of this syncretism. His counseling and teaching approach skillfully blend the psychological and biblical to the degree that few bother to notice his syncretism. Tripp, like psychotherapists, has been a problem-centered counselor, charged for his counseling, counseled women, and served in a separated-from the-church counseling center. Not one of these activities has any biblical justification, no matter how much of the Bible is ignored or twisted. Furthermore, Tripp's major approach, using the "idols of the heart," is more psychoanalytical than biblical.
그러나 폴 트립은 다음과 같이 가르친다. The gospel not only tackles the most difficult struggles of life but the God of the gospel overwhelms the theories and practices of modern psychology by His redeeming love. The gospel calls us to a radical life of faith, hope and love, and changes us as we strive to live out the gospel.(Taught by Dr. Paul Tripp at The 930 Art Center, Wednesday, August 26, 1:30 pm)
http://sojournchurch.com/2009/08/28/the-deep-psychology-of-the-gospel-by-paul-david-tripp/)

통합성 대 절망감(54세) → 65세부터 사망까지를 말한다.
이 시기는 인간이 지금까지의 자신의 노력과 성취에 대해서 반성하는 시기로서, 성취해야할 긍정적인 과업은 자아통합이다. 자아통합은 자신이 지금까지 살아 온 자기 인생을 돌아보고 "이만 하면 만족한다.", "나는 후회 없이 산 것 같다. 이제 죽어도 여한이 없다"라고 확신할 때 생긴다. 만일 이러한 확신이 결여되어 있다면 죽음에 대한 두려움, 자기 인생을 되돌릴 수 없는 것에 대한 후회, 희망했던 것에 대한 끊임없는 미련이 생기고 절망에 빠진다.[21]

"자아통합"이라 말하면 분별이 잘 되지 않습니다. 에릭슨은 자아의 개념은 창조적인 능력을 가지고 있다고 보았습니다.[22] 에릭슨은 프로이트의 제자였습니다. 에릭 에릭슨은 더 나아가서 종교를 단지 심리학적 현상으로 축소하려고 시도했던 사람이며,[23] 종교의 심리학화를 추구한 사람입니다.[24] 그

---

20) http://www.helpingpsychology.com/theory-of-personality-development-erik-
erikson-model Stage 8/ the final stage of Erikson's Theory of Personality Development, also known as Integrity vs. Despair, occurs in old age. Those who are successful will enjoy a feeling of integrity, believing that their life has been valuable. Those who fail will face the end of their lives with despair and feelings of bitterness.

21) http://www.sangdam.kr/encyclopedia/cd/cdtheory/cdtheory3.html

22) http://report.paran.com/view/view.hcam?no=10710388

23) http://www.christiandiscernment.com/Christian%20Discernment/CD%20PDF/Roots%20pdf/11%20Erikson.pdf/
Erikson's Psychologizing of Religion: Erikson attempts to reduce religion to a mere psychological phenomenon that he can "explain" according to his theories. His "explanations" are yet another example of how the unbeliever "holds down the truth in unrighteousness" (Romans 1:18). Modern psychologists go a step beyond other atheists. They not only deny God but invent explanations for the fact that others continue to believe in Him. As Erikson describes the religion of Martin Luther's day, in terms of demons, superstitions, and the Freudian unconscious, we can see his contempt for the true God:
"The belief in demons permitted a persistent externalization of one's own unconscious thoughts and preconscious impulses of avarice and malice, as well as thoughts which one suspected one's neighbor of having." (60ML) "Corresponding to the population of demonic middlemen between man and the worldly underworld was an ever-increasing number of mediators between him and heaven: the angels and the saints, the heavenly aunts and uncles, more human, more accessible, and more understandable than the forbidding Trinity." (61ML) The entire supernatural world is thus reduced to fictions created in the unconscious mind of man. Certainly there were serious doctrinal errors in this time period, but Erikson fails to comprehend them in terms of God's truth.

24) http://en.wikipedia.org/wiki/Psychology_of_religion#Erik_H._Erikson
Erik Erikson (1902–1994) is best known for his theory of psychological development, which has its roots in the psychoanalytic importance of identity in personality. His biographies

래서 간디와 루터의 삶을 분석하고 적용하려고 했습니다.25) "종교의 심리학
화" 이러면 그것도 이해를 하는데 모호할 수 있습니다. "종교의 심리학
화"가 추구하는 그 마지막은 "인간의 신성화"입니다. 그런 것을 추구한
대표적인 심리학자가 M. 스캇 펙입니다. 그런데도 기독교상담학을 가르친다
고 하면서 스캇 펙의 책을 필독서로 규정하고 있으니 참으로 안타까운 일입
니다.

인간발달단계 이론을 주장한 학자들은 프로이트, 칼 융, 피아제, 에릭슨입
니다. 에릭슨의 말하는 인간발달단계는 자신의 독창적인 것이 아니라 이런
역사적인 흐름 속에 있습니다. 에릭슨의 8단계는 융(Carl Gustav Jung,
1875-1961)의 4단계 발단이론에 기초하며,26) 그것은 Harry Moody의 5단계

of Gandhi and Martin Luther reveal Erikson's positive view of religion. He considered
religions to be important influences in successful personality development because they
are the primary way that cultures promote the virtues associated with each stage of life.
Religious rituals facilitate this development. Erikson's theory has not benefited from
systematic empirical study, but it remains an influential and well-regarded theory in the
psychological study of religion.
http://ko.wikipedia.org/wiki/에릭_에릭슨/ 자아와 발달이론 에릭슨의 가장 뛰어난 발견은 지그
문트 프로이트가 주장한 심리성적 발달의 다섯 단계를 부인하고 여덟 단계를 주장한 것이다. 에릭
에릭슨은 모든 인간은 온전한 발달에 이르기까지 특정 갯수의 단계를 지닌다고 보고, 태어나서 죽
기까지 인간이 겪게 되는 8단계를 이론화하였다.(에릭 에릭슨의 아동기와 사회 참조)[6] 에릭슨은
프로이트의 성기기(性器期)를 청년기로 바꾸었고, 성년기의 세 가지 단계를 추가했다. 그의 미망인
인 요안 세르손 에릭슨(Joan Serson Erikson)은 자신이 죽기 전에 남편의 모형에 9번째 단계(노년
기)를 추가하여 서구 문화의 증가하는 평균 수명을 염두에 두었다. 에릭슨은 또한 이드(id)의 노예
라기보다 존재로서의 자아의 역할을 중시한 자아 심리학의 창시자 중 한 명으로 여겨진다. 에릭슨
에 따르면, 어린이가 사는 환경은 성장과 조정에 결정적이고, 자기 인식과 자아 정체성의 원천이
된다. 그가 1969년에 출판한 책인 "간디의 진실"은 그의 이론을 생애 주기의 후기에 적용시킨 책
으로, 에릭슨에게 퓰리처상과 미국 내셔널 북 어워드(National Book Award)를 안겨 주었다.
25) http://www.newworldencyclopedia.org/entry/Erik_Erikson#Influence
Erikson analyzed the life of Luther (1958), and Mohandas Gandhi (1969) for which he won
a Pulitzer Prize and a National Book Award, combining his interest in historical figures
and the influence of culture on personality.
26) http://www.trans4mind.com/mind-development/jung.html
Erik Erikson (1902-1994) was a Danish-American developmental psychologist and
psychoanalyst known for his theory on social development of human beings. He may be
most famous for coining the phrase "identity crisis," which he believes is the most
important conflict human beings encounter when they go through eight developmental
stages in life.
In his book, Childhood and Society, Erikson postulated that in the passage from birth to
death, every human being goes through eight stages to reach his or her full development.
In each stage the person confronts, and hopefully masters, new challenges. Each stage
builds on the successful completion of earlier stages. The challenges of stages not

(The Five Stages of the Soul), 에릭슨의 8단계로 확장되었습니다. 융의 마지막 단계는 무엇을 말할까요? 칼 융이 말하는 인간발달의 마지막 역시 "인간의 신성화"입니다.[27]

이런 것이 현대 영성에 어떤 영향을 주었을까요? 다음과 같은 유진 피터슨의 말은 융의 '적극적 심상법'(active imagination)을 실제로 행한 것을 의미합니다.

> 한편 그 화요일에는 회중을 정의하는 또 다른 방식을 배우고 있었다. 화요일 세미나 때마다 내 회중에 속한 사람들을 문제로 인식하는 언어와 상상력(a vocabulary and imagination)을 배웠다. 그것은 신선했다. 자신의 경험을 초월하는 어떤 것에, 하나님에 대한 인식조차도 막연하지만 그 하나님과 관련된 무엇에 참여하고자 하는 다양한 그러나 대체로 분명하지 않은 열망을 가진 이 우연한 사람들의 모임을 분명하게 규명하는 방식이 여기에 있었다. 문제로 규정됨으로써 내 회중은 내가 손을 써 볼 수 있는 의제를 내게 던져 주는 셈이었다. …… 나는 곧 에릭 에릭슨과 칼 융, 브루노 베틀하임과 빅터 프랭클의 글에 파고들었다(I was soon devouring the writings of Erik Erikson and Carl Jung, Bruno Bettelheim and Viktor Frankl.).[28]

헤르메스주의를 추구하며 신비주의 영성을 추구하는 유진 피터슨의 이런 말은 에릭 에릭슨이나 칼 융이나 다른 사람들이 궁극적으로 추구하는 것이 신격화라는 것을 알 수가 있습니다.[29]

또한 웨스트민스터의 성경적 상담을 이끌고 있는 사람 중에 한 사람인 데이빗 포우리슨(David Powlison)[30]은 어떨까요? 『심리학과 기독교 어떤 관

---

successfully completed may be expected to reappear as problems in the future. According to Erikson, the environment in which a person lives is crucial in the process of stimulating growth, adjustment, self awareness and identity.
Here the four Jungian developmental stages are interleaved with Erickson's eight stages of psychosocial development...

27) 정인석, 의식과 무의식의 대화, 대왕사, 2008, pp. 250-251.

28) 유진 피터슨, 유진 피터슨 부르심을 따라 걸어온 나의 순례길, 양혜원 역, IVP, pp. 216-219.

29) 전형준 교수는 『성경적 상담학』에서 칼 융에 대하여 5줄로 말했다. 그 5줄 속에는 칼 융의 심리학의 위험성을 말하지 않는다.

30) http://m.mall.godpeople.com/?GO=show_detail&G=9788957992258&maker_ list_no=36547&title_no=8 데이빗 포우리슨(David Powlison)은 하버드 대학교에서 심리학(BA), 웨스트민스터신학교에서 신학(MDiv)을 공부하고 펜실베니아 대학교에서 박사학위(Ph.D.)를 받았다. 현재 필라델피아의 기독교상담교육원(CCEF)에서 교수와 카운셀러로 활동하며 웨스트민스터

계인가』라는 책에서 기독교와 심리학과의 관계에 대하여[31] 데이빗 포우리슨
은 "기독교신앙은 일종의 심리학이다", "기독교사역은 일종의 심리치료
다"라고 분명하게 말합니다.[32]

신학교에서 상담학을 가르치고 있다. 성경적 상담 저널(The Journal of Biblical Counseling)의 편
집인이기도 한 그의 저서로는 Speaking Truth in Love, Power Encounter, Competent to
Counsel? 등이 있다. 저술가 일 뿐 아니라 미국과 유럽 등 여러 나라에 잘 알려진 강사이다.

31) http://www.bradhambrick.com/should-we-be-for-or-against-psychology/ The Biblical
Psychology says that people are meaning-givers because we were created in the image of
an intelligent God who wanted us to know Him, enjoy Him, and make Him known. The
Biblical Psychology says sin entered the world, corrupted our lives, infiltrated our
relationships, and created many kinds of suffering. The Biblical Psychology says God
introduced the cure of the gospel through the life, death, and resurrection of Jesus Christ,
and called for the cure to be continually applied as people live in community with one
another in the church. The Biblical Psychology says that things will not ultimately be
made right until Christ returns and the redemption He purchased is fully realized.
To the extent a "psychology" is "true", then it will explain the dots of our lives, the
picture created as we examine our struggles will remind us of the gospel, the solutions
will involve holistically applying the gospel to sin and suffering, the institutional
framework will highly involve the local church, and those involved in the study of this
psychology will gain a contagious affection for Christ. In this sense, I am "for" this kind
of "psychology" at every level described. This is true even as I realize that there is still
much work to be done for our theory (vivid word pictures connecting the dots of life in
biblical categories) to become increasing effective counseling practice (biblically-laden
diagnostic language, processes saturated in subject-specific case wisdom, and
systems/institutions designed to work in and through the local church).
On the other hand, if at any point a given "psychology" is "false", then it will point
us away from the gospel, solutions will not address life struggles in the categories of sin
and suffering, the institutional framework will see the church as unnecessary or
tangential, and those involved in the study of these psychologies will have contagious
affection for something other than Christ. In these instances, I am "against" these
psychologies like I am against anything that distracts from the gospel. Hopefully, that
then means seeking to understand and engage others in a gracious way that humbly
displays the superiority of Christ for anyone willing to see it.

32) 에릭존슨 외 7인 공저, 심리학과 기독교 어떤 관계인가, 김찬영 역, 부흥과개혁사. 『Psychology
& Christianity: Five Views』 (IVP, 2010). Eric Johnson.
http://tgcreviews.com/reviews/psychology-christianity/ The final position, the biblical
counseling view, is presented by David Powlison. Powlison argues that "Christian faith is
a psychology," and "Christian ministry is a psychotherapy" (245). Biblical counseling
attempts to work out "biblical faith into the particulars of our time, place, problems, and
persons" (245). As such, biblical counseling is a distinctive approach to the psychological
task, one explicitly oriented by Christian belief. Powlison develops the word
"psychology" along six lines (Psych-1 to Psych-6): the raw experiences of life,
organized descriptions of those experiences, interpretive models, the practical application
of those models (psychotherapy), professional and institutional arrangements, and the
ethos of the culture. He then provides a test case of how a biblical counseling approach

이것이 웨스트민스터의 성경적 상담학(biblical counseling)의 현주소입니다. 이미 혼합주의 상담학으로 장악되어져 있습니다. 이것을 부인한다는 것은 웨스트민스터의 성경적상담학을 추종하고 제이 아담스를 맹목적으로 추종하는 신념 그 이상입니다. 만일 이런 사실들을 무시하고 계속해서 제이 아담스의 권면적 상담학을 추종하거나, 데이빗 포우리슨의 혼합주의적 성경적 상담학을 따라가게 되면 여러분들은 그 위험성을 모르고 여러분들의 원래의 그 순수한 열심, 곧 성경적으로 목회하고 성경적으로 살아가고 싶은 것은 사라지고 결국 성경적인 것과는 완전히 다른 방향으로 가게 될 것입니다. 그리고 이미 그 길로 다시 돌아온다는 것은 현실적으로 매우 어렵습니다.

왜 이런 현실이 되었나?

권면적 상담에 대한 기본적인 개념을 듣고 이제 우리는 한 걸음을 옮겨서 이 책의 서론을 펼쳐 나가게 되었습니다. 이 책은 지금 한국교계에 내적치유의 광풍을 몰아가고 있는 주서택 목사의 "성서적 내적치유세미나"를 분석하고 비판하며, 그 대안으로서 성경적인 치유사역으로 나가기 위한 책입니다.

다른 수많은 내적치유사역자들을 언급하지 않는 이유는 그 방식과 형태에서만 차이가 있을 뿐이지 주서택 목사와 거의 유사하게 기독교와 심리학을 혼합하여 가르치기 때문입니다. 최근에 정태기 박사의 내적치유도 주서택 목사가 하는 방법과 매우 유사합니다. 국내의 내적치유는 이 분들의 영향을 받은 것이며 최근에는 해외의 영향을 받은 그 아류들인 경우가 대부분입니다.

최근에 국내에 들어온 BCF의 "자기대면"(Self-Confrontation)도 잘못된 전제 위에 기초와 방향성을 가지고 있기 때문에 따라가야 할 지표가 되지 못합니다.[33]

---

would work through these six aspects in a particular counseling encounter. According to Powlison, biblical counseling is just one example of "practical theological work" : it seeks to apply Scripture to the complex circumstances of life (245).

33) http://www.rapidnet.com/~jbeard/bdm/Psychology/bcf/bcf.htm
자기대면(Self-Confrontation)은 미국의 BCF(Biblical Counseling Foundation)에서 사용하는 교재이다. 자기대면의 문제점은 밥간에 의하여 제기되었다. 그가 문제 삼는 것을 말하면 다음과 같다.
1) 자기대면이 "상담"과 "제자화"를 동일한 단어로 취급하기 때문이다. 자기대면은 상담의 차원을 벗어나 제자화 과정의 일환으로 사용되고 있다.(제목이 Self-Confrontation: a manual for

소위 '전인치유사역'도 '축사사역'과 '가계에 흐르는 저주를 끊어야 한다.'는 것이 대부분이고 거기에 여러 가지를 혼합하고 있는 것이 대부분입니다. '성령치유사역'은 알파와 신사도 운동의 물결에 흡수되고 동화되어서 말씀의 본질에서 벗어나 있습니다.

물론 심리학과 혼합해서 가르치고 있으면서도 성경적이라고 말하는 수많은 가정사역기관도 마찬가지입니다.

이제 목회자와 성도들은 주서택 목사를 비롯한 내적치유사역자들이 인간의

---

in-depth discipleship이라고 되어 있다.)

2) 자기대면교재의 첫 장에서 나오는 그들의 교리라고도 할 수 있는 부분에 나타나는 오류이다. 자기대면에 나와 있는 수많은 성경구절은 적절하지 못하거나 잘못 적용된 구절들이 많다. 첫 장에 나오는 증거구절이 마태복음 7장 1-5절이다. 이 구절을 통해 상담을 "판단하는 것"으로 정의해 버린다. BCF는 다음과 같이 말한다. "상담은 제자화와 동일하고, 상담은 판단하는 것과 동일하다. 그러므로, 제자화는 판단하는 것이다." 사람을 판단하는 것을 첫 코스로 삼는 이런 BCF의 기본교리는 잘못된 것이다. 오히려 더 타당하고 적절한 성경구절은 갈라디아서 6장 1-3절이다. 실제로 BCF는 끊임없이 자기를 판단하고 점검하라고 한다.

3) 자기대면 과정을 거친 사람들 중에 많은 사람들이 자기대면의 4단계 과정이 너무 위협적이라고 말한다는 점이다. 성경적 상담을 위한 105가지의 BCF 원리는 사람들을 더 힘들게 만든다.

4) 사례연구에서 심각한 오류가 발생한다. 메리와 그 남편을 예를 들어 문제를 지적하고 풀어나간다. 메리의 회심에 관해서도 매우 의심적은 부분이 발견된다. 밥간이 그 외의 여러 가지 문제들을 지적하지만, 매우 심각한 문제점은 그 남편에게 음주문제가 있는 것이 사례연구의 거의 마지막에 가서야 언급이 된다는 사실이다.(한글판 자기대면 교재, p. 391.) "생을 지배하는 죄"에서 이 사례를 다룬다는 것은 남편의 음주문제가 단순한 음주의 차원을 벗어난 "알콜 중독"의 수준이라는 것을 의미한다. 실제로 그 남편은 이렇게 말한다. "우리 부친이 음주 중독자였는데 제가 분명히 아버지에게서 그것을 이어 받은 것 같습니다. 저도 같은 길을 가고 있는 것 같습니다." 이렇게 되면 지금까지 상담해 온 것에 대한 의미가 퇴색되어 버린다. 가장 심각한 중독성 음주문제에 대해서는 다루지 않다가 마지막에 와서 다루는 것은 사람을 완전히 황당하게 만드는 일이다.

5) BCF의 리더 John Broger가 기독교심리학자로 혼합주의자들의 리더 Dr. Henry Brandt를 추켜세운다는 점이다. 성경적 상담을 한다고 하면서 이런 혼합주의자와 한 배를 탄다는 것은 매우 실망스런 일이다.

6) BCF의 자기대면 교재를 기독교 출판계통에서 가장 대담하고도 심리학적이고 뉴에이지적인 Thomas Nelson Publishers에서 출판을 한다는 점이다.(Our Alliances - New Age International Publishers has tie-ups with world's leading international publishers to make their books available in Indian sub-continent at affordable prices. This includes world-renowned Webster's dictionaries. Similar arrangements are in operation with Springer, Barron's, Vault, Guilford Press, Princeton University Press, Nelson Thomas and many other publishers across the world.(http://www.newagepublishers.com/servlet/naaboutus를 참고하라)

7) 자기대면 교재가 "The definitive resource"라고 말하는 교만함이다. 여기서 "definitive"라는 말의 사전적 의미는 "최종적인, 거의 완벽하고 정교한"이라는 의미를 나타내는 말이다. 수많은 문제들을 가지고 있으며, 수십 년이 지나면서 계속 새롭게 개정해 온 교재가 어떻게 "최종판" 혹은 "결정판"이라고 말할 수 있겠는가? 개정했다는 말은 "오류"가 있다는 것을 입증한 것이다. 그러므로 자기대면교재가 거의 완벽하다고 말하는 것은 모순이다.

기본적인 문제가 하나님의 언약을 깨트리고 반역한 인간의 죄에 있다는 성경의 관점을 무너뜨리고 있다는 사실을 직시해야만 합니다. 주서택 목사는 '자아'에 집중함으로 성경의 방향성을 심각하게 왜곡하고 있습니다. 거기에 대한 뚜렷한 증거는 그가 '내 속에 울고 있는 내가 있어요'에 초점을 맞추고 있는 것입니다.

수많은 목회자들이나 성도들이 분별없이 내적치유세미나에 참석하고 있지만 '그것이 과연 무엇이 문제인가'를 구별하지 못하기 때문에 신앙생활의 목표와 방향성을 상실하게 됩니다.

삶의 상처와 문제로 인하여 고민하면서 '내적치유세미나에 한번 가볼까?' 하는 마음을 가지는 분들이 매우 많습니다. 많은 분들이 '어떤 내적치유 세미나를 가야하는가?'를 고민하고 있습니다. 이제 그 고민 보따리를 여유로운 마음을 가지고 풀어 보겠습니다.

한국 교회가 이렇게 내적치유에 몰입하게 된 것은 복음의 핵심을 바르게 가르치지 않았기 때문입니다. 복음의 위대한 가치가 인본주의 심리학의 가치보다 못한 것으로 전락하고 말았습니다. 이것은 분명히 교회의 본분이 무엇인지를 망각한 것이며 하나님의 말씀인 성경을 제대로 가르치지 않고 세상의 사상과 섞어서 가르쳤기 때문입니다.

오늘날 교회에서는 거의 대부분 기독교 교리를 가르치지 않습니다. 지난날 믿음의 선진들은 이 교리 때문에 목숨을 걸어야만 했는데 현대교회들은 교리를 알게 모르게 애물단지로 내몰아쳐 버렸습니다.

그 결과로 교회 속에는 온갖 세속의 문화가 들어와서 예배인지 쇼인지 구분이 없게 되었습니다. 예배를 드리러 왔는지 콘서트를 보러 왔는지, 설교를 듣고 있는지 리더십 강의를 듣고 있는지 도무지 구분이 안 되는 모습으로 추락했습니다. 그야말로 교회는 스스로 자기 수준을 구차스럽고 천박하게 강등시켜 버렸습니다. 이제 교회는 세상의 영성과 혼합이 되어 버렸습니다.

오늘날 한국의 교회들은 너무나도 내적치유에 목말라 있습니다. 그러나, 예수님을 믿는 성도는 내적치유를 받으러 갈 필요가 없습니다. 내적치유에 가는 것은 예수 그리스도의 십자가 피로 이루신 구원과 새언약이 무엇인지 모르기 때문이요 성도 된 신분의 거룩함과 위대함을 모르기 때문입니다.

내적치유는 기독교와 심리학의 통합된 프로그램 중의 하나입니다. 너무나 어이가 없는 것은 이런 통합된 내적치유사역을 하면서도 자신의 사역은 성경적이라고 주장한다는 것입니다. 많은 분들이 이 말에 속아서 내적치유가 성경적인 줄로 알고 속아 넘어가고 있습니다. 성경적이라면 성경만으로 가르쳐야 합니다. 성경적이라면서 성경도 가르치고 심리학을 가르치는 것은 스스로 혼합주의자라는 것을 드러내는 것입니다.

주서택 목사는 '마음에 숨은 속사람의 치유' 라는 책에서 다음과 같이 말합니다.

성서적 내적치유는 하나님께서 사람의 마음 밭을 갈아엎으시는 과정 중에 하나다. …… 심리적 기법이나 인위적 제한 없이 각자가 세미나의 강의시간과 기도시간을 통해 깨닫고 주님께서 만나 주신 내용들이다.[34]

이 글에서 나오듯이 분명히 "심리적 기법이나 인위적 제한 없이" 라는 말을 주저 없이 사용합니다. 그러나 그 책 바로 앞 장에 가면 더 구체적인 증거가 있습니다.

상담대학원에서 심리상담학을 강의하고 있는 김선화 소장과 함께 1991년부터 C.C.C. 안에서 시작된 성서적 내적치유세미나는 지금까지 3만 4천여 명의 사람들이 참여하여 치유와 변화를 체험하였다.[35]

이렇게 분명하게 "심리상담학을 강의하고 있다." 고 본인들 스스로가 말하고 있습니다. 그런데도 "심리적인 기법"을 사용하지 않는다고 공공연하게 말하는 것은 그 과정을 지나간 수만 명의 사람들을 우롱하고 속인 것입니다.[36]

통합주의자들 중에는 두 가지 부류의 사람들이 있습니다. 한 부류는 심리학을 사용한다고 솔직하게 말하는 사람들입니다. 반면에 다른 한 부류는 심리학을 비판하며 사용해서는 안 된다고 말하면서도 실제로는 심리학의 이론과 방법들을 그대로 사용하는 사람들입니다.

---

34) 주서택, 김선화, 마음에 숨은 속사람의 치유, 순출판사, 2009, 책을 내면서.
35) 같은 책, 서문에서.
36) 사이버아카데미에서는 "MBTI로 바라보는 나" 를 강의하고 있다.

존 윔버도 그런 통합주의자들 중에 하나입니다. 그는 후자에 속하는 경우인데 마치 자신은 성경적인 방법으로 내적치유를 하고 있는 것처럼 많은 사람들을 기만했습니다.[37]

오늘날 이렇게 된 책임은 교회의 지도자들과 성도들 모두에게 있습니다. 하나님께서는 그 백성들의 책임을 묻기 전에 먼저 지도자들의 책임을 물으셨습니다. 그러나 그 백성들의 책임도 결코 간과하지 않으셨습니다. 지도자의 박사 학위가 중요한 것이 아니라 어디에서 무슨 박사 학위를 취득했는지 똑바로 알아야 합니다.

오늘날 이렇게까지 교회가 배도와 배교의 길을 가게 된 것은 지도자들이 성경의 원리를 따라서 명확하게 '맞다', '틀리다'를 지적하지 않았기 때문입니다. 거기에 편승해서 따라가는 성도들도 '공범'으로 자리하고 있다는 사실을 반드시 명심해야만 합니다.

예수님께서는 이렇게 말씀하셨습니다.

　이러므로 그의 열매로 그들을 알리라(마 7:20)

이 분야에서 아직도 대단한 영향력을 끼치고 있는 M. 스캇 펙의 말을 보면 심리학이 과연 성경을 믿는 기독교인이 수용할 수 있는 것인지 아닌지를 알 수가 있습니다.

---

37) 존 윔버, 케빈 스프링거 공저, 능력치유, 이재범 역, 나단출판사, 1991, p. 170.
　"나는 이 장에서 '내적치유'(inner healing)라는 용어를 신중하게 삼가 사용하고 있다. 왜냐하면 사람들에 따라 각각 다른 여러 가지 의미로 이 용어를 사용하고 있으나 내가 동의할 수 있는 경우는 거의 없기 때문이다. 내적치유는 흔히 우리의 성격이 어떻게 형성되어 가며 또한 어떻게 영향을 받는가에 관한 [세속적인] 심리학 이론에 기초를 두고 있는 경우가 많다. 그러나 그러한 견해가 성서적인 가르침에 어긋날 경우, 우리는 단호히 거부해야 한다."
　p. 310에서는, 심리학적-영적인 모델 혹은 내적치유 모델에 관하여 언급하면서 다음과 같이 말한다. "훈련 모델에 관한 나의 관심을 완전하게 만족시켜 주는 모델은 거의 없었음에도 불구하고, 나는 내가 연구했던 거의 모든 모델들로부터 신유에 관한 많은 통찰력을 얻을 수 있었다."
　p. 211에서는, 뉴에이지에 대하여 비판하면서 마치 자신은 그런 일들과 전혀 무관한 것처럼 말하는 것은 더욱 아이러니하다. "나는 이와 같은 소위 뉴에이지운동들은 동양종교사상, 밀교, 그리고 직접적인 귀신의 공세가 서양문화 속으로 침투해 들어오는 도관(導管)의 역할을 하고 있다고 믿는다."
　p. 426에서는, "기도의 응답에 의해 치유가 일어나는 것과 마찬가지로, 최면상태에서도 역시 진정한 치유가 일어날 수 있다는 것이다."
　p. 492에서는, "과거에 입은 상처들의 치유"에 관한 추천도서로 언급되는 사람들은 거의 대부분 심리학에 오염된 사람들이다. 아예 천주교 신부라고 언급된 사람만 두 사람이다."

우리가 은총을 발견할 수 있는 가장 가까운 장소는 바로 나 자신의 내부이다. 지금의 자기 자신보다 좀 더 현명해지고 싶다면 자신의 내부에서 길을 찾아라. 이 말은 곧 하느님과 인간이 마주 보는 것은 적어도 부분적으로는 의식과 무의식이 마주보는 것과 같다는 뜻이다. 보다 쉽게 말하자면 우리의 무의식이 바로 신(神)이다. 우리 안에 계신 하느님이다. 우리는 언제나 신의 일부이다. 하느님은 어제도, 오늘도 그리고 내일도, 언제까지나 우리와 함께 있을 것이다.[38]

소위 심리학과 정신의학에서 존경받는 사람이 하는 말입니다. "우리의 무의식이 바로 신이다"라는 이런 글을 읽으면 절대로 같이 동행할 수 없다는 것은 명백한 사실입니다. 그렇기 때문에 사실상 기독교인들은 심리학에 대하여 옳으니 그르니 싸울 필요가 없습니다. 심리학은 결코 중립적이지 않습니다![39] 심리학을 통해서 그들이 어디로 가고 있는지 그것을 잘 보면 됩니다. 그런데도 많은 사람들이 이런 책들을 읽고 감명을 받고 있으며 무엇이 옳은지 그른지를 분간을 못하고 있습니다. 그것도 소위 교회의 지도자라고 하는 분들이 그러시니 그분들의 가르침을 받는 성도들은 오죽이나 하겠습니까!

심리학의 위험성을 알고 있는 유레비치는 다음과 같이 말합니다.

심리학은 인간의 영혼을 하나님으로부터 분리시키는 가장 교활한 사탄의 전략 도구이다.[40]

그가 이런 말을 하는 이유가 무엇일까요? 프로이트나 행동주의 심리학의 교육을 받은 사람들이 결국은 하나님의 은혜로 사는 것을 벗어나게 되고, 성령 하나님과의 참된 관계성을 상실하고 오로지 인간의 생각에 사로잡혀 살아가기 때문입니다.[41]

---

38) M. 스캇 펙, 아직도 가야 할 길, 신승철·이종만 역, 열음사, 2009, pp. 412-413.
39) 에드 벌클리, 왜 크리스천은 심리학을 신뢰할 수 없는가?, 차명호 역, 미션월드, 2006, pp. 147-148. 그(프로이트)의 생각에는 두 가지 기본적인 증오가 배어 있다. 하나는 모든 종교적 권위에 대한 적대감이고, 다른 하나는 미국에 대한 증오였다. 생각합니다. …… 그러나 다시 생각해 보면 심리학적 상담은 결코 하나님이 주신 지식의 영역이 아니다. 그것은 하나님을 거부하는 지적 체계에 기반을 두고 있다.
40) 같은 책, p. 223.
41) 오늘날 내적치유자와 같은 혼합주의자들(혹은 통합주의자들)은 일반은총의 차원에서 심리학도 교회가 받아들여야 한다고 주장한다. 그러나 분명하게 짚고 넘어가야 할 것은 그 일반은총이 하나님과 하나님의 구원의 역사를 짓밟는다고 하면 그것은 일반은총이 아니라 그것은 적그리스도의 한 가

위에서 언급한 M. 스캇 펙의 말을 읽고도 그런 생각이 안 든다고 하면 과연 성경이 말씀하시는 유일하신 하나님, 오직 예수 그리스도만이 길이요 진리요 생명이라고 믿는 성도인지 매우 심각하게 생각해 보아야 할 문제입니다. 그것이 아니라고 하면, 다시 말해서 스캇 펙의 말 그대로 "우리의 무의식이 바로 신이다"라고 믿는 그는, 성경이 말하는 신자가 아닙니다. 그럼에도 불구하고 기독교 상담학을 가르치는 수많은 대학과 강의에서 이 책을 필독서로 읽게 하고, 교재로 사용되고 있는 것은 도대체 그 저의가 무엇인지 의심스럽습니다.

심리학은 하나님을 배제한 채 인간의 행동을 해석하고 정의하기 위한 수단으로 시작되었습니다. 심리학적 상담은 결코 하나님이 주신 지식의 영역이 아닙니다. 그것은 하나님을 거부하는 지적 체계에 기반을 두고 있습니다.[42]

그나마 양심적인 분들은 심리학과 섞어서 가르친다고 솔직하게 말합니다. 그렇게 말한다고 그분들이 옳다는 것이 아닙니다. 그러나, 주서택 목사는 심리학을 거부하고 있는 것처럼 말하면서 성경적으로 치유한다고 순진한 성도들을 속여 왔고 속이고 있습니다. 이것이 가장 우선적으로 문제시 되는 부분입니다. 만일 주서택 목사가 "나는 심리학의 좋은 부분은 수용해서 사용한다."라고 말하면 그런 차원에서 비판할 수 있습니다. 그러나 실제로는 심리학과 뉴에이지의 이론과 방법을 그대로 사용하고 있으면서도 본인은 아니라고 말하고 있습니다. 밥간은 이런 것을 '심리이단'이라고 합니다.[43]

하지만 분명히 주서택 목사는 기독교와 심리학을 혼합해서 가르치는 혼합주의자입니다. 이런 자신의 정체성을 속이고 있는 이유가 무엇인지 정말 궁금합니다. 왜 자신의 사역 원리를 숨기면서까지 이런 내적치유사역을 해야 하는지 분명히 밝혀야만 합니다. 만일 그가 심리학과 성경을 섞어서 가르친

지 형태일 수도 있다는 사실이다. 사도요한이 요한일서에서 영지주의를 적그리스도로 묘사했듯이 심리학은 이 시대의 적그리스도의 한 형태를 차지하고 있다고 해도 과언이 아니다.

42) 같은 책, pp. 146-148.

43) 손경환, 심리적 치료의 허구성과 성경적 상담, 은혜출판사, p. 41. 손경환 목사는 밥간이 말한 'PsychoHeresy'를 '심리이설'이라고 번역하여 밥간의 의도를 왜곡했다. '심리이단'이라고 번역해야 한다. '심리이단'이란 PsychoHeresy Awareness Ministries의 Martin & Deidere Bobgan 부부가 만든 말이다. 이것은 세상의 심리학적 상담이론과 성경적 상담이론을 혼합하는 것을 말한다. 심리이설은 이렇게 혼합된 것이 목회자들의 설교에 영향을 주고 신앙생활에 영향을 주어 인간의 본질이나 신앙인의 생활방식이나 성화된 생활을 저하시킴으로 성경적인 생활의 모습을 잃게 하는 것을 말한다.

다고 분명히 선언을 하면 성도들이 이런 잘못된 심리치유에 속아 넘어가지 않을 것입니다.

성경만으로 부족한 목사와 성도

현대의 목회자들과 성도들은 과거의 목회자들과 성도들에 비해서 과연 더 나아지고 있을까요? 물론 더 나아진 부분도 있습니다. 그러나 거의 대부분의 경우에 있어서는 그렇지 못합니다. 왜냐하면 세상의 죄악 된 사상에 자신도 모르게 오염되고 썩어 있기 때문입니다.

현대의 목회자들은 스스로에게 솔직히 질문해 보아야 합니다. '심리학의 방법과 도구들 없이 하나님의 백성을 양육해 갈 수 있는가?' 하고 말입니다. 심리학이 활개 치는 지금 세대 이전의 목회자들은 과연 어떻게 목회를 했을까요? 이 부분에 대해서 심각하게 질문해 보아야 합니다.

개혁신앙의 기치는 "오직 성경만으로"였다.

지금은 종교개혁이 추구했던 길과는 다른 방향으로 가고 있는 것을 보게 됩니다. 종교개혁의 원리는, '오직 믿음', '오직 성경', '오직 그리스도', '오직 은혜', '오직 하나님께만 영광' 이었습니다. 그러나 종교다원주의 시대 속에서 오늘날의 교회는 과연 어떤 자세로 나아가고 있을까요? 특별히 이 구호 중에 '오직 성경' 이라는 것이 얼마나 교회 안에서 지켜지고 있을까요? 심각하게 생각하고 고민해 봐야 할 문제입니다. '오직 성경' 은 중세 말기의 존 위클리프나 후스 등에 의해서 퍼져 나가고 있었습니다. 후스의 말은 간단했습니다. "성경에서 증명하라. 그러면 내가 회개하고, 철회하겠다." 더 이상의 다른 말이 필요가 없었습니다. 그것을 위해 살았고 그것을 위해 죽었습니다.

지금 교회의 현실은 어떠합니까? 그 자세와 그 각오가 살아 있을까요? 아니라고 말할 분들은 별로 없을 것입니다. 어느 누구보다도 더 이 원칙을 고수하고 있다고 생각할 것입니다. 그러나 과연 그럴까요? 현실을 들여다보면 실상은 허상입니다. 심리학의 좋은 것은 받아들여야 된다고 생각하는 그 자세부터 고치지 않으면 "오직 성경만으로" 갈 수가 없습니다.

"오직 성경만으로"는 부족한 혼합주의자들

『기독교 상담과 가족치료』에서는 다음과 같이 말합니다.

> 효과적인 기독교 상담 모델은 혼합주의다. 혼합주의(Eclecticism) 또는 취사선택
> 주의는 다양한 자원으로부터 호환 가능한 특색들을 채택하고 있다. 그러므로 이상
> 적인 기독교 상담 모델은 절충적인 종합모델이며, 그것은 성경적인 차원과 함께
> 앞에서 말한 4가지 주류 중에서 가치 있고 효과적인 것을 통합해 사용하는 것이
> 다. 그것은 애굽 사람들의 패물을 취하는 접근법이다.(출 3:22)[44]

이 그럴듯해 보이는 문장의 치명적인 오류는 무엇일까요? 첫 번째 오류는
'혼합주의'라는 썩은 물입니다. '절충주의'[45]라는 말은 호의적인 말이기
때문에 '혼합주의'라고 말해야 합니다.

절충주의(eclecticism, 折衷主義)란 무엇일까요? "철학이나 신학에서 독자
적인 체계를 세우면서도 다른 하나의 체계에 의거하지 않고 몇 개의 체계로
부터 각각 옳다고 생각되는 요소를 빼내어 하나의 체계로 삼는 일"[46]을 말
합니다. 이런 절충주의는 이미 그 역사에서 종말을 맞이했습니다. 오직 한 부
류만이 그 의미를 선호하는데 그들은 바로 혼합주의자들입니다. 외견적으로
볼 때, 그들이 말하는 명제가 서로 대립된 것들이나 새로운 가치나 체계들을
한 단계 높은 차원으로 조정, 융합하려는 의도로 보입니다. 그러나 실제로 하
나의 논리와 또 하나의 논리를 아무 가치 기준 없이 어떤 새로운 차원으로
격상시킨다는 것은 불가능한 일입니다. 겉으로는 '장점'을 취한다고 하나,
결국에 가서는 자기 집 안방을 내어 주고 그저 밥 한 끼라도 주면 감사히 받

---

44) 부르스 리치필드. 넬리 리치필드, 기독교 상담과 가족치료Vol., 예수전도단, p. 52.
45) 네이버지식사전에서, 두산백과. 또한 이러한 방법에 따라 수립된 학설이나 학파를 가리키기도 한
다. 3세기의 알렉산드리아학파나 17세기의 라이프니츠학파 등이 그 뚜렷한 예가 되지만, 특히 19세
기 프랑스의 V.쿠쟁과 그 제자들의 학파는 혼합주의의 전형으로 꼽힌다. 본래 혼합주의는 서로 대
립된 것으로 보던 여러 테제(定立)를 새로 발견된 한 단계 높은 견지에서 조정·융합시키는 방법으
로 좋은 의미로 해석되는 것이 보통이었다. 그러나 쿠쟁의 혼합주의에 대한 텐과 르누비에의 비평
이래 이 말에는 경멸의 의미를 내포하게 되었다. 이질적인 체계의 구성분(構成分)인 여러 테제 가
운데 융화시킬 수 없는 것은 무시하고 단지 자기에게 알맞은 것만을 어떤 확정적인 기준도 없이 선
출하여 병렬(倂列)하는 안이한 방법이라고 생각하게 된 것이다. 그러나 최근에는 이러한 나쁜 뜻으
로는 '혼합주의'(syncretism)라는 말을 쓰고, '절충주의'라고 하면 일반적으로 약간 호의적인
뜻으로 사용된다. 미술 양식에서의 절충주의는 독자적인 양식을 창조하는 것이 아니라 기존의 여러
양식 중에 장점을 취하는 경향을 가리킨다. 그 대표적인 것으로는 19세기 중엽 이후에 고전주의와
낭만주의의 타협을 도모한 건축상의 양식과, 19세기 중엽, 프랑스에서 J.A.D.앵그르의 고전주의와
F.V.E.들라크루아의 낭만주의의 조정을 절충한 회화양식 등을 들 수 있다.
46) 네이버사전 http://100.naver.com/100.nhn?docid=135425

아먹는 추악한 신세로 전락하게 됩니다.

그 자명한 이치를 알면서도 왜 이런 '절충주의'라는 용어를 사용하고 있을까요? 그것은 저들이 "오직 성경만으로"라는 자리를 세상에 내어 주었기 때문입니다. 하나님의 말씀과 세상의 사상을 섞어서 더 좋은 작품으로 만들어 내겠다는 것은 사탄의 유혹이요 인간의 죄악 된 욕망입니다.

절충주의가 신앙의 영역에 사용이 되면 '인간의 이념'을 신앙에 혼합시키게 되고, 그 다음 단계로 신앙을 이념의 도구화하려는 인간 중심주의가 되어 버립니다. '절충주의'는 진화론이 등장한 이래로 19세기에 주목받던 사상이었습니다. 스펜서는 생물학과 사회학을 진화론적인 입장에서 조명했습니다. 그는 일체의 초월적 존재를 부인하고 모든 이론을 진화론적 기계론 위에 건설했습니다. 그의 사상을 지배하고 있는 것은 자연선택의 원리였고 사회는 개인의 이익을 위해서 존재한다는 개인주의였습니다. 그런 사상의 실현을 위해서 논문을 억지로 끼워 맞추었습니다. 스펜서의 영향으로 히틀러는 아리안 족의 우월함을 만천하에 드러내고자 했습니다. 그런 영향을 입은 헤겔은 무신론의 입장을 견지하였고, 정반합의 과정을 통하여 궁극적인 완성의 경지에 도달한다고 하였습니다. 더 말할 것 없이, 이런 절충주의를 선택한 자들의 결말은 무엇이었을까요? 결국 허무주의였습니다.

그런 영향을 입은 오늘날의 신학은 중심을 잃어버렸습니다. 혼합주의를 선택한 현대교회는 성경이 말씀하시는 유일하신 하나님으로서는 설 자리가 없게 되었습니다. 절대 기준으로써의 하나님은 사라지고 인간의 체험을 기준으로 삼고 있습니다. 부흥만 되면 신학적인 문제가 있어도 기꺼이 사용하는 시대가 되었습니다.

어느새 우리는 회심이 무슨 말인지도 모르게 되었고, 언약이 무엇인지 듣기는 들어도 그 뜻을 모르는 세대가 되었습니다. 자존감과 리더십을 수도 없이 들으면서 성공을 향한 목마름에 우상을 섬기고 있는 줄도 모릅니다.

성찬은 일 년에 한두 번 행사로 바뀌었고 성찬보다는 떨리고 자빠지는 것이 더 매력 있는 세대가 되었습니다. 이제는 어딜 가나 '신인합일'에 대해서 들을 수 있고 그런 일에 대해서 '뭔가 잘못된 것 같다'는 의아심을 가지는 사람들이 급격히 줄어들고 있습니다. 교회는 성경의 절대적 진리보다는 종교다원주의의 바다에 서서히 빠져들었고 이제는 초영성시대가 되었습니다.

살렘 인스티튜트에서 듣는 강의나 서울의 한 교회에서 듣는 강의나 티벳에서 듣는 강의나 텔아비브에서 듣는 강의나 별반 차이 날 것이 없습니다. 왜 차이가 없을까요? 성경만으로 가는 것을 포기했기 때문입니다!

계시된 하나님의 말씀에 순종하기 보다는 자의적이고 주관적인 '하나님의 음성듣기'를 좋아하는 위험스런 현상이 일어나고 있습니다. 그것은 하나님의 음성이 아니라 자기가 듣고 싶은 음성이거나 악한 자의 속임수에 불과합니다.

강단에서 선포되는 설교는 감동이 없고 자기가 묵상하고 자기가 들은 하나님의 음성에는 영감이 흘러넘치는 시대가 되었습니다. 하나님의 음성은 '거울아, 거울아, 이 세상에서 누가 제일 예쁘니?' 하고 물어보는 왕비에게 들려주는 거울의 목소리와 같아져 버렸습니다. 이제는 더 이상 하나님의 영광을 위한 신학이 아니라 인간에 의한 인간을 위한 인간의 종교가 되었습니다.

아무리 개혁주의 신앙을 외치는 분이라 할지라도, 심리학에서 만큼은 너무나 관대하고 자상하고 포용력이 한이 없이 넓습니다. 심리학을 비판하는 사람을 광신자로 몰아세웁니다. 그러면서도 자신은 가장 개혁주의적인 목사라고 자부하며 개혁주의 모임을 주도합니다.

그들은 "우리는 다시 애굽의 패물로 성막을 만들리라"고 말하지만, 그들의 보물창고는 비었고 애굽의 태양신을 열렬히 숭배하고 있습니다. 그것도 모자라서 티벳의 고승을 모셔 와서 한 수 가르쳐 달라고 애원을 하고 있습니다. 그래놓고도 교회에 말할 때는 그것이 마치 기독교의 전통인 양 말하고 신앙의 고수들(?)만 도달할 수 있는 신비로운 길인 것처럼 포장해서 말합니다. 더 능청스러운 것은 그러면서도 "우리는 거룩하신 하나님을 예배하고 있습니다."라고 말한다는 사실입니다. 순진한 성도들은 '우리를 가르치는 지도자는 그럴 리가 없을 거야.' 하면서 박수치며 따라가고 있으니, 혼합주의 지도자가 혼합주의 성도를 양산하고 있는 셈입니다.

어떤 도형상담 지도자에게 이렇게 물었습니다. "강의를 들은 성도들이 '그래 오직 하나님만이 그리고 그 하나님의 말씀만이 우리의 능력이야!' 라는 확신을 갖고 돌아갑니까? 아니면, '그래 우리 서로 기질을 잘 파악하고 맞추어서 잘 살아보자!'로 갑니까?"하고 말입니다. 그러나 그분은 묵묵부답이었습니다.

인터넷 사이트에서 어느 유명한 목사의 참 좋은 글을 보고 감동이 되어 그분의 교회 홈페이지를 찾아가 보았습니다. 그 교회는 다양한 가정사역 프로그램이 활성화되어 있었는데, 거의 대부분이 심리학에 기초한 상담사역이었습니다.

아무리 개혁주의 신학을 말하고 성경에 근거한 설교를 한다고 할지라도 그 실제 양육에 있어서는 심리학을 성도들에게 그대로 가르치고 있는 것이 지금의 현실입니다. 그러면서도 그것이 어느 누구에게도 부끄럽지 않은 상황이 되었고 도리어 그런 심리학에 기초한 가정사역을 더 많이 더 잘하고 싶어서 뒤질세라 앞 다투어 달려가고 있는 실정입니다.

어떤 분은 심리학에 대하여 거부하는 것을 마치 사도 바울이 "의심하고 고기를 먹지 못하는 연약한 자들의 모습과 같다."[47]고 발언합니다. 그래서 "심리학이란 그저 인본주의의 자생적인 학문영역의 하나일 뿐이다."라고 말합니다. 이런 전제 위에 출발하기 때문에 그들에게 심리학은 문제가 될 리가 없습니다.

그러나 실제로 우리의 교회와 목회에 그리고 성도의 삶에는 어떤 영향을 끼치고 있을까요? 두 말할 것 없이 심리학에 기초한 사역을 빼버리면 앙꼬 없는 찐빵이 되어 버렸습니다. 적어도 가정 사역에 있어서는 그런 심리학적인 사역을 빼고 나면 할 수 있는 사역이 거의 없습니다.

그런 심리사역들이 어떤 사상적 배경을 가지고 있으며 어떤 영향을 끼치며 어떤 목표를 가지고 있는지에 대해서는 아무런 문제가 되지 않습니다. '지금 내 아픈 상처만 치유될 수 있다면 심리학이든지 무엇이든지 아무런 상관이 없다.'고 생각합니다. 그런 차원에서 이미 혼합주의의 길을 걷고 있습니다. 그것은 가인의 길이요 니골라당이요 간악한 이세벨의 길입니다. 한 번 상황이 역전되면 다시는 돌이킬 수가 없습니다. 그렇게 사역하지 않는 사람들은 오히려 냉대를 받기 때문입니다.

심리학에 넋을 잃은 목회자의 사모님들은 더욱 심각한 문제를 낳습니다.[48] 수많은 영혼들을 책임져야 할 사모님들이 심리학에 빠져서 허우적거리고 있으니 성도들은 과연 무엇을 배우게 될까요? 목회자와 사모님들이 성경만으로 충분하지 않다고 믿고 가르치고 있으니 성도들은 어떻게 말씀만으로 만족하

---

47) http://www.kts.ac.kr/bbs/view.php?id=column&page=2&sn1=&divpage=1&sn=off&ss=on&sc=on&select_arrange=headnum&desc=asc&no=37 하재성 교수(고려신학대학원), 부족한 기독교가 아닌 지혜로운 기독교, [기독교보 2008년 3월 29일자 게재] 하재성 교수는 미국 밴드빌트 대학교에서 Ph.D.를 받았다.
48) 상담학은 사모의 필수과정인가? 정태홍 목사 http://www.esesang91.com

겠습니까? 그러나 기독교 신앙이란 하나님의 객관적인 계시인 성경에 근거해야 하며 그 성경의 약속에 근거하여 생각하고 행동해야 합니다.[49)]

하이패밀리와 같은 가정사역 기관에서 '가정의 달'이라고 내어놓는 수많은 프로그램들은 거의 대부분이 심리학에 기초한 것들입니다. 하이패밀리가 사용하는 애니어그램과 심리학적인 방법들을 통해서 가정이 살아나고 회복된다면 그것이 과연 성경적일까요?[50)] 송길원 목사는 2010년 12월 7일 서울 인사동에서 타종교인들과 함께 "종교와 관계없이 행복의 본질은 다르지 않다", "종교는 달라도 행복은 하나"라고 말했습니다. 그렇다면 왜 굳이 예수님을 믿어야 할까요?

그렇게 말하는 사람이 해마다 철마다 심리학에 기초한 '실천 목록'들을 제시하고 '프로그램'들을 개발해 낸다고 해서 그대로 실행에 옮겨지는 것이 아니며 또 그렇게 될 수도 없습니다. 그것들은 단지 한 번의 행사로 지나가는 심리이벤트에 불과합니다. 그것들이 가정의 기초를 이루고 그것이 가정의 중심이라면 성경이 말씀하는 기독교 가정은 아니라는 것을 명심하셔야 합니다.

언필칭 기독교상담을 말하는 책들을 보면 그 "서문" 외에는 기독교적인 내용이 없는 경우가 너무 많습니다. 그 많은 프로그램들과 실천 목록들은 사실 인터넷에서 조금만 뒤적거리면 나오는 것들이거나 아니면 지금까지 써먹어 왔던 것들을 조금 변경하거나 혹은 해외에서 이미 써먹은 것들을 '리메이크'(remake)해서 만들어 낸 조잡한 것들인 경우가 실제로 많습니다. 여기저기에서 가져 와서 기독교적인 색깔을 입힙니다. 그리고 마치 그것이 성경적인 프로그램인 것처럼 둔갑을 시킵니다. 그런데도 정작 그 수요자인 성도들은 아무런 거부감 없이 '아멘!'으로 받아들이고 있습니다.

정말 더 어이가 없는 것은 다른 사람들을 비판하면서 자신은 성경적이라고 말합니다. 어떤 분은 이렇게 말합니다.

> 그런데 사실상 오늘날 더욱 큰 문제는 비복음적인 많은 치유의 형태입니다. 마인드 컨트롤, 요가, 단전호흡, 단(丹), 바이오피드백(bio feed-back), 최면술, 이완요법(relaxation), 명상, 뉴에이지적 사고 등의 치유원리가 기독교로 포장을 하여 나타나 교묘한 방법으로 치유를 원하는 기독교인들을 유혹합니다.[51)]

---

49) http://cafe.daum.net/CPI2002/5m8A/38
50) 댄스치료의 위험성을 구체적으로 알려 주었지만 여전히 행하고 있다.

그 앞에서 하는 그의 말이 더 놀랍습니다.

> 근원부터 잘못된 학문이라면 모를까 일반적인 학문이라면 믿는 사람들이 학문을 대하는 자세는 보다 진지해질 필요가 있습니다. 그런 의미에서 심리학이나 정신의학을 무조건 배척만 할 것은 아닙니다.[52]

자신이 하고 있는 말이 무슨 말인지를 모릅니다. "근원부터 잘못된 학문이라면 모를까", 이 말을 주의해서 봐야 할 대목입니다. 그의 말을 빌리자면, 심리학은 근원부터 잘못된 학문이 아니라는 말이 됩니다. 그러나, 심리학은 근원부터 잘못된 학문입니다.

두 번째(오류)로는, "애굽 사람들의 패물을 취하는 접근법이다."라는 데 있습니다.

이들(브루스 리치필드 & 넬리 리치필드)이 "애굽 사람들의 패물을 취하는" 방식은 무엇보다 '그들이 어떤 사람들로부터 영향을 받고 있는가?'를 살펴보면 쉽게 알 수 있습니다.

그들이 공동 집필한 책[53]의 '저자소개'란에는 이들이 "1986년부터 예수전도단(YWAM)에서 일해 왔다."고 그들의 이력을 밝히고 있습니다. 이 '혼합주의자들'의 배경으로 자리 잡고 있는 단체와 인물들은 한결같이 인본주의 상담학에 그 뿌리를 두고 있습니다. 책의 뒷 페이지에 나오는 '감사의 글'에서는 더욱 뚜렷하게 영향을 입은 단체와 사람들에 대해서 다음과 같이 언급하고 있습니다.

> 필자는 YWAM 하와이 열방대학(University of the Nation)과 캘리포니아 Vision International University에 많은 빚을 졌다. 우리가 이 저서에서 다룬 많은 내용들은 거기서 배운 것들이다. 래리 크랩 박사, 로버트 카커프 박사, 게리 콜린스 박사, 게리 스위튼 박사, 윌리엄 커완 박사, 데이빗 옥스버거 박사, 브루스 탐슨 박사, 그랜트 마틴 박사, 윌리엄 백커스 박사, 샌드라 윌슨 박사, 제라드 에간 박사, 마크 맥민 박사, 탐 마샬, 폴 투르니에, 조이 도우슨, 달라스 미너스-마이어 클리닉 직원들, 린 페인, 존 & 폴라 샌포드 등의 가르침과 저술에서 많은 영향을 입었다. 필

---

51) http://blog.daum.net/okhi6565/17048363
52) 같은 사이트
53) 기독교 상담과 가족치료.

자는 이들 저자들과 교수들이 그들의 삶을 통해 기여한 것에 대해 감사를 드린다.[54)

또한 리치필드가 언급하는 하와이 열방대학의 교수이며 국내외에 그 영향력을 떨치고 있는 '크리스티 김'에 대하여 먼저 살펴볼 필요가 있습니다. 그녀의 이력은 다음과 같습니다.

> 14세에 유학길에 올라 미국 남가주대학(University of Southern California: U.S.C.)을 졸업(심리학 전공)하고, 국제신학대학교(International School of Theology: I.S.O.T.)와 탈봇신학대학교(Talbot School of Theology, Biola University: 바이올라대학교)에서 상담학과 신학을 공부했다. 그녀 자신도 하와이 코나에 있는 열방대학을 수료했으며 1996년부터 동 대학에서 내적치유 교수로 섬기고 있다.[55)

여기에 언급되고 있는 그대로 그녀가 배운 것은 주로 '심리학'입니다. 그녀가 신학을 공부했다고 하면서 인본주의 상담학에 기초한 상담을 강의하고 내적치유를 하는 것은 그녀의 신학이 개혁주의 신학에 뿌리를 두고 있지 않음을 확인 할 수가 있습니다.

두 번째로 리치필드가 언급하고 있는 '캘리포니아'(Vision International University)의 홈페이지를 보면, 이 학교의 교육과정이 얼마나 허술한가 하는 것을 단적으로 보여 주는 글이 있습니다.

> The curriculum of Vision attempts to maintain a non-dogmatic perspective, allowing students to study a wide variety of theological issues to formulate their own beliefs in an academic context. Vision maintains a strong emphasis on church planting, community service, and Christian character development.[56)

다른 문장은 볼 것도 없이, "The curriculum of Vision attempts to maintain a non-dogmatic perspective," 라는 이 문구 속에는 이 학교가 얼마나 교리에 대하여 무관심한가 하는 것을 쉽게 알아볼 수가 있습니다.

---

54) 부루스 리치필드, 넬리 리치필드, 기독교 상담과 가족치료, 1, 예수전도단, '감사의 글'에서.
55) http://dongbu.org/zb41/zboard.php?id=bd_1&no=1256
56) http://www.vision.edu/about/beliefs

그 뒤에 언급되고 있는 수많은 사람들은 대부분이 '혼합주의자들' 입니다. 그들에 대하여 일일이 다 말할 필요 없이 그들은 세상의 심리학에 종살이를 하고 있는 사람들입니다. 특히 맨 뒤에 나오는 '존과 폴라 부부' 는 오늘날의 예언과 치유운동에서 선구자들로 간주됩니다.[57]

특히 이 책의 '역자의 글' 은 '역자' 자신이 얼마나 심각한 오류를 내포하고 있는가를 여실히 드러내어 주고 있습니다.

> 심리학적 이해가 없는 신학적 시각은 인간의 문제를 영적인 문제로만 바라보는 편협주의를 벗어나기가 힘들며, 신학이 없는 심리학은 철학적으로 반기독교적 심리학 기법들을 무분별하게 도입하여 방종에 빠지기 쉽다. 실천적 삶의 영성이 빠진 신학과 심리학은 열매는 맺지 않고 잎만 무성한 나무와도 같다.[58]

역자는 그의 '역자의 말' 에서 '마크 맥민'(Mark McMinn)의 책을 통하여, "좋은 기독교 상담은 심리학적 인식과 신학적 이해, 깊은 영성의 조화를 필요로 한다." 고 인용합니다.

여기서 중요한 것은 '심리학' 이 우선적으로 언급되고 있다는 사실입니다. '신학' 이 우선이 아니라 '심리학' 이 주인 노릇을 하고 있습니다. 이런 경향성은 결코 간과할 수 없는 심각한 오류를 만들어 내는 가장 큰 주범입니다.

'애굽 사람들의 패물을 취하는 접근법' 은 매우 위험한 발상입니다. 이것은 비기독교적인 현대사상의 흐름을 쫓아가는 현상들 중에 하나입니다. 그 현상들이라는 것은 자기실현을 강조하는 치유중심의 분위기입니다. 20세기 이전에는 대부분이 종교와 윤리 체계 속에서 삶을 해석하였지만 현대는 자아(self)의 측면에서 이해되고 있습니다. 개혁주의 신앙은 성경의 원리대로 '자기 부인(否認)' 을 추구하였지만, 현대는 '자아의 만족과 기쁨' 에 도취되어 살아가고 있습니다.[59]

그러므로 우리가 잊지 말아야 할 중요한 원리는 '심리학이 무엇을 말하느냐?' 가 아니라 '성경이 무엇을 말씀하고 있느냐?' 이며, 오직 거기에만 집

---

57) http://healpeople.org/zbxe/?document_srl=20807&mid=goodbooks
58) 부루스 리치필드, 넬리 리치필드, 기독교 상담과 가족치료1, 예수전도단, '역자의 글' 에서
59) 데이비드 웰스, 윤리실종, 윤석인 역, 부흥과 개혁사, 2007, p. 159.

중해야 합니다.

마이클 호튼은 다음과 같이 말합니다.

> 그렇지만, 아직도 하나님이 자신을 계시하신 그대로 참 하나님을 추구하는 크리스천들이 있다. 표적과 기사들을 추구하는 운동들, 내적치유 운동, 영적인 훈련들, 비록 천박하기는 하지만 현대 예배의 인상적인 직접성 등, 이 모든 것들은 우리들 가운데서 멀어지신 하나님의 임재에 대한 의식을 회복하려는 시도들이다.……
> 오래도록 지속되는 변화를 불러왔던 모든 각성운동과 모든 개혁은 율법과 복음, 죄와 은혜, 심판과 칭의에 대해서 직접 선포하신 결과였다. 성령님의 임재하심으로 선포되는 하나님의 주권과 은혜가 바로 교회사에서 하나님의 대(大)운동을 이루고 있는 바로 그 내용이었다.[60]

세상의 철학과 사상에 오염되고 썩은 물에서 해결책을 찾는 것은 하나님께서 금하신 헛되고 죄악 된 방법입니다. 하나님께서 허락하시고 명령하시는 방법은 오직 계시된 말씀입니다. 진정한 변화는 세상의 심리학이 아니라 하나님의 말씀이 선포하는 원리에 충실히 하는 것뿐입니다. 또한 그것을 섞어서 가르치는 혼합주의자들은 심리학에서 벗어나 하나님의 말씀만으로 돌아와야 합니다.[61]

---

60) 마이클 호튼, 세상의 포로 된 교회, 김재영 역, 부흥과 개혁사, 2001, pp. 190-191.
61) 존 맥아더, 상담론, 안경승 역, 부흥과 개혁사, 2010, pp. 242-244. "불행하게도 사람들이 그들의 문제의 본질이 영적이라기보다는 심리학적이라고 믿게 되었을 때, 여러 가지 일이 발생한다. (1) 그들의 곤경을 해결하는 시도 중에, 성경과 그리스도를 무시하고 주로(가끔은 배타적으로) 약물 또는 해결을 위한 세속 심리학의 개념과 생각을 살펴본다. (2) 그들은 예수를 발군의 심리학자로 생각하기 시작하고, 그분이 오신 주된 목적이 그들의 심리학적 문제를 고치고, 자존감을 세우는 것을 돕고, 동반의존에서 구하고, 자아의 필요를 충족시켜 주는 것이라고 생각한다. (3) 그들은 많은 이런 심리학적 분류는 고착화된 개념을 그들에게 주기 때문에(이것이 나란 존재이고 그것은 바뀌지 않는다), 소망을 잃고 절망에 빠진다. 또는 (4) 그들은 이런 비성경적 분류가 미묘하게 또는 명백하게 그들의 곤경의 주된 해결은 본질적으로 인본주의적이라고 생각하도록 사람들을 조장하기 때문에 용기를 잃게 된다. 그들은 스스로 그것을 행해야만 하거나(그들은 스스로를 변화시킬 수 있고 해야만 한다), 다른 이들, 되도록 전문가가 그들을 위해 행해야만 한다."
"그러므로 많은 사람이 그들 자신의 노력이나 다른 사람의 도움에 의존해서 변화하려고 시도하지만, 실패한다. …… 문제가 본질상 주로 심리학적이라고 볼 때, 우리는 소망이 사라진 사람, 변화가 일어날 수 있다는 것을 의심하는 사람들을 만나게 된다. 다른 한편, 사람들이 그들의 문제가 근본적으로 영적이라는 것을 깨닫기 시작하면 소망이 펼쳐진다. 그 문제가 어쨌든 죄와 관련되어 있다. 사실상, 개인과 상호 관계적 문제는 죄와 관련되어 있다는 인식은 그러기에 소망이 있는 것이므로 좋은 소식이다. 왜? 그리스도께서 세상에 오신 주된 이유는 우리를 죄의 대가와 영향력(그리고 결국은 죄의 실재와 가능성으로부터)에서 구하는 것이기 때문이다."
그러나 주의하고 경계해야 한다. 왜냐하면 이런 말을 하는 웨인 맥 자체가 심리학적인 경향을 띄고 그 궁극적인 결과에 대해서 에드 벌클리는 다음과 같이 말합니다.

> 만약 심리학의 논리적 결론들이 보편적으로 받아들여진다면, 죄는 단지 의술의 대상이 되어지고, 환자는 자연히 행한 일에 대해 윤리적으로 무책임해지게 된다. 인간이 하나님께 불순종하는 태도가 질병으로 취급된다면, 그 사람에겐 더 이상 구원이 의미가 없어지며, 오직 자신의 자존감을 높이는 일만이 남게 된다.
> 만약 심리학이 인간의 영혼을 변화시키는데 주역이 된다면, 예수 그리스도는 죽은 종교의 신화에 불과하며, 교회는 퇴락한 문화적 유산으로 전락할 것이다. 만약 심리학자들이 성령의 열매를 복제해 낼 수 있다면, 성화(sanctification)나 성령의 역사는 이제 무용지물이 된다. 만약 상담심리가 인간의 문제들을 해결하는 데 필수적이라면, 성경은 휴지조각에 불과할 뿐이고, 목사들은 이제 자신의 잘못을 고백하고 다른 직장을 얻어야 할 것이다.[62]

그러므로 신학교에서 심리학에 물든 상담학이나 내적치유를 가르칠 것이 아니라 조직신학, 성경신학 등 전통적인 신학을 바르게 가르쳐서 하나님의 말씀에 바르게 선 목회자를 길러 내어야 합니다. 그리하여 목회자 자신만이 아니라 모든 성도들이 오직 하나님의 말씀만으로 유익하고 충분하며 그 말씀으로 풍성한 삶을 누려야 합니다.

성격검사도구들에 대하여

많은 목회자와 사역자들이 가정사역의 방법을 배우기를 원하여서 컨퍼런스나 세미나에 참여하고 있습니다. 그만큼 현대목회에서 가정사역과 치유사역이 중요하다는 것을 깨우치고 있기 때문입니다.

현대를 사는 지치고 상한 영혼들을 위해 '어떻게 목회적으로 접근할 것인가?'를 고심하는 것은 좋은 일입니다. 그런데 시대를 분별하지 못하고 심리학뿐만 아니라 요가나 명상을 목회에 접목하는 어처구니없는 일이 일어나고 있습니다.

그런 일들이 얼마나 심각하고 위험한 일들인지 알지 못하고 있습니다. 필

있다는 데 있기 때문이다. 이것이 오늘날 소위 성경적으로 상담을 해야 한다고 말하는 사람들의 현실이다.

62) 에드 벌클리, 왜 크리스천은 심리학을 신뢰할 수 없는가?, 차명호 역, 미션월드, 2006, pp. 216-217.

자의 사역 초기 때에 이런 일이 있었습니다. 어느 장로님의 자녀가 요가로 인해 폐인이 되었다고 고백하면서 자신 같은 사람이 생겨나지 않도록 해 달라고 간곡히 당부했습니다. 그런데도 교회 성도들 중에서 요가를 하고 요가 강사를 하고 있어도 그것이 성경적으로 무엇이 잘못되었는지를 말해주지 않습니다. 그런 일에 대해서 묻지도 않고 따지지도 않습니다. 그저 교회 출석 잘하고 헌금 잘하면 그것으로 족하다는 것인지 의문이 갈 수밖에 없습니다.

많은 분들이 가정사역을 해야겠다는 생각을 해 보지만 엄두를 내지 못하는 경우가 많습니다. 그 이유는 상담이라는 것 자체가 어렵다는 생각을 하기 때문입니다. 그렇다고 상담이 쉽다는 말은 아닙니다. 그 어렵다는 것이 전문적으로 공부를 한 사람들만이 해야 할 일이라고 생각하기 때문입니다. 그러나 실제로는 그렇지 않습니다. 자녀를 기르는 부모가 교육을 받아서 그렇게 된 것이 아니듯이 심리학의 실체를 조금만 알고 나면 하나님의 말씀인 성경이 비교할 수 없는 절대적인 권위를 가지고 있으며 성경만으로 충분하다는 사실을 알게 됩니다.

이 세상 어떤 엄마라도 엄마자격증 시험치고 합격해서 엄마가 된 사람은 아무도 없습니다. 상담학이라는 것이 이 세상에 없던 시절에는 어떻게 살았을까요? 성경 속의 사람들은 어떻게 살아갔을까요? 상담이라는 이름이 나타나기 이전 시절에는 '목회를 어떻게 했는가?'를 생각해 보면 답이 나옵니다. 그분들은 성경으로 목회하고 성경으로 살았습니다! 왜냐하면 하나님의 말씀이 절대진리이며 하나님의 말씀으로 충분하기 때문입니다.

물론 시대에 따라 변화가 있었지만, 오늘 한국 교회는 그 근거가 되는 말씀에 생명을 걸지 않고 방법에만 매달리는 모습이 넘쳐나고 있습니다. 그러나 성경은 말씀합니다.

> 그의 신기한 능력으로 생명과 경건에 속한 모든 것을 우리에게 주셨으니 이는 자기의 영광과 덕으로써 우리를 부르신 자를 앎으로 말미암음이라(벧후 1:3)

> 16 모든 성경은 하나님의 감동으로 된 것으로 교훈과 책망과 바르게 함과 의로 교육하기에 유익하니 17 이는 하나님의 사람으로 온전케 하며 모든 선한 일을 행하기에 온전케 하려 함이니라(딤후 3:16-17)

말씀이 이러함에도 불구하고 사람들은 가정사역의 방법을 배우기 위해서 심리학과 복음을 섞어서 가르치는 사역자들에게로 가고 있습니다. 그들이 기초로 하는 프로이트가 뭐라고 하는지, 칼 융이, 로저스가 뭐라고 하는지 상관이 없다고 합니다. 거기서 좋은 것만 가져 오면 된다고 합니다. 심리학은 이단이 아니라서 그렇게 열광할까요?

결국 설교는 성경으로 하고, 가정사역은 심리학으로 하겠다는 생각입니다. 이것이 과연 옳은 생각일까요? 애니어그램, MBTI, 기질론, 혈액형으로 성격분석을 해 주고는 이렇게 말합니다. "그럼 이제 성경으로 고쳐봅시다" 이것이 될 법이나 한 말일까요? "당신은 이런 구조네요, 저분은 이런 기질이네요.……" 이런 판단은 심리학이 인간을 보는 결정론적 인간론 입니다. 숙명론이며 운명론일 뿐입니다.

아하시야가 사마리아에 있는 다락 난간에서 떨어져 병이 들자 사자들을 에그론의 신 바알세붑에게 보내어 이 병이 낫겠는지 물어보라고 했을 때, 하나님께서는 무엇이라고 말씀하셨습니까?

> 여호와의 사자가 디셉 사람 엘리야에게 이르시되 너는 일어나 올라가서 사마리아 왕의 사자를 만나서 저에게 이르기를 이스라엘에 하나님이 없어서 너희가 에그론의 신 바알세붑에게 물으러 가느냐(왕하 1:3)

이 무시무시한 경고를 그리 쉽게 생각하지 마시기 바랍니다!

특별히 성격파악의 도구로 사용하고 있는 애니어그램은 기존의 심리학단계의 최고 단계였던 'MBTI' 와는 또 질적으로 완전히 다릅니다. 애니어그램의 출발은 이슬람 신비주의인 수피교의 영성프로그램에서 나왔으며, 대표적인 뉴에이지 사상을 품고 있는 도구이기 때문입니다.

국내에 사용되는 성격검사들로는 혈액형, 기질론(도형검사), MBTI, 애니어그램 등이 널리 알려진 대표적인 것들입니다. 물론 그 외에도 수많은 성격검사들이 있습니다. 사람들은 성격검사를 통해서 자신을 알았다고 좋아하며 기뻐하지만 그렇다고 그것이 문제를 해결하는 수단도 방법도 아니라는 것을 머지않은 시간에 허탈감이라는 종착역에 도달해서야 알게 됩니다.

성격검사에 대한 무지는 아주 상식적인 것에서 시작합니다. 이 세상에 존재하는 어떤 형태의 성격검사도 '확률' 과 '통계' 에 기초합니다. '확률' 과 '통계' 에 기초한다는 것은 그 '확률' 과 '통계' 에 들지 않는 사람들이 반드시 존재한다는 사실입니다. 그것이 '대개 그렇다' 혹은 '거의 그렇다'는 것이지, '절대적으로 그렇다'는 것은 아닙니다. 성격검사의 유형들이 발달하는 것은 그 이유야 어떻든지 간에 성격검사가 가지고 있는 '오류'들을 될 수 있으면 적게 만들려는 처절한 몸부림에 불과합니다.

성격검사에 대한 더욱 상식적인 비판은 교회의 지도자들이 일차대상입니다. 연말연시가 되면 교회에서 이렇게 목사님들이 말씀합니다. "토정비결 보러 가시면 안 됩니다. 그것은 죄짓는 것입니다." 틀린 말씀이 아닙니다. 당연한 말씀입니다.

그러면 문제는 무엇일까요? 문제는 교회의 사역에 있습니다. 소위 '가정사역', '내적치유', '상담'이라는 명목 하에 행하여지는 그 수많은 프로그램들 속에는 거의 대부분이 '성격검사'가 포함되어 있습니다.

'토정비결'은 '확률'과 '통계'에 기초한 것입니다. 마찬가지로 '성격검사' 도구들도 '확률'과 '통계'에 기초한 것입니다. 목사님은 성도들에게 '통계'에 기초한 '토정비결'은 보러 가면 '죄'가 된다고 하시면서, '확률'과 '통계'에 기초한 '성격검사'를 통해 상담사역을 하고 가정사역을 하는 것은 성경적이라고 당연시 하고 있습니다.

원천적으로 이런 오류를 내재하고 있는 성격검사는 절대로 완벽할 수가 없습니다. 그럼에도 불구하고 많은 사람들이 보다 더 복잡하고 어려운 성격검사를 갈수록 더 많이 신뢰하고 있습니다. 그 비용도 갈수록 더 크게 지불되고 있는데도 말입니다.

성격검사에 대한 오류는 복잡하게 생각하지 않아도 실제로 삶에서 나타납니다. 고등학교와 대학에서 학생들에게 수차례에 걸쳐 성격검사를 통해서 진로를 결정하게 하고 학과를 선택해서 공부를 합니다. 그러나 실제로 인생을 돌아보면 자신의 전공을 평생 직업으로 삼고 사는 사람들은 그리 많지 않다는 것을 우리는 익히 잘 알고 있습니다. 이유는 간단합니다. 인생은 복잡하기 때문입니다. 인생은 자기 자신에 대해서 바르게 알 수가 없으며 분명한 선택과 결단을 내리지 못하기 때문입니다. 인생은 내일 일을 알 수가 없으며 그로 인해 불안해하기 때문입니다. 분명한 사실은 인간은 그 문제를 해결할 수가 없다는 사실이며, 오직 인생을 창조하신 하나님만이 그 해결책을 가지고 계신다는 사실입니다.

심리학자 리 콜만은 자신의 책 "오류의 제국"(The Reign of Error)에서 심리학적 테스트에 대해 다음과 같이 통렬한 비판을 가합니다.

> 정신과 의사들은 의학적인 용어들을 사용하면서 자신들의 주장을 과학적인 것처럼 보이게 하는 반면에, 심리학자들은 통계를 이용해 자신들의 주장을 과학적인 것처럼 만든다. 그러나 결과가 어떤 것이든지 간에 심리학자들은 정신과 의사들처럼 환자들의 테스트 결과를 해석해야 하는데, 그 과정은 다분히 주관적일 수밖에 없다.[63]

혈액형

혈액형으로 성격을 검사하는 것은 단지 유희일 뿐이지 사람을 분류하는 바로미터가 될 수 없습니다. 혈액형 성격검사는 과학적인 근거가 없습니다. 혈액형으로 사람을 판정하는 것은 백인이 다른 인종에 비해 우월하다고 보는 우생학에서 출발했습니다.

이것도 아주 상식적인 차원에서 시작하면 쉽습니다. 혈액형은 우리가 아는 이상으로 복잡한 체계를 가지고 있습니다. 혈액형은 간단하게 A, B, O, AB만으로 분류되어지지 않습니다. 현재까지 밝혀진 혈액형의 분류만도 250종에 이릅니다. 그러면 더 말할 필요가 없습니다.[64]

기질론(도형상담)

기질론은 '점성술'에 기초한 것입니다. 또한 그것은 '확률'과 '통계'에 기초한 것입니다. 부산에서 도형상담을 가르치는 분과 한참 동안이나 통화를 한 적이 있습니다. 그분과 대화 중에 이런 말씀을 드렸습니다.

"왜 목사가 되셨습니까? 하나님의 말씀을 증거하기 위하여 목사가 되신 것 아닙니까? 목사가 아니라면 제가 뭐라고 하지 않겠습니다. 그러나 목사가 왜 점성술에 기초한 도형상담(기질론)을 가르쳐야 합니까?"

그분은 기질론(도형상담)은 점성술에 기초한 것이 아니라고 말했습니다. 온 세상이 다 아는 것을 그분이 아니라고 해서 달라질 것은 없습니다.

어떤 청소년 집회를 인도하는 단체에서 여름 집회를 인도하면서 강사를 초빙하여 기질론을 가르쳤습니다. 집회 전에 전화를 통해서 그것이 비성경적임을 지적했을 때, 그 리더는 다음과 같이 말했습니다. "그분은 **신학교에서

---

63) 에드 벌클리, 왜 크리스천은 심리학을 신뢰할 수 없는가?, 차명호 역, 미션월드, 2006, p. 228.
64) http://blog.naver.com/outis71/30088803697

교수님으로 강의를 하고 계십니다. 이미 다른 곳에서도 검증되신 분이십니다. 이미 여러 신대원에서 강의를 하고 계신 분인데 만일 문제가 되었다면 그 신학대학원에서 무슨 조치를 취하지 않았겠습니까?" 분명하게 알아야 하는 것은 신학교가 가치 기준의 시금석이 되지 않는다는 사실입니다. 그분이 무엇을 어떻게 가르치느냐가 중요합니다.

이미 교회 안에 자연스럽게 들어와 있는 기질론(도형상담)은 반드시 없어져야 할 비성경적인 주술문화입니다.

MBTI

MBTI(Myers-Briggs Type Indicator)는 마이어와 브릭스가 개발한 'indicator' 입니다. 이 말에서 보듯이 이것은 심리검사가 아닙니다. 단지 유형을 판단할 때 사용하는 참고 자료일 뿐입니다. 왜냐하면 MBTI는 '신뢰도'와 '타당성'을 결여하고 있기 때문입니다. 동일한 사람이 시차를 두고 MBTI 검사를 했을 때 각기 다른 유형으로 판정되는 경우가 자주 발생하는 것은 신뢰도가 매우 빈약함을 보여주는 한 예입니다.[65]

그들은 여러 사람들을 관찰한 결과 사람들 간에 유의미한 차이가 있음을 발견하고 그것에 기초해 유형을 나누었습니다. 그리고 거기에 융의 심리학을 접목시켰습니다. 그들은 겉으로 드러난 현상들로 유형의 특성만 나열하였을 뿐이고 왜 그런 특성이 발생하는지 답을 제공하지 못합니다. 그리하여 MBTI가 판별해 주는 성격은 진짜 자기 성격이 아니라 자기가 되고 싶어 하는 성격인 경우가 많습니다.

최근 들어 교회와 가정사역에서 MBTI보다는 애니어그램을 더 적극적으로 수용하고 있는 모습을 볼 수 있습니다. 기독교 가정사역을 한다고 하면서도 MBTI와 애니어그램을 사용하고 있습니다. 도저히 같이 갈 수 없는 길인데도 어깨동무를 하며 같이 장단을 맞추며 즐거워하고 있습니다. 시대의 흐름을 따라서 더 새로운 심리검사 도구를 그대로 수용하게 되면 결국 자기 운명을 자기가 개척해 나가는 인본주의 자세로 살게 됩니다. 세상의 철학과 헛된 속임수에 종노릇 하는 혼합주의 신앙으로 살아가고 있으면서도 자신들은 기독교 복음을 외치는 참된 지도자요 성도라고 말하고 있으니 어찌 통탄할 일이 아니겠습니까!

---

65) http://blog.hani.co.kr/saeddeul/19310

하다못해 점쟁이도 예수 믿는 신자는 점괘가 안 나온다고 하는데, 참된 신자라고 자부하면서 스스로 점쟁이가 되어 자신의 운명을 스스로 개척해 나가려고 하는 것은 매우 비성경적인 삶의 자세입니다. 하나님께서 책임지시고 하나님께서 인도해 주신다고 성경은 분명히 말씀하는데, 인간은 어리석어서 하나님의 역사를 기대하기 보다는 자기 손으로 이루어 나가는 자신의 업적에 만족하며 살아가려고 합니다. 인류의 역사가 증명하듯이 인간의 힘으로 세운 인간의 삶은 반드시 절망과 허탈감에 빠져 죽게 됩니다.

애니어그램[66]

애니어그램은 약 2000년 전 아프가니스탄에서 생겨났습니다. 그 후 이슬람 국가 대부분에 보급되었습니다. 고대 '구루'나 '수피'들에 의해 영적 지도와 상담에 사용되었던 애니어그램이 세상에 알려진 시기는 얼마 안 됩니다. 이들은 리더를 딱 두 사람만 키웠는데, 한 사람은 지도자가 사망했을 때 맥을 잇기 위한 존재였고, 나머지 다른 한 사람에게만 애니어그램의 사용이 허락되었다고 합니다. 애니어그램은 전적으로 구전되던 비법이었습니다. 1970년대에 천주교 예수회 수사 한 사람이 인도에서 애니어그램을 배우면서 세상에 알려지기 시작했습니다. 70년대 들어와서 복원이 되고 80년 중반부터 보급되기 시작했는데 90년대 와서 상당히 크게 확산이 되었습니다.

애니어그램은 헬라어로 현대인들에게는 그다지 알려지지 않은 용어입니다. 헬라어 '에니아스'의 아홉이라는 뜻과 '그라마'라는 단위를 나타내는 단어를 합성한 말입니다. 그래서 애니어그램을 직역하면 '아홉 가지의 무게'라는 뜻입니다. 미국이나 다른 곳에서는 애니어그램을 '아홉 개의 점', 또는 '아홉 개의 선'으로도 풀이하고 있습니다.

그런데 이것은 직관을 통해서 사람의 무게를 보는 일종의 직관적인 학문으로서, 사람의 무게에 따라서 그 사람의 성향이 결정된다고 봅니다. 즉 애니어그램은 아홉 가지 인간의 성격, 성향을 뜻한다고 보면 됩니다.

애니어그램에서 제일 중요한 것은 본인 스스로 자신을 찾는 것입니다. 자기가 자기를 찾아야만 제대로 이해가 되고 체험이 된다는 것입니다. 그것이 끝까지 안 될 때는 리더가 "당신은 이런 부분에 대해 한번 깊이 생각해 보시오."라고 권합니다. 이렇게 함으로써 역으로 자기를 발견할 수 있게 도와

---

66) http://cafe.daum.net/emfwhdo/liuw/787

주는 방법이라고 이론을 전개합니다.

이들은 말하기를, 애니어그램은 자기 자신에 대해서 관심이 있는 사람들에게는 굉장히 도움이 되지만, 자신을 합리화하거나 감추려고 하고, 자신으로부터 피하려고 하는 사람에게는 아무런 도움이 안 된다고 강조합니다. 결국 이런 전제를 애니어그램의 리더들이 악용을 한다면 상대방 속에 있는 것을 전부 토해내게 만들어 자신에게 종속시키는 도구로 사용할 수 있습니다. 이는 다른 사이비 부분들에서도 나타납니다. 즉 예언이나 안수나 기도를 해주는 사람들과 그들을 즐겨 찾고 끝까지 따라다니는 사람들 간의 관계가 여기에 속한다고 볼 수 있습니다.

애니어그램의 리더들은 자신의 성향을 받아들일 준비가 되어 있지 않으면 어떠한 인격의 성숙도 이루어내지 못한다고 강조합니다. 결국 이런 프로그램들은, 내적치유를 포함해서 성령 하나님의 역사나 말씀의 인격적인 변화의 역사를 교묘하게 부정하는 고도의 사악한 도구임을 알아야 합니다.

기존의 프로그램들은 심리학을 바탕으로 출발했습니다. 그러나 애니어그램은 초심리학(super psychology)의 일종입니다. 체계적인 학문이라기보다는 직관으로 사람을 느끼게 한다고 주장합니다.

이렇게 말하면 너무 신비적이라고 하겠지만, 사실 신비적인 경향이 강합니다. 교회 안에서 만약에 목회자가 애니어그램을 신봉하고 있다면 그것은 이미 오컬트집단의 '구루' 혹은 '교주'의 길로 가고 있다는 신호입니다.

가장 중요한 사실은 하나님께서 주신 말씀만이 우리들의 인격을 변화시키는 가장 완벽한 은혜라는 사실입니다. 교회에서 목사나 유명한 강사가 가르친다고 해서 무조건 좋은 것인 양 분별없이 그냥 애니어그램의 강의를 받아들이면 자기도 모르는 사이에 성경 말씀의 완전성과 절대성 보다는 내가 나를 찾아 헤매는 일이 일어나게 됩니다.

또한 어떤 사람들의 행동이나 성격패턴을 애니어그램에서 습득한 사이비적인 가치관으로 가볍게 속단해 버리는 어리석음을 범하게 됩니다. 더욱이 절대적인 가치의 기준인 하나님의 말씀으로 세상과 이웃과 나를 보는 것이 아니라, 초심리학적인 직관과 감정으로 판단하는 습관이 형성되며, 애니어그램을 열심히 하면 할수록 최종적으로는 그야말로 "내가 바로 신이다." 라는 뉴에이지 사상에 물들게 됩니다.

결국 은혜의 복음과는 거리가 먼 허망한 도(道)를 닦는 허무의 삶을 살다가 구원에서 떨어지는 일이 벌어질지도 모릅니다. 무엇보다도 하나님의 말씀과 성령님의 역사만으로는 나를 알 수 없다는 잘못된 사고에 빠질 수 있습니다.

"왜 애니어그램을 합니까?" 라고 물어보십시오. 대부분의 대답은 "지금까지 몰랐는데, 애니어그램을 통해서 나를 알고 다른 사람을 이해하고 알게 되어 결국 치유되고 회복되었다"고 할 것입니다.

결국 이런 대답들은, 성경이 아닌 것으로도 내적 상처가 치유되고 회복되었다는 고백들입니다. 따라서 지금까지 성경을 통하여 들었던 모든 치유의 말씀들이 오히려 애니어그램보다 못하다는 결론을 내리게 됨으로, 성경의 권위와 능력을 무가치하게 만듭니다.

교회는 내적치유를 따라가야 할 필요가 전혀 없습니다. 내적치유는 교회의 교회됨을 버리게 합니다. 내적치유는 영적 군사가 아니라 영적 불구자로 만듭니다.

물론 교회에는 정말로 힘들고 어려운 돌봄의 대상자들이 있습니다. 평생 돌봐야 할 사람들도 있습니다. 먼저 은혜 받고 성숙한 신자들이 그들을 돌볼 책임이 있습니다. 그러나 그것만이 전부가 아닙니다.

사람들이 교회에 와서, 초신자가 자라서 성숙한 일꾼이 되어야 하는데, 내적치유는 더 어린아이로 만들어 버립니다. 예수 믿고 교회 다닌지 수 십 년이 되어도, 장로 권사가 되어도 계속해서 '주세요! 주세요!' 밖에 할 줄 모르는 어린 신자로 만들어 버립니다. 교회를 그저 눈물 닦아주고 위로 해주는 정도로 생각하게 됩니다. 성도는 하나님의 말씀과 기도로 무장된 영적군사가 되어야 합니다!

DSM Ⅳ

DSM Ⅳ(Diagnostic and Statistical Manual of Mental Disorders)는 정신장애 분류체계를 말합니다.[67] 이것은 미국정신과협회에서 사용하는 정신질환들을 분류한 것입니다.

또한 ICD-10(International Classification of Diseases, 10th Version)은 국제보건기구(WHO)에서 만든 국제질병분류로 국제적으로 사용되는 모든 질

---

67) 지금은 DSM Ⅴ로 더 추가되고 변경되었다.

환에 대한 분류를 말합니다.

문제는 이런 정신장애분류가 삶의 문제들을 '병리학적인 차원'에서 다루고 있다는 데 있습니다. 예를 들어서 아래와 같은 병명들을 보면 어처구니없는 일이 발생합니다.

- 아이들이 약이나 치료를 거부하는 것 - 치료불복종
- 수학을 잘 못하는 것 - 수학장애
- 작문을 잘 못하는 것 - 서면표현장애
- 책을 잘 읽지 못하는 것 - 독서장애
- 부모에게 반항하고 부모와 늘 다투는 것 - 반대 및 반항장애
- 어린 아이들이 엄마가 주는 것을 안 먹고
  다른 것을 먹으려 하는 것 - 섭식장애
- 병적으로 방화를 하고 다닐 때 - 방화상습증
- 병적으로 남의 물건을 훔치는 것 - 병적도벽증

교육과 윤리 도덕의 차원에서 다루어야할 문제들을 병리학적인 측면으로 다루기 때문에 더 심각한 문제들이 발생하게 됩니다. 사람은 기계도 아니며 동물도 아닙니다. 어떤 기준을 정하여서 거기에 미치지 못하면 병이 되고 거기에 도달하면 병이 안 된다고 하는 것은 인간을 바르게 이해하지 못하는 그릇된 처사입니다.

또한 DSM-IV의 진단은 매우 모호하고 주관적이고 광범위합니다.68)

---

68) http://www.mental-health-abuse.org/pseudoscience16.html CHAPTER TWO Diagnostic Deceit and Betrayal
As a substitute for mental healing, the American Psychiatric Association (APA) developed the Diagnostic and Statistical Manual of Mental Disorders-IV (DSM), a text that lists 374 supposed mental disorders. Its diagnostic criteria are so vague, subjective and expansive that there is possibly not one person alive today who, using this as the standard, would escape being labeled mentally ill. Of course, that makes for a whole lot more mental ill-health business for psychiatrists. Meanwhile, psychiatrists not only admit that they have no idea of what causes these supposed "diseases," they have no scientifically validated proof whatsoever that they even exist as discrete physical illnesses. Professor of Psychiatry Emeritus Thomas Szasz says: "The primary function and goal of the DSM is to lend credibility to the claim that certain behaviors, or more correctly, misbehaviors, are mental disorders and that such disorders are, therefore, medical diseases. Thus, pathological gambling enjoys the same status as myocardial infarction [blood clot in heart artery]." Patients are betrayed when told their emotional problems are genetically or biologically based. Elliot Valenstein, Ph.D., says that "while patients may be relieved to

DSM-IV의 단점을 다음과 같이 말합니다.[69]

① 진단방식이 너무 복잡해 임상가가 진단하는 데 부담을 준다.
② 삶의 문제를 모두 심리장애로 진단하도록 하는 폐단을 가져왔다.
ex) 학습장애 같은 것은 교육적 문제인데도 이를 심리장애로 분류하고 있다.
③ Schacht 와 Nathan(1977)은 심리적 증상 가운데 230가지의 문제 행동은 실제로
정신병리로 볼 수 없는데도 심리장애로 분류하여 마치 의학적 질병인 것처럼 오도
하고 있다고 주장한다.

심리학자 Jeffrey A. Schaler 는 이렇게 말합니다.

  "…… 미국 심리협회에 의하여 발행된 DSM-IV는 과학적 타당성이 낮은 악명 높
은 것이다" [70]

---

be told that they have a 'physical disease,' they may adopt a passive role in their own
recovery, becoming completely dependent on a physical treatment to remedy their
condition."

69) http://cafe.daum.net/hypnotherapist/NUyr/549
70) http://www.mental-health-abuse.org/realCrisis.html The Real Crisis
In 1995, psychologist Jeffrey A. Schaler said: "The notion of scientific validity, though
not an act, is related to fraud. Validity refers to the extent to which something represents
or measures what it purports to represent or measure. When diagnostic measures do not
represent what they purport to represent, we say that the measures lack validity. If a
business transaction or trade rested on such a lack of validity, we might say that the lack
of validity was instrumental in a commitment of fraud. The Diagnostic and Statistical
Manual (DSM-IV) published by the American Psychiatric Association … is notorious for
low scientific validity."
DSM-IV에 대한 비판은 다음 자료를 참고하기 바란다.
http://www.mental-health-abuse.org/realCrisis.html
The Real Crisis CHAPTER TWO: Harmful Psychiatric Labeling
Psychiatrists proclaim a worldwide epidemic of mental health problems and urge massive
funding increases as the only solution. But, before we commit more millions, do we know
enough about the "crisis?" To answer this, it is first nec- essary to understand more
about psychiatry and its Diagnostic and Statistical Manual of Mental Disorders (DSM).
Dr. Thomas Dorman, internist and member of the Royal College of Physicians of the United
Kingdom and Canada, wrote in 2002: "In short, the whole business of creating psychiatric
categories of 'disease,' formalizing them with consensus, and subsequently ascribing
diagnostic codes to them, which in turn leads to their use for insurance billing, is nothing
but an extended racket furnishing psychiatry a pseudoscientific aura. The perpetrators
are, of course, feeding at the public trough."
With the DSM under attack from all sides, governments must be warned that they cannot
rely on the statistics derived from the DSM or ICD for mental health funding decisions.
Funds are appropriated for a general "mental health crisis" that does not factually exist.

DSM-Ⅳ에 기초한 이런 심리치료는 죄에 대한 심각한 고려가 없으며[71] 또한 살인과 같은 심각한 죄를 지었음에도 불구하고 무죄처벌을 받고 있습니다. 이런 것을 악용하고 있는 사례는 점점 더 많아지고 있습니다. 죄라는 개념도 의식도 없고, 자기 책임도 없는 사회가 되어가고 있습니다.

더 심각한 것은 기독교를 정신병으로 규정하려고 하는 것입니다. 그런 시도들이 DSM-Ⅳ에서는 "V.62.89"에 기재되어 있고, ICD-10에서는 "Z71.8"에 기재되어 있습니다. 종교적 가치 등을 묻는 것을 포함한 종교적 및 영적 문제에 관계된 것이 모두 정신병이라는 결론입니다.[72]

심리치료와 정신의학의 부정확성들

심리학과 정신의학에 대하여 잘못된 생각과 기대를 가지고 사는 사람들이 많습니다. 대개의 경우 알려지지 않는 사실로 인해서 사람들이 인생을 살아

---

but is fabricated by psychiatry to perpetuate their bloated budgets.
Funding is thus diverted from workable programs that can resolve the social problems psychiatry has failed to solve.
The Unscientific Basis for Mental Disorder Diagnosis
While medicine's scientific procedures are verifiable, psychiatry's lack of any systematic approach to mental health and, most importantly, its continued lack of measurable results, have contributed greatly to its declining reputation, both among science-based professions and the population at large.
The development in 1948 of the sixth edition of the World Health Organization's International Classification of Diseases (ICD), which incorporated psychiatric disorders (as diseases) for the first time, and the publication of DSM in the United States in 1952, were psychiatry's early steps towards a system of diagnosis. They represented an attempt to emulate and gain acceptance from medicine, which, over the course of many centuries, had earned a reputation for being able to resolve physical ailments.
"Mental disorders" are established by a vote of APA Committee members. A psychologist attending DSM hearings said, "The low level of intellectual effort was shocking. Diagnoses were developed by majority vote on the level we would use to choose a restaurant. You feel like Italian, I feel like Chinese, so let's go to a cafeteria. Then it's typed into the computer. It may reflect on our naivet , but it was our belief that there would be an attempt to look at things scientifically."
Dr. Margaret Hagen, professor of psychology at Boston University, summarily dismisses the DSM: "Given their farcical 'empirical' procedures for arriving at new disorders with their associated symptoms lists, where does the American Psychiatric Association get off claim- ing a scientific, research-based foundation for its diagnostic manual? This is nothing more than science by decree. They say it is science, so it is."
71) http://cafe.daum.net/7116/ 과거 정신질환이었던 동성애는 지금은 제외되었다.
72) 손경환, 성경적상담, 은혜출판사, 1998, pp. 69-70.

가는 일에 있어서 실제적으로 필요한 것인지 올바른 판단을 내리지 못하고 있는 경우가 허다합니다. 다음과 같은 말들은 심리학과 정신의학의 허상을 깨고 진정으로 나아가야할 방향이 무엇인지를 고민하게 하는 좋은 자료들이 됩니다.

5%는 기질성 뇌질환을 앓는 사람, 약 75%는 삶에 관한 문제들을 가지고 있으며, 나머지 20%는 최종 판단을 위해 검사를 필요로 하는 사람들이다..., 정신의학자를 찾는 대부분의 사람들 가운데 적어도 75%는 치료가 필요한 사람이 아니라, 바르게 살아가는 방법에 대한 교육과 상담이 필요한 사람이다.[73] − 풀러 토리(E. Fuller Torrey) 「정신의학연구」(Research Psychiatrist)의 간행지에서 −

사람들이 살아가면서 겪는 정서적인 문제들의 대부분은 정신질환의 범주에 들지 않는다.[74] − 미국심리학회(American Psychological Association) 회장 조지 알비 (George Albee) −

국립정신건강연구소(National Institute of Mental Health, NIMH)의 관리들과 관련자들은 정신의학적 치료가 필요하다고 추정하는 수천만 명의 사람들 가운데 극소수만이 실제로 정신질환으로 인해서 고통당하고 있다는 것을 이 분야의 권위자들로부터 판정하는 데 동의할 것이다.[75] − Franklin Chu and Sharland Trotter −

만일 삶의 문제를 가지고 있는 사람들이 우리 병실에서 추방된다면 정신병원에는 극소수의 환자만 남게 될 것이다.[76] − 정신의학자 제롬 프랭크(Jerome Frank) −

치료를 전혀 받지 않은 사람, 치료를 적게 받은 사람, 또 병원에 입원을 해서 치료를 받은 사람이나 병원에 입원을 하지 않고 치료를 받은 사람들을 비교해 보면 모두가 병세가 매우 호전되지 않았고 병세가 호전될 가능성도 보이지 않았으며 그렇다고 악화될 가능성도 많이 보이질 않았다.[77] − Richard B. Stuart 박사 −

심리치료법에는 새로운 이론을 내세우는 학파와 이론들이 항상 출현하고 있다. 이들은 자기들이 더 좋고 개량된 치료를 하며 병의 관리를 더욱 잘 해 낼 수 있다고

---

73) 말틴 밥간 & 디드리 밥간, 영혼치료상담, 전요섭 역, CLC, pp. 25-26.
74) 같은 책, p. 25.
75) 같은 책, p. 26.
76) 같은 책, p. 27.
77) 손경환, 성경적상담, 은혜출판사, 1998, p. 26.

주장한다. 그러나 자기들의 주장대로 치료가 되질 않아 폐업을 했다는 사람들은 아직 한 사람도 보지 못했다. 그러니 심리치료자들의 수는 날이 갈수록 증가하고 있는 실정이다.[78] - Morris Parloff -

이런 견해들은 결코 간과할 수 없는 말들입니다. 심리치료를 주장하는 사람들마다 그 부작용에 대해서는 극히 공개적이지 않습니다. 상담 및 치료자들 가운데 이혼, 자살 그리고 소진(燒盡)의 높은 비율이 그들의 개인적인 삶의 전문적 치료 저변에 깔려있는 분열을 나타내지만 사람들은 그런 것을 알지 못하고 여전히 상담 및 심리치료자들에게 찾아가서 어떻게 하면 행복하고 성공적으로 살 수 있는가에 대한 지혜를 그들에게 구하고 있습니다.[79]

성도들은 세상 심리학과 정신의학에 영혼을 맡길 필요가 없습니다. 교회의 목회자들과 지도자들은 성도들을 하나님의 말씀인 성경에 기준하여 삶을 어떻게 책임 있게 살아가야하는지를 바르게 가르쳐야만 합니다. 성경보다 더 권위 있고 가치 있는 것은 없으며, 삶의 모든 문제를 하나님의 계획과 섭리 가운데서 그 말씀에 신실하게 살아가는 것만이 최고의 길임을 알아야만 합니다.

심리학은 신론(神論)과 인간론이 기독교와 틀립니다. 인간이 원천적으로 선하다고 봅니다. 지금 이 시대는 "신이란 곧 인간 자신"이라고 말하는 시대입니다.

이 시대의 이론들은 "죄에 대해서 말하지 마라"고 합니다. 죄에 대한 기준이 없습니다. 상대적인 기준으로 말합니다. 시대마다 다르며 환경마다 다릅니다. 그 결과로 인간은 결국 상황윤리 쪽으로 가고 있습니다.

그러나 하나님은 분명하게 우리에게 말씀하시고 요구하십니다.

죄의 소원은 네게 있으나 너는 죄를 다스릴지니라(창 4:7하)

사람들은 신문지상에 오르내리는 몇 몇 사람들의 이름을 거명하면서 분노의 목소리를 내기도 합니다. 그 문제 있는 사람들을 심리학자들이 분석하고 문제를 해결하려고 합니다. 원인 분석을 해서 사건과 그 사람을 분리시켜 놓

---

78) 같은 책, p. 27.
79) 말틴 밥간 & 디드리 밥간, 영혼치료상담, 전요섭 역, CLC, p. 29.

습니다. 거기에서 안심을 합니다. 그러한 작업을 통해, '나는 살인마도 아니고 우울증 환자도 아니고 스토커도 아니고 외톨박이도 아니다' 라고 생각하며 안심합니다. '나는 이 사회를 위해 열심히 살고 있는 건강하고 상식적인 사람이다.'를 확인받으려고 합니다. 더 나쁜 사람을 통해 내가 더 낫고 건강한 사람이 되고자 합니다.

결국 모든 문제의 원인을 환경 탓으로 돌립니다. 오늘날 내가 이 모양으로 살아가게 된 것이 조상 탓이요 부모 탓이라고 합니다. 그런 것을 기독교와 섞어서 교묘하게 가르치고 있으면서도 가장 성경적인 것처럼 위장하고 있습니다. 그 방법으로 수많은 성도들을 미혹하고 있습니다. 심지어 하나님 탓으로 돌립니다. 그것은 세상의 철학과 사상에 뿌리를 두고 있습니다.

그러나 이에 반해서, 칼빈은 "하나님의 섭리는 우리의 책임을 벗어나게 하지 않는다."에서 다음과 같이 말합니다.

무릇 이러한 인간의 도를 터득한 사람들은 지난 날의 역경 때문에 하나님을 원망하지 않으며 또 마치 "나는 원인이 아니라, 제우스요 운명이다"라고 말한 호머의 아가멤논(Homeric Agamemnon)처럼 자신의 악에 대한 책임을 하나님께 돌리지 않는다. 그리고 그들은 "모든 일들은 불안정하고 운명은 사람들을 제멋대로 움직이고 있다. 나는 절벽으로 가서 나의 생명과 함께 나의 재물을 내던질 것이다"라고 말했던 플라우투스(Plautus: 로마의 희극작가 역주)의 저 청년처럼 마치 운명에 지배되기나 하는 것처럼 절망하여 자살하지는 않을 것이다. 또한 그들은 또 다른 사람의 예를 좇아 "하나님"이라는 이름을 이용하여 자신의 악한 행위를 가리지는 않을 것이다..., 그러나 오히려 신실한 자들은 성경에서 무엇이 하나님을 기쁘시게 하는가를 묻고 배워서 성령의 인도를 받아 그것을 이루려고 노력할 것이다. 동시에 그들은 하나님이 부르시는 곳이라면 어디나 기꺼이 따를 준비가 되어 있으므로 이 교리에 대한 지식보다 더 유익한 것은 없다는 것을 실증할 것이다.[80]

이와 같이 진정한 성도는 문제의 원인을 환경 탓으로 돌리는 죄악에서 벗어나 하나님의 뜻과 부르심이 무엇인지 그것을 이루려고 살아가게 됩니다. 그러나 내적치유에서는 자신에게 일어난 모든 문제를 환경 탓으로 돌리기 때문에 과거로 돌아가서 상처를 치유하고 상처 준 사람들을 용서하는 어리석은 일을 하게 됩니다.[81] 다른 한편으로 실존주의적 내적치유에서는, "과거는

---

80) 존 칼빈, 기독교 강요 I, 성문출판사 편집부 번역, 성문출판사, 1993, p. 419.
81) 에드 벌클리, 왜 크리스천은 심리학을 신뢰할 수 없는가? 차명호 역, 미션월드, 2006, pp.

중요하지 않고 내가 내 인생을 책임지고 내가 선택하는 삶을 살아가라.”고
합니다.

뒷부분에서 말씀 드리겠지만, 눈감고 부모에게서 받은 상처를 치유한다고
모태로 돌아가서 눈물 흘리고 몸부림치는 일들을 합니다. 과연 그것이 성경
적일까요? 놀라운 것은 그런 행위들로 말미암아 더 괴로움에 빠지게 되는 임
상결과들이 나온다는 사실입니다. 왜 그럴까요? 과거의 기억들을 다시 되새
기게 되기 때문입니다. 잊어버리고 있었는데, 잊어버리려고 하는데 또 눈 감
고 다시 생각하라니, 정신이 온전한 사람도 견디기 쉽지 않을 일을 마음 괴
로운 사람에게 다시 그 일을 생각하라니 얼마나 마음이 더 괴로움을 당하고
정죄를 당하겠습니까? 상식적으로 생각해도 안 될 말입니다.

하나님께서 죄지은 아담에게 무엇이라고 하셨습니까? “네가 죄지은 것은
내 탓이야.” 그러지 않으셨습니다. “내가 너를 죄 짓지 않도록 완벽하게 만
들지 못했어. 아니 선악과를 만들 필요가 없었는데 괜히 만들어 가지고 죄를
짓게 만들었어, 나를 용서해 줘. 아담아 하와야, 이제는 죄 없는 곳으로 새
에덴(New Eden)으로 보내줄게. 부디 행복하게 살아다오” 이러시지 않으셨
습니다.

하나님의 말씀은 무엇이었습니까? 하나님께서는 먼저 아담에게 찾아오셨습
니다. 두려워하는 그를 부르셨습니다. 이 하나님이 우리가 믿는 하나님이십니
다. 자기 백성이기에 찾아오십니다. 그리고 그 다음에 “먹지 말라는 선악과
를 왜 먹었냐?”라고 물으셨습니다. 죄를 바로 지적하셨습니다. 그의 받을
벌에 대해서 말씀하셨습니다. 하나님은 거기서 끝나지 않으셨습니다. 동물의
희생을 통해 가죽 옷을 입혀 주시고 그들의 허물을 가려 주셨습니다. 이것이
하나님의 하나님 되심입니다.

세상의 심리학은 환경 탓으로 돌리지만, 성경은 자신의 지은 죄에 대하여
에두르지 않고 직접 말합니다. 그리고 그 죄를 인간 스스로 해결하는 것이
아니라 하나님께서 공의롭게 해결하십니다.

147-148. 벌클리는 상상화를 통한 기억치료 이론의 세 가지 오류를 지적한다. 1. 그 이론은 과학적
으로나 성경적으로 아무런 증명이 수반되지 않고 있다. 우리는 과거의 시간을 돌아보기 보다는 앞
을 향해 나가야 하는 존재이다. 2. 기억자체가 이미 자의적이며 부정확하다는 사실이다. 시간은 기
억을 왜곡시키며 자의적인 해석에 의해 본래의 진실을 숨기기도 한다. 3. 치료의 포커스가 치료하
시는 하나님의 능력과 그리스도의 사랑이 아닌 환자의 과거의 고통에 맞춰져 있다는 것이다.

이렇게 심리치료와 정신의학의 문제가 심각함에도 불구하고 언필칭 내적치유라는 이름으로 버젓이 가르치고 있는 것을 경계해야 합니다. 교회 내에 들어온 수많은 프로그램들의 '그 사상적 배경이 무엇인가?'를 깊이 생각해 보아야만 합니다. 세상 철학과 심리학과 뉴에이지, 범신론, 종교다원주의가 배경이 되어 있는 경우가 거의 대부분 입니다. 그런 류의 사람들로부터 방법을 배워 와서 교회의 순수한 성도들을 오염시키고 변질시키고 있습니다.

어느 대학에서 여름수련회가 개최되고 있었습니다. 그 날 선택식 강의 중에는 '내적치유'가 있었습니다. 그때 내적치유 강의 들으러 가는 사람들에게 물었습니다. "내적치유가 무엇인지 아세요?" 아무도 모른다고 했습니다. 목회자도 교사도 학생도 아무도 내적치유가 무엇인지 모른다고 대답했습니다. 강의 내용이 무엇인지도 모르는 것에 자기의 삶을 맡긴다는 것이 얼마나 위험한 일인지 모르고 참석하고 있었습니다.

오늘날 내적치유(Inner Healing)라는 이름으로 유행되고 있는 수많은 프로그램들이 얼마나 비성경적인지 모르고 있습니다. 내적치유사역 속에는 '구상화'(visualization)가 주된 흐름을 장악하고 있습니다. 그것이 얼마나 위험한지 모르고 참여하고 있습니다. '구상화'(3장에서 다룹니다)에 대해 설명을 했더니 강의에 참석한 한 분이 이렇게 말했습니다.

"그런 건요, 굿하는 사람도 그렇게 해요."

그분은 정답을 말했습니다. 그분의 말은 결코 과장된 것이 아닙니다. 조금만 설명했는데도 쉽게 알아차렸습니다. 그런데 오늘날 교회 안에는 잘못된 생각을 가지고 있는 지도자들 때문에 과거의 종살이를 하며 세상의 썩은 물로 성도들을 죽이고 있습니다.

성경은 성도로 하여금 자신의 과거로 회귀되는 삶을 원치 않으십니다.[82]

13 형제들아 나는 아직 내가 잡은 줄로 여기지 아니하고 오직 한 일 즉 뒤에 있는 것은 잊어버리고 앞에 있는 것을 잡으려고 14 푯대를 향하여 그리스도 예수 안에서

---

82) 에드 벌클리, 왜 크리스천은 심리학을 신뢰할 수 없는가?, 차명호 역, 미션월드, p. 175.

하나님이 위에서 부르신 부름의 상을 위하여 좇아가노래(빌 3:13-14)

사도 바울이 예수님을 믿게 되었을 때 성령님의 역사하심으로 놀라운 변화가 일어났습니다. 그가 바리새인으로 있었을 때 자기의 노력과 열심으로 만들어 낸 '자기 의'로는 구원에 이를 수 없다는 것을 알게 되었기 때문입니다. 과거의 방식과 습관으로는 하나님의 진노를 이룰 수밖에 없었기 때문입니다. 성도는 오직 예수 그리스도 안에서 주어진 의를 덧입을 때 비로소 삶의 가치와 의미를 가지게 됩니다. 그러므로 더 이상 과거의 일에 종노릇 하지 않고 오직 예수 그리스도께서 이루시는 현재의 삶에 초점을 맞추고 언약에 신실한 삶을 살아야 합니다.

국내의 내적치유의 대표주자로는 정태기 박사와 주서택 목사가 있습니다. 이들이 말하는 내적치유란 사실은 '기억치유'를 말합니다. '내적치유'라는 단어로 인터넷에서 검색을 하면 다음과 같은 글이 나옵니다.

> 내적치유말인데요~(2004-08-16 20:12 작성)
> 기독교에 내적치유라는게 있기는 하죠? 내적치유 중에 물건부수거나 때리면서 욕하고 푸는 것도 이상한 거 아니죠? 저희 교회에서 내적치유세미나에 몇몇이 참석했었거든요:; 근데…… 방석을 몽둥이로 치면서 욕하고 울고..그러면서 응어리진 거 푸는 거라면서……, 아시는 분들…… 가르쳐 주세요~[83]

이런 방법으로 내적치유를 하는 것은 심리학적인 방법에 기초한 것입니다. 더 나아가서 티슈박스를 주면서 '웩'하고 뱉으라고도 합니다. 그래야만 속에 쌓인 쓴뿌리와 분이 밖으로 나온다고 합니다. 과연 그런다고 속에 쌓인 한이 풀어지고 나오게 될까요? 그런 것은 순간적인 치유 방법에 불과합니다.

과거 회사에서 직원들의 스트레스를 해소하기 위해서 지하실에나 옥상에 샌드백을 달아 놓았던 적이 있었습니다. 스트레스를 받을 때 가서 때리라고 달아 놓았습니다. 가서 "이 놈의 김 부장" 하면서 샌드백을 막 때리고, 하고 싶은 욕을 다 하라고 했습니다. 그러나 그렇게 하면 속이야 잠시 잠깐 후련하겠지만 그런다고 해결되지 않았습니다. 오히려 그것이 쌓이고 쌓이면서

---

83) Naver 지식검색에서

나중에는 샌드백이 아니라 김 부장을 때릴 수도 있었고, 괜히 집에 와서 아내나 아이들에게 신경질 부리는 일을 경험했기 때문입니다. 결국 좋은 결과보다는 더 나쁜 결과를 불러온다는 사실을 알게 되었기 때문입니다.

하나님께서는 자기 백성들을 어떻게 다루어 가시는지 살펴보십시오. 어느 날 영문도 모른 채 애굽에 끌려간 요셉은 아버지를 원망하다가 애굽에서 병 걸려 죽은 것이 아닙니다. 요셉은 수많은 연단의 과정을 거쳤습니다. 그의 아버지가 천국 가고 난 뒤에 그의 형제들에게 무엇이라고 했습니까?

> 19 요셉이 그들에게 이르되 두려워 마소서 내가 하나님을 대신하리이까 20 당신들은 나를 해하려 하였으나 하나님은 그것을 선으로 바꾸사 오늘과 같이 만민의 생명을 구원하게 하시려 하셨나니 21 당신들은 두려워 마소서 내가 당신들과 당신들의 자녀를 기르리이다 하고 그들을 간곡한 말로 위로하였더라(창 50:19–21)

하나님께서는 그의 삶을 통하여 하시려는 일이 무엇인지 알게 하셨습니다. 요셉은 과거를 재구성하지 않고 과거 속에 역사해 오신 하나님을 신뢰했으며 하나님 안에서 해석했습니다. 요셉은 하나님을 더 알게 되었으며 하나님께서 하시려는 일로 귀하게 섬기게 되었습니다.

내적치유 받으러 절대로 가지 마십시오! 하나님께서 우리를 책임지고 계십니다! 성경과 교리로 돌아가야 합니다! 세상의 철학과 사상에 혼합되면 결국은 세상과 함께 죽습니다! 심리학의 오염된 물에 썩은 내적치유는 성도를 죽이고 교회를 죽이는 비성경적이고 죄악 된 길이요 사망의 길입니다! 참되고 영원한 의미와 통일성은 예수 그리스도의 구원과 언약 안에 충만하게 주어지고 있습니다.

RPTMINISTRIES
http://www.esesang91.com

2. "내 속에 울고 있는 아이"가 속사람인가?

주서택 목사가 진행하는 내적치유의 두 기둥은 '내면아이'와 '구상화' 입니다. 이 두 가지 기둥이 무너지면 모든 것이 여지없이 무너지게 됩니다. 사실 이 책의 핵심은 이 두 가지의 실체를 알려주고 비성경적이고 죄악 된 이런 사상에서 벗어나서 오직 성경만으로 나아가게 하는 것입니다. 주서택 목사의 내적치유를 떠받들고 있는 이 두 기둥은 세상의 심리학과 뉴에이지 사상에 직접적인 영향을 받고 있다는 증거입니다.

프로이트의 잘못된 학설

내면아이를 이해하기 위해서 먼저 프로이트의 잘못된 학설[84]에 대한 이해 가 필요합니다. 그의 학설이 호응을 얻게 된 것은 1900년에 『꿈의 해석』이 나오면서부터 입니다. 무의식의 역할을 다룬 프로이트의 이 학설은 20세기에 전 세계로 보급되기 시작하여 다양한 방식으로 영향을 끼쳤습니다. 철학자 리차드 로티는 그 영향력을 플라톤과 예수님께 버금간다고 보았습니다. 그러 나 그의 사변적인 이론은 심각한 오류를 포함하고 있는 학설에 불과합니 다.[85]

프로이트의 정신분석에서 가장 문제가 되는 부분은 '충동이론모델'입니 다. 그에 따르면 인간의 체험과 행동은 거의가 성심리적(psychosexual) 충동 과 공격적 충동에 따라 좌우된다는 것입니다. 아동의 이런 충동은 억압되어 서 무의식 속으로 추방되지만 그 충동이 다 억압될 수 없기 때문에 상상이나

---

84) http://blog.naver.com/photonoia/90046318663 프로이트의 문제점을 다음과 같이 말한다. 1) 과학적 연구의 문제 - 정신분석 이론의 개념과 명제들은 너무 모호해서 경험적으로 검증하기가 힘 들거나 때로는 불가능하다. 무엇보다 용어들이 분명하게 정의되어 있지 않기 때문이다. 2) 임상적 자료의 신뢰도 - 정신분석 이론의 토대는 임상적 관찰, 사례 연구에 있는데 많은 비판자들은 이 자 료의 신뢰도를 의심했다. 왜냐하면 이 자료는 객관적 관찰, 반복 가능한 관찰이 아니라, 관찰자의 주관적·이론적으로 선택·해석된 자료이기 때문이다. 3) 결정론과 비관론 - 정신 분석은 어린 시절 의 유아 성욕적 경험에 의해 이후의 인생이 결정된다는 성욕 결정론을 취했다. 그러나 인간은 어린 시절의 경험만으로 결정되는 것이 아니라 사회와 환경과 끊임없이 상호 작용하면서 발달한다. 정신 분석은 인간이 무의식적 충동인 성욕과 공격성에 의해 지배된다고 봄으로써 인간을 지나치게 부정 적으로 보았다. 특히 죽음 충동 개념은 프로이트의 비관론을 극명하게 보여준다. 4) 생물학주의와 남성적 편파 - 프로이트 이론은 인간의 성격과 행동을 설명할 때 개인 내의 타고난 충동들만 강조 하고 가족과 사회 내의 영향력들을 무시한다는 비판을 받았다. 정신분석의 페미니즘적 비판은 주로 이 점에 집중된다. 프로이트는 여자들이 남근의 부재로 수용적, 수동적, 의존적, 굴종적인 특성을 가지고 있다고 보았다.
85) 하인리히 찬클, 역사의 사기꾼들, 장혜경 역, 랜덤하우스, 2006, p. 99.

꿈 혹은 병리적 증상으로 표현된다고 말합니다. 프로이트의 더럽고 썩은 이론의 핵심은 이와 같은 극단적인 성의 강조입니다.[86] 모든 것을 성(性)으로 풀어가는 프로이트의 사상을 교회가 적극 수용해서 이용한다는 것은 너무나도 비성경적인 자세입니다.

프로이트는 아동의 성 심리 발전 과정을 구순기, 항문기, 남근기로 구분합니다. 그에 따르면 아동이 성 발달 단계들을 별 문제없이 지나갈 경우에만 성인이 되었을 때 정상적인 성 생활을 할 수 있게 된다고 합니다. 유아기 발달에 미친 부정적인 영향은 반드시 '고착화'로 이어져 비정상적인 인간이 된다고 주장합니다.[87] 그러나 그의 말대로 아무 문제없이 아동기를 지낼 인간은 아무도 없습니다. 결국 그의 학설에 의하면 모든 사람이 정신병자가 되어 버리는 어처구니없는 결과를 초래하게 됩니다.

유아기의 일을 기억하지 못하는 이유에 대해서 프로이트는 유아기의 추억이나 감정은 기억의 어딘가에 존재하지만 무의식 속에 억눌린 채로 있기 때문에 의식에 떠오르지 않는다고 주장합니다.

그러나 실제로 어린 시절의 일을 제대로 기억하지 못하는 이유는 무엇일까요? 스즈키 고타로는 다음과 같이 말합니다.

우리가 어린 시절의 일을 제대로 기억하지 못하는 이유는 무엇인가? 유아기에는 아직 기억시스템이 완전하게 작동하지 못하기 때문인 것 같다(이런 견해에 동조하는 연구자는 꽤 많다). 특히 기억은 부분적으로 언어에 의존하는데, 유아기에는 충분한 언어습득이 이루어지지 않는다. 더구나 기억이라는 것은 시간이 지날수록 애매해지고 망각의 저편으로 사라지므로 특별히 무의식이나 억압이라는 용어를 사용하지 않더라도 '유아기 건망증'을 설명할 수 있다.
이것은 여담이지만, 어린 아이가 어른을 능가할 정도로 왕성한 성욕을 갖고 있다는 프로이트의 주장은 사실상 증명이 불가능하다. 물론 프로이트의 지지자들은 어른이 된 후의 심리적 병리현상이 유아기에 성적 욕망이 있었다는 명백한 증거라고 주장하지만, 그것은 결론을 전제로 한 옳지 않은 논증이다……. 우리의 마음 저변은 과연 그처럼 성적 충동을 자아내는 것과 스카톨로지(이성의 배설물에 대한 강한 성욕을 느끼고 집착하는 성욕행위) 취향으로 가득할까? 나는 결코 그렇지 않다고 생각한다.[88]

86) 같은 책, p. 100.
87) 같은 책, p. 102.
88) 스즈키 고타로, 무서운 심리학, 홍성민 역, 뜨인돌, 2010, pp. 25-26.

그의 썩은 이론이 잘못된 학설이라는 것을 판정해 주는 데는 그리 많은 시간이 걸리지 않았습니다. 그를 추종했던 제자들이 바로 그의 발등을 찍었기 때문입니다. 그들은 프로이트의 극단적인 성집착이론을 거부하고 프로이트와 작별했습니다. 그로 인해서 많은 정신분석학파가 생겨났는데 그 중에 하나가 C. G. 융입니다. 그는 프로이트의 사상을 비판하고 '분석심리학'의 근거를 마련했습니다.[89] 이 분석심리학에서 '구상화'가 본격적으로 시작됩니다.

더욱 심각한 것은 프로이트의 성(性) 이론의 증거가 불충분하다는 사실입니다. 그의 성(性) 이론에 대한 증거로 제시한 것들이 오류로 판명이 난 것들에 대해서는 잘 모르고 있습니다.

하인리히 찬클은 두 가지 사례를 들어서 말하고 있습니다.[90]

제일 유명한 사례 중 하나가 이른바 '쥐인간'으로, 에른스트 란처라는 오스트리아 장교가 그 주인공이었다. 그는 자신이 동료 장교에게 빚을 졌기 때문에 그가 애인과 그의 아버지가 잔인한 고문을 받고 있다는 상상에 시달렸다. 쥐가 엉덩이를 갉아먹는 고문이었다. 실제로는 란처가 빚을 진 적이 없다는 사실이 밝혀졌지만 기대했던 긍정적 효과는커녕 환자의 망상은 날로 심해져만 갔다. 프로이트는 장교를 대상으로 11개월에 걸쳐 정신 분석을 실행하였고, 그 결과 그가 애인은 물론 아버지와 항문성교를 하고 싶다는 욕망을 남몰래 품고 있었다는 놀라운 결론에 도달하였다. 이 억압된 욕망으로 인해 그의 강박신경증이 발달하게 되었다는 것이다. 프로이트는 1908년 잘츠부르크에서 개최된 제 1차 국제 정신분석 회의에서 놀란 관중들을 앞에 두고 이 사례를 발표하였다. 그는 또 장기간의 상담을 통해 환자의 초기 유아기를 재구성함으로써 '환자 인성의 완벽한 재생'에 성공하였다고 밝혔다. 이 과정에서 환자의 아버지가 어린 시절 아들에게 거세시키겠노라고 협박했다는 사실이 드러났다. 이런 트라우마가 밝혀지면서 환자는 치유되었다는 것이다.
역사학자 프랭크 설로웨이(Frank J. Sulloway)가 훗날 그 사례를 조사한 결과 전혀 다른 결론에 도달하였다. 란처가 프로이트에게서 정신분석을 받은 기간은 불과 몇 주에 불과하며, 도저히 치유되었다고는 볼 수 없는 상황이었다고 말이다.

'늑대인간' 세르게이 판케예프의 경우 역시 프로이트가 성 이론의 정당성을 입증하기 위해 공개한 사례이다. 프로이트는 그의 강박신경증이 정신분석을 통해 치

89) 하인리히 찬클, 역사의 사기꾼들, 장혜경 역, 랜덤하우스, 2006, pp. 103-104.
90) 같은 책, pp. 103-104.

유되었다고 주장했다. 치료의 출발점은 유아기 꿈의 분석으로, 세르게이는 꿈에서 자기 방 창문 앞에서 흰 늑대들을 보았다고 했다. 프로이트는 이 꿈을 어린 세르게이가 부모의 성교 장면을 목격한 결과로, 흰 늑대들은 부모의 속옷에 대한 상징으로 해석하였다. 그리고 이런 환상적인 해몽을 듣자 환자가 완치되었다는 것이다.

하지만 몇 년 뒤 카트린 오브홀처라는 이름의 한 여성 기자가 그와 인터뷰한 결과, 세르게이의 상태는 프로이트의 보고와 전혀 달랐다. 나아가 그는 이런 말까지 했다. "다 거짓이에요. 사실은 전부가 끔찍했어요. 지금도 제 심신 상태는 처음 프로이트를 찾아갔을 당시와 달라진 게 전혀 없어요."

이런 오류에도 불구하고 프로이트의 이론은 더 넓게 확산되어 갔습니다. 그 확산이 결국 기독교 안으로 들어오게 되었고 교회는 좋은 것만 받아들이면 된다는 어리석기 짝이 없는 모습으로 프로이트의 종살이를 하고 있습니다.

프로이트의 정신분석 이론이 널리 보급되면서 무의식에 대한 관심이 높아져 갔습니다. 문제는 과연 이런 무의식을 입증할 수 있느냐가 관건이었습니다. 여기에 대한 입증을 거치기도 전에 그에 대한 학술용어가 먼저 생겨났습니다. 이른바 '식역하지각'(subliminal perception)이라는 용어입니다. '식역하지각'이란 아주 미약해서 거의 느낄 수 없는 지각, 또는 사람들이 전혀 인식하지 못한 상태에서 자극에 노출될 경우 그에 영향을 받는다는 이론입니다. 그것이 행동에 영향을 미치는 것을 두고 '역하효과' 또는 '서브리미널 효과'라고 합니다.

1904년 영국 심리학자 K. 던랩(Dunlap)이 최초로 '식역하지각'을 입증했다고 주장했습니다. 그러나 세월이 흐른 후에 흐지부지 되었던 그 이론에 대해 새로운 시도가 있었습니다. 1956년 미국 뉴저지 주 포트리(Fort Lee)의 한 극장에서 윌리엄 홀든(William Holden)이 주연한 영화〈피크닉 Picnic〉이 상영되고 있었습니다. 심리학자이자 유능한 광고업자인 제임스 비커리(James Vicary)는 영화가 상영되는 도중 "팝콘을 먹으라." "코카콜라를 마셔라"라는 메시지가 담긴 화면을 3,000분의 1초 동안 내보냈습니다. 그 결과 6주 동안 극장을 찾은 고객은 모두 4만 5,699명이었는데, 휴게실 매점의 팝콘 판매액이 이전에 비해 무려 57.5%, 코카콜라는 18.1%나 증가했다는 발표를 했습니다.[91]

그러나 그 효과를 신뢰할 수 없는 여러 문제점들이 제기되었습니다. 더 놀라운 사실은 1962년, 어느 기자와의 인터뷰에서 비커리는 실험 당시 자료가 너무 적어 확신을 갖고 얘기할 만한 것이 거의 없었다고 고백했다는 것입니다. 그러나 그의 말은 '실험 자체가 조작되었다.'고 고백했어야 했습니다.[92]

네덜란드의 사회학자 요한 카르만스 역시 제임스 비커리의 실험이 조작됐다고 주장했습니다. 요한 카르만스의 주장에 따르면 제임스 비커리의 실험은 실험군과 대조군이 확실하지 않음은 물론 독립변수(날씨, 시간, 요일 등)를 전혀 고려하지 않았습니다. 게다가 비교시점 역시 불명확해 심리학 실험으로서 최소한의 조건도 갖추지 못했다는 것입니다. 또 당시 기술의 부족과 제임스 비커리의 입을 통해 전달된 이야기가 언론을 통해 확산됐을 뿐 논문이 존재하지 않는다는 점도 증거로 들었습니다.[93]

결론적으로, 지금까지 어느 누구도 무의식이 우리의 삶을 주장한다는 어떤 과학적 증거와 근거를 제시하지 못하고 있습니다.[94]

다시 본론으로 돌아와서, 우리가 첫 번째로 살펴야 하는 것은 '내면아이'입니다. 이것을 주서택 목사는 '내 속에 울고 있는 나'라고 합니다. 그의 잘못된 첫 번째 단추는 성경에서 말씀하시는 '속사람'을 세상의 심리학

---

91) http://blog.daum.net/soar7815/11058650

92) 스즈키 고타로, 무서운 심리학, 홍성민 역, 뜨인돌, 2010, pp. 13-24.
스즈키 고타로가 제시하는 더 중요한 문제는 실험장치에 관한 것이다. 실험이 이루어진 1950년대에 3,000분의 1초 동안 화면을 영사하는 것이 사실상 불가능한 기술이었다는 점이다. 실험장치 역시 간과할 수 없는 문제다. 영화를 영사하면서 아무것도 투사되지 않는 어두운 순간에 딱 맞춰 3,000분의 1초 동안 어떻게 다른 화면을 영사할 수 있을까? 그는 이런 기막힌 장치를 도대체 어떻게 구했을까? 그로부터 50년이 지난 지금도 그런 장치를 만드는 것은 전문 연구자에게조차 결코 쉽지 않은 일이다.

93) http://article.joins.com/article/article.asp?total_id=4116276&cloc=rss|news |society 2010.04.18 14:34 입력, 2010년 4월 18일 방송된 MBC '신비한 TV 서프라이즈'에서는 서브리미널 효과에 대하여 다루었다. 두 소년의 총기 자살사건 이후 가까스로 목숨을 건진 한 소년이 자신들이 자살을 시도한 것은 한 노래 때문이라고 주장했다. 서브리미널 효과 때문이라는 것이다. 이런 식으로 접근해 버리면 책임소재가 불명확해진다. 분명하게 죄를 지어놓고도 서브리미널 효과 때문에 범행을 했다고 하는 방식으로 취급이 되어지면 사회는 혼란에 직면하게 된다.

94) 에드 벌클리, 왜 크리스천은 심리학을 신뢰할 수 없는가?, 차명호 역, 미션월드, 2006, p. 120.
윌리암 글래서는 일반 심리학자임에도 불구하고 정신질환이나 무의식이나 과거의 사건이 현재를 완전히 조절한다는 개념을 비판하고 있다. "우리는 한 사람에게 일어났던 과거의 사건을 바꿀 수도 없고 또한 과거에 의해 그 사람이 조정되고 있다는 신념을 받아 들여서도 안 된다.…… 우리는 무의식적 갈등이나 합리화에 집착해서도 안 된다. 무의식적 동기를 핑계로 자신의 행동에 대한 책임을 회피하는 것은 심각한 인간성 파괴이다."

에서 말하고 있는 '내면아이' 와 동일시하는 데서 비롯되기 시작합니다. 물론 그 이전에 무의식에 대한 언급이 있으나 전체적인 더 큰 틀을 바라보자면 '내면아이' 에 대한 잘못된 이해와 접근이 사실상 그의 모든 치유사역을 잘못된 것으로 몰아가고 말았습니다.

인터넷에 있는 주서택 목사의 동영상을 들어보면 쉽게 듣는 소리가 '속사람' 에 관한 말입니다. 그가 말하는 '속사람' 은 프로이트와 영지주의의 영향을 받은 융의 심리학95)이 말하는 '내면아이' 에 근거하고 있는 말입니다. 자신이 아무리 그것이 성경에 기초하고 있다고 말한다고 할지라도 그것은 분명히 프로이트와 융과 같은 심리학자들의 이론에 기초하고 있는 말입니다.96) 만일 그가 이런 심리학적인 배경과 지식을 정말로 모르고 했다면 지금이라도 자기의 잘못된 치유방법의 기초가 세상의 심리학에 근거해 있다는 것을 알아 성경적인 치유사역으로 돌아와야 합니다. 최근 들어서 '내면아이' 에 대한

---

95) http://cafe.daum.net/fgbc/I2jY/148, 라은성 교수, 초대 교회 이단 영지주의. 융은 영지주의에 깊은 영향을 받은 인물이다. 융은 "태을금화종지"(The Secret of Golden Flower)에 대한 주석을 쓰면서, "중국 요가와 관련 있는 도교 본문만 아니라 연단술 소논문을 썼다."고 했다. 또 "Golden Flower의 본문은 나에게 올바른 길을 걷도록 했다. 중세 연금술에서 우리는 영지(영지주의)와 현대인들을 조명할 수 있는 종합적 무의식 과정 간의 기나긴 관계성을 가지게 된다."고 했다. 융이 이렇게 한 이유는 영지주의자들이 악의 문제를 가장 효과적으로 다룬다고 보았기 때문이다. 융의 심리학은 이런 기초 위에 쌓여진 것들이며 그렇기 때문에 그가 아무리 하나님과 기독교에 대해서 말할지라도 성경이 말하는 차원과는 거리가 매우 멀다. 융은 자연히 "명상을 무의식으로 가는 왕도"라고 말한다. 그의 말하는 집단무의식은 영지주의적 뿌리가 아니면 나올 수 없는 것들이다.

96) http://nl.wikipedia.org/wiki/Inner_child 위키피디아에는 '내면아이' 로는 검색이 안 되고 Inner child로 검색하면 아래와 같이 자료가 나온다. Inner child, letterlijk innerlijke kind, is een concept dat gebruikt wordt in de populaire psychologie en dat uitgaat van de aanwezigheid van een kindaspect in de psyche van de mens, als een onafhankelijk werkend systeem. De term wordt meestal gebruikt om te verwijzen naar de subjectieve ervaringen en overgebleven affecten van de kindertijd.
De oorspronkelijke theorie is beschreven in het boek Ik ben o.k., jij bent o.k. van Thomas Anthony Harris en is gebaseerd op de Transactionele Analyse van psycholoog Eric Berne die het Ouder-, Volwassene- en Kind-Ego gebruikte als metaforen van wisselwerking tussen mensen. In het geval van Berne beschrijft het dus een metafoor en niet een systeem in onze hersenen.
Er zijn veel theorie n die het populair psychologische inner child benaderen. Zo beschreef Carl Jung een vergelijkbaar concept dat hij Goddelijke Kind noemde. Charles Whitfield bedacht de theorie het Kind van Binnen en verder wordt de term Ware Zelf vaak gebruikt. De Amerikaanse leider in de zelfhulpbeweging John Bradshaw beschreef zijn concept van het Verwonde Innerlijke Kind. Het Inner child valt binnen het concept van werken met delen.

관심이 집중되고 있는 상황입니다.[97]

지그문트 프로이트(Sigmund Freud)는 "한 때 우리 자신이었던 어린아이는 일생동안 우리 내면에서 살고 있다" 라고 말했습니다. 우리들이 태내기, 유아기, 아동기에 경험한 부모(주 양육자)관계는 평생 동안 사람관계에도 영향을 미친다는 것입니다.[98]

'내면아이' 는 프로이트의 무의식과 융의 원형이론[99]에 기초한 이론입니

---

97) http://blog.daum.net/oys6000/15595253 심리학적 치유에 있어서 '내면아이' 라는 개념은 비교적 최근에 발전된 듯 보이지만, '잃어버린 자아의 발견과 치유'(Healing the Child Within)의 저자인 챨스 휘트필드(Charles Withfield)에 의하면, 사실은 이 천년 동안이나 인류문화의 한 부분을 차지해 왔던 개념이다. 칼 융(Carl Jung)은 이것을 '신성한 아이'(the divine child)라고 불렀고, 에멧 폭스(Emet Fox)는 '경이로운 아이'(the wonder child)라고 했으며, 엘리스 밀러(Alice Miller)와 도널드 위니컷(Donald Winnicott)은 '참 자아'(the true self)라고 불렀다. 마가렛 콕(Margaret Cork)은 '잊혀진 아이들'(the forgotten children)로 표현했고, 약물 중독 치료사인 로켈 레르너(Rokelle Lerner)와 정신의학자인 휴 미실다인(W. Hugh Missildine)은 '과거의 내면아이'(the inner child of the past)라고 불렀다. 심리학자이며 예술치료사인 루시아 카파치오네(Lucia Capacchione)는 magical child, creative child, playful child, spiritual child 등으로 부른다.

'과거의 당신의 내면아이'(Your Inner Child of the Past)의 저자인 휴 미실다인(W. Hugh Missildine)은 내면아이의 치료작업에 관한 주제를 처음으로 제기하였고, '당신 자신을 축하하라'(Celebrate Yourself)라는 책을 쓴 도로씨 콜킬 브리그스(Dorothy Corkille-Briggs)와 교류분석(TA: Transactional Analysis)의 창시자인 에릭 번(Eric Berne)은 '상처 입은(wounded), 안 괜찮은(not okay)아이 '에 관해 다루면서, 우리의 인격 중에 어린 시절에 손상당했고 수치심과 두려움을 느꼈던 부분과 관련된 주제들을 포함시켰다. 보다 최근에 나다니엘 브랜든(Nathaniel Branden)은 어린 시절의 상처와 낮은 자존감을 관련시켰는데, 그의 책 '당신의 자존감을 높이려면'(How to Raise Your Self-Esteem)과 '높은 자존감을 경험하라'(Experience High Self-Esteem)에서 어린 시절의 해결되지 않은 감정들을 다시 확인하고 치유하며 통합하는 작업을 통해서 자존감을 높일 수 있는 구체적인 방법들을 제시하고 있다. 클라우디아 블랙(Claudia Black)과 샤론 웨그쉐이더 크루즈(Sharon Wegsheider-Cruse)는 처음으로 역기능 가족의 개념을 약물의 존분야에 소개했다. 클라우디아 블랙(Claudia Black)은 그녀의 책 '이 일이 다시는 내게 일어나지 않을 것이다'(It Will Never Happen to Me)에서 알콜 중독가정에서 성장한 자녀들에게 공통적으로 나타나는 특징들을 구체화했다. Claudia Balck은 그녀 자신의 회복경험과 알콜중독 가정의 성인 아이들(ACoA: Adult Children of Alcoholic)에 대한 치료경험을 통해서 알콜중독 가정 출신의 많은 성인들이 어떤 특정한 어린 시절의 패턴을 그들의 삶 속에서 번복하고 있다는 것을 알아냈다. Sharon Wegsheider-Cruse는 그녀의 책 '또 한 번의 기회'(Another Chance)에서 알콜중독 가정에서 나타나는 가족 역동(the family dynamics)에 관한 통찰들을 추가했다. Robert Burney는 내면아이는 더 높은 자아(higher self)로 연결해 줄 뿐만 아니라 진정한 자아(true self)를 발견하는 입구가 된다고 했다.

98) http://blog.naver.com/wind0631/150088488066

99) http://dilettante.egloos.com/2604489 프로이트는 정신분석학에서 우리의 심층을 무의식이라고 규정하고, 이드-이고(자아)-수퍼이고(초자아)로 나눈 바 있다. 나아가 우리의 심층 무의식은 철저히 개인적 무의식이며, 그것은 대부분 성적인 문제와 맞닿아 있다. 그러나 융은 프로이트와 달리 개인 무의식의 하부 심층을 집단 무의식이라고 하며, 원형이 무의식 가운데 행하는 일련의 드러난 행위인데 반해 원형과 인간의 본능은 집단 무의식을 형성하는 직접적 계기가 된다고 한다. 따라서

다. 무의식에 관해서는 일반적으로 알고 있는 무의식과 프로이트가 말하는 무의식에는 차이가 있습니다. 일반적으로 말하는 무의식이란 지금 현재로 의식하지 못하고 있는 것을 나타내는 말입니다.[100] 그러나 프로이트에게 무의식은 한 사람의 행동을 결정짓게 만드는 생각, 기억, 느낌들을 말합니다.[101]

교회의 혼란과 미혹에 넘어가는 일의 시작은 이런 용어의 차이를 구별하지 못하기 때문입니다. 프로이트가 사용하는 말이 얼마나 비성경적이며 또한 비과학적인 일인지를 분명하게 인식을 해야 세상 심리학의 유혹에 넘어가지 않습니다.

성경 어디에서도 프로이트의 무의식과 일치하는 곳은 없습니다. 성경은 항상 우리의 의식에 관한 일로 초점을 둡니다. 하나님께서 인간에게 요구하시는 것들은 모두 현실을 살아가고 있는 자의 의식 속에 일어나는 일들입니다.

여기서 한 가지 짚고 넘어가야할 것은 의식을 강조하는 성경적 관점과 무의식을 강조하는 심리학적 관점의 차이가 무엇인가 하는 것입니다. 무의식을 강조하는 심리학은 결국 '자아'에 강조점을 두고 자아가 '신'(神)이 되는

프로이트와 융 사이에 내재하는 차이점은 결국 극복될 수 없는 성질의 것이었다. 다시 말해, 프로이트는 성 이론에 기반을 둔 리비도 이론을 포기할 수 없었고, 신비주의적 성향이 짙은 융은 억압된 성욕으로 모든 것을 설명하려는 프로이트를 더 이상 받아들이기 힘들었을 테니 말이다.

"어느 정도 표면에 있는 무의식 층은 명백히 개인적이다. 우리는 그것을 개인적 무의식이라 부르는데 반해, 집단적 무의식은 개인의 경험이나 습득에 의하지 않고 태어날 때부터 있는 더 깊은 층의 토대 위에 있다. 나는 집단적이란 표현을 선택했는데, 그 이유는 이 무의식이 개인적이 아닌 보편적 성질을 가지고 있기 때문이다. 즉 그것은 개인적 정신과는 달리 모든 개인에게 어디서나 똑같은 내용과 행동 양식을 가지고 있는 것이다. 달리 표현하자면 그것은 모든 인간에게 동일하며 모든 사람에게 존재하는, 초개인적인 성질을 지닌 보편적 정신의 토대를 이루고 있다."

환자들의 꿈과 자신의 꿈을 분석하던 융은 그 꿈에 나타나는 환상이나 상징이 수백 년 또는 그보다 훨씬 이전이 신화나 민담에 나타난 상들과 일치하는 것을 경험하고는 개인의 무의식은 단순히 유아기에 경험된 내용으로만 이루어진 것이 아니라 개체를 넘어서, 고대에 존재했던 조상들의 집단적인 기억이나 상들로 이뤄져 있다고 주장하기에 이른다. 한 개인의 무의식 안에는 그의 먼 조상들이 경험했던 기억들이 원형으로 내재해 있으며, 오랜 세월을 통해 누구에게나 보편적으로 나타나는 집단 무의식을 형성하는 것이라고 본 것이다.

100) 네이버 사전에서, http://100.naver.com/100.nhn?docid=64973 일반적으로 각성(覺醒)되지 않은 심적 상태, 즉 자신의 행위에 대하여 자각이 없는 상태

101) 데비 드바르트, 존 브래드쇼의 상담이론 비평, 전병래 역, CLC, 2005. pp. 53-54.
무의식 개념은 비과학적이며 성경의 내용과도 반하는 것이다. 성경 어디에도 무의식을 언급한 적이 없으며 과학적으로 무의식의 존재가 입증된 것도 아니다. 사실상 현실적으로 문득 무의식의 세계를 경험할 수도 있다. 잠자는 동안이라거나 머리에 심한 충격을 받은 경우에 가끔 그런 상태를 느낄 수 있다. 일상생활 속에서 습관적으로 어떤 일을 할 때는 거의 무의식적으로 행하는 경우가 많다. 그러나 프로이트가 말하는 무의식이라는 개념은 모든 정서와 사고, 기억 등을 빨아들이는 커다란 블랙홀이며 나중에는 이 블랙홀이 인간의 행동을 부추기고 책임감을 파괴하는 것이다. 프로이트의 무의식의 개념은 인간의 죄과나 행동에 대한 면제의 구실이 되어 버린다.

길로 가게 됩니다. 그러나 의식을 강조하는 성경적 관점은 결국 하나님 앞에 죄인 된 인간이 예수 그리스도의 십자가를 통한 구속으로 나아가게 하며 자기(자아)를 부인하며 자기 십자가를 지는 삶으로 가게 됩니다.

프로이트의 무의식에 관한 이론은 아무런 과학적 근거를 가지고 있지 않습니다. 프로이트의 이런 잘못된 이론에 대하여 E. M. Thornton은 아무런 과학적 근거가 없다고 말합니다. 또한 그가 그 무의식에 관한 이론을 만들었을 때 뇌손상으로 인해 코카인 중독에 빠져 있을 때였다고 말합니다.[102]

게리 콜린스는 프로이트가 정신분석 이론을 개발하기 이전 상황에 대하여, 그는 당시 대가였던 피에르 쟈네트(Pierre Janet)와 쟌 샤르코트(Jean Charcot) 아래서 최면술을 공부하며 파리에서 오랜 세월을 보냈다고 진술합니다. 그때 프로이트는 최면술이 치료에는 필요하지 않다는 결론을 내렸으나 파리에서의 경험은 마음에 관한 그의 사상에 많은 영향을 끼친 것이 거의 분명하다고 게리 콜린스는 결론짓습니다.[103]

프로이트가 이런 무의식 이론을 강하게 펼쳐가는 것은 결정론에 기초하고 있기 때문입니다. 과거의 경험들이 원인이 되어 현재의 행동을 만들었다는 개념입니다. 무의식 속에 현재 행동의 원인들이 가득 차 있다고 생각하기 때

---

102) http://www.enjoyarticles.com/cocaine_1000_0385278624.html
Freudian Fallacy: An Alternative View of Freudian Theory
This work, as "Freud and Cocaine: the Freudian Fallacy" (340 pages), was reviewed by Scottish born psychiatrist Henry Rapoport Rollin, M.D., Honorary Librarian, Royal College of Psychiatrists, in the June, 1984 "Journal of the Royal Society of Medicine." Therein he says, "How······could······Thornton, who has no medical qualifications and······cannot······ have ever taken a history or examined a patient, have······an encyclopaedic knowledge of medicine······This has been achieved, so the dust-jacket informs us, by attending 'the undergraduate teaching in neurology at a major London teaching hospital' at which she is······a research assistant and departmental librarian······(the······hospital and······subject .······she researches are not disclosed). However······Thornton······can.······demolish the concept of psychosomatic medicine······pontificate on every aspect of psychiatry······ attribute just about every psychiatric illness to organic brain disease, and in particular to temporal lobe epilepsy." Further, he comments, "According to······Thornton, Freud is not only a cheat and a liar, but had······brain damage or······neurosis or psychosis (the two terms are used indiscriminately). And why?······because for a······period······Freud snorted cocaine······Thornton······is convinced······Freud's theories······innovative to others······ evolved under······cocaine's toxic effects." Rollin quotes Thornton saying, "Freud's concept of the 'unconscious' mind must be attributed to his cocaine usage." Would this also mean that 17th-18th century German philosopher Gottfried Wilhelm von Leibniz, LLD, was addicted to cocaine when he formulated his concept of 'unconscious perceptions'?
103) 게리 콜린스, 게리 콜린스의 마음탐구, 허영자 역, 두란노, 2000, p. 223.

문에 정신분석을 통하여 알아내려고 합니다.

그러나 프로이트의 이론이 허무맹랑한 것은 그 과거의 행동이라는 것을 보는 기준이 모두 성적(性的)인 차원이기 때문입니다.104) 인간의 발달 단계를 오직 하나의 기준으로 판단하고 평가한다는 것은 상식적인 수준에서도 받아들여지지 않는 일입니다.

5세까지의 경험이 인생을 결정한다는 프로이트의 이론에 대해 Orville Brim은 『Personality Development in Children』에서 한 사람의 인성이 성인이 되어서도 바뀌어질 수 있음을 밝히고 있습니다.105) 프로이트의 이런 비성경적인 이론에 대하여 오류가 있음을 M. 스캇 펙은 지적합니다(그렇다고 M. 스캇 펙을 지지하는 것은 아닙니다).

> 내 경험을 보아도 정신질환이 무의식의 소산이 아니라고 하는 융의 견해는 분명 옳다. 정신질환은 오히려 의식에서 일어나는 현상이거나 의식과 무의식의 부조화에서 빚어지는 현상이다.106)

---

104) 다음 지식 검색에서 /프로이트의 5단계 심리성적 발단단계
  1. 구강기 (1세) 2. 항문기 (2~3세) 3. 남근기 (4~6세) 4. 잠복기 (7~12세) 5. 생식기 (13~18세)
105) http://www.questia.com/PM.qst?a=o&d=4449555
  http://www.press.umich.edu/titleDetailDesc.do?id=872207 Look at Me! The Fame Motive from Childhood to Death.
106) M. 스캇 펙, 아직도 가야 할 길, 신승철 · 이종만 역, 열음사, 2007, pp. 363-365. (아래에 인용한 스캇 펙의 글을 좀 더 읽어보면, 브래드쇼는 지나간 세대의 심리학자들과는 다른 차원으로 전개해 나가고 있음을 알게 된다. 그가 이렇게 말하는 궁극적인 목적은 신이 되려고 하기 때문이다.) 이처럼 너무나 낯설어 환영받지 못하는 것이 바로 무의식의 세계와 그 무의식이 의식 세계 속으로 침투해 들어오는 방식이다. 프로이트를 위시한 그의 초기 추종자들이 무의식을 원시적이고 반사회적이며 악마적인 것으로 취급했던 이유가 바로 여기에 있다.
무의식이 '나쁜' 것으로 여겨지는 까닭은 의식이 그것에 저항하기 때문이다 바로 이러한 관점에서, 사람들은 정신 질환을 우리들 마음속 깊은 곳에 숨어 있는 무의식이라는 악마의 탓이라고 생각하게 된 것이다. 이러한 그릇된 관점을 바로잡기 위해 노력한 사람이 바로 카를 융이다. 그는 여러 가지 방법으로 이일을 수행하고자 했다. 그는 이것을 '무의식의 지혜'라는 말로 표현했다.
내 경험을 보아도 정신 질환이 무의식의 소산이 아니라고 하는 융의 견해는 분명 옳다. 정신 질환은 오히려 의식에서 일어나는 현상이거나 의식과 무의식의 부조화에서 빚어지는 현상이다. 예를 들어 '억압'이라는 문제를 생각해 보자. 프로이트는 많은 환자들에게서 그들이 아직 분명히 깨닫고 있지 못하지만 그들을 병들게 하는 성적 욕구와 적개심이 무의식 속에 잠재되어 있음을 발견했다. 이러한 욕구와 감정들이 무의식에 있기 때문에, 정신 질환을 야기하는 것은 무의식이라고 하는 관념이 생겨났다.
그러나 이런 감정들이 무의식 속에 처음 생겨나게 된 것은 왜일까? 이것들은 왜 억압되었을까? 대답은 의식이 그것들을 원치 않았기 때문이다. 그리고 자기 것이 아니라고 부인하는 데에 문제가 있다. 즉, 문제는 인간이 성적인 욕구라든가 적개심 따위를 지니고 있다는 그것이 아니라 이러한 감정들을 의식이 직면하기를 거부하고 또 그에 따르는 고통을 감수하기를 거부해 그러한 감정들을 저

그러므로 무의식과 과거가 오늘의 삶과 행동을 결정한다는 프로이트의 이론은 신기루에 불과한 이론입니다. 내적치유자들이 엉터리 이론으로 미혹을 하는 것은 하나님의 말씀인 성경에 대한 분명한 확신을 상실한 채 맹목적으로 심리학을 신봉한 결과입니다.

이런 '내면아이치유'로 가장 저명한(?) 사람은 존 브래드쇼(John Bradshaw)[107]일 것입니다. 그는 내면아이 치료 워크숍을 "지금까지 실시되어온 상담과 심리치료 중에서도 가장 강력한 프로그램"이라고 말합니다.[108]

너머의 어두운 곳으로 밀어 넣으려고 하는 바로 그것이다.

무의식이 자신의 존재를 우리에게 말해 주는 세 번째 방법은 우리의 행동을 통해서다. 우리가 조금만 주의를 기울인다면-그러나 우리는 대체로 자신의 행동을 주의 깊게 관찰하는 것을 싫어한다-쉽게 확인할 수 있다. 다시 말해 말과 행동에서의 실수 또는 프로이트가 《일상생활의 정신 병리학 Psychopathology of Everyday Life》에서 무의식의 소산이라고 언급한 바 있는 '프로이트적 실수' 등이 바로 그것이다. 이런 현상을 설명하기 위해 프로이트가 사용한 '정신 병리'라는 말에는 무의식에 대한 그의 부정적 경향이 다시금 드러난다. 그는 무의식을, 우리를 솔직하게 만들려고 애쓰는 착한 요정으로 보기보다 덫에 걸리게 하거나 나쁜 짓을 하도록 만드는 악령쯤으로 여겼다. 환자가 정신 요법을 받는 동안에 실수를 저지르는 것은 치료에 도움이 된다. 환자의 의식은 정신 치료 과정 동안에 치료에 저항하여 자기 자신의 진정한 본성을 치료자뿐만 아니라 자기 자신의 명료한 의식에게까지도 숨기려고 한다. 정신 치료자에게 협조하여 개방성과 정직함과 진실함과 사실 등에 입각하여 '있는 그대로를 말하려는' 투쟁을 벌이는 것은 무의식이다.

107) 데비 드바르트, 존 브래드쇼의 상담이론 비평, 전병래 역, CLC, 2005. pp. 73-78. 브래드쇼는 어린 아이는 '시(詩) 그 자체'이며 또한 어린 시절에는 자아의 신성이 유지된다고 주장한다. 경이로운 아이가 본능적으로 탐구하기를 즐기며 경외스럽고 창조적인 존재라고 한 융의 말을 인용했다. 일곱 살 이전의 아이는 도덕에 대한 감각이나 개념이 없으며 그저 아무 죄도 없고 아름답기만 한 작은 인간일 뿐이라는 것이다. 진정한 자아를 거부하는 것이 아이에게는 가장 큰 상처를 주는 것이라고 말한다. 하나님이 아니라 자신의 내면적 자아에게 주의를 기울여야 한다고 주장한다. "누군가를 정신적 지도자로 만들려고 할 때마다 우리 자신은 그만큼 작아진다. 인간은 내면에 있는 자아의 소리에 귀를 기울여야 한다. 내 자신이 바로 나의 스승이며 신이기 때문이다." 이러한 신으로서의 자아개념은 훨씬 더 나쁜 형태의 또 다른 우상 숭배와 다를 바 없다. 거짓된 자아를 버리고 진정한 자아를 회복하는 것이 관건이 아니라 하나님께 다가가 회개를 통해 구원을 얻고 죄 사함을 받아야 하는 것이다. 이렇게 하여 인간은 마음속이 하나님과 타인에 대한 사랑으로 가득 찬 새로운 존재로 거듭나게 된다. 결국 브래드쇼의 주장이 성경에서 전하는 진리와 완전히 상반된다고 말하지 않을 수 없다.

108) http://cafe.daum.net/cineartDC/M1OI/2 존 브래드쇼는 가족치료사이며 내면아이 치료 전문가이다. 그는 원래 신부가 되기 위해 캐나다에서 사제 수업을 받았던 적도 있었으며, 토론토 대학교에서 신학과 심리학, 영성 분야에서 3개의 학위를 취득했다. 미국의 PBS(교육방송) 텔레비전 '인간성장의 8단계'의 진행자와 대중강연가로서 그리고 가족치료와 내면아이 치료 워크숍의 인도자로서 수많은 사람들의 상처받은 내면을 치료하고 가족관계를 회복시키는 일을 20년 넘게 해 왔으며, 그가 저술한 『가족』, 『수치심의 치유』, 그리고 『상처받은 내면아이 치유』가 뉴욕 타임스 연속 베스트셀러를 기록하면서 전 세계적으로 널리 알려지게 되었다. 이 책에서 브래드쇼는 자신이 "지금까지 실시되어온 상담과 심리치료 중에서도 가장 강력한 프로그램"이라고 고백한 그의 내면아이 치료 워크숍(Inner Child Workshop)을 소개하고 있다

또한 풀러신학교의 찰스 크래프트 교수는 그런 일에 대가로 불리고 있습니다.[109] 국내에서는 오제은 교수가 제일 열심을 내고 있는 사람 중에 하나입니다. 그리고 국내의 내적치유에서는 수많은 추종자를 거느리고 있는 주서택 목사와 정태기 박사가 전선의 최고 지휘관들로서 타의 추종을 불허하는 위치에 자리 잡고 있습니다. 수많은 사람들이 그들의 내적치유의 배경과 이론이 얼마나 비성경적인지를 모른 채 그대로 끌려가고 있는 현실은 매우 안타까운 일입니다.

브래드쇼는 사람들이 겪는 모든 불행의 가장 큰 원인은 바로 아직 치유되지 않은 이 '상처 입은 내면아이'로 인한 것이며, 만약 우리가 그 내면아이를 발견하고 돌보지 않는다면 그 아이는 성인이 된 우리의 인생에 계속적인 악영향을 끼치면서 모든 것을 엉망으로 만들어 버릴 것이라고 주장합니다.[110] 어린아이의 성장이 저지되거나 감정이 억제되었을 때, 특히 화가 났거나 마음에 상처를 받았을 때의 감정들을 그 아이가 그대로 가진 채 자라나서 성인이 된다면, 그 화나 있고 상처 입은 아이는 어른이 된 후에도 계속해서 그의 내면에 자리 잡게 된다는 것입니다. 그리고 그 내면의 아이는 성인으로서 살아가는 데 계속해서 파괴적인 영향을 끼치게 된다고 합니다.[111]

---

109) http://cafe.naver.com/happynow4/1022 어머니의 심리상태가 고스란히 태아에게 영향을 미칩니다. 어머니가 자주 짜증을 내었다면, 태중에서 그 영향을 고스란히 받음으로써 태어난 아기도 짜증을 부리게 됩니다. 태아기와 어린시절[무능하고 무기력한]상태에서 당한 상처를 통해서, 마음깊이 내재한 기록들이 생기고 이로 인해서 인격, 정서, 관계, 믿음의 성장을 멈추게 합니다. 어린 시절의 당한 상처로 인해서 나오는 자신을 향한 독백은 '나는 실패자야, 나는 제대로 하는 것이 없어, 모든 것이 잘못되었어, 쉬지 않고 일해야 해, 다른 사람의 수준에 맞혀야만 인정을 받을 수 있어, 예뻐야 사람들이 좋아해……'

크래프트 심리학교수는 UCLA교수로 천재라고 위대한 명성을 얻은 분입니다. 55세 때 그는 걷잡을 수 없는 분노가 늘 치밀었습니다. 그를 가르쳐 '핏대교수'라고 하였습니다. 늘 화를 내고 무서운 교수라고 칭합니다. 하지만 그는 죽고 싶은 마음이 가득하였습니다. 본인도 왜 그런지 알 수 없었지요.

우연히 부인이 "이상해. 당신엄마 아빠가 결혼한 날짜와 당신이 태어난 날짜와 일치하지 않아." 그리하여 자신이 태어난 출생의 비밀을 알게 되었습니다. 즉 엄마 아빠가 결혼하기 전에 엄마가 임신을 하게 되었습니다. 청교도 집안에서 그것은 수치거리였습니다. 어머니는 낙태를 하려 하였지만 여의치 않았고 후회 죄책감에 가득한 채 결혼하여 교수를 낳은 것입니다. 자신의 이유모를 분노와 자살충동이 엄마 태중에 있을 때 거절당한 느낌이었다는 것을 깨닫고 태아치유에 대한 대가가 되었습니다.

110) John Bradshaw, 상처받은 내면아이 치유, 오제은 역, 학지사, 2004, p. 31.

나는 과거에 무시당하고 상처받은 내면아이(neglected, wounded inner child of the past)가 바로 사람들이 겪는 모든 불행의 가장 큰 원인이라고 믿는다. 그리고 우리가 그 아이를 잘 발견해서, 상처 난 부분을 회복시켜 주고 잘 돌보아 주지 않는다면, 그 아이를 성인이 된 우리의 인생에 계속적인 악영향을 끼치면서 모든 걸 엉망으로 만들어 버리고 말 것이다.

그런 그의 주장과 사상은 그냥 간과하고 지나갈만한 것이 결코 못됩니다. 왜냐하면 그는 뉴에이지적이며 사교적인 관상으로 치유를 주장하는 사람이기 때문입니다.[112]

미국 오하이오 주립대학의 교수이며 정신의학자인 휴 미슬다인(Hugh Missildine)박사는, 사람들에게는 어른이 되어 아버지가 되고 어머니가 되었음에도 불구하고 어렸을 때에 자신이 받았던 영향력이 그대로 내적으로 잠재되어 있다고 말합니다. 이것을 '우리들 안에 존재하고 있는 과거의 어린아이'라고 정의합니다. 최근의 심리학자들은 이것을 '내재된 과거'와 아직도 존재하고 있는 나의 어린아이 같은 모습인 '숨겨진 아이' 또는 '성인아동'이라고 부르고 있습니다.[113]

111) http://blog.daum.net/oys6000/15595253

112) http://blog.naver.com/thebloodofx/20090719442 "모든 중독에는 그 안에 신이 있다. 일, 돈, 술, 마약, 사랑하는 대상, 배우자, 자녀, 도박, 담배, 성, 음식 등. …… 그 어떤 신도 중독자들 만한 추종자들을 얻지 못할 것이다. 중독자들은 문자적으로 그들의 삶은 그들의 하나님에게 기꺼이 드릴 준비가 되어 있다." 그가 말하는 핵심은 이러한 문제들은 기본적으로 영적 치유가 필요한 영적 문제라는 것이다. 따라서 브래드쇼가 볼 때 이러한 문제들에 대한 치유는 고대 지혜이다. 그는 관상의 과정을 다음과 같이 설명한다. "여러 번 연습하다 보면 당신은 마음이 비어지는 상태를 만들어낼 수 있게 된다. 이 상태를 침묵이라고 부른다. 이 상태가 만들어지면 그 동안 사용되지 않았던 정신적 기능이 활성화된다. 이 기능은 직관(intuition)의 형태로 나타난다. 이 기능으로 사람은 하나님을 직접적으로 알 수 있다. 영적 사범들은 이 지점에 대해 한결 같이 동일한 증거를 한다. 그들은 이러한 직관적 지식을 "직관적 의식" 또는 "하나님 의식" 또는 "더 높은 의식" 등으로 다양하게 표현한다. 이는 하나님과의 직접적인 연합 상태이다." 이 "연합"은 하나님에 대한 고전적인 사교 개념이다. 만일 하나님이 모든 것이면 우리는 모든 것의 부분이다. 그렇다면 우리는 하나님이다. 이를 브래드쇼는 다음처럼 설명한다. "우리 각자는 나름대로 우주이다. 이것이 바로 위대한 영적 사범들이 수세기 동안 우리에게 가르쳐왔던 모든 것이다. 자아(the ego)는 분리와 허상을 창조한다. 그러나 자아를 초월하기만 하면 분리가 없다. 우리는 모두 하나다." 당신을 자신 그대로 "안다"는 것은 뉴에이저들이 연결되기를 구하는 모든 것을 아는 내면의 신성을 의미한다. 브래드쇼는 다음과 같이 선포한다. "우리가 더욱 진실하게 자기 자신이 될수록 우리는 더욱 하나님처럼 된다. 참으로 우리 자신이 되기 위해서는 우리의 외적 사명과 목표를 받아들일 필요가 있다. 이는 인간의 방법으로 우리의 하나님 같음을 드러내는 것을 포함한다."

113) http://blog.daum.net/mentor2020/6664513 미슬다인의 설명을 조금 더 언급하면, 여기서의 중요한 뜻은 어린 시절에 자신이 경험했던 영향력, 또는 유년기를 지배했던 형상이 어른이 되었더라도 쉽게 떠나지 않고 평생의 삶의 스타일과 의식구조를 결정하고 지배하고 있다고 보는 데 있다. 그 영향력 가운데는 상당히 좋은 영향력도 존재하지만 우리들이 경험하는 바로는 매우 부정적인 영향력이 한평생 우리를 지배하며 불행하고 고통스럽게 만든다는 것이다. 그래서 가정의 가장 큰 불행의 원인은 바로 어른들 속에 있는 '성인아이'라는 것이다. 그러므로 가정의 행복의 열쇠는 가정 속에서 수시로 나타나 가족들을 괴롭히는 '성인아동을 얼마나 잘 극복하느냐'에 달려있다고 해도 과언이 아니라고 한다. 미슬다인은 내면아이를 '성취 지향적인 어린아이', '분노하는 어린아이' '의존적 어린아이' '절제하지 못하는 어린아이' '고독한 어린아이' '자학적인 어린아이' 이렇게 6가지 형태로 나누어 설명한다. 그는 인간은 누구나 자기 안에 성인아동을 간직하고

반(反)기독교적인 프로이트와 그의 영향을 받은 사람들의 이런 잘못된 이론을 교회가 적극 수용한다는 것은 매우 위험한 일입니다.

칼 융의 '원형론'(Archetype)

'내면아이'의 이론의 또 다른 근거는 칼 융의 '원형론'(Archetype)에 근거하고 있습니다. 융의 '원형론'이란 무엇일까요?

정소성 교수는 이렇게 말합니다.[114]

인간의 8가지 심리유형론이나, 집단무의식 이론 못지않게 중요한 융의 분석심리론의 하나는 바로 원형론(archetype)이다. 융은 집단무의식은 행동과 원형으로 이루어져 있다고 생각했다. 융은 수많은 정신병자들을 겪으면서, 그들이 내보이는 환상이란 고대로부터 이어져 내려오는 원형적 심상이나 상징의 집단적인 저장물로부터 나온다는 사실을 발견하였다. 그의 인간연구가 깊어감에 따라서 그는 이 사실을 확신하게 되었다.

개인무의식에 덧붙여, 집단무의식을 확신한 융은, 그것이 본능과 원형으로 이루어져 있음을 확인하였다.

2차 대전을 일으킨 히틀러의 아리안족의 단결은 일종의 집단무의식의 발현이라는 측면이 강하다.

본능은 우리의 행동을 결정한다. 아울러 융은 인간의 인식 그 자체를 통제하는 선천적 무의식적인 이해양식이 있음을 감지했다. 이것이 소위 말하는 원형이다.

그러므로 원형은 인간심리의 네 가지 유형인 직관과 밀접한 관계를 가지고 있다. 여기서 원형과 직관이란 선천적인 기능이다.

본능은 인간의 행동양식을 결정하며, 원형은 직관이란 방법을 통해 인간의 이해양식을 결정한다.

여기서 말하는 원형이란 물론 물질적인 실체가 아니다. 그것은 어디까지나 심상(image)이다. 자신의 모습을 감추고 무의식으로만 존재하는 원형은, 심상으로 자신의 모습을 드러낼 뿐이다.

그러므로 원형은 원시적이며 본원적인 사고이다. 추상적인 원리는 아니다. 그것은 초자연적이며 신성한 의미를 내포하고 있다. 새벽에 바다의 수면 위로 떠오르는 해는 바로 이런 원형의 개념이다. 그래서 원형은 신의 개념과 연결되며, 예수를 원형의 개념과 연결하는 것이다.

있다고 보고, 문제는 가정에서 잠재된 어린아이 모습 때문에 미성숙한 인격을 드러내고, 자기 감정을 폭발하여 서로를 힘들게 하고 상처를 받아 역기능 가정을 만드는 데 있다고 말하고 있다.

114) http://cafe.daum.net/marronnier64/1okI/570

융은 원형들(archetypes) 중에 하나를 '내면아이'로 보았습니다. 그래서 융은 이 '내면아이'를 '신성한 아이'(Divine Child)라고 불렀습니다.[115] 이것이 얼마나 위험한 사상인지를 짚어 보아야 합니다.

여기에 대해서 William DeFoore는 '신성'이라는 말의 정의 중에 하나는 순전히 '하나님으로부터'라는 의미를 갖고 있다고 말합니다. 그는, 만일 우리가 하나님이나 우주의 창조자로부터 왔다는 것을 믿는다면, 이런 개념을 받아들일 수 있다고 말합니다. '신성한 아이'는 밝고 순수하며 열려있고 상처받기 쉽습니다. 이 관계는 끊어지지 않으며 내면으로의 여행을 통해 치유가 된다고 말합니다.[116]

이런 이론적인 배경에서 소위 '내면아이'라는 개념이 만들어졌습니다. 그러다 보니 결국 그 원형을 이루고 있는 과거로 돌아가서 그 단계별로 그때에 상처 입은 '내면아이'[117]를 발견하고, 이전의 그 아이가 지금의 나를 만들었기 때문에 그때 받은 상처를 토로하게 하고 이야기하면서 치유하는 과정을 밟게 됩니다.[118] 내면의 아이와 만나고 그래서 잃어버린 나를 찾고 하

---

115) http://www.crystalinks.com/innerchild.html The Inner Child refers to your emotional body. Carl Jung called it the 'Divine Child'. Emmet Fox called it the 'Wonder Child'. Charles Whitfield called it the 'Child Within'. Some psychotherapists call it the 'True Self'. Our personalities emerge as a result of our genetic code, DNA, or inherited characteristics, and the environment in which we experience. Childhood is dictated by those who raise us and often causes scars that will take years to heal. For the most part, our issues go back to childhood and what impacted on our emotional and physical bodies at that time. The inner child remains with us all of our lives. We are all children at heart, innocently searching for our meaning in life.

116) http://www.articlesbase.com/self-help-articles/what-is-the-inner-child-how-to-understand-and-work-with-your-own-inner-magic-and-creativity-223269.html

117) http://cafe.daum.net/hanuriys/AFVO/12 '상처 받은 내면아이' 혹은 '성인 아이'의 특징에 대해 참고할 수 있다.

118) http://deverandering.info/Innerlijk%20kind.html We weten dat ervaringen die we in onze (vroege) jeugd hebben veel later in ons leven nog kunnen bepalen hoe we doen in bepaalde situaties, en hoe we ons daarbij voelen. We weten ook dat juist schijnbaar onbelangrijke, triviale, ervaringen later toch een grote rol blijken te spelen, ook als we ons de gebeurtenis zelf bewust niet of nauwelijks meer herinneren.
Zo kan het ons zo maar overkomen dat we bij een woord van kritiek heel boos worden. Of juist heel angstig, ook al wil je dat zelf eigenlijk niet. Het gaat automatisch.
Mensen zeggen dat ook zo: het is net alsof er iets in mij dan naar voren komt. Je zou dan ook kunnen zeggen dat dat kleine kind, dat je vroeger was, en dat die ervaringen heeft gehad, nog in je zit. En met dat kind, daar kun je mee aan het werk.
In de workshop "Innerlijk kind" leer je op een speelse en aangename manier kennis te

는 과정을 통해 치유를 받게 된다는 것입니다.[119]

심리학자들 혹은 심리학과 기독교를 통합하는 자들은 지난 날에도 그래왔듯이, '이런 내면아이치유법이 이전의 치료법과는 다른 새롭고 중요한 치유의 도구이며 가장 빠르고 가장 강력하고 치유와 성장에 결정적인 효과를 가져올 수 있다.' 라고 하면서 박수를 아끼지 않습니다.[120] 그러나 그 과정과 결과는 비성경적입니다.

근본적인 문제는 무엇인가?

1. '인간은 죄인이다' 는 사실을 간과한다

문제는 이들이 '내면아이의 상처' 에 대해 집중하면서도 인간의 본래 상태에 대해서는 무지하다는 사실입니다. 성경은 분명히 말씀합니다.

> 모든 사람이 죄를 범하였으매 하나님의 영광에 이르지 못하더니(롬 3:23)

사람은 나면서부터 죄인입니다. 누구는 더 많이 죄를 짓고 누구는 덜 지은

---

maken met dat kleine kind in jezelf, zodat je er weer verbinding mee kunt maken. Ook ga je op zoek naar wat dat kind je nou eigenlijk wil vertellen: wat het van je nodig heeft, maar ook: wat het jou te bieden heeft, wat jij zo in de loop der tijd kwijt bent geraakt, en je toch eigenlijk graag terug wil. Zo is de workshop het begin van een nieuwe, bloeiende relatie met dat kind in jou − en dus met jezelf.

119) http://www.inneres-kind-berlin.de/home.html Das Innere Kind ist der Teil in uns, den wir seit unserer Kindheit tief in uns verankert haben. Vor allem, wenn wir uns von anderen Menschen verletzt f hlen, wenn wir uns trennen m ssen oder wenn uns ein Unrecht zugef gt wird, reagieren wir heftig darauf mit Gef hlen unseres Inneren Kindes: wir bekommen Wutanf lle, rasten aus, rennen weit weg, empfinden Angst oder Panik und wissen oft nicht wohin mit unserer Verzweiflung.

Einige Menschen erstarren in diesen Situationen, empfinden Scham oder f hlen sich wie unter Schock: gel hmt, leer und von gro ß er Traurigkeit. Die Begegnung mit dem Inneren Kind hilft uns, zu verstehen, was mit uns los ist, warum wir als Erwachsene pl tzlich so "kindlich" reagieren. Dieses eigene Innere Kind kennen und lieben zu lernen, ist manchmal ein schmerzlicher, aber ein heilsamer Prozess − vergessene innere Wunden werden neu gef hlt, verstanden und so in unser heutiges Leben integriert. Auf diesem Weg zu unseren inneren Fundamenten kann es passieren, dass wir neue Kr fte in uns f hlen und unsere Welt und unser Leben mit neuen klareren Augen sehen. Oft kommt von innen heraus dann die Entscheidung, ein neues, anderes und erf llteres Leben zu f hren.

120) http://blog.daum.net/oys6000/15595253

죄인이라는 분량으로서의 죄가 아니라 원천적으로 다 죄인이라는 것을 알아야 합니다. 모든 사람이 죄를 범하였다는 이 사실을 외면하고 사람들은 자기 스스로 선하고 의로운 상태라고 착각하고 살아갑니다. 심리학자들과 혼합주의자들의 의도적인 잘못과 죄악은 '인간은 죄인'이라는 기본적인 원리에서 이탈한 것입니다. 때문에 잘못된 이론과 치유법이 만들어지게 됩니다.

그런 오류들을 정동섭 교수에게서도 발견할 수가 있습니다. 정동섭 교수는 다음과 같이 말합니다.

우리는 그리스도 안에서 새로운 피조물이 되었지만 여전히 과거의 상처로 인해 영향을 받고 있다. 고통스러운 기억은 회심의 경험이나 성령충만함으로 자동적으로 치유되지 않는다. 우리는 악한 죄인이면서 동시에 상처받은 피해자이기도 하다. 억압된 기억은 영적성장을 방해한다. 은혜를 아는 것과 은혜를 누리는 것은 다르다. 구원(거듭남, 회심)은 순간의 기적이지만 성화는 일생동안 계속되는 과정이다.
성인아이가 내적치유를 경험하려면, 첫째, 고통스런 과거의 기억을 직면해야 하며 둘째, 과거의 의미를 재해석할 수 있어야 한다. 그리고 셋째, 자신의 과거를 있는 그대로 용납하는 가운데 의지적으로 나에게 상처를 준 가해자를 용서하고 분노를 해소할 수 있어야 한다. 원한에 대한 유일한 치유책은 용서이다.121)

'죄인이면서 피해자'라는 이런 애매모호한 입장 때문에 수많은 성도들이 혼란을 겪고 심리학의 종살이를 하고 살아가도록 만듭니다. "우리는 악한 죄인이면서 동시에 상처받은 피해자이기도 하다."라는 말은 그의 말에서 보는 대로 죄인 됨에서는 구원받았으나 피해자 됨에서는 치유 받지 못한 상태로 남아 있다는 말이 됩니다. '구원 받은 나'와 '성인아이로서의 나'라는 두 개의 인격체가 존재하는 셈이 됩니다. 여기서 성인아이(내면아이)는 '무죄한 상태의 인격체'로 대우를 받습니다. 자기의 죄인 된 것과는 아무런 상관이 없이 오로지 상처를 받은 자요 용서를 해 주어야 하는 자로 남습니다.

그러나 성경은 '내면아이'의 치유가 아니라 전에 우리가 죄의 지배 아래 있었으나, 이제는 죄에서 해방되어 의의 종이 되었기 때문에122) 하나님의 말

---

121) http://blog.naver.com/teentopia

씀대로 살아가라고 말씀합니다.

> 너희는 유혹의 욕심을 따라 썩어져 가는 구습을 좇는 옛 사람을 벗어 버리고 오직
> 심령으로 새롭게 되어 하나님을 따라 의와 진리의 거룩함으로 지으심을 받은 새사
> 람을 입으라(엡 4:22-24)

이것이 하나님의 말씀이며 명령입니다. 지금의 나의 고난 속에 있는 형편
과 죄악 된 삶에 대한 핑계와 변명을 하라는 것이 아니라 오직 하나님의 말
씀에 기준하여 말씀대로 바르게 살아갈 것을 명령하고 있습니다. 죄악 된 인
간들은 이런 하나님의 명령에 의도적으로 거부하고 언약의 말씀 대신에 세상
의 심리이단(심리이설)을 통하여 자기 스스로 선하고 의롭게 되고자 몸부림을
치고 있습니다.

새언약의 백성으로서 성도들은 과거로 돌아가서 내면아이를 치유할 것이
아니라 하나님의 명령을 따라 살아갈 때에 성경적으로 변화될 수가 있습니다.

> 8 이제는 너희가 이 모든 것을 벗어버리라 곧 분과 악의와 훼방과 너희 입의 부끄러
> 운 말이라 9 너희가 서로 거짓말을 말라 옛 사람과 그 행위를 벗어버리고 10 새사람
> 을 입었으니 이는 자기를 창조하신 자의 형상을 좇아 지식에까지 새롭게 하심을 받
> 는 자니라(골 3:8-10)

죄악 된 "모든 것을 벗어 버리라"고 명령하고 있습니다. 따라서 분을 해
결하기 위해 과거로 돌아갈 것이 아니라 어떤 이유와 조건과 상황일지라도
분을 내지 말아야 합니다. 마찬가지로 악의와 훼방과 부끄러운 말과 거짓말
도 하지 말아야 합니다.

그렇게 하지 말아야 할 이유를 본문에서 말씀하고 있습니다. 성도는 "자
기를 창조하신 자의 형상을 좇아 지식에까지 새롭게 하심을 받는 자"이기
때문입니다. 성도는 더 이상 옛 사람이 아닙니다. 옛 사람은 십자가에 못박혀
죽었습니다. 성도는 이제 새사람이 되었습니다. 그 새사람은 우리 스스로 노
력하여 만들어 낸 결과물이 아닙니다. 성령님의 새롭게 하심으로 말미암아,
그 능력으로 말미암아 우리 안에 역사하신 결과입니다.

그 해결과 변화는 오직 예수 그리스도 안에만 있습니다. 성도가 성경에서
말씀하시는 예수 그리스도 안에 주어진 값진 보화를 알지 못하고 인간이 인

---

122) 죄에게서 해방되어 의에게 종이 되었느니라(롬 6:18)

간의 삶을 해결하기 위해 심리학으로 나아가는 것은 잘못되고 악한 것입니다. 세상은 과거의 일에 대해서 해결하지 못합니다. 그러나 성경은 분명히 예수 그리스도께서 다 해결하셨다고 말씀합니다.

사도 바울은 더 힘주어 말합니다.

> 내가 그리스도와 함께 십자가에 못 박혔나니 그런즉 이제는 내가 산 것이 아니요 오직 내 안에 그리스도께서 사신 것이라 이제 내가 육체 가운데 사는 것은 나를 사랑하사 나를 위하여 자기 몸을 버리신 하나님의 아들을 믿는 믿음 안에서 사는 것이라 (갈 2:20)

성화에 관한 본문으로 종종 오해되는 이 본문은 우리의 의롭게 되는 것이 우리의 의지와 노력이 아닌 오직 예수 그리스도로 말미암은 것임을 말씀하고 있습니다. 사람이 과거를 아무리 들추어내어도 그 과거를 해결하지 못합니다. 왜냐하면 그 죄를 해결하고 그 상처를 해결할 수 있는 열쇠를 인간이 쥐고 있지 않기 때문입니다.

2. 상처인가? 죄인가?

또한 중요한 것은 '그것을 상처라고 하는 것이 과연 맞는 말인가?' 하는 것입니다. 우리의 입장에서 보면 상처라고 할 수도 있겠으나 하나님의 말씀 앞에 보면 그것은 '죄'와 '그 죄로 인한 영향'이라는 말이 맞는 말입니다.

왜냐하면, '상처'라는 말은 인간의 문제를 '병리학적인 차원'에서 다루기 때문입니다. 이것이 사탄이 펼치는 고도의 전략입니다. '상처'라고 하면 그 속에는 '죄'라는 개념이 사라져 버리기 때문입니다. 인간은 '상처받았다'는 말을 쉽게 말합니다. 자신이 '상처 주었다'고 생각하지 않습니다. 혹 그렇게 생각하는 때도 있습니다. 그러다 보니, 거기에는 '죄'라는 개념으로 인간을 파악하고 회개하는 것이 아니라 단지 인간이 인간의 사회적 원리와 심리학적 원인으로 해결하려고 할 뿐입니다.

3. 잘못된 기억이론에 기초한다

프로이트와 그의 동료인 한스 브로이어는 일련의 자료 수집을 통하여 공통분모를 찾기 시작했습니다. 십대와 사춘기 때에 정신적 충격을 받은 것을 발견하였는데, 그 정신적 충격이라는 것이 성폭행이었고 주로 가족에 의한 것이었습니다. 이런 것이 무의식을 억압하고 육체적인 병을 얻게 된다는 결론에 도달합니다. 이 발견으로 아이들은 그들이 자랄 때까지 보호를 필요로 한다는 것에 초점을 맞추었습니다.[123]

그러나 오늘날에 와서는 이런 배경에 기초한 프로이트의 사상이 얼마나 허무맹랑한 것인지 공론화 되어 있는 것이 사실입니다. 왜냐하면 그 당시와 비교하여 오늘날에는 여권신장운동으로 말미암아 그 분위기가 완전히 전복이 되었기 때문입니다. 지난 날 가부장적인 분위기와 현대의 가정 분위기와는 비교가 되지 않습니다.

1993년 11월 판 타임지는 당시 캘리포니아에 살던 한 중년 여인의 이야기를 보도했습니다.[124] 심리치료사는 그녀의 우울증은 어린 시절에 일어난 근친상간 때문이라고 진단했고, 아버지를 만나 따지고 항의한 뒤에 부모와 관계를 끊었습니다. 그러나 오랜 시간이 흐른 뒤에 그 기억이 사실이 아님이 드러났고 그녀는 부모를 찾아가 사죄하고 정신병원을 상대로 고소를 했습니다.

이와 같은 치료는 프로이트 이론에 기반을 둔 정신분석치료 방법에 기인한 것입니다. 프로이트는 정신장애의 주된 이유가 억압된 감정이나 동기 그리고 무엇보다도 억압된 기억 때문이라고 합니다. 정신분석은 이 무의식 속에 숨어 있는 기억을 끄집어내는 데 있습니다.

어떤 한 환자는 최면을 이용해 자기가 어린 시절에 악마 숭배 집단에 속해 있었고 갓난아기를 먹었으며 강간을 당했고 동물들과 성교했으며 8살 먹은 자기 친구가 살해되는 것을 목격했다는 것을 기억해 냈습니다. 그러나 그것이 가짜 기억이라는 것이 밝혀지면서 이 환자는 그 정신과 의사를 고소했고 그 정신과의사는 2백만 불이 넘는 돈을 합의금으로 내놓았습니다. 또 다른 환자는 상담 중에 아버지가 어릴 적에 자기를 자주 강간했고 자기 엄마는 그런 아빠를 도왔으며 그래서 철사로 된 옷걸이로 임신 중절도 여러 번 했다는 것을 기억해 냈습니다. 그러나 나중에 신체검사를 해 본 결과 이 여자는 임신한 적도 없고 22살이던 당시 처녀였음이 판명 났습니다. 이런 일이 많이 일어나자, 1992년에 부모들이 '가짜기억증상재단'을 만들었는데 그런 억울

123) http://www.mentalhelp.net/poc/view_doc.php?type=doc&id=9409

124) http://blog.hani.co.kr/newyorker/1369

함을 호소한 부모들이 불과 3년 사이에 15,000쌍에 이르렀습니다. 현실이 이렇게 되자 정신분석심리치료를 하는 사람들이 억제된 기억 찾아내기를 그만두기 시작했습니다.

이 분야에서 유명한 워싱턴 대학교의 E. Loftus 라는 심리학 교수가 대학생들을 상대로 실제로 일어나지 않았던 어린 시절의 (가짜)기억을 너의 부모(또는 친척)가 얘기해 준 건데 기억이 나는가라고 물어보자, 처음에는 기억이 나지 않는다고 했다가 나중엔 결국 한 30% 정도의 대학생이 일어나지 않았던 일을 기억해 내는 현상을 보고한 바 있습니다.

히스테리의 원인을 밝혀보려는 것이 프로이트의 야망이었지만, 우리는 모든 것을 한 가지 이론으로는 설명할 수가 없는 인간의 삶과 현실을 직면하고 있습니다.

4. 결정론에서 벗어나지 못한다

프로이트의 이론을 환원주의[125]라고 합니다. 그의 모든 이론은 '어린 시절의 교육에 의해 그 사람의 장래가 결정된다.' 입니다. 이것을 '결정론'이라 합니다. 이 결정론에 따라 마음이나 마음의 병의 원인을 어린 시절로 찾아가서 그 원인을 밝혀내려는 것을 '환원주의' 라고 합니다.

이런 결정론에 대한 문제점을 M. 스캇 펙은 감지를 하고 있었습니다. 스캇 펙은 더 위험한 신비주의 영성으로 갔습니다. 많은 사람들이 비성경적인 그의 책들을 읽고 감동을 받는 것을 보면 정말 이 시대의 신자들은 무엇을 믿고 살아가고 있나 싶을 정도로 놀라게 됩니다.

> 대부분의 경우 유년기의 정신적 외상은 상당히 미묘하고(비록 대개 그만큼 지독하지만), 건강상태로도 흔적을 찾기 어렵지만, 그 유형은 기본적으로 같다. 자기 부모보다 정신적으로 건강한 환자는 드물다. 우리는 사람들이 왜 정신질환에 빠지는가에 대해서는 잘 알지만, 어떻게 사람들이 정신적 외상을 이겨내고 건전한 생활을 하는가에 대해서는 알지 못한다. 우리는 어떤 사람이 자살을 결심한 이유는 정확히 알 수 있으나 동일한 상황, 동일한 원인을 가진 각각의 사람들이 자살을 결심하지 않는 이유는 모른다. 여기서 내가 말할 수 있는 것은, 어떤 보이지 않는 힘이 있어서 그 힘이 최악의 환경에 처한 대다수 사람들의 정신건강을 지키고 유지

---

125) 네이버 지식검색 http://100.naver.com/100.nhn?docid=173399 복잡하고 추상적인 사상(事象)이나 개념을 단일 레벨의 더 기본적인 요소로부터 설명하려는 입장.

시켜 준다는 것이다. 그러나 그 힘이 어떤 식으로 작용하는지는 알 수 없다.[126]

그는 계속해서 육체적 질병의 원인과 건강을 유지하는 원인에 대해서 모른다고 말합니다. 다시 말해서, 스캇 펙은 '결정론'으로 다 설명할 수 없다는 것을 말하고 있습니다. 그렇다고 스캇 펙이 하나님께로 돌아와서 그 앞에 무릎을 꿇고 하나님의 자비와 긍휼을 구하지 않았습니다. 그는 종교다원주의를 선택했고 자기가 신이 되는 길로 갔습니다. 이것이 타락한 인간의 죄악입니다.

인간은 인간사에 일어나는 그 원인과 결과에 대하여 알 수가 없습니다. 하나님께서는 우리에게 그 원인과 결과를 추적하라고 말씀하지 않으십니다. 예수 그리스도의 십자가로 말미암아 받아 누리게 되는 은혜가 얼마나 위대한지 알고 예수 그리스도 안에서 계시하신 하나님의 뜻을 따라 살아가기를 원하십니다.[127]

5. 삶에 대한 원리와 접근이 틀리다

결정적으로 이런 문제가 발생하는 것은 성도의 삶의 원리를 모르기 때문입니다. 이런 비성경적인 내적치유에 빠지게 된 것은 교회가 교리를 가르치는 것을 포기했기 때문입니다. 그 결과는 결국 이런 비참한 현실로 나타났고 결국 예수 그리스도의 십자가를 현저히 욕보이고 있습니다.

세상 심리학은 오늘날의 문제를 과거의 환경과 조건의 문제로 보고 접근합

---

126) M. 스캇 펙, 아직도 가야 할 길, 신승철·이종만 역, 열음사, 2007, p. 351.
127) 헤르만 바빙크, 하나님의 큰 일, 김영규 역, (서울, CLC, 2007), pp. 14-15.
파스칼(Pascal)은 인간의 위대성과 안타까운 것은 여기에 있다고 심오하게 지적하고 있다. 그는 진리를 갈구하나 본성이 잘못되었다. 그는 안식을 열망하나 스스로 다른 방향으로 전향하여 달려간다. 그는 영원한 행복에 헐떡이지만 일순간의 쾌락을 잡는다. 하나님을 찾지만 피조물 속에서 스스로 잃어버린다. 집안에서 태어난 자식이지만 낯선 땅에서 돼지의 건초를 먹고 자란다. 생수의 근원을 버리고 물이 고이지 않을 터진 웅덩이를 파고 있는 것이다(렘 2:13). 그는 주린 사람같이 먹고 있는 꿈을 깨면 그의 영혼이 비어 있음을 느끼고, 목마른 자와 같이 마시고 있는 꿈을 꾸나 깨면 그의 영혼이 비어 있음을 느끼고, 목마른 자와 같이 마시고 있는 꿈을 꾸나 깨면 곤비하며 영혼에 갈증이 있음을 느낀다(사 29:8). 모든 과학이 인간 안에 있는 이런 모순을 설명할 수 없다. 과학은 인간의 위대성만은 고려에 넣지만 그의 빈곤에 대해서는 그렇지 않거나, 그의 빈곤만 고려에 넣고 그의 위대성은 고려에 넣지 않는다. 그것은 인간을 너무 높이 올려놓거나 너무 아래로 내려놓거나 한다. 이는 과학이 인간의 신적 기원에 대해서 알지 못함이요 그렇지 않으면 그의 깊은 타락을 알지 못하고 있기 때문이다. 그러나 성경은 이 두 가지 사실에 대해서 알고 인간과 그의 자손에게 그분의 빛을 비췄다. 그리고 그 모순이 화해되고 안개도 걷혀 감추어진 것들이 드러나고 있다. 인간은 그 해결책을 하나님에게서만 발견할 수 있는 수수께끼 같은 존재이다.

니다. 그 과거의 것이 오늘의 나를 만들었다고 보는 결정론으로 생각합니다. 과거가 지금의 자기 자신을 지배하고 있습니다. 그것 외에는 지금의 나를 해석할 방법이 없습니다. 과거의 부모가 나를 이렇게 만들었으며 과거의 사회와 과거의 세상이 나를 이렇게 만들었다고 생각합니다. 그런 설명으로 가다 보니 조상의 저주까지 언급하며 다른 사람들의 경우에는 윤회(輪回)까지 자연스럽게 언급을 합니다.

그러므로 그들은 비성경적이고 오컬트에서 빌려온 방법인 구상화 (Visualization)를 통하여 과거로 돌아가서 그 과거에 상처를 준 상황을 재현하고 상처 준 사람들을 용서하며 상처가 치유되었다고 합니다.

그러나 예수 그리스도 안에 있는 성도는 삶에 대한 원리와 내용이 완전히 틀립니다. 성경은 인간의 문제를 죄의 차원에서 말씀합니다.

하나님의 형상을 따라 창조함을 받은 것이 인간입니다. 그러나 인간은 사탄의 유혹에 넘어가 죄를 지어 타락했습니다. 그 결과 하나님의 언약에서 벗어나 죄인 된 인간은 스스로는 벗어날 수 없는 인간의 본성이 되어 죄의 종 노릇 하는 삶을 살아야만 했습니다.[128]

그러나 이 모든 죄인 된 자리를 벗어나게 한 역사적이고 객관적인 일이 있었으니 곧 예수 그리스도께서 십자가에 죽으심으로 죄의 권세를 멸하시고 사망 권세를 이기시고 부활하셨습니다. 그러기 때문에 더 이상 과거는 성도의 삶을 지배하지 못합니다. 왜냐하면 우리를 지배하던 과거인 옛 사람은 십자가에 못박혀 죽었기 때문입니다.

> 우리가 알거니와 우리 옛 사람이 예수와 함께 십자가에 못 박힌 것은 죄의 몸이 멸하여 다시는 우리가 죄에게 종노릇하지 아니하려 함이니(롬 6:6)

---

128) 유해무, 개혁교의학, 크리스챤다이제스트, 1997, pp. 272-273. 전통적으로 원죄는 아담의 역사적 범죄를 지칭한다. 이 죄는 역사적인 첫 범죄요 동시에 자범죄의 뿌리가 된다는 의미에서 원죄다. 원죄는 언약의 관점에서 언약의 법을 어겨 형벌을 받아야 하는 신분에 처해졌다는 죄책과 그 결과로 죄를 짓게 되는 우리 본성의 타락을 의미하는 오염으로 이루어진다. 그 결과 인간의 마음이 철저하게 부패했고, 모든 행위의 동기인 하나님을 향한 사랑이 없으므로, 하나님 앞에 아무런 선도 행할 수 없는 영적 무능력이 인간의 본성으로 나타난다. …… 그리하여 우리 모두가 그의 죄의 죄책에 연루되었고, 죄의 저주를 받았다. 아담은 한 언약의 머리로서 공인(公人)이었다. 인간은 머리 아담에게서 물려받은 부패한 본성 때문에 죄책에서 벗어날 수 없다. 인간의 범죄들은 아담에게서 물려받은 죄성에서 유래한다. 물론 인간은 아담의 죄성 자체에 대해서는 책임이 없다. 누구라도 남의 죄가 아니라 자신의 죄 때문에 죽는다(렘 31:29; 겔 28:2-5). 그렇지만 인간은 아담의 후손으로서 아담 안에서 그와 더불어 죄인이며 죄과를 지고 있다. 그러므로 모든 인류는 죄인이며, 이것은 인간이 벗어날 수 없는 인간의 '본성'이 되었다.

이제 성도는 은혜가 왕노릇 하는 삶을 살아가고 있습니다.

> 이는 죄가 사망 안에서 왕노릇 한 것 같이 은혜도 또한 의로 말미암아 왕노릇 하여 우리 주 예수 그리스도로 말미암아 영생에 이르게 하려 함이니라(롬 5:21)

무의식과 잠재의식이라는 심리학의 화장품으로 분칠(粉漆)을 할지라도 그런 것들은 예수 그리스도의 생명 안에 살아가는 성도들에게는 더 이상 아무런 영향력을 행사할 수 없습니다. 과거는 이미 무용지물이 되었습니다. 교회는 이제 심리학의 양탄자를 걷어 내어야만 합니다.

예수 그리스도 안에 있는 삶은 세상의 그 어떤 학문과 사상으로도 감히 만들어 낼 수 없는 오직 하나님만이 그의 택한 백성들에게 주시는 위대하고 놀라운 은혜입니다. 이 변개치 않고 요동치 않는 만세반석 되는 기초 위에 살아가는 것이 성도의 삶입니다.

그러므로 이제 신자가 싸워가야 할 싸움은 옛 사람을 벗어버리는 싸움이요 새사람을 입는 싸움입니다.[129]

> 22 너희는 유혹의 욕심을 따라 썩어져 가는 구습을 좇는 옛 사람을 벗어버리고 23 오직 심령으로 새롭게 되어 24 하나님을 따라 의와 진리의 거룩함으로 지으심을 받은 새사람을 입으라(엡 4:22-24)[130]

"썩어져가는 구습"은 그리스도를 영접하기 이전의 이방인 생활을 가리킵니다. 이것은 과거의 이방인 생활 방식을 포기하는 "그리스도를 닮는 삶"과 대조되는 것입니다. 이방인의 옛 생활 방식은 "유혹의 욕심"에서 비롯됩니다. '유혹'의 헬라어 '아파테스'는 진리의 말씀인 복음과 반대되는

---

129) 루이스 벌코프, 벌코프조직신학 하, 권수경, 이상원 역, 크리스챤다이제스트, 1993. p. 635. (2) 속죄는 속죄 받은 자들을 위해 다음과 같은 유익을 확보하였다. ① 칭의를 통한 정당한 사법적 지위. 이것에는 사죄, 양자됨, 영원한 기업의 권리가 포함되어 있다. ② 중생과 성화를 통한 신자들과 그리스도의 신비적 연합에는 옛 사람이 점진적으로 쇠하고, 그리스도 예수 안에서 지음 받은 새사람을 점차 옷 입는 과정이 포함된다. ③ 예수 그리스도를 통한 하나님과의 친교, 개인적 영화(榮化), 그리고 새롭고 완전한 세계에서 영생을 향유하는 그들의 최종적 복락. 이 모든 것은 형벌 대속적 속죄론에 대해 그처럼 빈번히 제기되었던 반론, 곧 이 이론은 윤리적 방향성이 없고 구속된 자의 도덕적 생활을 위한 기초가 되지 못한다는 비난을 명확히 제거시켜 준다. 오히려 본 이론이야말로 성령의 역사로써 신자의 마음속에 굳건히 뿌리박은 진정한 도덕적 생활의 확실한 근거를 제시하는 유일한 교리라고 말할 수 있다.
130) 너희가 서로 거짓말을 말라 옛 사람과 그 행위를 벗어버리고(골 3:9)

개념으로(마 13:22; 막 4:19; 히 3:13) 거짓 교사의 교리를 나타냅니다(골 2:18). 바울은 이렇듯 복음과 반대되는 허망한 것을 추구하는 삶을 영위할 때 그 결과는 죽음이기에(2:1, 5; 벧후 1:4) 에베소 교인들에게 벗어버리라고 권면하고 있습니다.[131]

성도는 옛 사람의 잔재물인 죄의 습관들과 싸워가야 하는 싸움이 남아 있습니다. 그뿐 아니라 성도는 새사람을 입어야 하는 싸움이 있습니다.[132]

> 23 오직 심령으로 새롭게 되어 24 하나님을 따라 의와 진리의 거룩함으로 지으심을 받은 새사람을 입으라(엡 4:23-24)

"오직 심령으로 새롭게 되어"라는 말씀은 오직 성령님에 의해서 계속해서 새로워져야 함을 강조하는 말씀입니다.[133] 새사람을 입는 것은 그 앞에 나오는 "의와 진리의 거룩함으로"라는 말씀에서 그 의미를 찾을 수 있습니다. 이 말씀이 원어적으로는, "진리로부터 나온 의와 거룩함 안에서"라는 의미입니다. '의'는 새언약의 관계에서 신실함을 의미하고, '거룩'이란 새언약 안에 사는 자의 성결한 삶을 의미합니다. 그것은 곧 에베소서 5장 18절에서 말씀하는 "방탕한 것"과 대조되는 삶이요, "성령님으로 충만"한 삶입니다.

성도는 더 이상 과거의 종살이를 하지 않으며, 죄의 종노릇을 하지 않습니

---

131) 카리스주석, 에베소서, 기독지혜사, 2003, pp. 763-764.
132) 존 칼빈, 기독교 강요Ⅲ, 성문출판사 편집부 번역, 성문출판사, 1993, p. 135.
　　확실히 우리는 본래 하나님을 등지고 떠나 있으므로 우리는 옛 사람을 버리고 세상과 육을 포기하며 우리의 악한 욕심을 버리고 심령으로 새로워지라는 명령을 자주 듣는다(엡 4:22-23). 참으로 "죽임"이란 말 자체가 우리의 옛 성품을 잊어버리기가 얼마나 어려운가를 우리에게 가르쳐 준다. "죽임"이라는 말에서 우리는 만일 성령의 검이 우리를 쳐서 죽이고 겸비케 하지 않으면, 우리는 하나님을 두려워하지 않으며, 경건의 초보도 배우지 않을 것이라고 추론한다. 마치 하나님께서 우리가 그의 자녀로 여김받으려면 우리의 옛 본성이 죽어야 한다고 선언하신 듯하다.
133) Dr S. Greijdanus, DE BRIEF VAN DEN APOSTEL PAULUS AAN DE EPHEZIËRS, J.H.KOK. KAMPEN, 1925, pp. 100-101. *En vernieuwd wordt*, bij den voortduur, van dag tot dag, 2 Cor. 4:16, in geloof, heiligen zin, overgegevenheid, liefde, toewijding aan den Heere, vertrouwen, gehoorzaamheid, geestelijke kracht, heilig inzicht enz., door Goddelijke werking en den H. Geest, te midden van lijden, druk, bestrijding enz., door middel van oefening, reiniging van de zonde, loswording van het aardsche, vergankelijke. In het woord, door den apostel gebezigd, zit de gedachte van het jeugdige, krachtige aan te duiden.

다. 그것은 성도 된 우리가 만들어 낸 것이 아니라 우리 밖에서 곧 하나님의 은혜와 긍휼로, 예수 그리스도의 십자가의 보혈로 말미암아, 성령의 역사하심으로 이루어진 것입니다.

그러므로 과거의 '내면아이'를 치료하기 위하여 '구상화'를 도입하는 내적치유나 심리학적인 방법과 도구를 사용하여 인간의 문제를 설명하고 해결하려는 그 어떤 시도와 노력도 성도된 자에게는 아무 쓸모가 없어진 헛된 것인 줄 알고 오직 하나님의 말씀인 성경만으로 살아가야만 합니다.134) 하나님께서는 이미 우리에게 생명과 경건에 관한 모든 것을 다 주셨습니다!135) 하나님의 말씀은 세상의 초등학문과는 비교할 수 없는 위대한 진리의 말씀입니다. 세상은 절대로 이 생명의 말씀에 따라 올 수 없습니다. 거룩하고 경건하게 살기를 원한다면 심리학으로 오염 된 내적치유를 의지하지 말고 오직 하나님의 말씀과 기도로 살아가십시오!136)

성경이 말씀하는 속사람이란 무엇인가?

주서택 목사는 내 속에 울고 있는 아이가 속사람이라고 말하는데, 그것이 과연 성경적으로 맞는 말일까요?

속사람을 성경에서 찾아보면 우선 두 구절이 나옵니다.

> 내 속사람으로는 하나님의 법을 즐거워하되(롬 7:22)

> 그 영광의 풍성을 따라 그의 성령으로 말미암아 너희 속사람을 능력으로 강건하게 하옵시며(엡 3:16)

여기에 나오는 이 속사람이라는 말씀이 무엇일까요?

성경에서 '속사람'은 '겉사람' 즉 육체에 속하여 부패한 사람과 대조를 이루는 것으로(롬 7:22; 고후 4:16) 그리스도 안에서 새롭게 창조된 '새

---

134) 16 모든 성경은 하나님의 감동으로 된 것으로 교훈과 책망과 바르게 함과 의로 교육하기에 유익하니 17 이는 하나님의 사람으로 온전케 하며 모든 선한 일을 행하기에 온전케 하려 함이니라(딤후 3:16-17)

135) 2 하나님과 우리 주 예수를 앎으로 은혜와 평강이 너희에게 더욱 많을지어다 3 그의 신기한 능력으로 생명과 경건에 속한 모든 것을 우리에게 주셨으니 이는 자기의 영광과 덕으로써 우리를 부르신 자를 앎으로 말미암음이라(벧후 1:2-3)

136) 하나님의 말씀과 기도로 거룩하여짐이니라(딤전 4:5)

로운 피조물' 을 의미합니다.[137] 주서택 목사가 말하는 것과 같은 내면의 또 다른 자아가 아니라, '다시 태어난 사람' 을 말합니다.[138]

로이드존스 목사는 '속사람' 에 대하여 이렇게 말합니다.

속사람은 육체의 모든 재능과 기능과는 상반되는 것입니다. 그것들과는 별도로 존재하고 있는 것은 이 속사람, 즉 우리의 가장 깊은 부분, 곧 영적인 부분입니다. 그것은 감정과 지성과 영혼과 중생한 자, 곧 "그리스도 예수 안에" 있는 자의 영까지 다 포함하고 있습니다.[139]

'속사람' 은 심령으로 새롭게 되어 하나님을 따라 의와 진리의 거룩함으로 지으심을 받은 자이지,[140] 주서택 목사가 말하는 식으로 '내 안에 울고

---

137) 카리스주석, 에베소서, 기독지혜사, p. 682. '너희 속사람을' 에 해당하는 헬라어 '에이스 톤 에소 안드로폰' 에서 '속사람' 이라고 번역된 '에소 안드로폰' 은 '인간의 영혼' , '마음' , '인격적 의지' 를 의미한다(Foulkes). 이 단어는 본절을 포함하여 신약에서 총 세 번 나타나며 모두 바울 서신에서 사용된다(롬 7:22; 고후 4:16). 보스(G. Vos)는 속사람은 하나님의 법을 즐기는 본질적인 인간을 가리킨다고 하였다. 또한 헨드릭슨(Hendriksen)은 이 속사람은 겉사람의 반대적인 개념으로 사용된다고 말한다(고후 4:16). 그는 이 속사람은 공중의 관찰로부터 감추어져 있으나, 겉사람은 공중에게 공개되어 있다고 한다. 또한 브루스(F.F. Bruce)는 속사람은 믿음으로 그리스도에게 연합된 사람들 속에 성령에 의해 내적으로 잉태된 새로운 창조라고 말한다. 그 속사람은 겉사람 즉 죽을 본성이 후패되어갈 때도 매일 매일 새롭게 되어간다고 말하며, 더 나아가 부활의 때에 표명될 불멸의 인격이라고 해석하였다. 바울은 지금 이러한 속사람이 성령으로 말미암아 강건하게 되기를 위해 기도하고 있다(Bruce). 바울이 이렇게 기도할 수 있는 것은 하나님의 무한하신 능력에 대한 확신 때문임을 알 수 있다(Lincoln).

138) De Brief van den Apostel Paulus aan de Ephezi rs. J.H.Kok. Kampen. Dr. S. Greijdanus. p. 75. in den inwendigen mensch, d.w.z. dat deze versterking zoover moet doordringen, dat zij het innerlijkste wezen van den mensch raakt en dat met kracht aangordt. Het gaat hier dus niet om lichamelijke kracht, maar om geestelijk vermogen. Inwendige mensch is de wedergeboren mensch, zijn hart, zijn ziel, zijn geest. Die staat tegenover uitwendigen mensch, d.w.z. het lichamelijk, zinnelijke, zichtbare; vgl. 2Cor. 4:16; Rom 7:22, 23. Ook de onwedergeborene heeft eenen inwendigen mensch. Maar bij de mensch wedergeboren. Doch die inwendige mensch moet met geestelijke kracht voorzien worden, zoodat alle geestelijk zwakte verdwijnt, en de strijd des geloofs kloek en zegevierend gestreden worde tegen zonde, duivel en wereld.

139) 로이드존스, 에베소서강해3, 지상우역, 기독교문서선교회, pp. 155-156.

140) 카리스주석, 로마서, 기독지혜사, p. 618. '속사람' 이라는 말은 바울의 새로운 개념으로 항상 연약하여 악을 행하기에 급급한 육신과 대조된다. 바울은 다른 곳에서 '속사람' 과 대조되는 '겉사람' 이라는 표현을 사용하고 있다(고후 4:16; 엡 3:16). 연약하여 악을 행하기에 급급한 육신과 대조되는 개념이다. 또한 '속사람' 은 '새사람' 과 동일한 개념으로 나타난다. 새사람은 자기를 창조하신 자의 형상을 좇아 지식에까지 새롭게 하심을 입은 자이다(엡 3:16). 속사람은 하나님의 형상에 이르도록 그리스도 안에서 계속 발전하여 나가야 할 내적자아이다. 그러므로 속사람은 거룩하고 의롭고 선한 율법, 곧 하나님께로부터 기원한 율법을 즐거워한다.

있는 나' 가 아닙니다. 그것은 심리학에 오염된 자아에 대한 그릇된 해석에서 나온 것입니다. '내 속에 울고 있는 아이'의 개념은 '심리학적 결정론'에 기초하고 있습니다.

성경을 곡해해도 유분수지 이렇게 엉터리로 미혹해서 가르치고 있는데도, 성도들은 앉아서 아멘 아멘 하고 눈물을 흘리고 있습니다.

교회가 너무나도 기초적인 교리를 가르치지 않기 때문에 유명한 사람이 말하면 다 그런가 보다 하고 앞뒤 가릴 것도 없이 따라가게 됩니다.

성경을 잘못 알고 있으니 그 해결 방법도 잘못됩니다. 성경은 속사람을 강건하게 하기 위해서 눈감고 과거의 상처 현장으로 돌아가서 울고 불고 하고 "엄마 가지마" 하고 울부짖으라고 하지 않으며 "엄마를 용서하라"고 말씀하지도 않습니다.

어떻게 '속사람'이 강건하게 되는가?

그러면 성경에서는 어떻게 속사람이 강건하게 된다고 말씀하실까요? 그것은 오직 성령님 안에서 말씀의 훈련을 받는 길 외에는 없습니다.

우리는 이 말씀을 이해하기 위해서 에베소서 3장 16절의 말씀을 다시 한번 더 보는 것이 필요합니다.

> 그 영광의 풍성을 따라 그의 성령으로 말미암아 너희 속사람을 능력으로 강건하게 하옵시며(엡 3:16)

성경에 나오는 그대로 "그 영광의 풍성을 따라 그의 성령으로 말미암아"입니다. 본문을 더 잘 이해하기 위해서는 16절부터 19절까지 사도 바울은 세 가지 주제로 기도하고 있다는 것을 알 필요가 있습니다. 그것의 구분은 헬라어의 접속사(ἵνα)를 통해서 구분이 되고 있습니다. 16절, 18절, 19절에서 접속사(ἵνα)가 사용되었습니다. 이 기도의 내용은 그리스도 안에서 성령님을 통하여 하나님께서 예비하신 것을 누리는 것과 관련되어 있습니다.[141]

사도 바울이 이런 기도를 드리는 배경을 아는 것이 중요합니다. 그의 큰 관심사는 13절에 나타나 있습니다.

---

141) 카리스주석, 에베소서, 기독지혜사, p. 695.

그러므로 너희에게 구하노니 너희를 위한 나의 여러 환난에 대하여 낙심치 말라 이는 너희의 영광이니라(엡 3:13)

그러면서 그는 2장 끝에서 말하고자 했던 것을 이어서 말하고 싶어 합니다. 그 말하고 싶어 했던 요지는 에베소 교인들이 복음을 믿었던 유대인과 함께 그리스도의 교회 안에서 완전한 통일을 이루었다는 것을 그들에게 보여주는 것입니다.

19 그러므로 이제부터 너희가 외인도 아니요 손도 아니요 오직 성도들과 동일한 시민이요 하나님의 권속이라 20 너희는 사도들과 선지자들의 터 위에 세우심을 입은 자라 그리스도 예수께서 친히 모퉁이 돌이 되셨느니라 21 그의 안에서 건물마다 서로 연결하여 주 안에서 성전이 되어 가고 22 너희도 성령 안에서 하나님의 거하실 처소가 되기 위하여 예수 안에서 함께 지어져 가느니라(엡 2:19-22)

사도 바울은 예수님 안에서 성령님 안에서 지어져가는 성도임을 확신시켜 주었습니다. 그것은 에베소 교회 교인들이 세상의 종교와 윤리로는 도달할 수 없는 오직 기독교만의 고상한 개념이요 설명이었습니다. 그것은 곧 그들의 위치가 성도들과 동일한 시민들이요 하나님의 권속이라는 사실입니다. 그들은 하나님의 가족에 속해 있으며 하나님께서 성령님을 통해 자기의 거주지를 삼고 있는 주 안에서 거룩한 부분을 구성하고 있기 때문입니다.[142]

그러므로 사도 바울은 그런 위치와 신분에 있는 에베소 교회 성도들이 더욱 강건케 되기를 위하여 기도했습니다. '그의 성령으로 말미암아' 라고 할 때 여기 나오는 '성령'은 오순절의 성령강림을 가리키는 것이 아니라 그리스도인의 속사람에 날마다 내주하셔서 역사하는 것을 의미합니다. 그렇게 내주하시는 성령님을 통하여 신자는 그의 속사람이 강건해져서 그리스도를 위해 살아가게 됩니다.[143]

인간이 스스로 자신을 정결하게 하고 난 다음에 성령님께서 내주하시는 것이 아니라, 성령님께서 택한 자의 마음에 임하셔서 그의 소경된 자리에 빛을 비추시고 죄의 비참함을 깨닫게 하시어 예수 그리스도의 십자가로 이끄십니다.

사도 바울은 성령님을 통해서 일어나는 이 일이 '그의 영광의 풍성함' 으

---

142) D.M. 로이드존스, 에베소서강해 3, 영적충만, 지상우 역, 기독교문서선교회, pp. 129-130.
143) 카리스주석, 에베소서, 기독지혜사, p. 696.

로 말미암는다고 말합니다. '그의 영광의 풍성함'은 예수 그리스도의 십자가를 통하여 증거 되었습니다. 그것은 로마서 5장 8절에서 말씀하시는 그대로 확증되었습니다.

> 우리가 아직 죄인 되었을 때에 그리스도께서 우리를 위하여 죽으심으로 하나님께서 우리에게 대한 자기의 사랑을 확증하셨느니라

우리가 죄인 되었을 때 나타내신 그 사랑이라면, 우리가 하나님의 자녀가 되었을 때 드러내시는 사랑은 얼마나 더 탁월하고 놀랍겠습니까? 에베소 교회의 성도들에게 역사하고 계시는, '그 하나님의 영광의 풍성함' 때문에 세상의 어떤 고난과 어려움 속에서도 소망을 가지고 이겨 나가며 승리할 수가 있었습니다. 왜냐하면 세상이 에베소 교회 성도들을 공격하면 할수록 오히려 '그의 영광의 풍성함'은 더욱 넘쳐나서 성도들을 강건하게 할 것이기 때문입니다. 결국 신자의 거듭남과 그 완성의 자리에 이르기까지 하나님의 위대하신 간섭과 역사하심이 끊임없이 있을 것을 말씀하고 있습니다. 삼위 하나님께서 우리를 주도하고 계시며 그의 목적하신 바를 이루시기까지 쉬지 아니하실 것이기 때문에 우리는 절망하지 않고 끝까지 이 믿음의 싸움을 달려갈 수가 있습니다. 이것이 신자 된 우리의 소망이요 자랑이요 기쁨입니다. 그 싸움을 달려가기 위해서는 심리학에 물들고 뉴에이지로 썩은 인간의 방법이 아닌 하나님께서 성경에서 말씀하시는 방법대로 가야 합니다.[144]

그러면, 왜 그렇게 엉터리로 성경해석을 할까요? 앞서 언급했듯이, 그것은 프로이트와 융의 심리학과 성경을 섞었기 때문입니다. 둘을 하나로 섞어서 가르치기 때문에 성도들은 '아 그런가 보다.' 하며 아멘 하고 은혜받았다고 치유받았다고 간증하고 다닙니다. 분별할 줄 모르기 때문에 미혹을 당하고 있는 줄 모릅니다. 그것이 오늘날 성도의 안타까운 현실입니다. 성도는 베뢰아의 성도들처럼 말씀을 깊이 생각해야 합니다.

---

144) 리차드 십스, 영광스러운 부르심, 이태복 역, 지평서원, 2008, p. 62. 리차드 십스는 하늘의 신령한 연회에 걸맞게 영적인 식욕을 왕성하게 하는 다섯 가지 방법을 말한다. 첫째, 죄를 민감하게 느끼는 것입니다. 둘째, 영혼에 숨어 있는 육신의 더러운 정욕을 제거하는 것입니다. 셋째, 그리스도에 대한 필요성을 느끼는 것입니다. 넷째, 영적인 마음을 가지고 있는 성도들과 교제하는 것입니다. 그리고 마지막 다섯째는 앞으로 남은 시간을 계수하는 것입니다.

베뢰아 사람은 데살로니가에 있는 사람보다 더 신사적이어서 간절한 마음으로 말씀
을 받고 이것이 그러한가 하여 날마다 성경을 상고하므로(행 17:11)

유명한 사람이 말한다고 해서 그 말이 다 맞는가보다 하지 말고, 성경으로
확인하고 또 확인하도록 해야 합니다. 이 시대의 유명하다 하는 이들은 기독
교와 세상의 사상을 혼합하여 가르치는 경우가 대부분 입니다. 그것은 곧 영
생도 가지고 세상의 것도 가지게 해 주겠다는 잘못된 사상입니다. 그러나 사
람들은 그것을 좋아합니다. 말로는 믿는다고 하면서도 세상의 것에 더 마음
이 빼앗겨 있는 자들입니다. 사도 바울은 이런 것을 미리 경고했습니다.

1 네가 이것을 알라 말세에 고통하는 때가 이르리니 2 사람들은 자기를 사랑하며 돈
을 사랑하며 자긍하며 교만하며 훼방하며 부모를 거역하며 감사치 아니하며 거룩하
지 아니하며 3 무정하며 원통함을 풀지 아니하며 참소하며 절제하지 못하며 사나우
며 선한 것을 좋아 아니하며 4 배반하여 팔며 조급하며 자고하며 쾌락을 사랑하기
를 하나님 사랑하는 것보다 더하며 5 경건의 모양은 있으나 경건의 능력은 부인하
는 자니 이같은 자들에게서 네가 돌아서라(딤후 3:1-5)

우리가 우리 인생의 주인이 아닙니다. '내면아이'로 돌아가서 지금의 나
를 바꾸어 보겠다고 하는 것은 우리 자신이 인생의 주인이 되어 보겠다는 죄
악 된 생각이 그 배경에 자리 잡고 있습니다. '내 속에 울고 있는 아이'가
아니라, '죄인'으로서 나의 죄악을 회개하며 돌이키며 오직 하나님의 말씀
에 신실하게 순종하며 살아가는 것이 신자의 삶이 되어야만 합니다.

3. 구상화란 무엇인가?

'구상화' - 끌어당김의 법칙

주서택 목사의 내적치유에서 가장 중요한 도구는 바로 '구상화'(Visualization)입니다. 이것은 '바라는 대로 이루어진다' 는 오컬트(Occult)[145]에서 비롯되었습니다. '바라는 대로 이루어진다' 는 오컬트의 '구상화' (Visualization) 기법을 사용하고 있는데도 불구하고 그 세미나에 참석하는 많은 분들이 분별하지 못하고 있습니다.

주서택 목사의 내적치유에서 '구상화' 가 사용되는 이유는 '내면아이' (내 속에 울고 있는 아이)를 치유하려고 하기 때문입니다. '구상화 치유'의 실제에 대하여서는 주서택 목사의 교재를 분석할 때 더 구체적으로 살펴보도록 하겠습니다.

일상생활에서 말과 생각으로 이루어지는 상상력은 그 자체로 위험한 일이 아닙니다. 그러나 소위 내적치유에서 사용되는 '상상력'(구상화)은 오컬트에서 기원한 것이기 때문에 위험하고 비성경적입니다.

오컬트에서 유래한 '구상화' 는 세 가지 단계가 있습니다.

첫 번째는 생각과 마음으로 환경을 바꿀 수 있다는 것에 기초하여 긍정적으로 사고하는 단계입니다. 두 번째는 만트라를 통해 말하는 단계입니다. 세 번째는 마음에 그려내는 '구상화' 단계입니다.

---

145) 위키피디아 사전에서, 오컬트(occult) 또는 비학(祕學)은 과학적으로 설명할 수 없는 신비적·초자연적인 현상, 또는 그에 대한 지식을 뜻한다. 오컬티즘(occultism)은 흔히 오컬트에 관한 연구를 말한다. 오컬티즘은 흔히 영성주의(spritualism)와 혼동하지만 전혀 다른 분야이다. 영성주의는 신비적이고 감성적인 관점으로 초자연적인 영역을 탐구하는 것으로, 우리 주변에서 흔히 볼 수 있는 무당, 영매, 종교적 광신자, 기타 개인적인 체험을 바탕으로 신이나 혹은 천사 혹은 다른 차원의 초월적 존재들과 교통한다고 주장하는 사람들에게서 찾아볼 수 있다. 이 영성주의와 달리 오컬티즘은 과학적이고 이성적인 관점으로 물리적 영역 이외의 다른 영역에 대한 탐구를 하는 형이상학적인 과학이라 할 수 있다. 동양적 오컬티즘은 중국의 역학체계, 도교체계, 인도의 아유르베다와 요가체계 그리고 티베트의 탄트리즘체계 등에서 발견할 수 있으며, 서양적 오컬티즘은 유태의 카발리즘, 초기 기독교의 영지주의 등에서 그 원리를 찾을 수 있다. 신지학회이나 메이슨, 장미십자회 등의 단체에서 오컬티즘의 원리를 발견할 수 있다. 그러나 오늘날 순수한 형태의 오컬티즘은 접하기 어렵다. 왜냐하면 오컬티즘은 오직 "준비된 제자에게 스승이 나타난다." 라는 기본적 원리에 따라, 소수의 선별된 사람이 역시 소수의 선발된 사람에게 전수하고 있기 때문이다. 일반적으로 접할 수 있는 오컬티즘은 여러 가지 종교적 교리(도그마)와 주술적 원리 그리고 심지어 영성주의의 저급한 원리가 복합적으로 뒤섞여 있는 오컬티즘의 아류라고 볼 수 있다.

최근 전세계적으로 유명세를 타고 있는 론다 번이 말하는 '끌어당김의 법칙'이 바로 '구상화'를 말하고 있습니다. 이혼녀로 힘들게 살아가던 론다 번은 딸이 준 책 『부자가 되는 과학』(월러스 워틀스, 1910)을 보고 소위 말하는 '비밀'을 발견했습니다. 그녀는 이 '비밀'을 미국에 전파하기 위해 DVD와 책을 제작합니다. 그녀의 책이 일약 스타덤에 오른 것은 '오프라 윈프리 쇼' 덕택입니다.

이 책에서 그녀가 말하는 '끌어당김의 법칙'에서 말하는 것은 사람이 무엇을 생각하느냐에 따라 일정한 주파수를 우주에 내보내게 되고, 끌어당김의 법칙에 따라 원하는 것이 끌려오게 되어 있다고 말합니다. 부를 원하면 부가 오며, 건강을 원하면 건강이 온다고 합니다. 우주의 모든 것이 카탈로그에 담겨 있다고 생각하고 선택만 하면 된다고 합니다. 다만 부정적인 생각은 하면 안 되고 긍정적인 생각만 하라고 합니다.

사람이 생각으로 무엇인가를 끌어당기면, 생각하는 대로 그 대상이 자기를 향하여 확실히 몰려온다고 말합니다. 예를 들어, '나는 부자'라는 생각을 가지고 돈을 끌어당기면 틀림없이 돈이 모이게 되어 있다는 것입니다. 이것을 가리켜서 그녀는 '예외 없는 법칙'이라고 말합니다.

시크릿은 과학인가?

론다 번은 그의 생각을 타당성 있게 말하기 위하여 우주는 정신으로 이루어져 있으며 이것은 양자물리학에 의하여 뒷받침되어진다고 말합니다. 그러나 그녀가 양자물리학을 언급한다고 해서 그 말이 진실이 되는 것은 아닙니다.

"감추어진" 지식이라는 어원에서 유래된 오컬트(오컬티즘)는 마술, 점성술, 연금술 등으로 대표 되는 신비술을 말합니다. 일종의 형이상학적 과학이라고도 불리는 오컬트는 의식과 주문 그리고 기법 등을 통해서 초자연적 현상을 가져온다고 합니다.

이미 '구상화'는 생활에 가까이 와 있습니다.

"생각대로 T"라는 TV 광고문구에서, "비비디바비디부"("당신이 원하는 것이면 무엇이든 얻을 수 있어요")라는 말로 사람들의 마음을 유혹하니다. [브라운 아이드 걸스(Brown Eyed Girls)의 노래에서] "아브라카다브라"[146) - 마법사의 주문 "수리수리마하수리"[147][소녀시대의 노래에서] "소원을 말해 봐 - 너의 Genie 내가 들어줄게"[148]

이런 문구들이 조금씩 변종을 이루면서 마음속의 생각이 현실화되는 '구상화'를 더욱 확대시켜 나가고 있습니다. 그것이 얼마나 죄악 된 것인지를 모르고 있습니다. 이렇게 대중문화 깊숙이 스며들어 와 있는 구상화는 결코 간과해서는 안 됩니다. 왜냐하면 그런 메시지의 배경이 바로 뉴에이지이기 때문입니다.

바라는 대로 이루어진다는 이 오컬트의 사상은 신사상(New Thought)운동이라고도 불립니다. 생각과 말과 그림(이미지/상상)을 통해 바라는 것을 '실체'로 만들어 낸다는 사상입니다. 내가 생각하고, 말하고, 그림을 그리면 론

---

146) 위키피디아 검색에서 http://ko.wikipedia.org/wiki/아브라카다브라 아브라카다브라(영어: Abracadabra)는 마술사와 마법사들이 사용하는 주문으로 한국어의 수리수리마수리와 같은 말이다. 해리포터에서는 살인 저주로 사용된다. 이 말은 히브리어 אברהכּהדברא(HBR-HCD-BRH, Habracadabrah)에서 나온 것으로 '말한 되로 될지어다'라는 뜻을 담고 있다. 중세에는 열병을 다스리기 위한 주문으로 이것을 사용하였다. 그 뒤에 마술사들이 이것을 마술의 주문으로 사용했는데, 이로 인해서 아브라카다브라가 마법사들의 주문이라고도 알려진다. 히브리어에서는 모음 글자를 표기하지 않기 때문에 아브라카다브라는 9개의 글자로 표현되는데 이를 위와 같이 깔대기 모양으로 표시할 수 있다. 이 배열은 하늘의 에너지를 되도록 넓게 받아들여 사람들에게 내려 보낼 수 있도록 고안된 것이다. 이는 깔대기를 닮은 부적이다. 주문을 구성하는 글자들이 깔대기 안에서 소용돌이치며 쏟아져 내려가는 모습은 우월한 시공간의 힘을 포착하여 그 끝에 집중시키는 것을 나타낸다.
네이버 지식 검색에서 http://kin.naver.com/openkr/detail.nhn?state= R&docId=24929 병에 걸리지 않기 위해서 선(善)한 영(靈)을 마법의 힘으로 불러들이는 신비의 주문이다. 이 주문은 로마제국의 말기에 유행한 주문에서 많이 발견되는 단어인 '아브락사스'(abraxas)와 관련이 있는데, 아브락사스는 아마도 영지주의나 이집트와 관련이 있는 것으로 보인다.

147) 네이버 지식 검색에서 http://kin.naver.com/openkr/detail.nhn?state=R&docId=31393 세간에 엉터리 마술사의 주문이나 장난스런 주문 등으로 인식되고 있는 이 말은 본래 불교 경전 "천수경"에서 비롯된 것이다. "천수경"은 불가에서 하는 모든 의식에 널리 사용되는 경전으로서 많은 불자가 독송하는 데 쓰는 경전이다. "천수경"의 첫 시작은 '입에서 지은 업을 깨끗하게 씻어 내는 참된 말'로 시작되는데, 그 말이 바로 '수리수리마하수리 수수리 사바하'이다. 산스크리트어인 이 말의 뜻을 살펴보자면 다음과 같다. '수리'는 길상존이라는 뜻이고, '마하'는 '크다'는 뜻이다 그러므로 '마하수리'는 '대길상존'이라는 뜻이 된다. 한편 '수수리'는 '지극하다'의 뜻이고, '사바하'는 '원만, 성취'의 뜻이다. 따라서 '수리수리 마하수리 수수리 사바하'의 본뜻은 '길상존이시여 길상존이시여 지극한 길상존이시여 원만, 성취하소서'가 된다. 이것을 세 번 연거푸 외우는 것으로 입으로 짓는 모든 업을 깨끗하게 씻어 낼 수 있다고 한다.

148) http://truthnlove.tistory.com/entry/바라는-대로-이뤄진다-오컬트의-구상화-기법-키레네

다 번이 말하는 대로 초자연적인 (끌어들임의) 작용을 통해서 구체화된다는 것이 핵심입니다.

당신은 아마 궁금할 것이다. "비밀이 대체 뭔데?"라고 중얼거릴지도 모른다. ······ '비밀'이란 바로 끌어당김의 법칙을 말한다. 당신의 인생에 나타나는 모든 현상은 당신이 끌어당긴 것이다. 당신이 마음에 그린 그림과 생각이 그것들을 끌어당겼다는 뜻이다. 마음에 어떤 생각이 일어나든지, 바로 그것이 당신에게 끌려오게 된다.[149]

찰스 해낼도 똑같이 '끌어당김'의 법칙을 말하며, 론다 번의 말과 거의 유사합니다.[150] 그는 '구상화'를 전부라고 말하지 않습니다. 그는 소위 "the Master Key System"을 주장하면서 다음과 같이 말합니다.

1. 절대로 평범한 사람이 되면 안 된다.
평범한 사람들은 깊게 생각할 줄 모른다. 대중에 항상 끌려 다닐 뿐이다. 훌륭한 자본가들은 대중으로부터 점점 더 멀어지는 법을 배운다.
2. 육체를 완벽하게 다스릴 줄 알아야 한다.
'완벽하게'라는 단어는 '어느 정도'나 '완벽에 가깝게' 정도의 수준이 아니다. 100퍼센트 완벽하게 통제할 수 있어야 한다.
3. 생각을 완벽하게 다스릴 줄 알아야 한다.
생각을 제어하라. 걱정과 근심을 없애라. 원하는 생각만 하라. 이 모든 과정을 완벽하게 통달해야 한다.
4. 과학적인 생각만 해야 한다.
피상적인 관찰을 토대로 하지 말고, 날카롭고 분석적인 관찰을 토대로 시각화해야 한다.
5. 자신의 이익을 위한 것이 아니어야 한다.
우주는 끊임없이 누군가에게 봉사할 길을 찾고 있다.
인류에게 큰 도움과 가장 큰 이익을 주기 위해서.

다음은 소위 '끌어당김의 법칙'과 '구상화(영상화/시각화)의 법칙'에 대한 뉴에이저들의 말입니다.[151]

---

149) 론다 번, 시크릿, 김우열 역, 살림Biz, 2010, p. 19.
150) http://cafe.daum.net/lightroom/OUcB/1572
151) http://truthnlove.tistory.com/711?srchid=BR1http%3A%2F%2Ftruthnlove.
tistory.com%2F711

당신의 인생에 나타나는 모든 현상은 당신이 끌어당긴 것이다. 당신이 마음에 그린 그림과 생각이 그것들을 끌어당겼다는 뜻이다. …… 이것으로 하지 못할 일은 하나도 없다. …… 그림을 그릴 때 당신은 그 강한 파장을 우주에 내뿜는 것이다. 그러면 끌어당김의 법칙이 그 신호를 받아서 당신이 마음속에 그린 그림을 현실로 만들어 되돌려 준다. - 론다 번 - ['시크릿'의 저자]

구상화란 마음의 그림을 그리는 과정이고, 그림은 당신의 미래가 드러남에 있어 하나의 원형으로 작용하게 될 틀이다. …… 그리하여 마지막으로 세 번째 과정인 물질화가 뒤따르게 된다. 우리 모두는 우주가 먼저 생각으로 존재한 뒤에 물질로 나타났다는 점을 이해해야 한다. …… 구상화는 필요한 것이 오게 하는 메커니즘이다. - 찰스 해낼 -

시각적 상상은 당신이 원하는 이상적인 환경의 그림을 그리고, 긍정적 확인과 에너지 채널링을 통해 생각을 실체로 결정화시킨다. 구상화는 목적을 이루는 뉴에이지 기법이지만 그 뿌리는 마술의 오컬트 과학에서 찾을 수 있다. …… 창조적 구상화는 또 다른 마술적 루틴이다: 마술적으로 무엇을 이루기 위해서는 먼저 마음속에 이것을 확실하게 그려야 한다. 이것을 가진 상태를 그리고 마음에 간직한 채 수 분간 잡고 있는다. 이 강하게 잡고 있는 이미지는 마술적 의식이다. 창조적 구상화는 강한 상상과 조절된 호흡의 마술적 의식이다.
당신의 내면의 욕망의 에너지가 넘쳐 오르는 것을 느끼십시오. 이것이 강해지면 당신의 마음에서 그림 또는 욕망이 풀린 것을 순간 느끼십시오. 그림을 통해 지나간 에너지를 느낄 것이며 점점 강해질 것입니다. 에너지가 당신의 소우주에서 모든 방향으로 터져나감을 상상하십시오. 그리고 우주가 이 힘에 반응함으로써 흔들리는 것을 느끼십시오. - 안잘리 가르퓨어 - / 뉴에이지 사이트에서

이 개념은 심리행동의 한 형태로서 구상화(이미징)라고 불린다. 이는 의식 속에서 원하는 목표와 목적을 생생하게 그려서, 이 그림이 무의식 속으로 가라앉을 때까지 그림을 잡고 있는 과정인데, 이 그림은 무의식 속에서 미개발의 거대한 에너지를 방출한다. - 노먼 빈센트 필 -

말에는 엄청난 창조의 힘이 있다. 우리가 뭔가를 입으로 말하는 순간에 말의 내용이 생명을 얻는다. 이것이 영적 원리다. - 조엘 오스틴 -

'구상화'를 교회에 끌어들여 교회를 타락하게 한 장본인으로는 누구보다도 노먼 빈센트 필이라고 해도 과언이 아닙니다. 그의 긍정적인 사고방식은 사실상 긍정적으로 '상상'(positive imaging)하는 것에 기초하고 있습니다.

이런 사상은 다음과 같은 필의 말로 증명이 됩니다.

> 인간의 본성 속에는 능력 있고 신비로운 세력이 있다. …… 그것은 일종의 정신공학이며…… 능력 있는 신·구 개념(a powerful new-old idea)이다. 그 개념은 상상하는 것이라고 불리는 정신 활동의 한 형태이다. ……
> 그것은 당신의 의식 속에서 바라는 목적이나 대상을 생생하게 묘사하는 것인데, 그 사상이 당신의 무의식 속으로 들어갈 때까지 그 상상을 하여, 당신의 무의식 속에서 크고 개발되지 않았던 에너지들을 풀려 나오게 하는 것이다. ……
> 상상한다는 개념이 꾸준하게 그리고 체계적으로 적용될 때 그것은 문제들을 해결하고 인간성을 강하게 하며 건강을 증진시키고 어떤 노력에서는 성공의 기회를 향상시킨다.[152]

보다 중요한 것은 필의 이런 사상이 어디서부터 왔느냐 하는 것입니다. 뉴에이지 설교가인 필의 사상은 뉴에이지 저자 플로렌스 스코벨 신(Florence Scovel Shinn)으로부터 가져왔습니다.[153]

노만 빈센트 필의 글들과 뉴에이지 저자 플로렌스 스코벨 신(Florence Scovel Shinn)의 글들 간의 놀랄 정도의 유사성으로 인한 유명한 기사는

---

152) 데이브 헌트/ T.A. 맥마흔 공저, 기독교 속의 미혹, 포도원, p. 35. 유사종교를 믿는 사람들이나 비성경적인 복음을 신봉하는 신비주의자들은 영의 차원으로 들어가는 가장 좋은 방법은 구상화(visualization)을 통하는 것이라는 사실을 오래 전부터 알고 있었다. …… 노만 빈센트 필은 이것을 긍정적으로 상상하는 것(positive imaging)이라고 부르는데, 그는 이것은 '상상'(imagination)으로부터 파생된 어휘이며 "긍정적 사고를 한 단계 발전시킨 것"이라고 할 수 있다.

153) http://herescope.blogspot.com/2006/08/new-age-preacher-and-his-influence.html/ The article, published by Knight-Ridder Newspapers, asked the question: "Was the Rev. Norman Vincent Peale, father of the 'believe and succeed' theology sweeping American Protestantism, a plagiarist inspired by the occult?" In attempting to answer that question, the newspaper referred to an article from the Lutheran Quarterly that had contended that Norman Vincent Peale drew much of his inspiration from the writings and teachings of occult/New Age author Florence Scovel Shinn. Concerning the Lutheran Quarterly article, the Indianapolis paper stated:
After comparing his books to hers, the authors cite scores of specific instances in which Peale and Shinn not only think alike, but use similar or identical phrases.
The newspaper article went on to say: Shinn, who died in 1940, drew on mystical sources dating to the ancient Egyptian philosopher **Hermes Trismegistus** and the secrets of **Freemasonry**. Such sources are progenitors of New Age, a movement considered ungodly hocus-pocus by conservative and fundamentalist Christians…. Shinn's privately published metaphysical works, reissued by both Simon & Schuster and the Church of Religious Science, are available in New Age bookstores. Peale penned the introduction to the Simon & Schuster edition, indicating he had "long used" Shinn's teachings.

"노만 빈센트 필이 표절로 고소를 당하다"라는 제목의 인디애나폴리스 스타 신문의 1995년 8월 3일자 기사(루터란 쿼털리) 입니다.[154]

1940년에 사망한 신(Shinn)은 신비주의적인 자료들을 많이 사용했는데 그녀의 자료 중에는 고대 이집트 철학자인 헤르메스 트리스메기스투스 "위에서와 같이 아래에서도"(as above, so below)[155]까지 거슬러 올라가는 것들

---

154) http://blog.daum.net/discern/48 인디애나폴리스 스타 기사는 질문을 하고 있었다: "미국의 개신교를 휩쓴 '형통 신학(believe and succeed)'의 아버지 노만 빈센트 필 목사가 사교에 물든 표절자인가?" 이 질문에 답하기 위해 이 신문은 필이 밀교/뉴에이지 저자 플로렌스 스코벨 신의 글들과 가르침으로부터 영감을 얻었다고 주장하는 루터란 쿼털리의 기사를 언급하였다. 루터란 쿼털리로부터의 정보를 제시하면서 인디애나폴리스 스타 신문은 다음과 같이 보고하였다.

저자들이 필의 책과 신(shinn)의 책을 비교한 후에 수십 개의 구체적인 사례들을 들 수 있었는데 이 둘은 사상에 있어서 같을 뿐만 아니라 유사한 표현 및 똑같은 문장들을 사용하였다. 1940년에 사망한 신(Shinn)은 신비주의적인 자료들을 많이 사용했는데 그 자료 중에는 고대 이집트 철학자인 헤르메스 트리스메기스투스〔 "위에서와 같이 아래에서도(as above, so below)"〕까지 거슬러 올라가는 것들도 있었고 프리메이슨의 비밀들도 있었다.

이러한 자료들은 보수적이고 근본주의적인 기독교인들에 의해 불경건한 요술과 눈속임으로 여겨지는 뉴에이지 운동의 뿌리이다. 신(Shinn)이 개인적으로 발행한 형이상학 작품들은 시몬과 슈스터 그리고 종교 과학 교회(the Church of Religious Science)에 의해 재발행 됨으로 뉴에이지 책방에서 구입할 수 있게 되었다. 필은 시몬과 슈스터에서 발행한 작품들에 서론을 썼는데 그는 신(Shinn)의 가르침을 '오래 동안 사용했다.' 고 말하였다. 인디애나폴리스 스타 신문이 언급한 루터란 쿼털리 기사는 필이 신의 밀교 및 뉴에이지 가르침을 인용 표시도 없이 사용했음을 증명했다. 루터란 쿼털리는 두 개의 글들을 하나씩 비교 인용하면서 그들의 글이 얼마나 같은지 증명했다. 루터란 쿼털리의 기사를 계속 보자.

양쪽의 단락들이 놀랍도록 유사하다는 것은 필이 신학적으로 불안정하다는 의미이다. 수백만의 사람들에게 사역을 하고 또한 백만장자인 노만 빈센트 필의 글들이 무명의 밀교 과학 선생인 플로렌스 스코벨 신의 글들과 비교해 볼 때 여러 비슷한 개념, 확신, 은유, 이야기들은 놀랍도록 유사했다. 노만 빈센트 필의 글들과 뉴에이지 저자 플로렌스 스코벨 신(Florence Scovel Shinn)의 글들 간의 놀랄 정도의 유사함은 매우 당황스러워도 정통 교리와 성경만을 지지하던 수백만의 주류 그리스도인들이 아무것도 모르는 사이에 밀교를 포용하게 될 비참한 상황을 생각하면 정말 역과이다. 사교가 서 있는 무언의 발판은 매우 강해서 지금은 사교가 교회 내의 많은 사람들의 주요 믿음이 되어 버렸다.

1925년에 출판되었던 신(Shinn)의 책 『삶의 게임과 삶을 즐기는 법』(The Game of Life and How to Play It)은 1986년에 재출판 되었는데 노만 빈센트 필이 사교/뉴에이지 책인 그 책의 앞면과 뒷면에 추천의 글을 썼다. 삶의 게임은 지혜와 창의적인 통찰력으로 가득 차 있다. 내가 사실대로 아는 바는 그 가르침은 확실한 효력이 나타날 것이라는 점이다. 그 이유는 내가 친히 오랫동안 그 가르침을 사용해 왔기 때문이다. 이 책에 있는 원칙을 공부하고 실습한다면 누구든지 형통을 발견하게 될 것이다. 문제가 풀리고 건강이 좋아지며 멋진 대인관계를 이룰 것이다. 한마디로, 삶의 게임에서 승리한다.

155) http://www.iepn.co.kr/index.html?type=board&subi=2&id=619&mtype=
view&page=1&bid=619&num=215&seq=503061&confirm=1&rcvUserid=iepn 최근 들어 유진 피터슨의 '메시지' 성경에 대한 비판 속에서 등장하는 매우 중요한 핵심문장입니다. 여기에 대해서 서창원 목사는 이렇게 말한다. 메시지 역본에 함축된 여러 뉴에이지 성향 중에 한 가지 구체적인 예를 들면 주기도문을 들 수 있다. 대부분의 성경 번역은 '하늘에서 이루어진 것같이 땅에서도' 라고 되어 있다. 그러나 메시지 성경은 전형적인 뉴에이지 · 사교 관용구인 '위에서와

이 있었습니다.

결국 이런 증거들을 통하여 '구상화' 라는 도구가 신비주의 사교에 뿌리를 두고 있다는 것은 명백한 사실입니다. 이런 방식들이 소위 내적치유라는 이름으로 사용되고 있으며 설교에도 이미 사용되고 있기 때문에 교회는 그것이 '구상화 치유', '구상화 설교' 인지 분별을 하지 못하고 있는 상황입니다.

로버트 슐러는 다음과 같이 말하고 있습니다.

> 나는 구상화를 통하여 실현되는 기도의 역동적 차원의 실재를 발견했다. …… 그것이 무엇인가 이해하려 하지 말라. 그저 그것을 즐기기 시작하라. 그것은 사실이며 실제로 작용한다. 나는 그렇게 하려고 노력했다.[156]

오컬트에 속한 방법을 교회 안으로 도입하여 미혹에 빠트린 사람은 위에 언급된 사람 외에 특별히 '아그네스 샌포드' 가 있습니다. 한국 교회 내에서는 잘 알려져 있지 않지만 그녀의 영향력은 매우 지대해서 내적치유의 선구자로 불립니다.

아그네스 샌포드는 이전에 다른 사람들이 추구하지 않았던 방법을 발견했다고 말합니다. 그것은 곧 성례전적인 방법과 형이상학적인 방법을 결합시키는 것입니다.[157]

중요한 것은 이런 '구상화' 가 '샤머니즘' 에 기초하고 있다는 사실입니다. 데이브 헌트는 다음과 같이 말합니다.

같이 아래에서도(as above, so below)' 를 삽입하였다. 신비주의적 사교에서 가장 의미 깊게 사용하는 표현이 '위에서와 같이 아래에서도(As Above, So Below)' 인데 이 표현을 메시지 성경에서 사용하고 있는 것이다.

밀러의 설명에 의하면 이 문구는 보이는 세계와 보이지 않는 세계가 하나이며 한 존재와 많은 존재, 시간과 영원이 전부 하나라는 것이다. 인터넷 상에서 '위에서와 같이 아래에서도(As above, so below)' 를 검색하면 가장 먼저 떠오른 것이 뉴에이지 용어로 소개되는 것이었다. 책이던 인터넷 상에서든 잡지든 '위에서와 같이 아래에서도' 라는 표현은 사교ㆍ신비ㆍ뉴에이지ㆍ밀교ㆍ비법ㆍ마술의 자원과 관련된다. 어떤 웹사이트는 다음과 같이 말한다. "이 고대 표현 '위에서와 같이 아래에서도' 는 모든 존재하는 것의 단일성을 설명한다."

156) http://cafe.daum.net/jesus330/7OpE/10378

157) Agnes Sanford, The Healing Light (Macalester, 1947), p. 130. 『Healing Light』와 『Behold your God』은 예수원의 대천덕 신부가 번역하여 출판하였다.(한국양서: 『치유의 빛』, 『하나님을 바라보라』) 이 말은 대천덕 신부가 어떤 성향을 가지고 있었는지 알려주는 것이고, 그런 의미에서 매우 경계해야할 일이다.

샤머니즘적 구상화는 '정신연금술'의 실천으로 물질세계를 창조하거나 조작하려는 시도이다. 이것은 전우주가 정신에 의해 창조된 환영 ((힌두교에서는 마야(maya)라고 부른다) 이라는 고대 마법사의 믿음에 근거한 것이다. 샤머니즘적 구상화의 주도적인 지지자 중의 한 사람인 아델라이드 브라이(Adelaide Bry)는 이것은 "당신 자신의 실재를 창조하기 위해 당신의 정신력을 신중하게 사용하는 것이다. 당신이 원하는 것은 무엇이든지 구상화를 사용하여 가질 수 있다."고 서술한다. 이것은 부두교(voodoo) 사제들과 마법사들이 아직도 저주와 치료를 위해 사용하는 고대 의식적 마법이지만, 지금은 만일 우리가 이것을 일으키게 하는 방법만 안다면 우리 모두가 소유한, 소위 말하는 무한한 인간의 잠재능력에 포함된 중립적인 정신력으로 간주될 수 있다.[158]

그럼에도 불구하고, 아그네스 샌포드는 감히 이렇게 말합니다.

그러면 어떻게 나는 내 자신 속에 믿음의 분위기, 곧 하나님이 내 기도를 들어주신다는 느낌을 갖게 할 수 있는가, 내가 사용하는 방법은 창조적 상상의 훈련이다. ……
기억의 치유에서 사람은 상상 속에서 하나님의 성도로서 타락함에도 불구하고 이 사람에 대한 그림을 굳게 잡고 있어야 하며 …… 상상 속에서 자기 본성의 어둡고 두려운 그림자들을 변화시켜서 빛나는 미덕과 능력의 근원으로 만들어야 한다. 참으로 그것들은 변화될 수 있다. 이것이 구속이다![159]

이 말이 얼마나 위험스러운 말인지를 알아야 합니다.
그녀는 "우리는 하나님의 일부분이며 하나님은 자연 속에 계시고 자연이다."라고 말합니다. 하나님을 "제일의 에너지"라고 부르고 예수님을 "가장 심오한 정신과 의사"라고 부르면서 우리의 정신력으로 다른 사람들 안에 미덕을 창조하고 원거리에서 사람을 치료하고 심지어 '구상화'를 통하여 그들의 죄를 용서할 수 있다고 가르칩니다.[160]

---

158) 데이브 헌트/ T.A. 맥마흔 공저, 기독교 속의 미혹, 포도원, p. 152. 구상화와 그에 대한 위험성에 대해서 국내에서 번역된 것으로는 이 책을 참고하는 것이 좋다.
159) 같은 책, p. 138.
160) 데이브 헌트/ T.A. 맥마흔 공저, 기독교 속의 미혹, 포도원, p. 137.

영적인 안내자(Spirit Guide)

이제 우리가 접하게 되는 '영적인 안내자'에 대한 개념은 '구상화'에 있어서 매우 핵심이 되는 것입니다. 이것이 소위 '내적치유'라는 이름으로 교회 안에서 성도들을 미혹하여 신앙의 본질을 상실하게 합니다. '구상화'와 '영적인 안내자' 개념을 알게 되면 오늘날의 내적치유가 얼마나 잘못된 것인지 분명하게 깨닫게 됩니다.

뉴에이지가 '인간의 문제'를 해결하기 위하여 동양종교에서 도입하는 것 중에는 환생과 초혼이 있습니다. 초혼(Channeling)이란 우리의 몸을 이용하여 영의 세계와 영교(靈交)함을 말합니다. 이 초혼에 등장하는 것이 바로 '영적인 안내자' 입니다.[161]

많은 분들이 '그래도 주서택 목사의 내적치유세미나를 통해 많은 치유의 역사가 일어나고 있지 않느냐?'라고 반문을 합니다. 그런 말에 대해 우리가 생각해야 할 것은 어떤 체험이나 결과보다 중요한 것은 그 사역의 원리와 내용과 과정이 과연 성경에 근거를 둔 것이냐 아니냐를 살펴야 합니다.

다음과 같은 랜디스의 말을 곰곰이 생각해 볼 필요가 있습니다.

> 나는 …… 어린 시절의 환상, 기억, 비실재에 대한 감정, 사랑의 전이를 실제로 정신 분석이 드러낸다기보다는 오히려 만들어 낸다고 믿는다.[162]

대중적이고 보다 포괄적인 내적치유사역은 20세기에 시작되었다고 볼 수 있습니다. 1960년대에 성공회의 아그네스 샌포드(Agnes Sanford)가 그 시발

---

161) http://blog.daum.net/ssunshiry/6043286 J. Z. Knight라는 여자가 초혼으로 유명하다. 그는 자주 35,000년 된 Ramtha라는 남자 영(Spirit Guide)을 불러내어 영교를 하였는데 이 영은 스스로 말하기를 "깨달음을 터득한 자"라고 자신의 신분을 밝혔다고 한다. Family Circle 이라는 잡지의 글에서 뉴에이지 운동의 허구를 파헤치는 Nancy Clark 와 Nick Gallo는 말하기를 "하루 저녁 Ramtha 라는 영과 하루 밤을 무도회에서 보내려면 일인당 $1,000 가량 든다."고 공언하고 있다. (Nancy Clark and Nick Gallo, "Do You Believe in Magic?" in Family Circle, Feb. 23, 1993, p. 99)

162) 데이브 헌트/ T.A. 맥마흔 공저, 기독교 속의 미혹, 포도원, p. 208. 내적치유는 실제로 자주 발생되는 '문제들을 해결하기' 위해 암시력을 이용하는 기독교화 된 정신 분석이다. 이와 같은 표현은 다른 여러 형태의 정신요법에도 사용될 수 있다. 수천 명의 사람들과 마찬가지로 콜롬비아 대학교 정신병치료 연구소의 카니 랜디스 박사(Dr. Carney Landis)는 정신분석 후 자신이 굉장히 나빠졌다는 것을 발견했다. 그의 분석자는 솔직히 그에게 "분석 과정이 실제로 정상인 사람에게 신경증을 야기 시킨다."고 인정했다.

점이라고 할 수 있습니다. 그녀를 통해 비성경적인 내적치유 방법이 퍼지기 시작했으며 데이빗 씨멘즈[163])에 의해서 더욱 더 발전되었습니다.

'구상화'가 위험한 것은 그 '구상화' 속에 '구상화의 대상'이 나타나는 것입니다. 구상화를 통하여 나타난 그 대상은 "스피릿 가이드"(영적인 안내자; Spirit Guide)라고 합니다.

특별히 '영적인 안내자'(Spirit Guide)는 뉴에이지 사상에 있어서 없어서는 안 되는 중요한 개념입니다.[164]) '목적이 이끄는 삶'으로 유명한 릭 워렌은 버니시겔 박사의 말을 인용하는데, 그는 '조지'라고 불리는 영적인 안내자를 만났다고 주장하는 노련한 뉴에이지 지도자입니다.[165])

오프라 윈프리가 추천하는 글을 쓴 2006년 베스트셀러 『시크릿』(The Secret)의 저자 론다 번(Rhonda Byrne)에게 영감을 준 사람이 뉴에이지 저자인 '에스더 힉스'인데 '아브라함'이라고 불리는 영적인 안내자들의 그룹이 함께 영감을 주었다고 말합니다.[166])

『시크릿』의 주요 '비밀'이라는 것은 '위에서와 같이 아래에서도'입니다. 하나님은 모든 것 '안에' 있다는 것이 그 '비밀'이라는 단어가 가진 의미입니다. 뉴에이지의 비밀이란 인간은 모두 하나님이라는 것입니다. 왜냐하면, 하나님은 모든 사람 '안에' 있고 그리고 모든 것 '안에' 있기 때문이라고 합니다. 『시크릿』은 이런 뉴에이지 사상을 '아브라함'이라는 '영적인 안내자들'의 그룹이 가르쳐 준 내용들입니다.[167])

이런 '영적인 안내자'는 고대 영지주의 신비종교에 기원을 두고 있는 관상기도에 등장합니다. 관상기도는 구상화를 동반하게 되는데 그 과정에서 영적인 안내자가 주는 환상을 보게 되고 그 '영적인 안내자'와 대화를 하기도 합니다. 그러나 그 속에 등장하는 '영적인 안내자'는 '악령'입니다. 또한 관상기도에 열을 올리는 저술가들 대부분이, 심리학자요 영지주의와 깊은 관련이 있는 칼 융을 인용한다는 것은 매우 의미심장한 일입니다. 결국 융은 영지주의에서 가져올만한 것은 다 가져온 셈이 됩니다.

---

163) 『상한 감정의 치유』 저자
164) http://cafe.daum.net/oicumene/8TmF/121
165) 워렌 스미스, 기막힌 속임수, 스데반 황 역, Band of Puritans, p. 17.
166) 같은 책, p. 49.
167) 같은 책, pp. 53-54.

비성경적인 오컬트의 '구상화'가 점점 더 뉴에이지 운동에 있어서 핵심적인 도구로 자리 잡고 있는 것은 이제 부인할 수 없는 현실이 되었습니다.

이러한 실례로 샥티 거웨인(Shakti Gawain)이 쓴 『창조적인 구상화』라는 책이 있는데 이 책은 뉴에이지 운동의 성경으로 불린다. 이 책은 미국에서 3백만 부 이상이 팔렸으며 25개 나라 언어로 번역되어 있다. 거웨인은 구상화의 기본 과정을 설명한다. 먼저 긴장을 풀고 "깊고 조용한 관상의 상태"에 이르러야 한다. 이 일을 매일 아침과 저녁에 해야 한다. 이렇게 하면 "더 높은 지혜 및 가이드가 당신에게 올 수 있는" "채널"이 열린다. 이때 거웨인은 '인도를 받는 상태'가 어떤 것인지 서술한다.

"내면의 가이드는 여러 다른 이름으로 불리는데 상담자, 스피릿 가이드, 상상의 친구, 사범 등이다. 내면의 가이드는 당신 자신의 더 높은 부분으로서 여러 형태로 당신에게 올 수 있다. 그러나 보통 당신이 말할 수 있고 지혜롭고 사랑스런 대상으로 대할 수 있는 사람의 형태로 온다. 당신의 가이드는 당신이 필요로 하거나 또는 특별한 인도를 원할 때, 또는 지혜, 지식, 지원, 창조적인 영감, 사랑, 동료의식 등을 원할 때 언제든지 나타난다. 자신의 가이드와 관계를 설정한 사람들은 관상을 통해 매일 그를 만난다."[168]

이런 일들은 무당들도 하는 '주술행위'입니다. '영적인 안내자'라고 하면 생소한 단어라 조금은 난해하게 생각할 수 있습니다. 하지만 그 사용하는 단어만 바뀌었지 동양의 문화권과 서양의 문화권에서 사용하는 단어만 다를 뿐입니다. 동양의 '신내림' 속에 등장하는 '아기동자'와 같은 '귀신'(鬼神)이 바로 '영적인 안내자'입니다.

무당은 자기 속에 '아기동자'가 '신내림' 되면 '아기동자'를 모신다고 하고 '조상신'이 내리면 '조상신'을 모신다고 합니다. 이 '아기동자'와 '조상신'이 바로 '영적인 안내자'입니다. 이 아기동자가 활동하면 자신은 사라져 버리고 '아기동자'의 행동을 하게 되어 자신이 곧 '아기동자'가 되어 버립니다.

실용주의 신비가들에 의하여 도입된 뉴에이지 치유기법이 매우 빠르게 퍼져 나가고 있습니다. 그 중에 하나가 '레이키'(기치료)라는 것입니다. 이 말은 일본어인데, '보편적인 생명 에너지' 혹은 '신(神)에너지'라는 뜻입

---

168) http://blog.naver.com/thebloodofx/20090938215

니다. '레이키'는 고대 티베트 불교의 치유책이었는데 1800년대에 한 일본인이 이것을 재발견하였으며 서양에 소개된 것은 최근의 일입니다. '레이키'는 도사의 에너지를 받는 사람에게 손을 얹고, 기가 흘러가도록 불어넣는 것입니다. 그들은 영적 안내자(영적 존재)의 도움을 받아 치유를 경험합니다. '레이키'는 불교에서 나왔습니다. 토마스 머튼의 한 연구가는 "머튼이 기도 가운데 지각한 신은 불교도들이 도를 깨달았을 때 말하는 것과 같은 경험이다."라고 했습니다. 이 영적 안내자를 만나기 위해서 필요한 단계는 무념무상의 상태입니다. 이 무념무상은 관상의 상태에서 만들어집니다. 스트레스 해소에 사용하는 명상기법이나 뉴에이지 영성에서 사용하는 관상을 통하여 마음의 평정을 찾기 위하여 호흡법 혹은 만트라[169]를 사용합니다.[170]

토마스 머튼에게는 그것이 '영적인 안내자'이고 무당에게는 '아기동자귀신'(鬼神)입니다. 표현의 방법 차이일 뿐이며 동일한 '구상화' 방법이며 동일한 '영적인 안내자'를 말하고 있습니다.

이런 주술행위의 형태와 방법만 바뀌었을 뿐이지 내적치유에서 실제로 행하는 방법들이 별로 차이가 나지 않습니다. 여기에 대해서 레이 윤겐이 말하는 어떤 젊은 여자의 체험담을 주의해서 읽어보아야 합니다.

---

169) http://enc.daum.net/dic100/contents.do?query1=b20j1136a 다음백과사전에서, 힌두교와 불교에서 신비하고 영적인 능력을 가진다고 생각되는 신성한 말(구절·단어·음절). 큰 소리로 또는 마음속으로만 부르면서 일정시간 계속 반복하기도 하고 한 번에 끝내기도 한다. 대부분의 진언은 말 자체에는 의미가 없으나 심오한 의미가 내재한다고 생각되며 영적인 지혜의 정수로 여겨진다. 그러므로 특정 주문을 반복 암송하거나 명상한다면 탈아의 경지로 들어가게 되며 높은 차원의 정신적 깨달음에 도달하게 된다. 정신적 깨달음 외에도 심리적이거나 영적인 목적, 예를 들어 사악한 영들의 세력으로부터 자신을 보호하기 위해서도 여러 종류의 진언을 사용한다.
힌두교에서 가장 강력하면서 널리 쓰이는 진언은 성스러운 음절인 '옴'(om)이다. 불교에서 중요한 진언은 '옴 마니 반메 훔'(om maṇi padme hūṃ)이다. 진언은 인도 종교의식과 가정예식에서 여전히 중요한 특징을 이룬다. 힌두교의 많은 종파 입문식에서 구루(정신적 스승)는 입문자의 귀에 비밀스러운 진언을 속삭여 준다. 진언은 구루나 그 밖의 영적인 스승에게서 구두로 전해 받았을 때만 진정한 효과가 있다고 생각되고 있다.→ 옴
옴: 인도의 힌두교와 기타 종교에서, 모든 만트라(mantra), 즉 진언 가운데 가장 위대한 것으로 여겨지고 있는 신성한 음절.
옴: a-u-m의 3가지 소리로 이루어진(산스크리트에서 모음 a와 u는 합쳐져서 o가 됨) '옴'이라는 음절은 하늘·땅·대기의 삼계(三界), 힌두의 삼신(三神)인 브라마·비슈누·시바, 베다 삼전(三典)인 리그·야주르·사마 등 세 가지 중요한 것들을 의미한다. 이같이 '옴'에는 전우주의 정수(精髓)를 신비롭게 구현하고 있다. 힌두인들은 기도·찬송·명상할 때 시작과 끝에서 이 음절을 외며, 불교도나 자이나교도들도 의례에서 이것을 자유롭게 사용한다. 6세기부터 이 소리를 상징한 문자가 필사본이나 비문의 첫머리를 장식하게 되었다.
170) 레이 윤겐, 신비주의와 손잡은 기독교, 김성웅 역, 부흥과개혁사, 2009, pp. 152-159.

나는 심리학과 전생 회귀 실험으로 박사 학위를 공부하고 있는 한 여인을 만났다. 나는 기꺼이 자원하여 그녀의 연구 대상이 되어 주기로 했다. 연구 대상이 된 그 날 내 인생은 완전히 바뀌었다. 회귀를 하는 과정에 자신을 가이드라고 설명하는 어떤 "의식"이 나를 통해 그 심리학자 여성에게 말을 하기 시작했다. 나는 대화가 진행 되고 있다는 것을 의식할 수 있었지만 마치 다른 어딘가에 있는 이상한 느낌을 가지고 있었다. 이 체험은 내 인생 가운데 가장 이상한 체험이었다. 무당이 되는 처음 체험이었던 것이다![171]

이런 '구상화'가 기독교에 잘못 활용되었을 때, 그 '구상화'의 대상은 예수님으로 바뀝니다. 예수님의 모습을 상상하여 그려냄으로써 예수님께 '질문하는 기도'를 하고 대화를 하는데 그것이 실제로 예수님의 음성이라고 합니다.[172] '구상화'를 통해 만난 예수님과 교제를 나누면서 치유를 받았다고 합니다. 그러나 그렇게 '구상화'를 통해 만난 예수는 '영적인 가이드'일 뿐이며, 성경에서 말씀하는 예수님이 결코 아닙니다. 이것을 똑바로 알아야 미혹에 넘어가지 않게 됩니다.

융의 제일 큰 업적 중에 하나가 '적극적 심상법'(active imagination)입니다. 이것이 현대적으로 '구상화'(visualization)입니다. 융은 프로이트와 결별 후 7년 동안 '구상화'로 자기 자신의 무의식을 여행했다고 합니다. 그는 무의식 안에 있는 이미지를 '가이드'라고 명명하면서 그 이미지는 생명을 갖고 있다고 주장합니다.

그리고 그 자신도 '빌레몬'(Philemon)이란 영적 안내자(spirit guide)가 자기 자신에게 지혜를 주었다고 합니다. 내적치유를 주장하는 사역자들은 예수님을 과거의 죄, 고통, 실망 등에 '비주얼'로 오게 해서 실제로 치유를 하고 있습니다.[173] 그것이 어떤 형태이든지 간에 인간이 '구상화'를 통해

---

171) http://blog.naver.com/thebloodofx/20090719442

172) 생수를 마셔라, 로이드존스, 전의우 역, 규장, 2010, p. 72. 로이드존스는 이런 일에 대해서 다음과 같이 말한다. "기도가 아주 간단하다고 말하는 사람들은 우리에게 편안한 의자에 앉아 긴장을 풀고 하나님이 하시는 말씀을 들으라고 말합니다. 그러나 이것은 성경의 가르침이 아닙니다. 성경의 가르침과는 거리가 멉니다."

173) 주서택, 결혼 전에 치유받아야 할 마음의 상처와 아픔들, 순출판사, 2003, pp. 100-101. 주서택 목사가 행하는 내적치유에는 이런 스피릿 가이드를 주로 '예수님'으로 소개하며 치유사역을 하고 있다. 다음은 그의 책에 나오는 사례 중의 하나이다.
〈성결과 거룩의 은총을 달라고 기도하는 중에 그간 대수롭지 않게 생각되었던 어린 시절의 한 장면이 생각났습니다. 그것은 학교 가기 전, 제가 자주 오줌을 쌌는데 그 날도 오줌을 쌌다고 아버지가 곡식 까부르는 키를 뒤집어쓰고 바가지에 옆집에서 소금을 얻어오라고 시켰습니다. 기억조차 희미

예수님을 불러내거나 초청하는 것은 무당들이 하는 주술행위와 동일합니다.

칼 융의 이런 오컬틱(occultic)한 '구상화'의 방법을 기독교에 오염시킨 장본인은 '기억의 치유'(내적치유)를 소개한 아그네스 샌포드 입니다. 그녀의 오컬트 수행에 관해 다음과 같이 말합니다.[174]

> 나는 스스로를 여덟 살짜리 소년으로 구상하기 시작했다.
> "예수께서 나타나는 상상을 할 수 있는지 보십시오."
> 세미나 강사는 지시했습니다.
> "그분이 당신께로 걸어오시도록 하십시오."
> 놀랍게도 예수께서는 캄캄한 놀이터에서 천천히 내게로 다가오셨습니다.
> 그는 사랑과 포용의 자세로 내게 손을 펼치셨습니다 …….
> 더 이상 나는 장면을 창조하고 있지 않았습니다.
> 그리스도의 모습이 내게 다가와 내 등에서 짐을 들어 올렸습니다.
> 그가 너무 힘차게 하는 바람에 나는 의자에서 튕겨 올랐습니다.

이와 같이 오컬트로부터 유래한 내적치유는 성경에 기초한 것이 아닙니다. 그 기초는 무의식이라는 가상적인 이론을 만들어 유포한 프로이트와 융의 심리학에 뿌리를 두고 있습니다. 이런 것에 기초하여 '구상화'를 통하여 '영적인 안내자'를 만나 내적치유를 하는 것은 명백히 성경의 가르침에 반대되는 것입니다.

이런 주술행위에 속하는 최면치료 요법, '구상화'가 내적치유라는 명목하에 사용되고 있는데도 분별없이 참여하고 있는 것은 매우 안타깝고 위험한

했는데 기도 시간에 그 장면이 생각나면서 송곳으로 찌르듯이 가슴이 아팠습니다……. 그러다가 제 안에 돌아다니던 조각들이 갑자기 맞춰지면서 환하게 깨달아졌습니다……. 저는 주님에게 그 수치스러운 시간에 어디 계셨냐고 물었습니다. 정말 그때에도 나를 알고 계셨냐고 물었습니다……. 이런 제가 빠져버린 수치심의 웅덩이 속에서 너무도 절실히 빠져 나오고 싶었기에 주님! 주님! 하고 불렀습니다 …….)
그때 내 머리 속에 뚜렷한 영상이 떠올랐습니다. 주님이 형님 같은 나이로 다가오시더니 당신의 바지를 벗어서 오줌에 축축한 나의 바지를 벗기시고 갈아 입혀 주시는 것이 아니겠습니까! 그리고 당신의 등 뒤에 나를 숨으라고 하시고 주님께서는 소금을 얻으러 가신다는 생각이 들었습니다. 내가 전혀 상상할 수도 없는 영상이었고 주님의 모습이었습니다. 하지만 그 영상을 보면서 저는 그 분이 주님임을 분명히 알 수 있었습니다. 그 영상을 보며 얼마나 울었는지요. 그때 말씀이 들려왔습니다. "네 아비는 잘못된 사랑으로 너에게 수치심을 주었지만 나는 너를 잠잠한 사랑으로 안아 준다. 나는 너를 자랑스럽게 사랑한다 ……." 그리고 나는 그 주님의 뒤에 숨어서 그 수치의 십자가의 뒤를 따르고 있는 장면이었습니다. '난 이제 벗어났어! 죄의 힘은 꺾여졌어!' 그 모습을 보는 순간에 내 속에서 강한 확신이 분명하게 자리를 잡았습니다 …….)

174) http://blog.naver.com/yoochinw/130068219847

일입니다. 내적치유의 진실을 알지도 못하고 무작정 따라하는 교회와 목회자, 성도들이 늘어나고 있어서 그 문제가 심각해져 가고 있습니다.

구상화와 존 윔버

칼 구스타프 융(Carl Gustaf Jung, 1875-1961)의 '구상화'는 교회에 심리학적 신비주의가 '내적치유'라는 이름으로 교회에 침투할 수 있는 도구가 되었습니다. 그러나 대부분의 사역자들은 어떻게 시작되었는지도 모르는 분들이 많고 또 안다 해도 그 시초를 감추는 사람들이 대부분입니다.

이런 '구상화'는 빈야드 운동의 창시자인 존 윔버에 의하여 더욱 많이 파급되었습니다. 존 윔버는 1980년대 초반에 풀러신학교에서 성령의 은사와 능력에 대하여 가르쳤습니다. 존 윔버의 '구상화' 기법은 목회자 컨퍼런스에서 사용되었는데, 그는 모두에게 이렇게 말했습니다.

> 성경책과 노트를 내려놓고, 두 눈을 감고 여러분의 마음속의 모든 생각을 비우십시오. 이제 당신이 산에 있는 아름답고 평화로운 목장에 있다고 상상하십시오. 아름다운 푸른 풀과 노란 꽃이 보입니까? 가장 아름다운 곳으로 가서 원하는 것을 보십시오, 예수께서 숲을 지나 당신의 목장으로 걸어오는 것이 보입니까? …… 당신을 향한 그의 사랑을 느끼십시오. 평안을 느끼십시오. 그 분의 눈을 바라보고 그가 당신에게 가진 사랑을 보십시오.[175]

이와 같은 방법은 오컬트의 '구상화'에 지나지 않습니다.

여기서 문제는 내적치유자들이 '구상화'를 통해 나타난 예수님이 진짜 예수님이라고 말하는 것입니다. 그러나 상상력을 통하여 예수님을 직접 그리고 실제적으로 만났다고 말씀하는 곳은 성경 어디에도 없습니다. 그렇게 '구상화'를 통하여 만들어진 예수는 '영적인 안내자'(spirit guide)에 불과하며, 그 모습이 어떤 것일지라도 '악한 영'이며 '우상'에 불과합니다.

성경에서 하나님과의 만남이 일어났던 사건들은 모두가 다 하나님에 의하

---

175) http://www.deceptioninthechurch.com/KJCVINEY.HTM 윔버는 다음과 같이 말한다. "이런 고통스러운 기억들이 (그에게) 떠오르면, 예수께서 이 모든 기억들 속에 함께 계셨고, 이제 그 기억들이 용서 받을 수 있다는 사실을 나는 그에게 알아듣도록 얘기한다. 다르게 표현하면, 나는 그들의 경험을 하나님의 목적의 불빛 아래에서 재해석한다." 존 윔버, 케빈 스프링거 공저, 능력치유, 이재범 역, 나단출판사, 1991. pp. 371-376. 그는 '과거 상처들의 영향'을 치유하기 위하여 구상화를 사용하고 있다.

여 주도되었다는 사실을 명심해야만 합니다. 내적치유자들은 '상상력'을 통하여 인간이 예수님을 초청하여 과거를 치유한다고 말합니다. 이것은 인간이 조장하여 신을 불러내는 '샤머니즘' 입니다. 토템신앙은 그런 차원에 기원하고 있습니다.[176)]

갈멜 산에서 엘리야가 보여준 것은 그런 인간의 조작이 얼마나 어리석은 일인가를 보여 주고 여호와 하나님이 어떤 분이신가를 나타내신 사건이었습니다.

종교적 배경 – 퀘이커교도

존 윔버가 이런 경향으로 가는 것은 그의 배경이 퀘이커교도이기 때문입니다. 그들은 신비적인 내적인 빛을 삶의 안내자로 생각하며 하나님의 말씀인 성경도 그 내적인 빛보다 못한 것으로 격하시켜 버립니다. 세상의 어떤 종교나 철학도 하나님께로 향하는 또 다른 길이라고 생각합니다.

분명하게 알아야 하는 것은, 퀘이커교도가 말하는 하나님은 성경에서 말씀하는 유일하신 하나님이 아닙니다. 존 윔버나 리차드 포스터가 하나님이라고 할 때에 그들이 말하는 하나님과 성경에서 말씀하는 하나님과는 극과 극의 차이가 있습니다.[177)] 그들은 예배를 통하여 '내적 빛'을 체험하려고 하며, 신과 합일의 경지에 이르려고 합니다.[178)] 그래서 소위 그들의 찬양이라는 것

---

176) http://www.suite101.com/content/how-to-find-an-animal-spirit-guide-a122567 A shamanic journey can be a challenging, and even hazardous, experience. A totem animal, or animal Spirit Guide, may be a powerful ally to the shaman. Animal spirits are often the most easily accessible guides on shamanic journeys, and it is quite possible that a practitioner will have more than one totem animal. Many traditional shamanic ritual costumes include feathers, fur, bones or symbols representing the shaman's power animals to encourage the creatures to accompany the shaman in his or her work.

177) http://www.deulsoritimes.co.kr/?var=news_view&page=1&code=302&no=21711
"함석헌에겐 이 씨알이 곧 그리스도였다. …… 민중의 이름을 씨알로 고쳐 부르기 시작하면서는 더욱이나 그랬다. 목사요, 신부요, 승려요 하는 것들 따위는 말할 것도 없고 교회도 불당도 도대체 함석헌에게는 헛개비에 지나지 않는 것들이었다. …… 위대한 종교일수록, 위대한 인격일수록 철저한 역사의 산물이 아닐 수 없는데 천상천하, 동서남북, 고금의 모든 역사의 주체는 곧 씨알이었다. 그 씨알이라는 존재 밖에서 어떤 역사도 있은 적이 없었다. 하나님께 있어 그 씨알은 처음이요 나중이요, 알파요 오메가였다. 그래서 씨알을 역사의 그리스도라 일컫는 것이다. 어떤 역사도 이 씨알을 주(主)로 모시지 않고는 역사일 수 없다. 역사적인 예수, 역사적인 석가, 역사적인 공자 없이 하나님의 역사는 가능할 수 있지만 상놈·민중·씨알 없이 하나님의 역사는 한 걸음도 나아갈 수 없다."

178) http://ko.wikipedia.org/wiki/%ED%80%98%EC%9D%B4%EC%BB%A4

을 살펴보면, '오셔서 채워 주소서' 라는 식의 말들을 쉽게 볼 수가 있습니다.

이런 일에 같은 성향을 가지고 가는 사람이 토마스 머튼, 헨리 나우웬, 유진 피터슨, 필립 얀시, 레너드 스윗 등과 같은 사람입니다. 국내에도 이들을 추종하며 관상기도를 배우려고 합니다. 그러나 이들이 다 퀘이커 교도라는 점을 항상 염두하고 있어야만 합니다. 이런 부류의 사람들은 얼마든지 동양의 사상과 철학에 매우 열린 자세로 다가가서 결국 신비주의로 빠져들어 다시는 돌아오지 못할 길로 가고 맙니다.

머튼은 이슬람의 영적인 교사이며 신비가인 수피[179]들을 애호했고 수피교로부터 깊은 교화를 받았습니다. 그는 동양사상과 선불교, 이슬람을 관상기도라는 끈을 통하여 신적인 빛의 경험을 체험했습니다. 머튼의 통찰과 동양종교의 통찰이 너무나도 정확하게 맞아 떨어지기 때문입니다.[180]

그의 관상기도에 중요하게 등장하는 것이 바로 '영적인 안내자' 입니다. 무념무상의 자리로 들어가면 거기서 '영적인 안내자' 를 만나서 인도함을 받게 됩니다.

그러나 이런 '영적인 안내자' 를 통한 신비주의적인 방법은 무당을 비롯한 오컬트의 죄악 된 방법들입니다. 이와 같은 비성경적인 방법들을 그대로 모방하여 내적치유에서 실제로 응용하고 있는 것을 구분하지 못하고 권장하고 참여하는 것은 매우 위험스러운 것입니다.

이런 구상화는 풀러신학교의 찰스 크래프트 교수나 그 영향을 입은 피터 강 목사 같은 사람들이 동일하게 사용하는 방법입니다. 크래프트는 존 웜버에 의하여 크게 영향을 받은 사람입니다.

주서택 목사가 사용하고 있는 이런 '구상화' 는 세상에서는 '최면치료' 라는 것으로 유사하게 알려져 있습니다.[181] 그의 치유하는 방법이 얼마나 보편적으로 사용되고 있는 '구상화 치유' 인지 알아야만 합니다.

---

179) 참고로 이 수피들이 사용했던 것이 바로 '애니어그램' 이다. '관상기도', '구상화', '영적인 안내자', '애니어그램' 은 다 한 동양의 신비종교의 범주 안에 있는 것들이다. 이런 것들을 교회 안으로 끌어들여서 내적치유라는 미명하에 성도들에게 가르치는 것은 더 이상 용납되어서는 안 된다.

180) 레이 윤겐, 신비주의와 손잡은 기독교, 김성웅 역, 부흥과 개혁사, 2009, pp. 92-96.

181) http://cafe.daum.net/blackSSun/LwnL/319

아래는 소위 그와 같은 방식으로 이루어지는 '구상화 치유'의 한 형태로써 '그룹치유'를 어떻게 하고 있는지 보여줍니다.182)

– 어머니 뱃 속에 있는 나를 본다.
   보여지면 보고, 안 보여지면 상상한다.
– 눈을 감는다. 편안하게 심호흡을 한다.
– 성령님 이 장소에 초청합니다.
   이 장소가 거룩한 치유의 장소가 되게 하소서.
   성령의 능력으로 태아를 치유하시옵소서.
   예수님 이름으로 기도드립니다. 아멘.
– 예수님이 내 앞에 서 계십니다.
어머니의 건강한 난자와
아버지의 나의 정자를 선택하여 수정란이 되었습니다.
이 수정란에 어머니 아버지 조상 대대로 내려오는
조상들의 죄[교만 방탕 음행 도박 도벽 등]를
예수님의 이름으로 끊습니다.
이 수정란을 어머니 자궁에 넣습니다.
– 예수님, 태아를 축복하소서
– 1달된 태아
– 2달된 태아―― 성령으로 축복합니다.
   [평안 안정감 건강함]
– 3달 4달 5달 6달 7달 ―
   성령으로 축복합니다.[평안 안정감 건강함]
– 8달 태아를 축복합니다.[건강 영리 능력 기쁨 감사]
– 9달 태아 ― 축복
– 만삭, 분만합니다. 해산했습니다.
   갓 태어난 나 자신을 보십시오.
   그 아기의 표정을 보십시오[편안한가]?
   걱정과 불안스런 얼굴인가?
   그 아기를 내 품에 안으십시오.
– 아이야 너는 참으로 아름답고 멋지구나[축복하십시오.]
– 아이야 내가 있으니 걱정하지마.

예수님을 초청합니다.

---

182) http://cafe.naver.com/happynow4/1022

예수님 이 갓난아기를 안아 주시겠습니까?
예수님의 축복의 말씀을 들어보십시오.
태어난 나 자신을 축복합니다.
내 모습 이대로 인정하고 사랑합니다.
주님, 태아가 결핍된 것이 있다면 성령충만으로 채워 주십시오.

주서택 목사의 내적치유를 갔다 온 사람들은 이런 방법과 유사한 방법을 사용하고 있다는 것을 곧바로 알아차릴 수가 있습니다. 그러나 그것이 오컬트에서 유래한 '구상화' 치유인 줄도 모르고 그대로 따라 했던 것입니다. Christina Kang 목사가 하는 치유방식이나 주서택 목사가 하는 치유방식은 거의 차이가 나지 않습니다. 왜냐하면 그 중심이 되는 두 가지 축 곧 '내면아이'와 '구상화 치유'가 주된 핵심을 이루고 있기 때문입니다.

'결혼 전에 치유 받아야 할 마음의 상처와 아픔들'?

'구상화 치유'의 대표주자인 주서택 목사의 '내적치유세미나'도 문제가 되지만, 그의 책 중에서, '결혼 전에 치유 받아야 할 마음의 상처와 아픔들'(순출판사, 주서택 지음)을 보면 '구상화 치유'가 어떻게 행하여지고 있는지 그 사례들을 구체적으로 알 수가 있습니다. 그러나 많은 분들이 이 책이 '구상화 치유'라는 사실을 모르고 감동을 받고 있기 때문에 큰 문제입니다.

그 책에는, 6살 된 아이가 베란다에서 떨어져 죽은 일로 인해서 괴로워하는 한 여인이 다음과 같이 상처를 치유 받았다고 기록해 놓았습니다. 이 아주머니는 아이에 대한 죄책감과 정죄감으로 시달렸습니다.

나를 정죄하는 사단에게서 풀려난 것을 체험한 저는 이 세미나에 참석했습니다. 이곳에서 어떤 강의도 들어오지 않던 저에게 한마디 들리는 소리가 있었어요. 무엇이든지 하나님에게 솔직히 말해 보라는 강의자의 말이었어요.
그때 저는 정말 어린 애처럼 우리 죽은 애가 보고 싶다고 말했어요. 그런데 그 날 저녁집회시간 이었는데 예수님께서 저에게 걸어오시는 것을 보았어요. 그런데 예수님 옆구리에 누군가가 있는 거에요. 자세히 보니 제 아이였습니다. 예수님이 제게 가까이 오시자 저는 아마 아이를 제게 넘겨주시려고 하나보다 생각했지요. 하지만 예수님은 아이를 저에게 주시지 않고 옆으로 내려놓으시는 거에요. 그리고 저를 안아 주시더니 다시 아이 손을 잡고 돌아서 가시더군요.

한시도 저를 떨어지려고 하지 않던 애였는데 이상하게도 저에게 오려고 하지도 않고 너무 평안하게 저를 보고 웃으면서 손을 흔들고 예수님을 따라가는 것이었습니다.

마치 먼저 가서 기다린다고 하는 것처럼요. 그 장면은 제게 아이에 대한 고통에서 벗어나는 치유를 주었습니다. 하지만 슬픔만큼은 사라지지 않았어요. 전처럼 지옥을 헤매는 것 같은 절망과 고통은 없어졌지만 여전히 마음은 너무나 슬픈거에요. 그런데 주님이 저에게 분명히 말씀하시는 것이었습니다.

"나도 자식 잃은 슬픔을 알고 있다." 주님의 그 말씀이 무엇을 의미하는지 저는 알았어요. 세미나에서 예수님에 대한 강의를 들으며 그 주님의 죽음과 그 죽음에 대한 하나님 아버지의 마음을 알게 되었기 때문입니다. 저는 주님의 그 말씀에 정신을 차렸습니다. 내 속의 이 슬픔을 하나님이 체험해 보셨다는 말씀 앞에서 저는 다시 저만을 위해 울지 않게 되었습니다. 그리고 그 대신 아이들을 위해서 일을 하게 되었습니다. 아이가 죽고 난 이후 저 때문이라는 정죄감과 죄책감 그리고 하나님에 대한 원망과 상대적 두려움에서 빠져나올 길이 없을 줄 알았는데 제 마음에는 평강이 있고 이 일로 인해 더 넓은 눈으로 인생을 보고 저의 할 일을 알게 되었으며 하나님의 마음을 깊이 알게 되었습니다. 인간을 치유하시는 하나님의 사랑의 능력은 너무도 실제적이었습니다.[183]

이것을 해석한 주서택 목사의 말이 재미있습니다.

불의의 사고로 어린 아들을 잃은 엄마의 마음은 이세상의 어떤 능력과 지혜로도 치유할 수 없을 것입니다. 하지만 하나님이시기에 그분은 깨어진 엄마의 마음을 치유하셨습니다.[184]

이것이 과연 치유일까요? 아닙니다. 결코 아닙니다. 이런 방법은 뉴에이지와 이교도의 오컬트에 기초한 '구상화 치유'이며 매우 비성경적인 방법입니다. 성경 말씀과 교리에 기초하지 않은 심리이단(심리이설)에 기초한 방법입니다. 또한 이 이야기에서 두 가지만 살펴보겠습니다.

1) 사탄의 정죄라고 했는데, 사탄의 정죄를 이기는 방법은 무엇일까요?

주서택 목사가 유도한 것처럼 눈감고 과거로 돌아가서 '구상화'를 할 때 없어질까요? 그렇지 않습니다. 만일 그렇다면 그것은 기독교가 아닙니다. 정

---

183) 주서택, 결혼 전에 치유받아야 할 마음의 상처와 아픔들, 순출판사, pp. 50-52.
184) 같은 책, p. 52.

말로 그런 것이 기독교라면 예수님은 십자가에서 아무 의미 없이 죽으신 것에 불과합니다. 그렇다면 굳이 예수를 믿을 이유가 없습니다.

그러면, 예수 믿고 죽은 아이에 대해서 성경은 무엇이라고 할까요? 성경에서는 예수님을 믿고 죽었으면 구원받아 천국 간다고 말씀합니다. 로마서 8장 1-2절 말씀대로[185] 예수 그리스도 안에 있는 자에게는 결코 정죄함이 없기 때문입니다.

> 13 형제들아 자는 자들에 관하여는 너희가 알지 못함을 우리가 원치 아니하노니 이는 소망 없는 다른 이와 같이 슬퍼하지 않게 하려 함이라 14 우리가 예수의 죽었다가 다시 사심을 믿을진대 이와 같이 예수 안에서 자는 자들도 하나님이 저와 함께 데리고 오시리라 15 우리가 주의 말씀으로 너희에게 이것을 말하노니 주 강림하실 때까지 우리 살아남아 있는 자도 자는 자보다 결단코 앞서지 못 하리라(살전 4:13-15)

이 말씀대로 믿는 것이 우리의 신앙입니다. 오컬트의 '구상화'를 하지 않아도 되는 오직 하나님의 백성들만이 예수 그리스도 안에서 누리는 소망이 있기 때문에 절망하지 않고 살아갈 수 있습니다.

2) 정죄감과 죄책감에 시달리고, 하나님에 대한 원망과 두려움에 사로잡혔다고 했습니다. 과연 '구상화'를 통해서 없어질까요?

욥은 자기 자녀들을 다 잃고 난 다음에 어떻게 했을까요? 그 자녀들도 갑작스런 재난으로 다 죽었습니다.

> 20 욥이 일어나 겉옷을 찢고 머리털을 밀고 땅에 엎드려 경배하며 21 가로되 내가 모태에서 적신이 나왔사온즉 또한 적신이 그리로 돌아가올지라 주신 자도 여호와시요 취하신 자도 여호와시오니 여 호와의 이름이 찬송을 받으실지니이다 하고 22 이 모든 일에 욥이 범죄하지 아니하고 하나님을 향하여 어리석게 원망 하지 아니하니라(욥 1:20-22)

이것이 신앙인의 자세입니다. 물론 우리는 자녀를 잃은 슬픔과 아픔이 너무 커서 괴로워하게 됩니다. 부모이기 때문에 그 마음은 당연합니다. 그렇다고 그것을 인간적인 방법으로 해결하고 인간적으로 위로를 얻으려고 해서는

---

185) 1 그러므로 이제 그리스도 예수 안에 있는 자에게는 결코 정죄함이 없나니 2 이는 그리스도 예수 안에 있는 생명의 성령의 법이 죄와 사망의 법에서 너를 해방하였음이라(롬 8:1-2)

안 됩니다. 세상 심리학으로 썩은 물에 오염된 방법으로는 더 더욱 안 됩니다.

하나님의 말씀에 그렇다고 하면 그렇게 믿는 것이 성도입니다. 기계가 아닌 인간이기 때문에 마음의 아픔이 남아 있습니다.[186] 하나님께서는 그 아픔을 뛰어넘도록 성령 하나님과 말씀으로 역사해 주십니다. 사탄은 계속 그 상처에 묶이도록 하지만 하나님께서는 그 상처를 넘어 새로운 역사를 이끌어 가십니다.

또 다른 예로, 성폭행의 상처에서 치유된 사례에서도 구상화 치유를 적용하고 있습니다.[187] 상처에서 치유되었다는 오숙희 씨의 이야기 입니다.

> 그러다 제 친구가 저를 C.C.C. 내적치유세미나에 참석시켰고 그곳에서 저는 저의 이런 행동들의 원인에 대해서 깨닫게 되었습니다. 그 일을 인정한다는 것은 너무 힘들었지만 그것은 곧 문제를 해결할 수 있는 출발점이 되었습니다.
> 저는 식구 많은 칠남매 가정에 여섯 째 딸로 태어났습니다. 둘째 오빠는 유난히 저를 사랑해 주었습니다. 그런데 제가 초등학교 5학년이 되었을 즈음 어느 날 잠을 자고 있는데 몸이 이상해서 눈을 떠보니 오빠가 나를 성폭행하고 있는 것이었습니다. 하지만 나는 무슨 말도 할 수 없었고 누구에게도 말할 수 없었습니다. 그리고 이런 일은 그날 한 번으로 끝난 것이 아니고 여러 번 계속되었죠. 그러다 보니 나중에는 별로 이상하게 생각지도 않고 그냥 받아들이면서 살았습니다. 저는 고등학생 때부터 크게 생각지 않고 다른 남자들과 성관계를 갖기 시작했습니다. 그리고 여러 번 낙태수술도 했습니다. 저의 이런 문란한 성생활은 결혼 전까지 계속되었습니다. 그러나 좋은 남편을 만나고 그 이후 이런 생활은 끝이 났습니다. 15년이 넘는 세월이 흘렀고 그 모든 것은 다 과거 속에 묻힌 것이려니 했습니다. 그러나 그것은 제 마음 깊은 곳에 묻혀 제게 큰 영향을 주고 있었습니다. 남편을 의심하는 것, 아이들에게 화를 내는 것, 그리고 교회 사람들을 정죄하는 것, 이 모든 일들이 다 제가 오빠로부터 당한 성폭행의 사건과 관련이 있음을 알게 되었습니다.
> 오빠에게 그런 일을 당한 이후 나는 무언지 모르지만 부모님에게도 친구들에게도 수치스러운 비밀을 가진 사람이 되어 버렸고 내 자신을 심히 수치스럽게 생각하는 열등의식이 나를 오히려 포장하고 다른 사람을 비난하는 사람으로 만들어 가고 있었습니다. 오빠에게 성폭행을 당한 그날부터 지금까지 나는 죄책감과 수치심으로 나를 망가뜨리고 있었고 내 가정을 또한 망가뜨리고 있었습니다.

---

186) 그렇다고 주서택 목사가 말하는 것처럼 무의식이 어떻다고 말할 필요가 없다.
187) 주서택, 결혼 전에 치유받아야 할 마음의 상처와 아픔들, 순출판사, p. 53.

지금 이 간증문을 쓰고 또 공개해도 좋다고 말씀드리는 것은 주님이 나를 용서하셨고 나를 새롭게 하셨음을 알았기 때문입니다. 주님께서 나를 새로운 피조물로 만드신다고 하신 것은 너무나 깊은 뜻이 담겨 있는 말씀이었습니다. 이제 그것을 나의 삶 속에서 누리게 되었습니다.

이런 식으로 치유를 받았다고 하면 하나님의 존재도 필요 없고 성경말씀도 필요가 없습니다. 그 이유는 크게 두 가지로 말할 수 있습니다.

1) 구체적으로 어떻게 치유받았다는 말이 없습니다.
2) 성경적 원리와 가치관이 없습니다.

"오빠에게 성폭행을 당한 그 날부터 지금까지 나는 죄책감과 수치심이 있었다."고 했는데, 그 앞에 글을 보면, "그런 것들을 별로 이상하게 생각지도 않고 그냥 받아들이면서 살았습니다. 저는 고등학생 때부터 크게 생각지 않고 다른 남자들과 성관계를 갖기 시작했습니다. 그리고 여러 번 낙태수술도 했습니다."라고 말합니다. 말이 앞뒤가 안 맞습니다.

그러고도 계속 교회 생활을 했다고 했습니다. 여기서도 죄에 대하여 말하지 않습니다. 죄책감만 있고 수치심만 있었고 그것만 해결하려고 하지 죄에 대한 회개를 말하지 않습니다.

자신의 행동이 죄인 줄 알았으면 도움을 요청했어야 했습니다. 부모에게 알리고 다시는 그런 일이 없도록 했어야 했습니다. 그리고 계속해서 문란한 생활을 했다고 했습니다. 그것은 분명히 죄를 즐긴 것입니다. 무작정 오빠 탓이라고 돌리지만 그것은 거짓말입니다. 자기 죄를 합리화하기 위한 것입니다. 자기 죄를 회개하고 말씀대로 바른 삶을 살았어야 했습니다. 그녀의 이런 고백들은 결국 그런 상황을 만든 하나님을 원망하고 불평하는 것입니다.

주서택 목사의 '구상화'를 통한 치유는 과거의 죄를 회개하는 것이 아니라, 단지 과거를 재구성하여 문제를 해결하려는 인간의 해결책입니다. 이것은 자아가 하나님의 보좌를 강탈하여 과거를 재구성하는 참람한 일입니다.[188]

14 무릇 하나님의 행하시는 것은 영원히 있을 것이라 더 할 수도 없고 덜 할 수도 없나니 하나님이 이같이 행하심은 사람으로 그 앞에서 경외하게 하려 하심인 줄을

---

188) 데비 드바르트, 존 브래드쇼의 상담이론 비평, 전병래 역, CLC, 2005. pp. 186-187.

내가 알았도다 15 이제 있는 것이 옛적에 있었고 장래에 있을 것도 옛적에 있었나니 하나님은 이미 지난 것을 다시 찾으시느니라(전 3:14-15)

주서택 목사는 모든 과거를 하나님께서 계획하시고 섭리하신다는 사실을 알지 못하고 있습니다. 지나간 과거는 인간의 힘과 노력으로 재구성할 수가 없습니다. 역사의 진행은 하나님의 권한에 속한 일입니다. 과거를 재구성하려는 시도는 하나님의 권한을 찬탈하려는 사악한 반역입니다.

이런 '구상화'와 다르게 성경에서는 어떻게 말씀하고 있을까요? 그것은 예수님께서 베드로를 다루시는 장면에서 알 수가 있습니다. 예수님은 베드로를 어떻게 치유했을까요? 주서택 목사가 '구상화 치유'에서 하는 것처럼, 눈을 감고서 시간여행을 하지 않았습니다.

예수님께서는 베드로에게 예수님과의 사랑의 관계를 확인하셨습니다.[189] 그리고 사명을 주셨습니다. 베드로는 이미 예수님을 부인한 죄에 대해서 회개하며 눈물을 흘렸으나 실의에 빠져 고기를 잡고 있었습니다. 예수님은 그런 그에게 당신과의 관계를 회복시키시고 사명을 주셔서 다시 일하게 하셨습니다. 베드로는 죄와 실패에 대해서 회개하고 다시 예수님과 관계를 회복하였으며 그의 남은 생애를 주를 위하여 살아갔습니다. 예수님은 주서택 목사가 하는 방식과 같은 '구상화'를 하지 않으셨습니다. 이 점을 분명하게 보아야 합니다.

유다와 베드로의 차이점은 무엇일까요? 겉으로 보기에는 죄가 비슷해 보입니다. 그러나 그 해결방안이 달랐습니다. 유다는 죄책감과 정죄감에 시달렸으나 결국 자살하고 말았습니다. 자기 죄에 대하여 당당하고 떳떳하게 책임을 지고 스스로 목숨을 끊었습니다.

베드로 역시 정죄감과 죄책감을 받았으나 회개하고 예수님을 다시 만나 새롭게 회복되었습니다. 예수님께 무릎을 꿇고 은혜를 구하는 자리로 내려갔습

---

189) 15 저희가 조반 먹은 후에 예수께서 시몬 베드로에게 이르시되 요한의 아들 시몬아 네가 이 사람들보다 나를 더 사랑하느냐 하시니 가로되 주여 그러하외다 내가 주를 사랑하는 줄 주께서 아시나이다 가라사대 내 어린 양을 먹이라 하시고 16 또 두 번째 가라사대 요한의 아들 시몬아 네가 나를 사랑하느냐 하시니 가로되 주여 그러하외다 내가 주를 사랑하는 줄 주께서 아시나이다 가라사대 내 양을 치라 하시고 17 세 번째 가라사대 요한의 아들 시몬아 네가 나를 사랑하느냐 하시니 주께서 세 번째 네가 나를 사랑하느냐 하시므로 베드로가 근심하여 가로되 주여 모든 것을 아시오매 내가 주를 사랑하는 줄을 주께서 아시나이다 예수께서 가라사대 내 양을 먹이라(요 21:15-17)

니다. 자신의 힘으로 자신의 문제를 해결한 것이 아니라, 예수님의 찾아오심이 있었으며 예수님께서 그 문제를 해결해 주셨습니다.

인간의 문제는 인간이 해결하지 못합니다. 자존심의 차원에서 문제를 바라보면 인간은 결국 절망과 죽음으로 끝나고 맙니다. 주서택 목사의 '구상화치유' 는 그런 인간의 자기 해결책으로 가는 인본주의 심리학에 근거한 썩은물입니다. 그러나 그 문제를 예수 그리스도 앞에 무릎을 꿇고 은혜를 구할때 진정한 해결책이 오직 예수님으로부터 주어집니다.

주서택 목사의 물어보는 기도

주서택 목사가 어느 교회의 새벽기도회에서 다음과 같은 물어보는 기도를 통해 '구상화' 를 실제로 행하고 있는 것을 볼 수 있습니다.

주님 어디에 계셨습니까?
어떤 학생이 정신 병원에 입원했다가 내적치유 집회에 참석했다가 치료를 받은 이야기 입니다.
친구들이 발길로 찰 때에, 몸을 쭈그리고 있을 때, 어느 큰 사람이 덮고 있는 것이 보였습니다. 그 발길이 예수님에게 향하고 있더라는 이미지를 체험했습니다. 그러면서 통곡이 터져 나왔습니다. 친구는 왕따 시켰지만 예수님은 나를 감싸 주시고 매를 맞아 주셨습니다.

예수님께 서러움을 말씀해 보십시오. 이런 아픔과 사건이 있었습니다. 그때 예수님은 어디에 계셨습니까? 어떻게 나를 도와주셨습니까? 내가 이 고통과 아픔을 당할 때 어디에 계셨어요. 무엇을 해 주셨어요? 자꾸 물어보면 성령께서 지나간 과거 속에 일어난 일을 깨닫게 해 주십니다.

기도는 하나님과 대화 하는 것입니다. 내가 묻고 하나님이 답해 주시는 것입니다.

(마무리 기도)
예수님의 십자가를 생각해 보십시오. 나를 위해 매달려 그 고난과 멸시를 당한 십자가를 묵상해 보십시오.

그가 찔림은 우리의 허물을 인함이요 그가 상함은 우리의 죄악을 인함이라 그가 징계를 받음으로 우리가 평화를 누리고 그가 채찍에 맞음으로 우리가 나음을 입었도다(사 53:5)

예수님의 십자가 사건은 나를 위해서
나를 대속하기 위하여 주님이 인간의 몸을 입고
이 땅에 오시고 33년 반 동안에 그 생애를 사시다가
마지막 십자가의 길을 걸어가셨습니다.
내 인생 걸음걸음 속에 한 번도 나를 떠나신 적이 없으십니다.
나는 수없이 배신했지만
주님은 한 번도 나를 배신하신 적이 없습니다.

가장 힘들었던 때가 언제였습니까?
가장 고통스러웠던 때가 언제였습니까?
다 끝나버린 것처럼 주저앉았던 때가 언제였습니까?
그걸 하나 생각해 보라.
그 사건을 이 시간 주님께 말씀드려 보라.
나에게 이런 사건이 있었습니다.
이런 상처가 있었습니다.

그때 그 고통과 아픔을 당할 때 무엇을 해 주셨습니까?
여러분이 들을 수 있는 소리로 기도해 보십시오.
가장 고통스럽고 어려웠던 사건이 무엇이었는가?
그것을 다 주님께 말씀드려 보라.
이런 일이 나에게 있었습니다.

주님 그때 어디 계셨습니까?
나에게 무엇을 해 주셨습니까?
주님 나는 살고 싶지 않았습니다.
그때 죽고 싶었습니다.
그때 주님 어디 계셨습니다.
주님 나에게 무엇을 해 주셨습니까?
주님 이 시간 말씀하여 주시옵소서.

이 시간 성령께서 말씀하여 주실 것입니다.
 '너는 혼자가 아니었다.
그때, 내가 너를 붙잡고 있었고, 내가 너를 지키고 있었다.
네가 매를 맞을 때 나도 그 매를 맞았다.'
주님 주님 나에게 이런 아픔이 있습니다.
주님 나에게 이런 고통이 있습니다.

아무도 알지 못하는 이런 외로움이 나에게 있습니다.

주님 그때 주님 어디에 계셨습니까?
나에게 무엇을 해주셨습니까?
주님의 음성을 듣게 해 주십시오.
이 시간 성령께서 생각나게 하는 그 생각을 붙잡으십시오.
성령께서 생각나게 해 주실 것입니다.
나의 의로운 손으로 너를 붙잡아 줄 것이다.
강을 건널 때 물이 너를 불이 너를 타지도 못할 것이다.
주님 나를 품어 주신 것을 감사합니다.
나와 같이 계신 것을 감사합니다.
주님 그때 나와 같이 계셨습니다.

아버지~ 아버지~
그들은 나를 버렸지만 주님은 나를 영접하셨습니다.
나를 결코 버리지 않으셨습니다.
여러분 인생 속에 흔적으로 남아 있는
그 고통과 아픔의 사건들을
있는 그대로 다 말씀드려 보십시오.
주님 내 속사람을 새롭게 해 주십시오.
내 속사람을 일으켜 주십시오.
그때 너무 힘들었습니다.
죽는 것 같았습니다.

그때 주님 어디 계셨습니까?
주님 나에게 무엇을 해 주셨습니까?
아버지~
내가 세상 끝 날까지 너와 함께 할 것이라.
주님 주님은 나의 아버지십니다.
나의 친구가 되십니다.
나의 신랑이 되십니다.
나의 모든 죄를 다 용서해 주시고,
나의 실수와 이 허물을
깨끗하게 용서해 주신 것을 감사합니다.
내 속사람을 일으켜 주신 것을 감사합니다.
해방시켜 주신 것을 감사합니다.
내 속사람을 주께서 일으켜 주신 것을 감사합니다.

예수님의 이름으로 기도합니다. 아멘.

두 분씩 손을 붙잡아 보십시오.
남자는 남자끼리 여자는 여자끼리,
이 시간 일어나서
주님을 대신해서
서로 한 번 꼭 껴안아 보세요.
주님이 나를 안아 주신다는
믿음을 가지고 꼭 껴안아 보세요.
주님 사랑합니다.
주님 사랑합니다.
꼭 껴안아 주세요.
너무 힘들었지.
너무 힘들었지.

주님 나에게 이렇게 말씀하십니다.
너무 고통스러웠지.
주님은 나에게 이렇게 말씀하십니다.
주님 나를 받아 주십시오.
나를 새롭게 해 주십시오.
아멘. 아멘.

사랑하는 주님,
이 시간 주의 자녀들 안에
속사람을 회복시켜 주시고
새롭게 해 주신 것을 감사합니다.
강건하게 믿음을 일으켜 주시고
내 배에서 생수가 콸콸콸 흘러 넘치는
영향력 있는 사람으로 회복시켜 주십시오.
하나님 아버지께
감사의 박수를 올려 드립시다.[190]

주서택 목사는 "물어보는 기도"를 통해서 하나님의 음성을 들으라고 합니다. 하나님께 물어보는 기도를 할 때 생각나게 하는 것은 성령께서 그렇게 하신다고 합니다. 그러나 이런 식의 기도는 오컬트에 기초한 '구상화'의

---

190) 2009년 3월 9일 새벽기도회 중에서

변형된 형태에 불과합니다.

그러므로 하나님의 백성 된 성도는 과거의 기억으로 돌아가서 '내면아이'를 치유할 것이 아니라, 우리의 죄를 회개하고 성경 말씀대로 순종해 나가는 삶을 살아가야 합니다. 오늘의 '나'는 과거의 '내면아이'가 나를 이렇게 만들었다고 하는 '결정론'으로 생각해야 할 필요가 신자에게는 없습니다. 그렇게 과거결정론으로 가기 때문에 더 나아가서 '업보'라는 개념도 도입하게 되고, '가계에 흐르는 저주'가 자연스럽게 등장하게 됩니다.[191]

인간은 자기의 존재에 대하여 끊임없이 사유해 왔지만 아직도 결론을 내리지 못하고 있습니다. 결론은 절망적이고 다 제각기 천차만별입니다. 아무런 합의점에 이르지 못하고 인간은 절망하여 지적파산을 맞이한 시대를 살고 있습니다. 그 속에서 남은 것은 긍정적이고 적극적인 사고방식입니다. 그것은 알 수 없는 내일에 대한 불안한 인간의 최후의 몸부림이자 발악 그 자체입니다.

인간은 인간의 삶에 대한 시작과 과정과 끝을 모릅니다. 지금 현재의 삶과 모습에 대하여 그 원인을 다 모릅니다. 그러나 하나님께서 한 인간을 이 땅에 보내실 때는 그냥 우연히 보내시지 않습니다. 지금 현재의 삶과 모습에 대하여 그 원인을 다 모릅니다. 그러나 그 속에서 하나님의 하시는 일을 나타내며 그 일이 하나님의 영광을 위함이라고 하십니다.

> 1 예수께서 길 가실 때에 날 때부터 소경 된 사람을 보신지라 2 제자들이 물어 가로되 랍비여 이 사람이 소경으로 난 것이 뉘 죄로 인함이오니이까 자기오니이까 그 부모오니이까 3 예수께서 대답하시되 이 사람이나 그 부모가 죄를 범한 것이 아니라 그에게서 하나님의 하시는 일을 나타내고자 하심이니라(요 9:1-3)

> 1 어떤 병든 자가 있으니 이는 마리아와 그 형제 마르다의 촌 베다니에 사는 나사로라 2 이 마리아는 향유를 주께 붓고 머리털로 주의 발을 씻기던 자요 병든 나사로는 그의 오라비러라 3 이에 그 누이들이 예수께 사람을 보내어 가로되 주여 보시옵소서 사랑하시는 자가 병들었나이다 하니 4 예수께서 들으시고 가라사대 이 병은 죽을 병이 아니라 하나님의 영광을 위함이요 하나님의 아들로 이를 인하여 영광을 얻

---

191) 주서택, 김선화, 내적치유세미나, CCC내적치유상담실, p. 55. 3. 조상으로부터 내려오는 저주의 끈과 굴레들에 묶여 있을 때 하나님을 바로 알지 못하게 한다.

게 하려함이라 하시더라(요 11:1-4)

서로 태어난 모습과 살아가는 과정이 차이가 있어도 하나님께서 요구하시는 그 내용은 동일합니다. 그 요구하시는 내용이 동일하다는 것은 하나님께서 우리 각자에게 역사하시는 그 은혜가 동일하다는 것이요 그 열심과 자비와 긍휼하심이 동일하다는 것이요 그 사랑이 동일하다는 말씀입니다.

37 예수께서 가라사대 네 마음을 다하고 목숨을 다하고 뜻을 다하여 주 너의 하나님을 사랑하라 하셨으니 38 이것이 크고 첫째 되는 계명이요 39 둘째는 그와 같으니 네 이웃을 네 몸과 같이 사랑하라 하셨으니 40 이 두 계명이 온 율법과 선지자의 강령이니라(마 22:37-40)

우리로 하여금 이 일에 순종하도록 부르시지, '오늘의 내가 왜 이렇게 되었습니까?' '그때 주님 어디 계셨습니까?' '주님 나에게 무엇을 해 주셨습니까?'라며 주님께 울부짖으라고 부르시는 것이 아닙니다. 그렇게 하는 것은 결국 하나님을 원망하고 욕하는 일입니다. 내적치유는 오늘의 나의 나된 이유를 과거에서 찾아 치유하겠다는 것이지만 결국 자기 책임을 없애 버립니다.

그러나 하나님께서는 오늘 내가 어떤 형편과 조건 속에 있을지라도 하나님의 하시고자 하는 그 뜻이 있으시고, 하나님의 영광을 위함이라는 그 귀한 뜻을 오늘 나의 이 눈물 나고 아픈 상황 속에서 만들어 가겠다고 하시는 것이 성경의 말씀입니다. 그것을 믿는 것이 성도의 삶이요 인내요 소망입니다.

이 믿음의 길을 걸어갈 때 세상은 알 수도 없으며 세상이 줄 수도 없는 평안과 기쁨이 우리 주 예수 그리스도로 말미암아 주시는 것을 누리는 것이 성도의 자랑입니다. 이것을 안 하겠다는 것은 아직 믿음이 무엇인지, 고난이 무엇인지, 하나님의 영광이 무엇인지 모르는 상태입니다. 그러나 그것을 아는 사도 바울의 고백이 곧 우리의 고백이요 우리의 신앙생활입니다.

11 내가 궁핍하므로 말하는 것이 아니라 어떠한 형편에든지 내가 자족하기를 배웠노니 12 내가 비천에 처할 줄도 알고 풍부에 처할 줄도 알아 모든 일에 배부르며 배고픔과 풍부와 궁핍에도 일체의 비결을 배웠노라 13 내게 능력 주시는 자 안에서 내가 모든 것을 할 수 있느니라(빌 4:11-13)

4. '내적치유사역연구원' 홈페이지 분석과 비판

여기에서는 홈페이지를 통하여 주서택 목사의 내적치유의 목표와 방향성에 대하여 분석하고 비판하고자 합니다.

주서택 목사는 누구인가?
청주주님의 교회 홈페이지에는 다음과 같이 소개하고 있습니다.

> 복음주의 학생 운동가요 내적치유사역자로 헌신해 온 주서택 목사님은 1979년 한국대학생선교회(C.C.C.) 간사로 부름 받은 후 충북 C.C.C.대표, 학복협 공동대표, 선교한국 조직위원장, 한국 C.C.C. 총무 등을 역임하면서 25년간 학원선교사역과 사회선교 사역, 내적치유사역, 신학교 강의, 대각성집회 인도 등으로 전인구원사역에 힘써 왔습니다. 1991년부터 학원사역과 함께 내적치유사역에 비중을 두고 아내 김선화 소장과 함께 지금까지 수십 차례에 걸쳐 내적치유 세미나를 인도해 왔으며 내적치유 상담실과 내적치유 상담자 훈련학교를 운영하여 실제적인 치유사역과 내적치유사역자 양성에 힘을 기울여 왔습니다.[192]

홈페이지에서 소개하고 있는 바와 같이, 주서택 목사라고 하면 대한민국 내적치유의 대표주자라고 할 수 있습니다. 그는 『답답합니다 도와주세요』 『결혼 전에 치유받아야 할 마음의 상처와 아픔들』 『내 마음속에 울고 있는 내가 있어요』 『엄마 가지마』 『내적치유세미나』 등의 대표적인 책들을 출판했습니다. 지금까지 3만 2천여 명이 내적치유 세미나를 거쳐 갔다고 하니 괄목할만한 내적치유사역자라고 할 수 있습니다.

주서택 목사의 내적치유사역연구원(이하 '내사연')의 홈페이지를 보면 내적치유가 무엇인지를 말해 주고 있습니다. 그 정의를 살펴봄으로 내사연이 말하는 치유가 무엇인지를 알 수가 있습니다.

> 넓은 의미의 내적치유
> 넓은 의미의 내적치유는 성령의 역사 속에 그리스도인의 삶 전반을 통하여 하나님을 알아감으로 일어나는 거룩한 성화의 과정이다. 그러므로 모든 그리스인은 하나님의 내적치유 울타리 안에 이미 들어와 있고, 진행되고 있는 것이다.[193]

---

192) http://www.lordchurch.or.kr/

세미나에서 말하는 내적치유
인간의 정신적 문제, 내적인 문제를 기독교적인 관점에서 바라보고 성경적인 방법
으로 해결해 가는 것이다. 전인의 치유를 목적으로 하며, 성령의 능력을 통한 사
역이다.

건강한 전인이란 삼위 하나님과의 바른 관계를 가지고 그 관계가 성장해 가는 마
음을 가진 자를 의미한다.
예수님께서 십자가를 지시기 전 간절히 하나님에게 간구하시던 내용 즉 주님에게
나아온 자들이 하나님과 사랑의 관계, 친밀한 관계가 되고 더 나아가 하나의 마음
이 되는 것이 내적치유의 목적이다. 이것은 곧 하나님이 인간을 만드신 목표이기
도 하다. 예수님에게 나아올 때 우리의 마음이 완전 새롭게 된 것이 아니라 하나
님과 하나 되지 못하게 막는 견고한 바윗덩이 같은 걸림돌들을 마음에 지닌 채 주
님에게 왔다. 주님에게 왔기에 이런 것들이 제거될 수 있는 삶이 시작된 것이다.

내적치유사역은 이런 걸림돌이 무엇인지 왜 생기는지를 알게 하며 어떻게 제거할
수 있는지를 말하며 성령의 도우심 안에서 실제로 하나님과의 마음의 일치를 막
는 모든 마음의 걸림돌들 즉 마음의 왜곡된 사고방식 상처 등을 제거하여 하나님
과 온전히 하나가 된 관계를 목표로 진행되는 사역이다.

내사연이 말하는 치유사역이 이런 의미라면, 하나님과의 친밀한 관계만을
말하고 있다는 것이 문제가 됩니다. 이런 면만으로 가르치는 것은 현대 미국
의 신복음주의 신학의 물결에 속한 사람들이 가르치는 내용입니다.[194] 하나
님은 자비의 하나님만이 아니라 공의의 하나님이십니다. 그런데 그들은 공의
의 하나님이 어디에 있느냐고 말하고, 우리의 상처와 아픔과 고통에 함께 하
시는 하나님으로 우리와 친밀한 하나님으로만 말하여 하나님을 우리의 수준

---

193) http://www.innerhealing.or.kr/

194) 마셜데이비스, 목적이 이끄는 삶이 전부가 아니다, 이용중 역, 부흥과개혁사, pp. 90-91. 기독
교 라디오 방송에서부터 기독교음악, 기독교인 저명인사에 이르기까지 미국 복음주의 문화 안에 있
는 모든 것들이 우리에게 신학은 더 이상 중요하지 않다고 말한다. 중요한 것은 당신이 하나님과
인격적인 관계를 맺고 있느냐, 예수님을 주님이자 구주로 받아들였느냐, 거듭났느냐는 것이다. 이
모든 것은 신학적인 관심보다는 경험적인 관점에서 이해된다. 그러나 실은 하나님에 대한 올바른
이해가 없이는 하나님과의 관계도 없다. 예수님이 어떤 분이며 그분이 우리를 어떻게 구원하시는지
를 이해하지 못하면 예수님을 구주로 받아들일 수 없다. 주님이 우리에게 무엇을 요구하시는지를
알지 못하고는 예수님을 주님으로 따를 수 없다. 구원의 방법을 이해하지 못하면 구원 받을 수 없
다. 이 말은 모든 그리스도인이 신학교에서 조직신학을 배워야 한다는 뜻이 아니다. 신학적인 요점
들을 정확히 전달하고 이해할 필요가 있다는 뜻이다.

으로 끌어내렸습니다.

"하나의 마음이 되는 것이 내적치유의 목적이다."라는 것은 매우 주의가 필요한 말입니다. 더 놀라운 것은 "이것은 곧 하나님이 인간을 만드신 목표이기도 하다."라는 대목입니다. 하나님께서 인간을 만드신 목표가 하나님과 인간이 하나의 마음이 되는 것이라면 굳이 예수님께서 십자가에 못 박혀 죽으실 필요가 있었을까요?

죄에 대한 분명한 지적과 회개가 없는 내적치유는 심리학에 기초한 비성경적인 방법입니다. 또한 죄에 대한 회개와 내적치유를 섞어서 가르치는 것은 잘못된 방법입니다.

내적치유의 목적

'내사연'에서는 내적치유의 목적에 대하여 다음과 같이 진술하고 있습니다.

"하나님과의 관계회복"
예수님은 요한복음 17장에서 하나님과의 하나님의 자녀들이 하나 되게 해 달라는 복음화를 위한 간구를 하고 있다. 예수님이 전하신 복음의 핵심은 하나님과 하나 되지 못한 자가 하나님과 하나 되어 풍성한 삶을 사는 것이다.

마음의 치유가 나타남으로 드러나는 일차적 현상은 마음이 건강한 신앙인 건강한 사회인으로 나타나는 것이지만 본 연구원에서는 이것을 목적으로 보지 않고 더 온전한 목적을 지향한다. 그것은 하나님과 관계의 회복이라는 더 높은 차원의 목적이다. 예수님은 요한복음 17장에서 하나님과의 하나님의 자녀들이 하나 되게 해 달라는 복음화를 위한 간구를 하고 있다. 예수님이 전하신 복음의 핵심은 하나님과 하나 되지 못한 자가 하나님과 하나 되어 풍성한 삶을 사는 것이다.

하지만 내면의 아픔과 상처는 우리 존재가 하나님과 하나 되지 못하게 막는다. 그러기에 성령은 인간의 마음의 치유를 그토록 원하시는 것이다. 인간의 영적 심리적 문제는 궁극적으로는 성령의 능력으로만 가능하다. 내적치유사역연구원은 내면의 속사람을 회복하고 치유하시는 성령의 도구가 되어 하나님의 나라 건설과 교회의 영적부흥을 이루고자 한다.[195]

---

195) http://www.innerhealing.or.kr/ '내적치유의 목적'

(그 아래에는 요한복음 17장 본문이 나와 있습니다.)

**하나님과의 관계의 회복을...
저희들은 인본주의적인 마음의 평안을 위한 치유가 아닌 근본적이고 하나님과의
관계의 회복을 목적으로 하는 사역을 진행시키고 교육시킬 것입니다.[196]

'내사연' 의 사역방향에 대해서 말하기를, "인본주의적인 마음의 평안을 위한 치유가 아닌" 것이라고 말하고 있습니다. '내사연' 이 정말로 인본주의적인 치유가 아닌 성경적인 치유라고 한다면 심리학의 도구와 방법들을 완전히 던져 버려야 합니다.

그러나 여전히 프로이트의 심리학에 기초하여 사역을 하고 있으며, 뉴에이지적인 '구상화' 에 기초하여 치유하고 있습니다. 겉으로 문구를 얼마나 그럴듯하게 작성하고 있느냐가 중요한 것이 아니라 실제로 어떻게 사역을 하고 있느냐가 중요합니다.

또한 '내사연' 은 "근본적이고 하나님과의 관계의 회복을 목적으로 하는 사역" 이라고 했습니다. "근본적이고 하나님과의 관계의 회복" 은 무엇을 통하여 이루어질까요? 주서택 목사가 말하는 대로 쓴뿌리를 치유하고 '구상화' 를 통하여 내 속에 울고 있는 아이를 쓰다듬어 주고 위로하여 줌으로써 이루어질까요? 그렇지 않습니다.

"근본적이고 하나님과의 관계의 회복" 은 예수 그리스도의 십자가의 피로써 이루어집니다. 인간은 그 앞에서 아무런 자격도 조건도 내어놓지 못합니다. 오직 성령 하나님께서 그 속에 죄의 비참함을 알게 하사 통회와 자복하는 심령으로 십자가 앞에 나아오게 하심으로 이루어집니다. 하나님의 자비와 긍휼을 구하며 예수 그리스도의 십자가의 피로 죄를 사하여 주실 것을 간구하게 됩니다. 그것이 은혜요 그것이 복음이기 때문에 우리는 다른 어떤 것으로도 근본적인 회복, 하나님과의 관계 회복은 이루어지지 않는 것을 믿음으로 고백하는 신자들입니다.

'내사연' 의 이런 잘못된 치유방식들은 그것이 심리학과 기독교의 혼합물이기 때문에 나온 자연스러운 결과입니다. 어느 곳에 글을 내어도 주서택 목사는 자신이 성경적이라고 말하고 있지만, 그 사역의 실제에 있어서는 성경

---

196) http://www.innerhealing.or.kr/ '사역방향'

적인 것이 아닙니다. 그것은 비단 주서택 목사만이 아닙니다. 언필칭 기독교 상담은 세상의 심리학과 혼합이 되어 가르치고 있으면서도 성경적이라고 말하는 오류를 범하고 있습니다.

이런 것은 다만 심리학적 내적치유에서만이 아니라 교회 안에서도 이루어지고 있습니다. 성경의 진리가 심리학의 개념과 혼합이 되어서 결국 성경의 진리와 멀어지게 됩니다. 그들이 말하는 변화라는 것은 정신적인 변화, 마음의 변화로 보는 개념으로 발전해 갑니다. 이런 개념은 노먼 빈센트 필이 심리학과 종교를 통합하여 인간의 욕구를 충족시키려는 것과 같은 경향이라고 볼 수 있습니다.[197]

왜 세미나를 하는가?

'내사연'은 세미나를 하는 이유에 대하여 다음과 같이 말합니다.

내적치유사역연구원에서는 91년부터 지금까지 이박삼일 프로그램으로 내적치유 세미나를 열고 있다. 내적치유세미나를 개최하는 이유는 대부분 잠재의식에 자리 잡고 있는 상처의 뿌리들이 일대일 상담이나 교육으로는 드러나는 데도 한계가 있고 또 치유되는 것에도 한계가 있기 때문이다. 한 사람이 기도하면 천을 쫓고

---

197) 마셜 데이비스, 목적이 이끄는 삶이 전부가 아니다, 이용중 역, 부흥과개혁사, pp. 26-27. 필은 책을 마흔 한 권이나 썼지만 「적극적 사고방식」으로 가장 유명하다. 이 책에서 그는 태도를 바꾸면 삶을 바꿀 수 있다고 가르쳤다. 필에 따르면 현대인의 근본적인 문제는 부정적 사고이며 그 중에서도 특히 두려움과 자기 불신이다. 해결책은 간단하다. 긍정적으로 생각하도록 자신을 훈련시키면 된다. 기도와 묵상 및 영감을 주는 생각과 성경 구절의 반복을 통해 행복하고 충족된 삶을 가져오는 긍정적인 사고방식을 계발할 수 있다고 필은 말한다. 필이 보기에 기독교는 근본적으로 육체적, 정신적, 영적인 행복을 가져오는 태도 변화다.
필의 저작에는 예수 그리스도의 복음의 본질이 빠져 있고 그 자리를 "그리스도와 프로이트, 기독교와 정신 치료의 혼합물"이 대신 차지하고 있다. 워렌은 회개라는 성경적 개념을 필의 철학에 따라 다시 정의하면서 기독교를 "정신적 변화"로 보는 필의 개념을 받아들인다. 회개는 더 이상 죄에서 돌이킨다는 성경적 개념이 아니다. 회개란 단지 마음의 변화일 뿐이다. 워렌은 우리가 우리의 사고방식을 하나님의 사고방식에 맞게 고칠 때마다 그것이 곧 회개라고 말한다.
필은 비술(秘術)을 가르치는 여자인 플로렌스 스코벨 쉰의 『인생의 게임에서 승리하는 믿음의 법칙 10』이라는 책에서 많은 아이디어를 얻었다. 많은 목회자들은 필이 쉰의 사상은 물론 그녀의 글에 나오는 표현들까지 도용하여 표절을 했다는 혐의를 제기했다. 대부분의 복음주의적인 저자들은 필의 기독교에 대한 심리학적 재해석과 비술과의 연관성을 필이 역사적 기독교의 복음에서 멀리 떠난 증거로 여긴다. 워렌의 전기 작가는 필의 접근 방식에서 아무런 문제점을 발견하지 못하며 필과 워렌의 관련성을 찬양한다. 필과 워렌은 심리학과 종교의 통합, 보통 사람들에게 다가가려는 욕구, 성경적 신학을 자기계발기법에 비해 하찮게 보는 경향 등 여러 가지 공통점을 가지고 있다. 메어는 다음과 같이 자랑스럽게 말한다. "새들백 교회는 노먼 빈센트필 목사의 흔적을 뚜렷하게 지니고 있다."

두 사람이 기도하면 만을 쫓는다고 하시듯 합심하여 주님의 치유의 도우심을 바라며 주님에 대해 깊이 묵상하는 이박삼일의 여정은 성령께서 일하실 수 있도록 기회를 드리는 데 있어서 매우 중요하다.

치유에 대한 지식과 심리적인 이해가 치유를 일으키는 것이 아니다. 내적치유는 감정적인 평안을 추구하는 것이 아니라 내면의 속사람에 대한 실질적인 수술의 작업이기에 성령의 도우심이 절대적으로 필요하다. 따라서 주님의 자녀들이 함께 모여 기도하는 곳에서 성령의 도우심은 크게 나타난다. 그동안 책을 통해서 혹은 여러 가지 교육을 통해서 치유에 대해 이해하고 어느 정도 자신 안에서 치유를 경험했다 할지라도 내적치유세미나를 통하여 성령이 깊이 건드리시고 치유하시는 역사는 비교할 수 없는 차원임을 참석자들은 증언하고 있다.[198]

주서택 목사는 내적치유 세미나를 하는 이유에 대해서, "대부분 잠재의식에 자리 잡고 있는 상처의 뿌리들이 일대일 상담이나 교육으로는 드러나는 데도 한계가 있고 또 치유되는 것에도 한계가 있기 때문이다."라고 말합니다. 이 글에서 드러나는 것은 마치 자신은 잠재의식에 뿌리박은 상처들을 상담이나 교육을 하지 않는 것처럼 말하고 있습니다.

그러나 그의 교재와 강의를 통하여 살펴보면 그는 잠재의식에 대하여 다루고 있음에도 불구하고 마치 자신은 그런 일들에 대하여 비판적인 시각을 가지고 있는 것처럼 말하여 많은 사람들을 혼란에 빠트리고 있습니다.

또한 그는 "내적치유는 감정적인 평안을 추구하는 것이 아니라 내면의 속사람에 대한 실질적인 수술의 작업이기에 성령의 도우심이 절대적으로 필요하다."고 말합니다. "속사람에 대한 수술"이라는 표현으로 더욱 혼란을 가중시킵니다. 그렇게 되는 주된 이유는 주서택 목사가 말하는 속사람과 성경에서 말씀하는 속사람에 대한 개념이 완전히 다르기 때문입니다. 성도는 이미 성령님으로 새롭게 된 속사람입니다. 그러나 주서택 목사가 말하는 속사람은 '내면아이'를 말합니다. 그가 "성령의 도우심이 절대적으로 필요하다."고 말하지만 실제로는 구상화를 통하여 만나는 영적인 안내자를 통하여 과거를 재구성하는 비성경적인 방법으로 수술(?)을 하고 있습니다.

---

198) http://www.innerhealing.or.kr/ '왜 세미나를 하는가?'

내사연에서 주관하는 내적치유세미나의 특징

1991년부터 한국 교회에서 시작되었던 성서적 내적치유세미나는 이제 한국 교회 내에 대표적인 내적치유사역으로 자리 매김을 하고 있다.

특별히 내적치유사역연구원이 주관했던 성서적 내적치유세미나는 심리적인 기법을 중심으로 진행하지 않고 전적으로 성경말씀과 십자가의 원리를 근거로 하는 성령의 사역으로 인정되며 따라서 가장 복음적이고 성서적인 내적치유사역으로 평가받고 있다.

내적치유세미나에 참가했던 사람들 중 지속적인 내적치유 상담가로 훈련을 받아 교회와 기독교 단체에서 활동하고 있는 자들도 800여명에 이르며 본회의 교재와 책들은 다른 곳에서 내적치유교재를 만드는 데 지침과 활용이 되고 있으며 책은 일부의 신학교와 교회 소그룹들에서 워크   교재로 사용되어지고 있다.[199]

위의 글에서 보는 바와 같이, '내사연'이 주관하는, "성서적 내적치유세미나는 이제 한국 교회 내에 대표적인 내적치유사역으로 자리 매김을 하고 있다."고 말하고 있습니다. 이 말처럼 주서택 목사의 내적치유세미나는 한국 교회에 큰 영향력을 행사하고 있습니다. 그러나 그 영향력이라는 것이 매우 우려스러운 부분입니다. 교회가 심리학에 물든 내적치유의 오류와 문제들을 분별하지 못하고 있는 경우가 대부분이기 때문입니다. 여과 없이 받아들이고 있는 이런 상황에서 결국 교회는 점점 더 무너져 가고 있습니다.

특히, "지속적인 내적치유 상담가로 훈련을 받아 교회와 기독교 단체에서 활동하고 있는 자들도 800여 명에" 달한다는 것은 더 더욱 심각한 일입니다. 그렇게 많은 지도자들이 썩은 물에 오염되고 변질되어 있다는 것은 더 심각한 문제들을 양상하고 있다는 뜻이기도 하기 때문입니다.

더 놀랍고 심각한 것은 '내사연'의 "성서적 내적치유세미나는 심리적인 기법을 중심으로 진행하지 않고 전적으로 성경말씀과 십자가의 원리를 근거로 하는 성령의 사역으로 인정되며 따라서 가장 복음적이고 성서적인 내적치유사역으로 평가받고 있다."라는 데 있습니다. 과연 그럴까요?

주서택 목사는 다음과 같이 말합니다.[200]

---

199) http://www.innerhealing.or.kr/ '내사연에서 주관하는 내적치유세미나의 특징'
200) 월간고신 8월호(2010년), p. 25.

간혹 내적치유사역에 대해 오해하는 목회자들 가운데서 이렇게 내적치유사역을 비판한다.

'내적치유는 기독교복음으로는 완전치 못하다고 생각하여 일반심리학을 가져다가 조합한 것 아니냐' 나는 이런 말을 들을 때 그 사람이 오히려 심리학을 신뢰하는 사람이라는 생각에 실소를 금할 수 없다. 본인은 심리학을 무시하고 필요 없다고 생각지 않는다. 또한 정신과 치료나 정신과 약의 복용에 대해서도 성령님의 치유사역과 대치되는 불신앙의 행위라고 생각지 않는다. 다만 내가 실소하는 이유는 현장에서 본 인간의 문제들에 대해 심리학으로는 도저히 해결할 수 없는 것들이 대부분이었기 때문이다.

이런 글은 주서택 목사가 앞에서 표명하고 있는 그대로 자신의 내적치유세미나가 "심리적인 기법을 중심으로 진행하지 않고 전적으로 성경말씀과 십자가의 원리를 근거로 하는 성령의 사역으로 인정되며 따라서 가장 복음적이고 성서적인 내적치유사역"이라고 하는 것과 얼마나 대조적입니까! 그가 말한 대로 "전적으로 성경말씀과 십자가의 원리를 근거로 하는 성령의 사역"이라면, 심리학의 그 많은 개념과 이론과 방법을 내적치유에 도입할 필요가 없습니다. 그러나 실제로는 그의 사역의 많은 부분은 심리학의 이론과 방법들입니다. 왜냐하면 하나님의 말씀과 성령님의 역사는 심리학의 도움이 필요할 정도로 부족하다고 여기기 때문입니다. 주서택 목사가 실소를 금치 못한다고 하면, 하나님의 말씀의 충분성을 저버리고 심리학을 통합하여 가르치는 일에 대하여 경악을 금치 못하겠습니다!!!

그가 심리학을 수용하는 이유는 앞서 살펴본 대로 주서택 목사가 사역하는 내적치유의 두 기둥은 '내면아이'와 '구상화'이기 때문입니다. 이런 원리와 방법을 사용하면서도 위와 같은 말을 한다는 것은 너무나도 어처구니없는 비성경적인 말입니다.

주서택 목사의 최근의 글들(2010년 8월 월간고신)은 그가 얼마나 심리학을 뛰어넘어서 관상기도와 타종교에 대해 얼마나 수용적인 자세를 가지고 있는지 엿볼 수가 있습니다.

김수환 추기경은 그의 취임식에서 "내 겉모습은 깨끗하지만 속은 그렇지 않습니다. 지금 내 속에 있는 것들이 밖으로 드러난다면 여러분은 당장 이 자리에서 나를 쫓아낼 것입니다"라고 했다. 베네딕트 수도원의 신부이며 영성학자인 토마스 키딩은 자신은 지금까지 살면서 '무언가의 중독에 빠지지 않은 자를 만나본 적이 없다'고 했다.

추기경의 품에 기대어서 눈을 맞추는 것이 목사의 격조 높은 품위일까요? 또한 토마스 키딩은 로마 카톨릭 신부이며, 관상기도를 통해 '신의 음성을 듣는 법'을 가르치는 사람입니다. 그가 말하는 기도는 한 무명의 중세 신비주의자가 쓴 『무지의 구름』과 십자가의 요한과 같은 사람들이 만든 방법입니다. 이것을 토마스 머튼 사후(死後)에 토마스 키딩이 체계화시켰고, 오늘날 교회 안에도 관상기도라는 이런 썩은 물이 들어와 있습니다. 주서택 목사가 이런 흐름의 사람들을 언급하며 '주님으로부터 오는 치유와 회복'을 말하는 것은 그의 내적치유가 얼마나 비성경적이고 뉴에이지적인 관상기도에 물들어 가고 있는지 보여주는 확실한 증거입니다.

이와 같이 내적치유사역원의 홈페이지를 통해 살펴보더라도, 주서택 목사의 사역이 얼마나 비성경적으로 흘러가고 있는지 알 수가 있습니다.[201] 그의 영향을 입은 수많은 내적치유세미나는 이제 심리학과 뉴에이지의 '구상화'를 미련 없이 던져버리고 오직 하나님의 말씀만으로 치유사역을 해 나가는 진정한 의미의 성경적치유가 되어야 합니다.

---

201) 근래에 주서택 목사는 뉴에이저이며 로마가톨릭신부이며 칼 융의 심리학으로 무장된 안셀름 그륀의 영성을 도입하고 있다. 『아래로부터의 영성』 외에도 주서택 목사의 2009년 상담 아카데미 도서 구입 안내문에는 안셀름 그륀의 책 『내 나이 마흔』, 『너 자신을 아프게 하지 말라』을 가을학기 도서로 말하고 있다.

5. 내적치유 교재 분석과 비판

이 장에서는 주서택 목사의 내적치유에서 사용하고 있는 교재 "내적치유세미나"[202]를 분석과 비판을 하겠습니다. 교재분석과 비판을 통하여 실제로 그의 세미나에서 무엇을 어떻게 가르치는지 살펴보아야 합니다. 그렇게 함으로써 성경적인 방향으로 나아가도록 하는 것이 그 목적입니다. 교재는 모두 11 과정으로 구성되어 있습니다. 교재에 나오는 목차를 살펴보면 다음과 같습니다.

과정 1. 내면치유란 무엇인가?
과정 2. 지식인가, 관계인가?
과정 3. 자존감 회복?
과정 4. 성경적 인간이해
과정 5. 쓴뿌리와 용서
과정 6. 아버지 되시는 하나님
과정 7. 예수 그리스도의 인성과 내적치유
과정 8. 성령의 권능을 받으라
과정 9. 영적전쟁
과정 10. 치유를 넘어 성숙으로
과정 11. 두 개의 가족과 나에 대한 이해

내적치유 세미나 교재의 제목에 대해서

가장 먼저 우리가 생각해야 할 문제는 이 교재의 표지에 나와 있는 제목입니다.

기독교적 인간이해에 기초한
성서적 내적치유세미나
The Divine Innerhealing

이 제목은 주서택 목사의 내적치유세미나가 "기독교적 인간이해에 기초

---

202) 이 부분에서 인용하고 있는 교재에 관한 모든 부분들은 주서택 목사의 내적치유 교재인 '내적치유세미나' (주서택, 김선화, 한국대학생선교회 내적치유 상담실, 1998, 2007 교재)에서 인용한 것임을 밝힌다.

한” 치유사역이라는 것을 전제하고 있습니다. ‘과연 기독교적인 인간이해
인가?’ 하는 것은 이 내적치유사역의 정당성에 대한 매우 중요한 기초가 되
는 일입니다. 그러나 그 실상은 ‘심리학적인 인간이해에 기초한 내적치유사
역’이라는 것을 분명히 알아야만 합니다. ‘왜 그러한가?’ 하는 것은 이제
이 교재를 분석하기 이전에 이미 앞에서 다루었던 내용입니다. 주서택 목사
의 내적치유의 ‘내면아이 치유’와 ‘구상화 치유’라는 두 기둥은 이미 무
너졌습니다! 그의 내적치유는 ‘기독교적 인간이해에 기초한’ 것이 아니라
심리학적이고 뉴에이지적인 사상에 기초한 것이라는 것은 명백한 사실입니다.
주서택 목사가 말하는 ‘내면아이’ 개념은 융이 심어다 놓은 ‘신성한 내면
아이’이기 때문에 기독교적 인간이해와는 본질적으로 다른 개념입니다.

다음으로 살펴볼 것은 이 교재의 실제 제목입니다.

성서적 내적치유세미나
The Divine Innerhealing

적어도 ‘성서적’이라고 했으면, “Biblical”이라는 영어표현이 나와야
정상적입니다. 그러나 주서택 목사는 “Divine”이라는 영어로 표현했습니다.
그의 내적치유가 “성서적”이라고 하고 혹 다른 언론에서는 “성경적”이라
고 말해 왔기 때문에 수많은 성도들이 거기에 신뢰성을 두었습니다.
이 “Divine”이라는 말은 “성서적”이라는 말로 번역되기 보다는 “신적
인” 혹은 “신성한”이라고 번역해야 훨씬 더 맞는 번역입니다. “성서
적”이라 함은 적어도 ‘성경’과 관련되어야 하는데 그가 사용하는 영어
“Divine”이라는 말은 ‘성경’과는 거리가 먼 단어입니다.

그러나 무엇보다도 이 “Divine”이라는 말은 “성서적” 혹은 “성경적”
이라는 것과는 구분이 모호한 단어입니다. 위키피디아에서 “Divine”이라는
단어로 검색을 하면 매우 놀라운 검색결과[203]가 나오는 것을 발견하게 됩니
다.

---

203) http://ko.wikipedia.org/w/index.php?title=%ED%8A%B9%EC%88%98%EA%
B8%B0%EB%8A%A5%3A%EC%B0%BE%EA%B8%B0&search=divine

신격(神格) 또는 신성(divinity, divine, 神性)은 보통 신의 성격 또는 신과 같은 성격을 일컫는 말이다. 신격화는 어떠한 대상을 신의 자격을 가진 것으로 올려놓는 것을 말한다.

이 내용만 보면 무슨 뜻인지를 금방 이해하기란 쉽지 않습니다. 몇 가지 결과를 제외한 거의 모든 검색결과들이 보여주는 것은 영지주의와 뉴에이지에서 사용하는 단어라는 것입니다.

그가 설령 그런 의도와 상관이 없이 "Divine"이라는 단어를 사용했다면 "Biblical"이라는 단어를 사용해야 합니다. 현대의 다원화된 시대 속에서 뉴에이지의 영성을 대변하는 단어를 사용하는 것은 매우 위험한 일입니다.

특별히 이 "Divine"이라는 단어를 융과 관련하여 생각해 보면 흥미로운 면이 있습니다. 앞서 언급한 바와 같이 융은 이 '내면아이'를 '신성한 아이'(Divine Child)라고 불렀습니다. 그렇다면 주서택 목사의 이 "Divine"이라는 단어는 융의 '신성한 아이'(Divine Child)와 무관하지 않음을 알 수가 있습니다. 영지주의와 깊은 관련이 있는 융의 개념과 더욱 관련이 많다는 것을 알 수가 있는 단어입니다. 결국 '신성한 내면아이'를 치유하는 것이 주서택 목사의 내적치유라는 결론이 나오게 됩니다.

또한 "Innerhealing"라는 단어를 유심히 살펴보아야 합니다. "Inner"라는 단어는 "Inner Child" 곧 '내면아이' 204)라는 말에 근거합니다. 이

---

204) http://cafe.daum.net/successcollege/3tvj/62 칼 융(Carl Jung)은 이것을 '신성한 아이'(the divine child)라고 불렀고, 에멧 폭스(Emet Fox)는 '경이로운 아이'(the wonder child)라고 했으며, 엘리스 밀러(Alice Miller)와 도널드 위니컷(Donald Winnicott)은 '참 자아'(the true self)라고 불렀다. 마가렛 콕(Margaret Cork)은 '잊혀진 아이들'(the forgotten children)로 표현했고, 약물 중독 치료사인 로켈 레르너(Rokelle Lerner)와 정신의학자인 휴 미슬다인(W. Hugh Missildine)은 '과거의 내면아이'(the inner child of the past)라고 불렀다. 심리학자이며 예술치료사인 루시아 카파치오네(Lucia Capacchione)는 magical child, creative child, playful child, spiritual child 등으로 부른다.
『과거의 당신의 내면아이』(Your Inner Child of the Past)의 저자인 휴 미실다인(W. Hugh Missildine)은 내면아이의 치료작업에 관한 주제를 처음으로 제기하였고, 『당신 자신을 축하하라』(Celebrate Yourself)라는 책을 쓴 도로씨 콜킬 브리그스(Dorothy Corkille-Briggs)와 교류분석(TA: Transactional Analysis)의 창시자인 에릭 번(Eric Berne)은 '상처 입은(wounded), 안괜찮은(not okay)아이'에 관해 다루면서, 우리의 인격 중에 어린 시절에 손상당했고 수치심과 두려움을 느꼈던 부분과 관련된 주제들을 포함시켰다. 보다 최근에 나다니엘 브랜든(Nathaniel Branden)은 어린 시절의 상처와 낮은 자존감을 관련시켰는데, 그의 책 『당신의 자존감을 높이려면』(How to Raise Your Self-Esteem)과 『높은 자존감을 경험하라』(Experience High Self-Esteem)에서 어린 시절의 해결되지 않은 감정들을 다시 확인하고 치유하며 통합하는 작업을 통해서 자존감을 높일 수 있는 구체적인 방법들을 제시하고 있다. 클라우디아 블랙(Claudia Black)

것은 주서택 목사가 '자아'에 집중하고 있으며, '결정론'에 기초한 치유 사역을 하고 있다는 것을 말해 주고 있습니다. 이것은 진정한 변화를 위해서는 '구상화'를 통해서 '내면아이'로 돌아가야 한다는 잘못된 이론입니다.

이것은 성경이 말씀하는 원죄에 대하여 정면 도전하는 비성경적인 접근입니다. 인간은 신성하지 않습니다. 인간은 죄인입니다! 그 죄는 내적치유로 없어지는 것이 아니라 예수 그리스도의 십자가의 피로써만 사해질 수가 있습니다!

그러므로 주서택 목사의 내적치유가 진정으로 성경적인 내적치유가 되려면 "Divine"이 아니라 "Biblical"이 되어야만 합니다.

그의 홈페이지에는 「Biblical Innerhealing Counseling Center」라고 나와 있습니다. 그러나 이것은 그 자체로 모순을 포함하고 있는 말입니다. 성경적 치유는 결코 내면아이를 치료하라고 말씀하지 않기 때문입니다. 그가 이런 단어를 사용하는 것은 심리학과 성경을 섞은 혼합주의 방식을 따르는 내적치유사역을 하고 있다고 자증(自證)하는 것입니다. 성경적(Biblical)이라면 내면치유상담(Innerhealing Counseling)과 절대로 함께 갈 수 없습니다.

'과정 1. 내면치유란 무엇인가?'의 분석과 비판

과정 1의 제목 아래에 나오는 그림은 나무 숲 아래에 무릎을 꿇은 한 아이에게 숲 속 위에서 한 줄기 빛이 아이에게 비춰지는 그림입니다.

대개 기독교의 이미지는 성령님을 나타내는 비둘기 형상이거나 십자가나 성경의 이미지가 펼쳐지는 것에 비해서 나무 숲 속에서 빛이 비추어지고 그 옆에는 다람쥐가 보고 있고 뒤에서는 곰이 지켜보고 있는 그림입니다. 이런

과 샤론 웨그쉐이더 크루즈(Sharon Wegsheider-Cruse)는 처음으로 역기능 가족의 개념을 약물의 존분야에 소개했다. 클라우디아 블랙(Claudia Black)은 그녀의 책 「이 일이 다시는 내게 일어나지 않을 것이다」(It Will Never Happen to Me)에서 알콜 중독가정에서 성장한 자녀들에게 공통적으로 나타나는 특징들을 구체화했다. Claudia Balck은 그녀자신의 회복경험과 알콜중독 가정의 성인 아이들(ACoA: Adult Children of Alcoholic)에 대한 치료경험을 통해서 알콜중독 가정 출신의 많은 성인들이 어떤 특정한 어린 시절의 패턴을 그들의 삶 속에서 번복하고 있다는 것을 알아냈다. Sharon Wegsheider-Cruse는 그녀의 책 「또 한 번의 기회」(Another Chance)에서 알콜중독 가정에서 나타나는 가족 역동(the family dynamics)에 관한 통찰들을 추가했다. Robert Burney는 내면아이는 더 높은 자아(higher self)로 연결해 줄 뿐만 아니라 진정한 자아(true self)를 발견하는 입구가 된다고 했다. 존 브래드쇼(John Bradshaw)는 Carl Jung의 원형론(Archetype)을 이용하여 내면아이를 설명하고 있다.

이미지는 아그네스 샌포드의 『Healing Light』를 떠오르게 합니다. 이것은 현대 뉴에이지의 영성을 나타내는 이미지와 아무런 구별이 없습니다.

주서택 목사의 내적치유가 성경적이 되기 위해서는 이런 이미지를 선택하는 문제에서도 성경적인 이미지를 사용해야만 합니다.

과정 1의 증거구절로 사용하는 것이 욥기 5장 17절입니다.

볼지어다 하나님께 징계 받는 자에게는 복이 있나니 그런즉 너는 전능자의 경책을 업신여기지 말지니라(욥 5:17)

이 증거구절 앞에는 이런 문구가 있습니다.

당신은 행복한 사람이다. 왜냐하면 하나님께서 당신의 잘못을 고쳐 주시며 치유해 주시기 때문이다.

이런 문구와 욥기 5장 17절과 무슨 관련이 있을까요? 먼저 욥기 5장 17절을 살펴보면, 이 말은 하나님의 말씀이 아닙니다. 욥의 친구인 데만 사람 엘리바스가 하는 말입니다. 이것은 하나님의 말씀이 아닙니다!

다른 욥의 친구들의 말들처럼 그의 말도 핵심은 한 가지 입니다. '욥의 고난은 까닭 없이 일어난 일이 아니다.' 라는 것입니다. 엘리바스는 4장에서 이런 말을 먼저 합니다.

생각하여 보라 죄 없이 망한 자가 누구인가 정직한 자의 끊어짐이 어디 있는가(욥 4:7)

이것이 욥의 친구들이 하는 말들의 한결같은 초점입니다. 그러므로 욥기 5장 17절을 인용하는 것은 심각한 문제를 일으키게 됩니다. 그러나 성경은 이미 욥기 1장에서 욥이 당하는 고난의 배경에 대해서 설명을 해 주고 있습니다. 신약에서 야고보 사도는 이런 욥의 신앙에 대하여 그의 인내와 같은 길을 걸어갈 것과 그런 일을 이끌어 가시는 주님의 성품에 대하여 말합니다.

보라 인내하는 자를 우리가 복되다 하나니 너희가 욥의 인내를 들었고 주께서 주신 결말을 보았거니와 주는 가장 자비하시고 긍휼히 여기는 자시니라(약 5:11)

다시 말해 주님께서는 괜히 성도를 힘들게 하고 괴롭히는 그런 분이 아니시라는 것을 말합니다. "주께서 주신 결말"을 보게 하시는 것이 하나님의 일하심입니다. 신약의 성도들도 이 이 고난의 과정을 "주께서 주실 그 결말"을 바라보며 믿음으로 인내하면서 살아가야 합니다. 그것이 신앙입니다.

문구 중에는, "당신의 잘못을 고쳐 주시며"라는 것에 주의를 가질 필요가 있습니다. 현대의 심리학과 그런 심리학에 물든 내적치유자들은 '죄'의 문제로 보지 않고 '상처'의 문제로 보는 것이 성경과 대치되는 부분입니다. 여기서도 "잘못"이라고 말함으로써 '죄'와 상관없는 부분으로 다루어 나가고 있다는 것을 미리 암시해 주고 있습니다. 그 이면에는 '신성한 내면아이' 개념이 근간을 이루고 있기 때문입니다.

그러므로, "잘못"을 고치는 것이 치유인가? 하는 것을 생각해 보아야 합니다. 하나님께서는 우리를 치유하시되 우리의 죄의 문제를 지적하시고 회개하고 돌이키는 것으로 치유를 시작하십니다. 그렇게 해야 성경적입니다. 욥기 5장 17절을 증거구절로 사용할 것이 아니라, 호세아 6장 1-2절 말씀을 사용하는 것이 더 바람직합니다.

> 1 오라 우리가 여호와께로 돌아가자 여호와께서 우리를 찢으셨으나 도로 낫게 하실 것이요 우리를 치셨으나 싸매어 주실 것임이라 2 여호와께서 이틀 후에 우리를 살리시며 제 삼 일에 우리를 일으키시리니 우리가 그 앞에서 살리라(호 6:1-2)

그 아래에 있는 문구도 살펴보겠습니다.

> 만일 당신이 주님을 사랑한다면 당신은 그를 위하여 성장해야 합니다. 당신의 진정한 성장은 당신 안에 나타나는 예수 그리스도의 성품이요 성령의 열매입니다.

"그를 위하여 성장해야 합니다."라는 말이 과연 맞는 말일까요? 그런 성장은 무엇을 의미하며 어떤 성장을 뜻할까요? 그 뒤에 나오는 문구대로 그 성장이라는 것을 "당신 안에 나타나는 예수 그리스도의 성품이요 성령의 열매"라고 합니다.

역시 이런 문구만 읽으면 별다른 의미 없이 '그런가 보다' 하고 지나갈 수 있지만, 문제는 '어떻게 그 성장을 이루어 가느냐?'를 보면 주서택 목사의 내적치유에서는 '내면아이의 치유'를 통해서 이루어 가려고 하는데 있습니다. 성경은 '내면아이의 치유'가 아니라 예수 그리스도와 그 말씀으로, 성령의 도우심으로 이루어 간다고 합니다. '내면아이'를 치유하는 것은 성경적인 방법이 아닙니다. 성도의 '속사람'은 성령님으로 말미암아 강건하게 됩니다.

> 16 그 영광의 풍성을 따라 그의 성령으로 말미암아 너희 속 사람을 능력으로 강건하게 하옵시며 17 믿음으로 말미암아 그리스도께서 너희 마음에 계시게 하옵시고 너희가 사랑 가운데서 뿌리가 박히고 터가 굳어져서 18 능히 모든 성도와 함께 지식에 넘치는 그리스도의 사랑을 알아 19 그 넓이와 길이와 높이와 깊이가 어떠함을 깨달아 하나님의 모든 충만하신 것으로 너희에게 충만하게 하시기를 구하노라(엡 3:16-19)

성경이 말씀하시는 방법대로 성경이 원하는 방향대로 강건해지고 성숙하여져 가야만 합니다. 그것이 신자의 삶입니다.

> 1. 성경은 우리 마음에 숨은 사람 '속사람'이 있다고 한다.[205]
> "오직 마음에 숨은 사람을 온유하고 안정한 심령의 썩지 아니할 것으로 하라 이는 하나님 앞에 값진 것이니라"(벧전 3:4)
> "그 영광의 풍성을 따라 그의 성령으로 말미암아 너희 속사람을 능력으로 강건하게 하옵시며"(엡 3:16)(p. 7)

주서택 목사가 말하는 '속사람'에 대한 정의는 이미 살펴보았습니다. 이 잘못된 정의 때문에 모든 것이 엉뚱한 길로 가게 되는 시발점이 됩니다.

베드로전서 3장 4절의 "숨은 사람"을 주서택 목사는 '속사람'이라고 합니다. 그가 말하는 '속사람'은 '내면아이' 곧 '내 속에 울고 있는 아이'입니다. 과연 '내면아이'일까요? 이 성경구절에 대한 주석을 참고 하면 다음과 같습니다.

---

205) 참고로 1998년 교재 우측 상단에는 "CCC, 주여! 나를 풀어 주소서"라고 매 페이지 마다 나와 있다. 이 문구를 보자마자, '이미 다 풀어 주었는데 뭘 풀어달라고 할까?' 하는 생각이 들었다. 이것은 복음의 내용이 무엇인지 모르는 문구이며 아직 복음에 대한 충분한 이해를 하지 못한 분들에게는 오해를 살 수밖에 없다. 그가 풀어달라고 하는 것은 결국 '내면아이' 곧 '내 속에 울고 있는 아이'를 풀어달라고 하는 것이다.

여기서 '숨은 사람'이란 앞 절의 '외모'에 대조되는 개념으로 사용한 말이지만, 근본적으로는 인간의 육신과 대조되는 '속사람'을 의미한다. 속사람은 곧 영혼이라고 할 수 있다. …… 속사람의 '마음'은 그리스도와 함께 감추어진 생명이며, 그리스도를 닮아가려는 마음으로서 주되신 예수 그리스도에게 뿌리를 두며, 그와 연합하여 깨끗하고 신실하며 서로 사랑하는 것을 가리킨다.[206]

표현의 차이일 뿐이지 '숨은 사람'이란 에베소서 3장 16절이 말하는 '속사람'과 동일한 말입니다. 곧 그리스도 예수 안에서 새로워진 사람을 두고 하는 말입니다. 여기에서 벗어나서 심리학에 오염된 개념으로 바꾸어서 '숨은 사람'과 '속사람' 또는 '내면아이'와 일치시키거나 연결해서는 안 됩니다. 단어에 대한 개념의 혼동이 일어나면 결코 바른 길로 갈 수가 없습니다.

이 교재와 아울러 완결판으로 나온 "내 마음속에 울고 있는 내가 있어요"[207]에서 설명하는 과정 1의 제목 밑에는 좀 더 확실한 증거를 제공할 이런 글이 있습니다(p. 31).

첫 번째 문을 여십시오. 당신의 생애는 변화될 수 있습니다.
첫 번째 문의 이름은 다음과 같습니다.

내적치유란 무엇인가?
첫 번째 문을 열고 방문을 들여다보면 이 방 안에는 인간의 기억이라는 신비한 작용과 인간 안에 있는 넓은 바다 이른바 잠재의식, 현재의 생활에 영향을 끼치고 있는 숨겨진 마음의 씨앗들, 잠재의식 치유의 필요성, 상처받은 마음의 결과, 그리고 삶에 나타난 증상들, 성경에 대한 이해, 인간의 잠재의식을 누가 어떻게 치료할 수 있는가? 그리고 실제로 치료받은 친구의 이야기가 들어 있습니다. 이 방 안에 있는 모든 것을 다 만져 보시고 당신의 것으로 취하십시오.

여기에 분명히 언급하고 있는 대로, 그가 말하는 '속사람'은 '잠재의식'을 말하고 있음을 알 수 있습니다.

이러므로 1번에서 말하는 '숨은 사람' 곧 '속사람'은 '잠재의식'이라는 것이며 이런 것은 성경을 잘못 해석하고 있다는 것을 꼭 알아야 잘못된 길로 나가지 않습니다.

---

206) 카리스주석, 베드로전서, 기독지혜사, 2003, p. 568.
207) 주서택, 김선화, 내 마음속에 울고 있는 내가 있어요, 순출판사, 2008.

2. 성경은 우리의 속사람의 형편에 대해 어떻게 설명하고 있나?(p. 7)
성경은 속사람이 상처 입고 갇혀 있으며 눌려 있다고 말한다. 겉사람이 상처를 입을 수 있듯이 속사람도 상처를 입을 수 있다. 마음의 깊은 영향을 준 사건은 그 속에 그의 자아의 일부분을 가둔다. 자아는 시간이 흘러도 스스로 그 사건 속에서 벗어나지 못하기에 객관적이고 합리적인 사고를 갖기 힘들고 대신 왜곡된 사고방식을 갖게 되고 그로인해 부정적 감정과 삶의 태도들이 만들어진다.

"성경은 속사람이 상처 입고 갇혀 있으며 눌려 있다고 말한다." 라고 말하고 있는데, 과연 이 말을 성경 어느 구절에서 말하고 있을까요? 이 교재는 증거구절로 이사야서를 말하고 있습니다.

1 주 여호와의 신이 내게 임하였으니 이는 여호와께서 내게 기름을 부으사 가난한 자에게 아름다운 소식을 전하게 하심이라 나를 보내사 마음이 상한 자를 고치며 포로 된 자에게 자유를, 갇힌 자에게 놓임을 전파하며 2 여호와의 은혜의 해와 우리 하나님의 신원의 날을 전파하여 모든 슬픈 자를 위로하되 3 무릇 시온에서 슬퍼하는 자에게 화관을 주어 그 재를 대신하며 희락의 기름으로 그 슬픔을 대신하며 찬송의 옷으로 그 근심을 대신하시고 그들로 의의 나무 곧 여호와의 심으신 바 그 영광을 나타낼 자라 일컬음을 얻게 하려 하심이니라(사 61:1-3)

우선적으로 우리가 알아야 할 것은 이 본문은 메시아에 관한 것이라는 사실입니다. 1절에서 언급된 "마음이 상한 자, 포로 된 자, 갇힌 자"가 과연 '잠재의식 속에 눌림 받고 있는 자아'를 말하는 것일까요?
메튜 헨리는 이사야 주석에서 다음과 같이 말합니다.

그는 치료자가 되어야만 했다. 그는 "마음이 상한 자를 고치기 위하여" 보냄을 받았다. 고통 받는 사지를 편안하게 하고 피 흘리는 상처를 싸매서 다시 유착하게 하듯 그리스도께서는 치료하신다. 죄로 인해 마음이 상하고, 죄의식과 진노의 두려움 속에서 겸손하게 된 사람들은, 그들을 편안하게 만들어 주고, 두려움을 없애 줄 어떤 것을 그리스도의 복음 속에서 얻는다. 완전한 통회의 아픔을 경험했던 자들만이 하나님의 진심과 위로의 기쁨을 기대할 수 있다.[208]

이 주석에서 보는 바와 같이 성경은 '죄의 관점'에서 말씀하고 있습니다. 주서택 목사가 말하는 '속사람'은 '내면아이'를 말하기 때문에 계속

---

208) 메튜 헨리 저, 메튜 헨리 이사야 주석(하), 황장욱 역, 기독교문사, 1983, p. 536.

해서 '상처'에 대하여 말합니다. 그러나 그 '상처'는 성경에서 말씀하는 "마음이 상한 자"와 동일시 될 수 없습니다. 주서택 목사가 말하는 '속사람'은 죄의 관점에서 접근하지 않고 상처받은 자로서만 접근하기 때문입니다. 주서택 목사는 심리학적인 개념의 단어를 성경에 나오는 단어와 일치시킴으로 성도들을 혼란케 하고 미혹하여 분별을 못하게 하고 있습니다.

'내 마음속에 울고 있는 내가 있어요(이하 내울내)' 33페이지에는 내적치유를 두 가지로 구분하고 있습니다. 한 가지는 넓은 의미의 내적치유이고 다른 한 가지는 집중적인 의미, 즉 세미나에서 말하는 내적치유로 구분해서 말하고 있습니다. 이 두 번째 의미에서 말하는 내적치유는 심리학에서 말하는 내적치유와 차이점이 없습니다.

> 인간의 정신적인 문제, 내적인 문제를 기독교적인 관점에서 바라보고 성경적인 방법으로 해결해 가는 것이다.[209]

그러나 과연 이것이 기독교적인 관점에서 해결해 가는 것일까요? 주서택 목사는 그 성경적인 해결방법으로 다음과 같이 말합니다.

> 인간의 마음을 치료하기 위해 다루어야 할 것은 마음에 쌓인 수많은 기억의 파편들이다. 뇌는 컴퓨터와 같은 기억장치를 가진다. 어떤 특정한 일은 유리조각처럼 우리 마음에 깊은 상처를 내게 되는데, 우리가 예수 그리스도를 믿은 후 마음에 상처를 입힌 유리 조각들 중에서 자신이 의식하고 있고 이해하는 것들은 대부분 해결할 수 있으나, 어떤 것은 잠재의식 속으로 들어가 버려 감지되지 못해 치료되지 않고 발병이 시작된 감염부위처럼 계속적인 영향을 우리 삶에 미치기도 한다.[210]

이런 입장이 과연 기독교적인 관점에서 바라보고 성경적인 방법으로 해결해 가는 것일까요? 인터넷에서 조금만 검색을 해 보면 다음과 같은 자료가 나옵니다.

> 누군가에게 다가왔던 이들이나 사랑하는 이들이 처음의 구애와는 달리 시간이 지나면서 자신을 냉대하고 무관심하게 대해 왔던 아빠와 엄마의 모습으로 변하여

---

209) 주서택, 김선화, 내 마음속에 울고 있는 내가 있어요, 순출판사, 2008, p. 33.
210) 같은 책, pp. 33-34.

다가오게 되는 것을 보면 어떨까요? 이런 일들이 반복되면 사랑을 믿지 않게 되며 어떤 사람이 호의적으로 다가오게 되면 의심부터 보이게 되기 마련이겠지요. 그것은 이전의 사랑에 대한 신뢰에 금이 가 있고 그 깨어진 기억의 파편이 여전히 상처받은 이의 내면을 찌르고 있기 때문입니다. 그렇게 날카로운 생채기를 낸 기억의 파편들을 과거의 사건으로부터 집어내고 베어진 조각들을 치워내야 합니다. 그렇게 내면의 그 자리를 치유하고 온전히 봉합하지 않는다면 늘 그 자리에는 유사한 상황과 사건들이 펼쳐질 것만 같으면 실제는 그렇지 않음에도 불구하고 이에 대한 방어적인 신호를 보내기 마련인 것입니다. 그 두려움으로부터 자신을 지켜내기 위해 다가온 이들을 밀어내야만 자신을 상처로부터 지켜 낼 수 있는 것이지요.[211]

표현의 차이는 조금 있을지라도 여전히 같은 말을 하고 있는 것을 쉽게 알 수가 있습니다. 이 사이트는 '트랜스심리센터' 라는 카페입니다. 글의 내용을 살펴보면, 주서택 목사와 김선화 사모가 말하는 내용과 '트랜스심리센터' 가 말하는 내용에 있어서는 별다른 차이가 없습니다.

주서택 목사는 치유에 대한 개념을 성경에서 가져오기는 하지만 그 구절을 합당하게 적용하지 못하고 있습니다.

치유되고 성장하여 예수 그리스도의 성품에 참예하는 자가 되는 것, 이것을 내적 치유 세미나에서는 하나님이 인간을 창조하신 목표의 하나로 본다.[212]

이 말에 대해서 안토니 후크마의 '개혁주의 인간론' 을 빌어서 뒷받침을 하려고 합니다. 누구의 말을 인용했느냐가 중요하기는 하지만 성경 본문이 무엇을 통하여 "신의 성품에 참예" 케 하는지에 대해서 바른 해석이 있어야만 합니다.

3 그의 신기한 능력으로 생명과 경건에 속한 모든 것을 우리에게 주셨으니 이는 자기의 영광과 덕으로써 우리를 부르신 자를 앎으로 말미암음이라 4 이로써 그 보배롭고 지극히 큰 약속을 우리에게 주사 이 약속으로 말미암아 너희로 정욕을 인하여

---

211) http://cafe.daum.net/ESMIND/9gF1/1 "이처럼 한번 어그러지고 왜곡된 사랑에 대한 얼룩이란 사람의 마음에 남게 되면 그것을 깨끗이 치워내지 않으면 누군가는 진실한 사랑을 주고받게 되기까지 많은 대가를 치르고 험난한 시간들을 지나게 되기 마련인 것입니다. 아픈 사랑을 하고 상대에게 상처를 주기도 하고 받기도 하면서 그렇게 세월을 보내게 되는 것이지요. 이것이 한 개인의 삶을 가로막고 행복을 저해하는 마음의 장애들인 것입니다."
212) 주서택, 김선화, 내 마음속에 울고 있는 내가 있어요, 순출판사, 2008, p. 34.

세상에서 썩어질 것을 피하여신의 성품에 참예하는 자가 되게 하려 하셨으니(벧후 1:3-4)

4절의 신의 성품에 참예하는 자가 되는 것은 3절의 내용으로 가능하게 된 것입니다. 거기에 무슨 과거의 기억들을 더듬어서 치유를 하거나 뉴에이지적 인 방법인 구상화를 도입해서 치유하라는 말씀은 하나도 없습니다. 성령님께 서 우리의 잠재의식을 치료해 가신다고 말씀하지 않습니다.

"보배롭고 지극히 큰 약속"은 하나님을 아는 참된 지식으로부터 주어지 는 것으로 문맥적으로 신의 성품에 참예케 되는 것을 의미합니다. 영생 얻은 그리스도인들은 이 세상이 아닌 그리스도의 영원한 나라에 참예케 되는 것을 가리킵니다. 같은 맥락으로 "신의 성품에 참예하는 자가 되는 자가 되게 하 려 하셨으니"라고 할 때에, 베드로는 의도적으로 이런 말씀을 하고 있습니 다. 이교도들이 주장하는 것처럼 인간의 내면에 본래부터 신과 같은 거룩한 성품이 있어서 잘 계발하면 성인(聖人)이 되고 거스르게 되면 악인(惡人)이 된다는 사상이 아니라, 그리스도와의 참된 연합을 통해서 성령님의 교제로 신의 성품에 참예하게 됨을 말합니다.[213]

주서택 목사는 과감하게 찰스 쉘[214]의 말을 인용하고, 아처 토레이가 "내 적치유는 곧 잠재의식의 치료"라는 말을 인용함으로써 결국 그의 치유사역 이 잠재의식의 치료라는 것을 매우 강조하고 싶어 합니다. 그가 인용한 말들 을 읽어보면 모두 다 심리학과 기독교를 통합하는 구도로 나아가는 혼합주의 자들 주장임을 쉽게 감지할 수 있습니다.

이런 결정론[215]에 기초한 사람들의 결정적인 오류는 사람의 삶이 그런 결 정론으로 설명할 수 없는 것들이 너무나 많다는 사실입니다. 모든 것을 한 가지 원리로 풀어갈려고 하는 것은 결국 자기모순에 빠지게 마련입니다.

213) 카리스주석, 베드로후서, 기독지혜사, 2003, p. 769. 그리스도인들은 그리스도와의 연합으로 새 로운 피조물(고후 5:17)로 거듭나게 되고 성령으로 말미암아 참된 영적교제를 나누며(요 14:16, 17, 26), 장차 나타날 영광과 복에 참예하게 된다(롬 8:18).
214) http://blog.daum.net/misoll77/69 찰스 쉘은 잠재의식의 치유를 주장한다. 『아직도 아물지 않은 마음의 상처』(두란노)라는 책으로 소개되었다.
215) 네이버 사전에서. 프로이트 심리학에서, 모든 정신 현상은 물리 현상과 마찬가지로 인과 관계에 의하여 결정된다는 이론.

결정론으로 가는 이들은 '가계에 흐르는 저주'로 그 방향을 맞추게 되어 있습니다. 왜냐하면 오늘의 '나'라는 것이 과거의 결과물로 보기 때문입니다. 주서택 목사도 마찬가지입니다. 교재 10페이지에서 다음과 같이 말합니다.

2) 조상과 부모로부터 유전되는 힘을 인간은 끊을 수 없기 때문에[216]

오늘 잘되는 것이 내일 못될지, 오늘 못되는 것이 내일 잘될지 모른다는 것은 세상을 살아보면 누구나 알게 되는 이치입니다. 세상 사람들도 그 정도 이치는 알고 살아갑니다. 그런데 왜 성도가 그 정도의 수준에도 미치지 못하는 원리와 사상에 이끌려 살아가야 하겠습니까?

성도에게 요구하는 것은 과거로 돌아가는 것이 아닙니다. 예수 그리스도의 은혜를 받은 우리에게 요구하시는 것은 새언약의 백성다움으로 가라는 것입니다. 신약에서 그것은 무엇일까요?

11 이와 같이 너희도 너희 자신을 죄에 대하여는 죽은 자요 그리스도 예수 안에서 하나님을 대하여는 산 자로 여길지어다 12 그러므로 너희는 죄로 너희 죽을 몸에 왕 노릇하지 못하게 하여 몸의 사욕을 순종치 말고 13 또한 너희 지체를 불의의 병기로 죄에게 드리지 말고 오직 너희 자신을 죽은 자 가운데서 다시 산 자같이 하나님께 드리며 너의 지체를 의의 병기로 하나님께 드리라(롬 6:11-13)

예수 그리스도 안에서 우리는 죄에 대하여 이미 죽은 자며, 예수 그리스도 안에서 우리는 하나님을 대하여 산 자가 되었습니다. 과거의 일들이 우리를 괴롭히지 못하며 과거가 우리를 이끌어 가지도 않습니다. 죄의 권세에서 완전히 벗어났습니다. 이제는 은혜가 왕노릇 하는 자리에 와 있습니다. 그렇기 때문에 성도의 삶은 하나님의 백성답게 살아가는 것입니다.[217]

복음이 우리에게 주는 두 가지 진리는 하나님께서 우리의 죄를 용서하셨다는 것과 그럼으로써 우리는 더 이상 과거의 노예로 살 필요가 없다는 것입니다.[218]

---

216) 과정 6에서 더 설명된다.
217) 이는 죄가 사망 안에서 왕노릇한 것 같이 은혜도 또한 의로 말미암아 왕노릇하여 우리 주 예수 그리스도로 말미암아 영생에 이르게 하려 함이니라(롬 5:21)

하나님께로서 난 자마다 범죄치 아니하는 줄을 우리가 아노라 하나님께로서 나신 자가 저를 지키시매 악한 자가 저를 만지지도 못하느니라(요일 5:18)

이것이 세상 사람들과 비교할 수 없는 성도 된 자리에서 누리는 특권이요 자유입니다. 악한 자가 만지지도 못하는 신분이 되었습니다.[219] 우리는 더 이상 우리가 책임지는 존재가 아니라 예수 그리스도께서 책임지며 이끌어 가는 성도가 되었습니다.

과정 1을 마무리 하는 과정을 보면 여전히 '구상화'의 과정을 진행하고 있는 것을 확인하게 됩니다.

조용히 기도하며 묵상하십시오.
주님 나는 누구입니까?
내가 누구입니까?
지나간 앨범을 넘겨 보십시오.
지금 내 머리 속에 생각나는 한 장면은 무엇입니까?
우리의 속사람을 만나기를 원하십니다.
겉으로 건강한 사람이 아니라,
아무에게도 보여 주기 싫은 나를 보고 싶어 하십니다.
내 고통이 너무 커서 나는 나를 알아보지 못하지만
하나님은 나와 함께 하시겠다고 하셨습니다.
"주님이 여기에 계십니다." 고백해 보십시오.
하나님께 나아가는 자는
하나님이 반드시 계신다는 것을 믿어야 합니다.
사람에게 보여 주는 것이 아닙니다.
하나님에게 보여 드리십시오.
주님이 내 옆에 계시다는 것을 먼저 믿으십시오.
그것을 인정하고 선택하십시오. 믿기지 않아도...,
주님은 우리에게 안식을 주시려고 합니다.
여러분 스스로를 변화시키려고 하지 마십시오.
내 곁에 계신 주님을 만나고 싶습니다.
주님이 주시고자 하는 것을 내가 받고 싶습니다.

---

218) 에드 벌클리, 왜 크리스천은 심리학을 신뢰할 수 없는가?, 차명호 역, 미션월드, 2006, p. 120.
219) 하나님께로서 난 자마다 범죄치 아니하는 줄을 우리가 아노라 하나님께로서 나신 자가 저를 지키시매 악한 자가 저를 만지지도 못하느니라(요일 5:18)

주님의 음성을 기대합니다.
주님의 만남을 기대합니다.
한 사람마다 주인공이 되게 하고
한 사람마다 주님의 음성을 듣고
자신이 누구인지 분명히 알고
그 인생이 새로운 인생이 되기를 원하십니다.[220]

우리의 삶에 일어난 일들을 '상처의 차원'에서 바라보면 '신성한 내면 아이'로 보게 되고, 자기 자신은 아무런 책임도 없고 자신에게 상처 준 사람들은 용서의 대상으로만 바라보게 됩니다. 병리학적인 차원으로 바라보면 자기 상처만 크게 보이고 오늘의 나를 과거 탓, 환경 탓으로 돌리게 됩니다.

치유를 심리학과 병리학적인 차원으로 다루어 가는 대신에 언약과 대속의 개념으로 바꿔야 합니다. '하나님과 그 말씀의 차원'으로 바라보면 자기 자신의 '죄'를 회개하고 하나님께로 돌이켜 그 말씀에 순종하는 풍성한 삶을 살아가게 됩니다. 이것이 하나님께서 신자들에게 그의 열심과 지혜와 자비와 사랑을 동원하시어 살아가기 원하시는 삶입니다. 하나님께서는 예수 그리스도 안에서 우리의 삶의 상처와 문제들을 성령 하나님의 역사를 통하여 새롭게 바라보게 하시고 십자가를 통과하는 영광이 참다운 영광이라고 말씀해 주십니다. 그리하여 고난이 재산이 되는 은혜, 고난이 영광이 되는 은혜를 주십니다![221]

'과정 2 지식인가 관계인가?'의 분석과 비판

주서택 목사는 '과정 2. 지식인가 관계인가'에서 변화는 '지식'이 아닌 '관계'로 되어진다고 말합니다. 그의 교재는 마치 하나님에 관한 지식과 하나님과의 관계가 별다른 것처럼 말하고 있습니다. 이것이 세미나를 참석하여 처음 듣는 사람들에게는 매우 분별하기 어려운 주제요 내용입니다.

교재 15페이지를 보면,

---

220) 주서택 목사의 내적치유세미나 강의 중에서
221) 예수께서 들으시고 가라사대 이 병은 죽을 병이 아니라 하나님의 영광을 위함이요 하나님의 아들로 이를 인하여 영광을 얻게 하려함이라 하시더라(요 11:4)

1. 생명나무를 먹고 사는 삶이 있고 선악과를 먹고 사는 삶이 있다.[222]
1) 사람들이 말하는 "안다" 라는 개념은 두 가지다. 하나는 관계를 통하여 체험적으로 아는 것이고, 또 다른 하나는 머릿속의 지식적인 것이다. 생명나무는 관계의 삶이고 선악과는 관계가 아닌 정보적이며 지식적인 삶이다.[223]
2) 신앙의 성장과 인격의 변화는 지식의 힘이 아닌 관계의 힘으로만 되어진다.

관계를 통하여 체험적으로 아는 것과 머릿속의 지식적인 것을 구별하여 관계와 체험에 집중하게 하는 것은 심각한 오류에 빠질 위험성이 있습니다.

로이드존스 목사는 다음과 같이 말합니다.[224]

제가 이 점을 강조하는 이유가 무엇일까요? 많은 이들이 기독교가 이런 방식으로 전파된다고 생각하며, 어떤 의미에서 이런 것이 곧 기독교 메시지라고 생각하는 것처럼 보이기 때문입니다. 그렇지 않습니다. 기독교신앙, 즉 기독교 메시지와 오늘날 세상에서 인기를 누리고 있는 사교들의 본질적인 차이를 참으로 알고 싶다면 이 점부터 알아야 합니다. 사교를 믿는 사람들은 항상 자기 이야기와 자기 체험 이야기를 합니다. 이것이 사교의 전파방식 입니다. 한 사람이 말합니다. "나는 이러 이러한 상태에 있었습니다. 잠도 자지 못했고 항상 걱정에 싸여 있었습니다. 그런데 이 가르침을 받아들였더니 누가 업어 가도 모르게 잠도 잘 자고 근심도 없고 불안도 없습니다. 당신도 저처럼 될 수 있습니다. 이것은 바로 당신을 위한 것으로서...," 이것이 모든 사교의 특징입니다. 사교는 개인적인 체험을 전달함으로써 전파됩니다.

그러므로 성도는 신앙생활에 있어서 체험이라는 어느 한쪽으로 치우쳐 복음의 본질을 왜곡하는 오류에 빠져서는 안 됩니다.

교재 16페이지 7번을 보면 이렇게 말하고 있습니다.

하나님은 우리가 하나님에 대한 정보를 가진 자가 아니라 주님을 인격적으로 영접한 후 하나님과의 관계를 통해 하나님을 알아가는 자들이 되기를 원하신다.

여기에는 묘한 속임수가 있습니다. '하나님에 대한 지식'을 '하나님에 대한 정보'라 말함으로써 '하나님에 대한 지식'에 대하여 거부감이 생기

---

222) 1998년도 판에는 "지금도 생명나무와 선악과의 싸움이 있다." 라고 되어 있다.
223) 선악과 대한 명령은 하나님과 언약관계 속에 있는 자들에게 준 명령이었다.
224) 로이드존스, 사도행전강해6, pp. 68-69.

게 만듭니다. 마치 '하나님과의 관계'와 '하나님에 대한 지식'이 관계가 없는 것처럼 말합니다. 그러나 '하나님에 대한 지식'이 없이는 '하나님과의 관계'가 생겨날 수가 없습니다. 또한 '하나님과의 관계'가 없이는 '하나님에 대한 지식'이 있을 수가 없습니다. '지식'과 '관계'를 분리시켜서는 안 됩니다.

성경에서는 무엇이라고 말씀할까요?

> 내 백성이 지식이 없으므로 망하는도다 네가 지식을 버렸으니 나도 너를 버려 내 제사장이 되지 못하게 할 것이요 네가 네 하나님의 율법을 잊었으니 나도 네 자녀들을 잊어버리리래(호 4:6)

이 말씀에서 보듯이, 이스라엘 백성들이 멸망을 당하는 근본적인 이유가 '하나님을 아는 지식'이 없기 때문입니다. 이 지식은 사람이 고안해 낸 것이 아니라 하나님께서 주신 율법을 통하여 알 수 있는 지식입니다. 주서택 목사가 말하는 것처럼, '관계를 통하여 체험적으로 아는 지식'이라고 말하지 않습니다. 하나님께서는 이미 그 백성들에게 율법을 주심으로 하나님이 누구시며 하나님은 무엇을 원하시는지 말씀해 주셨습니다. 이스라엘 백성들은 '체험'이 아니라 그 율법을 배워서 하나님의 백성으로 살아가야만 했습니다.

유해무 교수는 '신지식'(神知識)에 대하여 다음과 같이 말했습니다.

> 신학은 삼위 하나님을 아는 것이며, 이 '안다'는 말은 인격과 인격의 관계, 하나님과 사람의 인격적 관계 곧 믿음을 포괄적으로 설명하는 말이다. 성경에서 '안다'라는 말은 성(性)적인 관계를 의미할 정도로 아주 친밀하고 비밀한 관계를 뜻한다(창 4:25; 삼상 1:19; 마 1:25). 이런 '신지식'이라는 의미에서 신학은 영생과 동일한 말이다(요 17:3; 8:54).
> 신지식은 우리의 일이기 전에 믿음으로 받는 은사이다. 이 지식은 성령이 일으키신다(고전 2:10-11). 신지식은 우리에게서 발생하여 하나님께로 나아가는 것이 아니라, 그리스도 안에서 성령을 통하여 우리에게로 임한다.[225]

다시 말해서, 하나님을 아는 지식은 인격적인 관계 속에서만 일어나는 것

---

225) 유해무(고려신학대학원), 개혁교의학, 크리스챤다이제스트, 1997, pp. 31-33.

입니다. 성도에게는 인격인 관계가 없는 지식은 있을 수가 없습니다. 왜냐하면 그것이 성령 하나님께서 우리 안에 일으키신 지식이기 때문입니다.

싱클레어퍼거슨은 다음과 같이 말합니다.

> 예수님은 산상수훈을 통해 실제적인 기독교가 무엇인지 가르쳐 줍니다. …… 그렇다면 이런 삶의 실체를 떠받치는 토대는 무엇입니까? 예수께서는 하나님이 누구신지 알고, 그분이 사람들을 어떻게 대하시는지를 아는 것이라고 말씀하십니다.[226)]

또한 하나님과의 관계가 해결되고 나면 지식은 필요가 없을까요? 성경은 그렇게 말씀하지 않습니다.

> 새사람을 입었으니 이는 자기를 창조하신 자의 형상을 좇아 지식에까지 새롭게 하심을 받는 자니라(골 3:10)

"새롭게 하심을 받은"에 해당하는 헬라어 '아나카이누메논'은 현재 시상으로 새롭게 되어가는 과정이 계속적으로 반복됨을 나타냅니다. 즉 새사람을 입은 그리스도인은 한 번의 애씀이나 노력이 아니라 계속적으로 하나님의 말씀에 순종함으로 예수 그리스도를 닮아가며 새로워지게 됩니다. 또한 성도가 계속적으로 새로워져야 하는 목적은 '지식에 이르게 하기 위함' 입니다. '새사람'이 획득한 '지식'은 하나님의 뜻과 명령을 인식하는 능력입니다. '새사람'은 이 지식을 통해서 창조자의 뜻에 일치하는 삶을 살아갈 수 있게 됩니다.[227)] 주서택 목사는 새사람 된 것과 새사람을 입어야 하는 것을 성경적으로 이해하지 못하고 심리학적 접근으로 '내면아이'를 치유하여 새사람을 입으려고 하는 것이 문제입니다.

교재 속의 문장을 잘 살펴보면, "주님을 인격적으로 영접한 후"라는 말이 나옵니다. 도대체 "주님을 인격적으로 영접한다."는 말이 무엇일까요? 하나님이 누구신지 모르고 하나님을 인격적으로 영접하는 것이 가능하지 않습니다. 성령님께서 우리 안에 역사하시는 것은 우리의 죄인 됨을 알게 하시

---

226) 싱클레어퍼거슨, 성도의 삶, 장호준 역, 복있는사람, 2010, p. 17.
227) 호크마주석에서

는 지식이 있으며, 그로 인하여 우리 안에 구원이 있는 것이 아니라 우리 밖에서 곧 예수 그리스도의 십자가만이 우리를 죄와 사망에서 구원하실 수 있음을 알게 하시고 믿게 하십니다. 그것이 인격적인 영접의 과정입니다. '지식이냐 관계냐?'는 매우 중요한 말입니다. 그러나 그 두 가지를 별개의 것으로 생각할 수 없습니다. 중요한 것은, 그것이 예수 그리스도 안에 있는 지식이냐 아니냐를 구별하는 것이지, 관계를 우선시하면서 지식을 마치 세상의 어떤 정보처럼 취급하는 것은 바른 신학적 자세가 아닙니다.

신앙의 이름을 가진 지식이 다른 모든 지식과 구별되는 이유는 그것이 합리적인 연구나 반성의 열매가 아니라, 어린아이와 같은 순진한 신앙의 열매이기 때문입니다. 이런 하나님에 대한 지식은 그 행사와 열매는 필연적으로 영생에 이르게 됩니다. 예수 그리스도께서 말씀하신 지식은 어떤 피조물에 관련된 것이 아니고 유일하고 참되신 하나님과 관련된 것입니다. 그러므로 그리스도 안에 있는 하나님을 아는 지식은 영생과 한없는 기쁨과 하늘의 복을 가져옵니다. 그 결과가 아니라 하나님을 아는 지식 그 자체만이 바로 새롭고 영원한 복의 생활입니다.[228]

관계에만 치중하는 것은 현대자유주의자들의 중요한 사상 중에 하나입니다. 물론 주서택 목사가 자유주의 계열의 목사라는 말은 아닙니다. 그가 행하는 치유사역에는 심리학뿐만 아니라 여러 가지 사상들이 혼합되어 있습니다. 그 중에 하나가 '하나님과의 관계'에 치중하고 '경험'을 강조하는 것입니다.[229] 하나님을 아버지라 부르는 것에 치중하는 것도 그 중에 한 가지 입

---

228) 헤르만 바빙크, 하나님의 큰 일, CLC, 2007, pp. 22-23. 마지막으로 우리가 하나님에 대한 지식을 그렇게 이해하는 한 그 행사와 열매가 필연 영생이라는 것은 놀라운 것이 아니다. 참으로 지식과 생명은 전혀 이해가 성립되지 않는 것처럼 보인다. …… 그러나 여기 그리스도께서 말씀하신 지식은 어떤 피조물에 관련된 것이 아니고 유일하고 참되신 하나님과 관련된 것이다. 보이는 것들에 대한 지식도 생을 부요하게 한다면 하나님에 대한 지식은 얼마나 삶을 소생케 하는가? 하나님은 죽음과 죽은 자의 하나님이 아니요 생명과 산 자의 하나님이시다.
그것으로 말미암아 하나님께서 그분의 형상대로 재창조하고 그와 교제를 회복케 하신 모든 자들을 죽음과 죽을 수밖에 없는 자리에서 일으키시는 것이다. "예수께서 가라사대 나는 부활이요 생명이니 나를 믿는 자는 죽어도 살겠고 무릇 살아서 나를 믿는 자는 영원히 죽지 아니하리니"(요 11:25-26)라고 하셨다. 그리스도 안에 있는 하나님을 아는 지식은 영생과 한없는 기쁨과 하늘의 복을 가져온다. 그 결과가 아니라 하나님을 아는 지식 그 자체만이 바로 새롭고 영원한 복의 생활인 것이다.
229) http://www.newsnjoy.co.kr/news/articleView.html?idxno=29955 형이상학은 더 이상 권위를 인정받지 못했다. 과학의 핵심인 감각적 경험과 관찰이라는 방식과는 거리가 멀었기 때문이다. 기독교의 권위도 감각적 경험과 관찰에 근거하지 않는 한 더 이상 인정받을 수 없게 되었던 것이다. 기독교가 여전히 경험과 관찰이라는 과학적 방법과 거리가 먼 형이상학적 교리와 이적 기사에 의존

니다. 온 우주의 창조주가 되시며 살아계신 통치자이시며 지극히 높으신 인격자에 대한 지식이 결여된 하나님 이해는 인간의 수준으로 전락한 하나님이 되어 버립니다.230) 성경에 나타난 하나님은 우리 인간과는 비교할 수 없는 하나님의 하나님 되시는 초월이 있습니다. 하나님과 피조물과의 엄격한 분리가 없는 신앙은 결국 만유내재신론231)으로 흐르게 됩니다.

그러므로 하나님에 대한 개념이 성경에서 말씀하시는 교리로 평가되어야 합니다. 오늘의 현실에 맞춘 하나님이 아니라 엄연한 초월과 분리가 있으며 또한 그의 백성들에게 역사하시는 하나님이심을 바르고 균형 있게 가르쳐야만 오류에 빠지지 않게 됩니다.232)

하고 있는 한, 멸시의 대상이 될 수밖에 없는 상황에 처하게 되었다.

그래서 슐라이어 마흐는 기독교가 인간의 경험에 기초하는 종교로 탈바꿈해야 할 필요가 있다고 생각했던 것이다. 형이상학적 교리는 더 이상 기독교 신앙의 핵심이 될 수가 없었다. 따라서 기독교 신앙의 핵심은 형이상학적 교리에 대한 복종(무조건적 수용)의 문제로부터 벗어나, 인간의 보편적 감정(경험)에 근거한 하나님과의 관계의 문제로 방향을 바꾸어야 했다. 슐라이어 마흐의 표현을 따르자면 무한자(하나님)에 대한 절대 의존 의식(감정적 경험)의 문제였던 것이다.

230) http://cafe.daum.net/1972cafe/5u8O/204 또한 이러한 실천적인 지식으로 도피하고 있는 현대자유주의는 하나님을 '아버지'라 말하기를 즐긴다. 이 말을 사용하는 이들 가운데는 과연 그것이 전혀 중대한 의미가 없는 것으로 사용하는 이도 있고, 그것이 진리이기 때문이 아니라 단지 유용하기에 사용하는 이도 있다. 그들은 예수님의 말씀 가운데 있는 이런 요소에 대단히 깊은 감명을 받았기에 이것을 우리 종교의 정수라 생각하는 경향이 있다. 그들은 죄와 구원교리에 흥미가 없고 하나님의 아버지 되심과 인류가 다 같이 형제 되는 이 단순한 진리에 만족한다. 하지만 하나님이 만유의 아버지라는 이 현대적 교리는 예수님의 설교 중 어디서도 찾아볼 수 없다. 예수님께서 용납하시는 자들은 어디나 있는 아무나가 아니라 선민의 일원이었다. 하나님의 아버지 되심에 대한 명확한 교리는 오직 신앙의 가족이 된 사람들만 관련된다. 이 교리 안에서 편협한 것은 전혀 없다. 이는 신앙의 가족이 되도록 인도해 주는 문은 모든 이에게 열려 있기 때문이다.

231) http://blog.naver.com/christy75?Redirect=Log&logNo=120118188665
만유내재신론은 뉴에이지 시대에 걸맞는 신론이다. '신비주의와 손잡은 기독교'에서 레이 윤겐은 다음과 같이 말한다. "사마디는 힌두교에서 요가 명상의 최종적인 목표다. 즉, 신은 모든 것 안에 있다. 존재하는 모든 것을 통해 힘 혹은 능력이 흘러나온다. 이 용어는 바로 만유 내재론, 즉 신이 모든 것 안에 있다는 것이다. 신비가들이 만유를 왜 하나라고 하는지 설명해 준다. 신비의 차원에서 볼 때 신비가들은 온 세상과 모든 사람을 통해 흘러나오고 있는 것으로 보이는 이 신적 동력을 경험한다. 모든 창조세계는 신적 동력 안에 살아 있고 활성한 임재로서의 신을 품고 있다. 단지 감추어져 있을 뿐이다. 그러나 성경은 그분이 우리와는 따로 떨어져 계시면서도 우리에게 임재하여 계시는 분이라고 한다. 하나님은 그분의 인격적 본질을 삼위일체 밖의 누구 혹은 어떤 것과도 나누지 않으실 것이고, 나누실 수도 없다. 심지어 기독교인들조차도 신적 본성에 참여하는 자들이지 그것을 애초부터 소유한 자들은 아니다. 내재신론과 범신론자들은 근본적인 변화가 필요하다고 믿지 않는다. 이미 와 있는 것에 대한 각성만이 있다."

232) http://blog.daum.net/ktyhbg/12732616 하나님에 대한 교리와 인간에 대한 교리는 복음의 위대한 두 전제가 된다. 복음 자체에 관한 전제에 대해서도 자유주의는 기독교와 정면으로 대립된다. 첫째, 자유주의는 하나님의 개념에 있어서 기독교와 대립한다. 자유주의 신학에서는 하나님에 대한 개념을 불필요한 일로 간주한다. 메이첸은 친구와 관계된 우정도 '교리'로 평가한다. 그것은 완

『내적치유 세미나 교재』 2007년 판에 새로 추가되고 1998년 판에는 없는 문장이 있습니다.

생명나무는 관계의 삶이고 선악과는 관계가 아닌 정보적이며 지식적인 삶이다.

도대체 이런 해석은 어디에 근거를 두고 있는 것일까요? 창세기의 말씀에는 어떻게 나와 있을까요?

16 여호와 하나님이 그 사람에게 명하여 가라사대 동산 각종 나무의 실과는 네가 임의로 먹되 17 선악을 알게 하는 나무의 실과는 먹지 말라 네가 먹는 날에는 정녕 죽으리라 하시니라(창 2:16-17)

이 말씀은 누구에게 하신 말씀일까요? 16절을 보면 분명하게 말씀하고 계신 대로, "그 사람" 곧 아담을 말합니다. 아담과 하와는 에덴동산에 살고 있었으며 하나님의 명령을 받아 그 말씀에 순종하고 살았다는 것을 알 수가 있습니다. 그들에게 이런 명령을 내렸다는 것은 이미 그들이 하나님과의 '관계'가 맺어진 사이라는 것을 의미합니다. 그들 앞에는 생명나무도 있고 선악과도 있으며 그 외에도 여러 가지 각종 나무가 있었습니다.

주서택 목사의 말대로, "생명나무는 관계의 삶이고 선악과는 관계가 아닌

전한 사람이 없으며, 어떤 지식에 의존하고 있기 때문이다. 하나님에 대한 지식은 하나님을 인식할 수 있는 확실한 방법이다. 이 인식의 예수께서 자연(들에 핀 백합화, 도덕률)에서도 하나님의 법을 가르치셨다. 주님께서 우리에게 주신 지식은 참 지식이다. 천지의 창조주께서 지식을 주시는 인격신이라는 전제이다. 하나님께서 인격신으로 백성은 하나님과 인격적 교제를 하게 된다. 기독교는 합리적 유신론으로서 세계의 창조주이시며 살아계신 통치자이시며 지고의 인격에 대한 지식이 기초가 된다. 예수께서 가르치는 하나님에 대한 지식은 이론이 아닌, 실제적이다. 논리적으로 분석되는 것이 아닌 직관적 신앙에 의해서 이루어진다. 기독교는 인격신의 실재를 믿는 신앙이다.
현대 자유주의에서 하나님을 "아버지"라고 부르면서 인격성을 확실하게 하는 장점은 있다. 그러나 아버지라는 술어가 고상한 신의 대명사는 아니다. 다신교에서도 하나님을 아버지라고 부르고 있으며, 구약 성경을 정경으로 하는 유대교에서도 '아버지'의 술어를 사용한다. 그러나 예수께서 하나님을 '아버지'라고 사용하심으로 기독교에서 '아버지'라고 부르는 것은 타종교에 비해서 매우 특징적인 것이다. 히브리서에서는 하나님을 "영혼의 아버지"라고 말하였다. 하나님을 만유의 아버지로 제시하는 현대적 교리가 기독교의 본질로서 칭송을 받지만 자연종교에 속한 교리에 불과하다. 예수께서 믿음의 길을 여신 것은 '그의 피'로서 '새로운 생명의 길'이다. 성경적 기독교의 하나님의 속성은 절대적이며 두려운 초월성이다. 즉 창조주와 피조물이 합치될 수 없는 분리이다. 비록 하나님께서 편재하시지만 세계와 동일하지 않다. 자유주의는 신과 세계의 구별을 무너뜨리고 [하나님]이라는 이름을 강력한 세계과정에 적용시킨다. 하나님과 신을 동일화시킴이 보편적인 진리가 된다. 이러한 자유주의의 범신론적인 사상은 신과 세계의 분리를 무너뜨리고 인격적 구별을 무너뜨린다. 그러므로 자유주의 신학과 기독교의 하나님과 인간 이해는 상반된다.

정보적이며 지식적인 삶이다."라는 것은 성경의 말씀과는 거리가 먼 해석입니다. 이미 관계가 되어 있기 때문에 생명나무와 선악과를 말씀하셨습니다. 오히려 관계가 되어 있기 때문에 선악과를 먹지 말아야 했습니다. 선악과는 지식적인 차원에서도 중요하며 관계적인 맥락에서도 이해하고 설명되어야 합니다.

교재 15페이지의 또 다른 문제점은 하단에 있는 그림입니다.

이 그림은 머리의 지식이 내면아이에게 전달되어지는 화살표가 그려져 있습니다. 그리고, "겉으로만 하나님을 만나면 속으로는 만나지 못한다.", "하나님에 대한 지식이 사람에게 전달되어야 한다."라고 설명합니다. 앞서 지적한 대로 주서택 목사가 말하는 '속사람'은 '내면아이' 곧 '내 속에 울고 있는 아이'를 말합니다.

성경이 말씀하는 속사람의 변화는 하나님께서 그의 아들 예수 그리스도를 통하여 이루어 놓은 일이 어떤 것인가를 아는 것에 기초합니다. 그것은 우리의 체험이 아닙니다. 그것은 성령님께서 우리에게 알게 해 주시는 진리의 지식입니다.

> 13 그러하나 진리의 성령이 오시면 그가 너희를 모든 진리 가운데로 인도하시리니 그가 자의로 말하지 않고 오직 듣는 것을 말하시며 장래 일을 너희에게 알리시리라 14 그가 내 영광을 나타내리니 내 것을 가지고 너희에게 알리겠음이니라(요 16:13-14)

성령 하나님께서 오시는 것이 단지 체험으로 끝나는 것이 아니라 성도들을 진리 가운데로 인도하십니다. 그것은 참된 지식입니다. 성령 하나님께서는 그것을 알게 하십니다. 기독교는 신비주의가 아닙니다. 하나님께서 펼치신 역사적 사실에 근거한 정확한 지식을 믿습니다.

변종길 교수는 '성령님을 아는 것'에 대하여 다음과 같이 말했습니다.

> 그러나 17절 하반절에서, "그러나 너희는 저를 아나니"라고 말씀하셨다. 여기서 '안다'는 것은 단순히 지식적으로 아는 것을 말하는 것이 아니라 경험적으로 안다는 뜻이다. "나는 저 친구를 안다"라고 말할 때의 '안다'처럼 어떤 사람

을 인격적으로, 경험적으로 안다는 뜻이다.

그러면 우리가 성령을 어떻게 아는가? …… 우리가 성령을 아는 것은 성령께서 '우리와 함께 거하심'으로써이다(17절 하반절). '함께 거하심'을 통해 안다는 것은 광장한 진리이며, 고차원적인 인식론에 속한다. …… 우리는 성령과 함께 사는 것을 통해 성령을 알게 된다.[233]

이 말에서 보듯이, 성도가 삼위 하나님에 대하여 무엇을 안다는 것은 결코 주서택 목사가 말하는 정보나 지식의 차원으로 취급되어질 수가 없습니다. 삼위 하나님과 관계가 없는 지식은 무의미 하고 삼위 하나님에 대한 지식이 없는 관계는 맹목입니다. 그것은 이미 언약적인 관계 속에서 또한 예수 그리스도 안에서 연합되었기 때문입니다. '지식과 관계'는 더 이상 뗄레야 뗄 수가 없는 불가분의 관계입니다.

3) 우리의 속사람은 지식이 필요한 것이 아니라 관계가 먼저 필요하다. 관계가 이루어질 때 지식은 채워질 수밖에 없다.

4) 그러나 우리의 사고는 모든 것을 알아가는 척도를 관계가 아닌 지식으로 스스로를 입증시킨다.(p. 15)

왜 이런 말이 나오게 될까요? 그것은 근본적으로 '속사람'이 '내 속에 울고 있는 아이'라는 생각에서 벗어나지 못하기 때문입니다. 그 아이는 '지식'을 원하는 것이 아니라 '관계'를 원하기 때문입니다.

그러나 성경은 무엇이라 말씀하실까요?

그 영광의 풍성을 따라 그의 성령으로 말미암아 너희 속사람을 능력으로 강건하게 하옵시며(엡 3:16)

여기에서 우리가 알 수 있는 것은, 이미 관계가 주어졌다는 사실입니다. 성도는 예수 그리스도의 십자가의 피로 말미암아 하나님과의 관계가 회복되어진 자들입니다. 그런 관계의 회복이 있는 자들이기 때문에 이런 기도가 나오게 됩니다.

---

233) 변종길(고려신학대학원), 우리 안에 계신 성령, 생명의말씀사, 2003, pp. 166-168.

이어지는 18절의 말씀을 보면,

능히 모든 성도와 함께 지식에 넘치는 그리스도의 사랑을 알아(엡 3:18)

여기에 나오는 분명한 말씀 그대로, "지식에 넘치는 그리스도의 사랑"이라는 말씀을 주의해서 보시기 바랍니다. '지식'과 '사랑'이 함께 가고 있습니다.

보다 전체적인 안목으로 바라보기 위해서 에베소서 1장 15-19절의 바울의 기도는 무엇일까요? "너희로 알게 하시기를 구하노라"입니다. 새언약 안에 있는 하나님의 백성 된 새사람이 성도이기 때문에 더욱 예수 그리스도를 더욱 알아가야 한다고 사도 바울은 기도합니다.

5) 이러한 사고 구조는 창세기 이후에 인간 안에 굳어진 습관이다(교재 15페이지)

이것은 타락이 가져온 결과입니다. 그 결과라는 것은 하나님께서 주신 지식을 자기 욕심을 위하여 이용한 것입니다. 그것은 하나님 없는 삶입니다. 지식 그 자체가 잘못된 것이 아니라 죄를 지어 타락한 인간이 문제입니다. 언약의 백성들에게 요구하는 것은 '지식'과 '관계'를 통하여 하나님을 알게 하시고 그 말씀대로 행하라고 명령하십니다.

6) 우리 안에 하나님의 도우심이 없는 한 우리 스스로는 우리가 가진 지식이 머리에 속한 것인지 관계 속에서 나온 것인지 식별하기가 어렵다.
예: 서기관과 바리새인들이 자신들을 하나님에 대해서 안다고 생각했는가? 모른다고 생각했는가?(p. 16)

이 질문에 대하여, 하나님에 대해서 모른다는 증거가 나타난 때는 '하나님 자신이 이 땅에 오셨을 때'라고 합니다.

예수께서 대답하여 가라사대 너희가 성경도 하나님의 능력도 알지 못하는고로 오해하였도다(마 22:29)

여기서도 마찬가지로 서기관과 바리새인들이 "성경과 하나님의 능력"에 대하여 "오해"한 것이 문제입니다. 성경에 대한 지식 그 자체가 문제되거나 하나님의 능력 그 자체가 문제가 되지 않습니다. 그들은 성경도 제대로 몰랐고 하나님의 능력도 알지 못했기 때문에 오해했습니다.

왜 그렇게 되었습니까? 저들은 '자기 의'를 내세우려고 했기 때문입니다. 하나님 앞에서도 그랬고 사람들 앞에서도 그랬습니다. 그래서 그들은 자랑하기를 좋아했습니다.

그러나 하나님께서 주시는 참된 지식은 영의 양식이 됩니다. 하나님의 은혜로 우리가 알게 되는 것은, 첫 번째로 우리가 죄인이라는 엄연한 사실입니다. 그것이 우리의 능력으로 알게 됨이 아니라 전적으로 성령님의 조명하심으로 깨닫게 된다는 사실입니다.

'지식이 머리에 속했는가?' '관계에서 오는 체험이냐?'의 문제가 아니라, 그 지식이 '신앙의 지식이냐? 아니냐?'의 문제입니다.

> 7) 하나님은 우리가 하나님에 대한 정보를 가진 자가 아니라 주님을 인격적으로 영접한 후 하나님과의 관계를 통하여 하나님을 알아가는 자들이 되기를 원하신다 (p. 16).

이 교재는 계속해서 관계, 인격적인 관계를 우선적으로 몰아가고 있습니다. 마치 정보나 지식은 의미가 없는 것처럼 말입니다. 그러나 성령님께서는 우리가 그런 인격적인 영접이 있기 전에 타락한 인간의 죄를 '알게' 하십니다. 그 인격적인 관계를 위하여 지금 무엇이 잘못되어 있으며 그 문제의 해결을 위하여 어떤 자리로 나아가야 하는지 분명한 지식을 제공합니다. 그래서 성경에서는 '회개'가 등장합니다. 알지 못하는데 어떻게 회개를 하겠습니까? 성도의 회개는 막연한 감정해소가 아닙니다. 관계를 통해서만 하나님을 알아가는 것이 아니라, 복음의 지식을 알아가므로 성장합니다. 그 지식은 오로지 계시에 의해서만 얻어질 수 있습니다.

루이스 벌코프는 그의 조직신학에서 다음과 같이 말합니다.

> 모든 다른 학문을 연구할 때, 인간은 자신이 연구하는 대상 위에 위치해 있어서 능동적으로 가장 적절한 방법을 사용하여 그 대상으로부터 지식을 끌어내지만, 신학에 있어서는 대상 위에 위치하는 것이 아니라 오히려 그 밑에 위치한다. 달리 말하면, 인간은 하나님께서 적극적으로 자신을 계시할 때에만 하나님을 알 수 있다. 하나님은 우선 지식을 인간에게 전달하시는 주체이며, 인간이 계시에 의하여

자기에게 도달된 지식을 획득하고 성찰할 때에만 인간을 위한 연구의 대상이 된다. 계시가 없었다면 인간은 결코 하나님에 관한 어떤 지식도 얻을 수 없었을 것이다. 또한 하나님이 자신을 객관적으로 계시하신 후에조차도 하나님을 발견하는 것은 인간의 이성이 아니라, 신앙의 눈앞에 자신을 열어 보이시는 하나님이다.[234]

벌코프의 말대로, 하나님께서 계시해 주실 때에만 하나님에 대한 지식을 알 수가 있습니다. 예컨대, 세상이 지식이라고 할 때, 그것은 주서택 목사가 말하는 대로 소위 '정보'의 차원에서 말할 수 있습니다. 그러나, 그 지식이 '신지식'(神知識)에 관한 것일 때에는 차원이 달라집니다. 그것은 인간이 노력해서 도달하거나 얻을 수 있는 지식이 아닙니다. 그것은 성령님의 역사로 말미암아 예수 그리스도 안에서 단번에 주어진 것으로, 하나님의 초자연적인 개입으로 일어난 지식입니다. 이것을 주서택 목사는 간파하지 못하고 세상의 지식과 심리학적 지식의 동등한 선상에서 취급하기 때문에 이와 같은 오류가 발생하게 됩니다.

8) 하나님에 관한 지식, 즉 정보는 하나님과의 관계를 이루는 데 사용되어질 수 있다. 하지만 성령의 도우심이 없이는 그 지식은 다만 정보로 머물 수밖에 없다. 정보로 머물러 있는 성서적인 지식들은 내면의 성장과 아무런 관계가 없다(p. 16).

이 문장에서는 판단의 혼란이 오도록 문장이 진술되어 있습니다. 8)번 이전까지의 서술에서는 지식, 정보에 대한 부정적인 견해로 일관해 오다가 여기서부터는 "사용되어질 수 있다"고 합니다. "하나님에 관한 지식, 즉 정보"라고 해 놓고 뒷문장은 "성령의 도움이 없이는 그 지식은 다만 정보로 머물 수밖에 없다"라고 하는 것은 진술하는 내용이 논리를 상실하고 있다는 것입니다. 지식이 곧 정보라는 등식을 성립해 놓고도 뒷문장에서는 지식과 정보를 구분하고 있기 때문입니다.

9) 하나님에 관한 지식은 내면의 벽을 뚫고 들어가지 못한다. 그러기에 하나님에 대한 정보를 많이 가지고 있어도 그것이 속사람에게 느껴지지 않는다. 그는 사람들에게 하나님에 대해 가르치고 시도 지으며 자신을 불사르게 내어 주는 사역자도 될 수 있으나 자신의 내면의 사람이 느끼고 있는 생각을 바꾸지는 못한다. 그러기에 그의 감정은 그의 입의 고백을 따르지 못한다(p. 16).

234) 루이스벌코프, 벌코프 조직신학(상), 권수경, 이상원 역, 크리스챤다이제스트, 1993, pp. 223-224.

9) 번에서는 분명히 "속사람"이 "자신의 내면의 사람"이라고 밝히고 있습니다. 교재 속에서 이런 분명한 증거를 가지고 있기 때문에 별다른 증거를 찾을 필요가 사실상 없습니다.

더욱 문제가 되는 것은 "그것이 속사람에게 느껴지지 않는다."라는 것입니다. "느껴지지 않는다."라는 표현은 현대자유주의자들이 자주 사용하는 문구입니다. 느껴지느냐 아니냐의 문제가 아니라 이해되어지고 깨달아져서 회개와 돌이킴으로 나아가는 차원이 되어야 합니다. 이 교재가 계속해서 인격적인 관계에 초점을 두고 말하는 점을 더욱 심각하게 생각해 보아야 합니다. 하나님의 말씀에 대한 지식은 우선적으로 감정이 우선순위를 차지하지 않습니다. 하나님께서 역사 속에서 객관적으로 행하신 구속사에 대한 분명한 인식과 거기에 바탕을 둔 언약의 백성으로서의 마음으로부터의 회개와 돌이킴을 요구하는 것이 성경의 명령입니다.

> 나는 너를 애굽 땅에서 종 되었던 집에서 인도하여 낸 너희 하나님 여호와로라(신 5:6)

이것이 하나님께서 그의 백성에게 요구하시는 일에 근거로 먼저 제시되어지는 분명한 말씀입니다. 이것은 신약의 성도들에게도 마찬가지입니다.

> 1 그러므로 형제들아 내가 하나님의 모든 자비하심으로 너희를 권하노니 너희 몸을 하나님이 기뻐하시는 거룩한 산제사로 드리라 이는 너희의 드릴 영적 예배니라 2 너희는 이 세대를 본받지 말고 오직 마음을 새롭게 함으로 변화를 받아 하나님의 선하시고 기뻐하시고 온전하신 뜻이 무엇인지 분별하도록 하라(롬 12:1-2)

사도 바울은 예수 그리스도 안에 일어난 구원의 사실을 말하고 난 뒤에 "그러므로"라는 말로 결론지으면서 성도에게 "하나님의 선하시고 기뻐하시고 온전하신 뜻이 무엇인지 분별하도록 하라"고 분명하게 말하고 있습니다. 여기서 "분별"은 감정의 싸움이 아닙니다. "이 세대"가 얼마나 악한지 알아야 하는 문제이며, 하나님의 뜻을 알아야 하는 문제입니다.

9)번에서 "자신의 내면의 사람이 느끼고 있는 생각을 바꾸지는 못한다."라는 문장이 내포하고 있는 의미가 중요합니다. 내면의 사람이 무엇을 느끼

고 있느냐에 초점이 맞추어져 있습니다. 왜 이런 말이 필요할까요? 그것은 '내면아이'가 원하는 것은 위로와 만족과 기쁨을 원하기 때문입니다. 그 '내면아이'는 상처받아 '울고 있는 아이'이기 때문에 그 아이의 '감정'을 달래 주어야 합니다. 그래서 그 아이는 '지식'이 필요한 것이 아니라 '느낌'을 필요로 합니다. 이것이 이 교재가 안고 있는 치명적인 결함 중에 하나입니다.

여기에서, "사탄은 하나님에 대해 많은 정보를 가지고 있었으나 하나님을 사랑하지 않는다"는 설명에 대한 지적이 있어야만 합니다. 이 말이 매우 그럴듯해 보여서 많은 분들이 오해를 하고 있습니다. 이것은 사랑의 차원으로만 볼 문제가 아닙니다. 그것은 이미 언약의 문제이기 때문에 그런 차원으로 보아야만 합니다.

야고보서 2장 19절 말씀은 믿음의 유익을 위한 귀중한 말씀입니다.

> 네가 하나님은 한 분이신 줄을 믿느냐 잘하는도다 귀신들도 믿고 떠느니라

여기 나오는 말씀대로 다만 '정보'를 가진 정도가 아니라 '믿고' 있었다고 말씀합니다. 그리고 그들은 떨고 있었습니다. '떠느니라'는 말은 '전율한다'는 의미를 가지고 있습니다. 귀신들도 하나님이 누구신지 알고 그것을 믿고 있었습니다.

그러나 여기서 이 믿는다는 말은 성도들이 예수 그리스도를 영접한 것과는 틀립니다. 믿는 자의 심령 속에는 성령님이 내주하셔서 예수 그리스도를 구주로 영접하고 하나님을 알 뿐만 아니라 그의 사랑을 받고 그 말씀에 순종하며 살아갑니다. 하지만 귀신들 속에는 그런 일이 없습니다. 그렇기 때문에 귀신들은 하나님이 두려워 떨 수밖에 없습니다.

성령님은 신자 속에 계셔서 계속해서 예수 그리스도를 알아가게 하십니다. 끊임없이 머리되신 예수님으로부터 공급하심을 받습니다. 사도 바울은 다음과 같이 말합니다.

> 6 아무 것도 염려하지 말고 오직 모든 일에 기도와 간구로 너희 구할 것을 감사함으로 하나님께 아뢰라 7 그리하면 모든 지각에 뛰어난 하나님의 평강이 그리스도 예수 안에서 너희 마음과 생각을 지키시리라(빌 4:6-7)

그리스도의 평강이 너희 마음을 주장하게 하라 평강을 위하여 너희가 한 몸으로 부르심을 받았나니 또한 너희는 감사하는 자가 되라(골 3:15)

하나님에 대하여 바른 지식과 관계가 맺어진 자가 성도입니다. 그 성도들은 예수 그리스도 안에서 더욱 하나님에 대한 지식이 늘어가며 그럴수록 더욱 관계가 바르게 되고 기쁨과 평안이 넘쳐나게 됩니다.

10) 지식이 많아져도 그 지식이 하나님의 일을 이루지 못한다. 하나님의 일은 우리의 속사람이 예수 그리스도를 닮아가며 그리스도의 형상을 드러내는 것이다. 지식의 증가는 그의 성품을 변화시키지 않는다. 오히려 지식의 증가는 그를 교만하게 하며 다른 사람에게 배울 수 없고 항상 가르치는 사람으로 만들어 간다.235)(p. 16)

우선 이 문장에서 '속사람'이 성경이 말하는 속사람이 아니라는 것을 계속 인지하고 글을 읽어야 분별이 됩니다. 그렇지 않으면 성경에서 말씀하는 속사람과 주서택 목사의 속사람이 혼동을 일으키게 됩니다.

지식은 사람을 교만하게 만든다고 할 때 그 의미를 분명하게 알아야 합니다. 이 말의 의미를 더 자세히 살피기 위하여 고린도전서로 가보겠습니다.

우상의 제물에 대하여는 우리가 다 지식이 있는 줄을 아나 지식은 교만하게 하며 사랑은 덕을 세우나니(고전 8:1)

이 말씀을 더 잘 이해하기 위해서는 그 당시의 풍습을 아는 것이 유익합니다. 그 당시 고린도 지역에서는 우상을 섬기는 풍속이 있었습니다. 그들은 우상에게 제사한 뒤에 사람들을 초청하여 잔치를 베풀었습니다. 당연히 그 상에는 우상에게 제물로 바쳤던 음식물이 있었습니다. 그리스도를 믿는 신자들일지라도 친구와 친척 중에 여전히 우상숭배를 하고 있는 자들이 있었기 때문에 그 우상의 제물 앞에서 곤란한 일들을 직면했습니다.

그들 앞에 놓여 있는 우상에게 바쳐진 제물을 '먹어야 하나 말아야 하나?'의 문제는 개인의 문제가 아니라 고린도 교회 전체의 중차대한 문제가 되었습니다. 이 일에 대하여 어떤 고린도 교회 교인들은 우상은 아무것도 아

---

235) 1998년도 판에는 "2. 관계로부터 오는 것이 아닌 하나님에 관한 지식이 우리를 이끌어 갈 때 나타나는 삶의 특징들"이라는 분류 속에 나와 있다.

니라고 생각하여 우상의 제물을 먹을 수 있다고 하면서 자연스럽게 먹었습니다. 사도 바울도 우상은 허망하며 아무것도 아님을 분명히 말하고 있습니다.

그러나 그런 지식은 교만하다고 합니다. 왜냐하면 그들의 지식에는 사랑이 없었기 때문입니다. 우상은 아무것도 아니며 우상제물을 먹어도 상관없다는 생각으로 우상의 제물을 먹었기 때문에 믿음이 약한 자들이 그것을 보고 시험이 들었기 때문입니다(9-11절). 이런 식으로 지식만 주장하면 교만하기 쉽고 사랑이 메마릅니다. 자연히 다른 사람으로 하여금 시험에 빠지게 합니다.

주서택 목사는 성경을 문자적으로만 인용하여 지식이 사람을 교만하게 만든다는 말의 본질을 곡해하고 있습니다. 또한 "지식의 증가는 그의 성품을 변화시키지 않는다"고 단언하고 있습니다.

그러나, 고린도 교회의 문제는 '사랑이 없는 지식' 때문에 발생했습니다. 그렇다고 지식이 무용지물이라고 말하지 않습니다.

구약성경 호세아서를 다시 보겠습니다.

> 내 백성이 지식이 없으므로 망하는도다 네가 지식을 버렸으니 나도 너를 버려 내 제사장이 되지 못하게 할 것이요 네가 네 하나님의 율법을 잊었으니 나도 네 자녀들을 잊어버리리라(호 4:6)

여호와 하나님의 백성이 심판을 받아 멸망을 당하는 가장 근본적인 이유는 "하나님을 아는 지식"(1절)이 없었기 때문입니다. 이 지식은 제사장들에 의해서 율법을 통하여 언약의 백성들에게 전해지는 지식입니다. 하나님의 계획과 경륜이 드러나 있는 율법을 가르치지 않는 제사장들의 책임을 묻고 있습니다. 하나님께서는 일차적으로 제사장들의 그 책임을 문책하고 언약의 말씀을 저버린 백성들을 심판하십니다. 그러므로 하나님에 대한 바른 지식은 그 백성들에게 생명이 됩니다.

성경에서 말씀하는 지식 곧 '신지식'(神知識)은 단순한 정보를 의미하지 않습니다. 성경이 말씀하시는 '속사람'은 계속해서 예수 그리스도를 닮아가야 하는데 그러기 위해서는 말씀을 배워가야 하며 더욱 깊어져야만 합니다.

그러나 주서택 목사가 말하는 '속사람'은 '내면아이'이기 때문에 '지식'은 필요하지 않고 '관계'만 원합니다. 그 '관계'라는 것은 오로지 자기 상처를 위로해 주고 싸매어 주는 '관계'를 원할 뿐입니다.

사도 바울은 디모데에게 이렇게 권면했습니다.

6 네가 이것으로 형제를 깨우치면 그리스도 예수의 선한 일군이 되어 믿음의 말씀과 네가 좇는 선한 교훈으로 양육을 받으리라 7 망령되고 허탄한 신화를 버리고 오직 경건에 이르기를 연습하라(딤전 4:6-7)

11 네가 이것들을 명하고 가르치라 13 내가 이를 때까지 읽는 것과 권하는 것과 가르치는 것에 착념하라(딤전 4:11, 13)

디모데는 목회자로서 말씀을 전심전력하여 바르게 가르쳐 성도들을 세워가야 했습니다. 거룩함과 경건함의 싸움은 하루 이틀에 끝날 일이 아니라 평생에 걸쳐서 가야할 큰 싸움이기 때문에 '신지식'(神知識)을 날마다 배워가야 합니다.

11) 지식으로 자신을 이끌어 갈 때 그들의 안정감의 근거는 자신이 알고 있는 지식이므로, 누군가 자신과 다른 의견을 제시하면 그를 자신에 대한 도전으로 받아들이고 크게 반발하며 자신의 지식을 지키기 위해 그리스도의 몸을 나누기도 한다.

12) 지식으로 충만해도 행동 뒤에 숨겨진 동기는 결코 지적되지 못한다.
그러기에 그의 이기성은 변화되지 않고 그 안에서 성령의 소욕을 거슬려 결코 그리스도의 참된 제자가 될 수 없다. 그리하여 결국 하나님의 사람들을 대적하고 성령의 사역을 대적하는 악한 영의 이용물이 된다.

13) 지식은 물건을 만드나 관계는 열매를 맺게 한다.(p. 16)

그러면서 13)에 대한 설명으로, "내가 되고 싶은 나무는 무엇인가? 내 자녀는 어떤 나무인가? 내 마음속의 생각이 내 자녀의 나무가 된다."고 합니다. 주서택 목사는 이 말을 통하여 결정론적 사고방식을 주입하고 있습니다.

주어진 두 개의 그림으로, 왼쪽의 나무 그림은, 관계를 통해 열매를 맺은 사람은 다른 사람들이 쉼을 얻고 열매를 먹어 배가 부르다고 하며, 오른쪽의 나무 그림은 지식을 가지고 있으며 웃고 있어서 자신은 좋지만 다른 사람에게는 좋지 않다고 설명합니다.
문제는 여기서 설명하는 왼쪽 나무의 열매가 과연 관계로 인하여 온 것인가? 하는 것입니다. 이 나무에 열린 열매들 곧 사랑, 희락, 화평, 오래 참음,

자비, 양선, 충성, 온유, 절제라는 열매들은 성령의 열매입니다. 이 열매가 성령의 열매라고 할 때 우리는 앞의 구절에서 무엇이라고 하는지 주의해 볼 필요가 있습니다.

> 내가 이르노니 너희는 성령을 좇아 행하라 그리하면 육체의 욕심을 이루지 아니하리라(갈 5:16)

"성령을 좇아 행하는 것"이 '관계'를 의미할까요? 이 말씀이 갈라디아 교회를 향하여 기록된 말씀이라는 것을 기억해야 합니다. 저들이 "육체의 욕심"을 따라 행하였다는 것은 하나님의 은혜를 저버리고 율법을 따라 자기 의를 세우려 했다는 의미입니다. 의롭다 함을 받는 것은 전적으로 우리 밖에서 일어난 객관적이고 역사적인 사실 곧 예수 그리스도의 십자가를 통하여 주어진 것입니다. 거기에는 우리의 행함이 개입될 여지가 전혀 없다는 것을 성경은 말씀하고 있습니다. 여기에 기초를 두고 행하는 삶이 되지 않으면 결국 자기 자랑으로 나가게 되어 "성령의 열매"를 맺지 못하게 되고 "육체의 일"236)로 나가게 됩니다.

우리가 분명하게 알아야 하는 것은 성령의 열매가 관계만을 통하여 맺어지는 것이 아니라는 사실입니다. 관계가 맺어지면 그런 열매가 결실되어지는 것으로 성경은 말씀하지 않습니다. 오히려 믿음의 싸움을 싸워가야 할 것으로 말씀합니다.237)

과정 2의 마무리를 살펴보면 결국 이 과정만이 아니라 전체적인 과정이 어떤 방법들을 사용하고 있는지를 알 수가 있습니다. 겉으로는 성경적이라고 하지만 실제적으로는 뉴에이지적이며 비성경적인 '구상화'를 동원하고 있다는 것을 쉽게 알 수가 있습니다.

---

236) 19 육체의 일은 현저하니 곧 음행과 더러운 것과 호색과 20 우상 숭배와 술수와 원수를 맺는 것과 분쟁과 시기와 분냄과 당짓는 것과 분리함과 이단과 21 투기와 술 취함과 방탕함과 또 그와 같은 것들이라 전에 너희에게 경계한 것같이 경계하노니 이런 일을 하는 자들은 하나님의 나라를 유업으로 받지 못할 것이요(갈 5:19-21)
237) 11 오직 너 하나님의 사람아 이것들을 피하고 의와 경건과 믿음과 사랑과 인내와 온유를 좇으며 12 믿음의 선한 싸움을 싸우라 영생을 취하라 이를 위하여 네가 부르심을 입었고 많은 증인 앞에서 선한 증거를 증거하였도다(딤전 6:11-12)

어린 아이의 심정으로 보십시오.
무섭다고 말합니다. 어떤 아이는 그 말도 못합니다.
주님께서 그 아이를 만나기를 원하십니다.
무슨 말이든지 주님은 다 용납하십니다.
마음속에 있는 그 아이가 말하도록 하십시오.
어른으로 말하지 마십시오.
어린아이의 어깨 위에 있는 짐을 옮겨 주시기를 원하십니다.
주님의 어깨 위로 옮겨지기를 원합니다.
아버지께서는 책임지시는 아버지이십니다.
이 세상의 어떤 사람도 그렇게 책임지시지 않습니다.
어떤 상황 가운데서도 책임져 주십니다.
성령께서 이해시켜 주시기를 원하십니다.
나에게는 아버지가 없다고 생각하는 분은 일어나십시오.
하나님 앞에서 일어나는 것입니다.
나에게는 아버지가 없다고 생각하시는 분은
그 자리에서 일어나십시오.
이분들을 위해 순장님 기도해 주십시오.
"하나님은 당신의 아버지이십니다."
이 말씀을 속사람이 듣고,
그 중심 속의 자아에게 전달되기를 원합니다.
천지가 요동할지라도 아버지는 너의 하나님이시다.
수치의 대상이 아니다. 자랑스런 분이십니다.
그분이 바로 너의 아버지시다.
주님 성령의 능력으로 전달되기를 원합니다.
더 이상 고아처럼 살지 않게 해 주십시오.
더 이상 머리 속으로만 살지 않습니다.
주님이 요청하십니다.
수고하고 무거운 짐진 자들아 다 내게로 오라
내가 너희를 쉬게 하리라
주님의 이 요청은 진실하십니다.
내 안에 있는 울고 있는 그 아이를
아버지는 그 울부짖음을 아십니다.
아버지 이것 때문입니다.
그 아이가 쓰러지는 것을 원하지 않습니다.
고통받기를 원하지 않습니다.

(기도)내가 고통당할 때 하나님은 어디 계신지 모르겠습니다.
살아계신 분으로 만나게 해 주십시오.
하나님은 저를 가까이 만나기를 원하시는 것을 알았습니다.
더 이상 고아처럼 살지 않게 해 주십시오.
하나님의 품에 안겨서 살게 해 주십시오.

이렇게 하는 방식은 세상의 심리학을 하는 사람들이 사용하는 방법과 거의 차이 없이 유사합니다.

라이언 와이스 박사의 '전생요법'에서는 이렇게 말합니다.[238]

먼저, 이완 상태에 든 성인을 과거로 보내서 그동안 내면에 간직해왔던 '아동'을 찾아내게 한다.
성인의 머릿속에는 어릴 적에 살았던 집이 떠오르고, 그 집의 방과 가족들, 그리고 그 집에 살았던 아동이 떠오른다.
성인은 성숙함이 가져다준 폭넓은 시야와 이해력으로 그 아동에게 말을 걸고, 타이르고, 껴안아주고, 보호를 약속한 다음 그 비극적 환경에서 현재로 데려온다. 다시 말해 그 아동을 구조해내는 것이다.

이 방법은 주서택 목사와 대동소이 합니다. 이런 방법들이 소위 내적치유라는 방법으로 교회 안에 들어와서 복음의 본질을 희석시켜 성도들로 하여금 분별치 못하게 하여 곁길로 나가게 만들고 있습니다. 자기 스스로는 아무리 성경적이라고 말하여도, 주서택 목사의 내적치유는 심리학적이며 뉴에이지적인 방법이라는 것을 바르게 알아야 합니다.

그러므로, 성도는 성경적인 '신지식'(神知識)과 성경적인 관계를 통하여 예수 그리스도를 더욱 닮아가야 합니다.

---

238) http://cafe.daum.net/1111moon/1Mt7/25 다음 글은 오래전 책 – 브라이언 와이스 박사의 '전생요법' (현재 절판된 것으로 알고 있음)에서 내면아이(inner child)치유에 관한 부분을 부분 발췌한 글이다. "내면 아동 치료법(결손가정이나 학대 속에서, 또는 알코올이나 마약에 중독된 가족들 사이에서 성장한 환자들에게 효과가 있는)에서는, 이완 상태에서 유아기 기억과의 접촉이 이루어진다. 이때, 가장 중요한 사건이 일어난 특정 시기에 초점을 맞추기 위해 핵심적인 단어나 어구를 사용하기도 한다. 어린 시절의 비극이 일상적으로 진행된 경우도 있다. 부모나 그 밖의 중요한 인물이 가하는 학대가 일상적으로 일어났을 수도 있는 것이다. 환자로 하여금 이러한 부정적인 입력 내용들을 잊게 해 주는 것이 치료의 핵심이다."

'과정 3. 자존감 회복?'의 분석과 비판[239]

현대 심리학에서 자존감이 차지하는 비중은 매우 높습니다. 이제 교회 안에서도 "자존감"을 높여 주기 위해 온갖 수단을 다 동원하고 있는 지경에 이르렀습니다. 오늘날 교회 안 밖으로 사람들은 자존감이 없거나 낮기 때문에 문제가 생겼다고 생각합니다. 여기에 대하여 손경환 목사는 세 가지 예[240]를 들어서 반증하고 있습니다.

6개국에서 온 학생들에게 표준화된 수학 시험을 시켜 보았다. 시험지 위에 이런 설문이 있었다. "나는 수학을 잘 한다." 그리고 이 설문 옆에 "예"( ), "아니요"( )라는 난에 표를 하게 했다 미국 학생들의 성적이 제일 나빴다. 한국 학생들은 성적이 제일 좋았다. 그런데 한국 학생들의 3/4이 수학을 못한다고 표를 했고 미국 학생들의 68%는 자신들은 수학을 잘한다고 표를 했다. 한국 학생들은 미국 학생들에 비해 자존심이 낮았다는 것이다. 그런데도 성적은 더 좋았다

도덕적으로도 같다. 일반적으로 미국은 도덕적으로 매우 낮은 것으로 알려져 있다. 그러면 당연히 사람들의 자존심도 낮아야 하는데 통계를 보면 미국 사람들은 전례 없이 자존심이 높다고 생각한다. 미국 남자의 20%와 여자의 11%가 1990년에 실시한 조사에서 "나는 중요한 사람이다."라는 설문에 "예"라고 답을 했는데 1990년에는 남자 62%와 여자 66%가 "예"라고 답을 했다. 또 최근에 실시한 갤럽 조사(Gallup Poll)에서도 90%의 사람이 자기들의 자존심이 높다고 답을 했다. 그러나 자존심은 높아졌지만 사회의 도덕은 땅에 떨어졌다. 그렇다고 문화의 수준을 높여 준 것도 아니고 또 도덕적으로 살려는 동기를 준 것도 아니다.

정말 자존심만 높여 주면 이 사회의 문제들이 해결된다고 생각하는가? 이러한 생각을 하게 하는 무슨 증거라도 있단 말인가? 몇 년 전 California주 의회는 California Task Force to Promote Self-Esteem and Personal and Social Responsibility(자존심과 개인 및 사회 책임을 증진시키기 위한 특별조사단)를 만드는 법안을 통과시키고 $ 735,000의 예산을 할당해 주었다. 그리고 이 조사단(Task Force)이 할 일에 대해서 이렇게 설명했다: "자존심과 개인 및 사회 책임이 건전한 인간 개발에 대한 비밀을 알려 주는 열쇠가 되는지를 조사하며 주요 사회 문제의 뿌리를 찾고 이에 대한 효율적인 해결책을 찾으며 자존심의 중요성에 대한 가장 새로운 지식과 방법을 찾아 California 주민들에게 알려주는 것이 목적이다."

---

239) 과정 3은 1998년 교재에는 "나는 누구인가?"라는 제목이었는데 더 추가되고 변경되었다.
240) 손경환, 성경적상담, 은혜출판사, 1998, pp. 105-108.

이런 일들을 조사하기 위해 이 조사단은 UC(University of California) 계열 대학에서 8명의 교수를 채용해, 1) 범죄 폭행 및 상습적 범행과, 2) 음주 및 마약과, 3) 복지 혜택의 의존과, 4) 청소년 임신과, 5) 아동 및 배우자 피해와, 6) 학습이 불능한 아동들의 문제 등의 6개 분야와 자존심과의 관계를 조사하게 했다. 이들은 조사를 마치고 그 결과를 The Social Importance of Self-Esteem(자존심의 사회적 중요성)라는 제목으로 출판했다. 이 8명의 교수들은 조사단의 명칭대로 낮은 자존심과 잘못된 행동과의 연관을 찾아보려 했으나 찾을 수가 없었다. 따라서 자존심이 낮은 것이 행동이 나쁜 것과 전혀 관계가 없다고 발표했다. 또 다른 한 연구 발표는 자존심이 높을수록 오히려 행동이 난폭하게 된다고 지적했다. 이렇게 막대한 정부 예산을 들여 조사를 하고도 학교에서는 여전히 자존심이 높아야 한다고 강조하며 그런 방향으로 학생들을 이끌고 있다. 그러나 이보다 더욱 한심스러운 일은 교회(목사들)가 자존심과 자기 가치에 대해서 역점을 주어 가르치고 있는 것이다.

이런 예들을 보면서도 여전히 교회는 세상과 동일한 방향으로 나아가고 있습니다. 자존감은 성경의 본질을 무너뜨리고 성도들을 미혹에 빠트려 결국 '자기 신격화'의 방향으로 이끌게 됩니다. 그러므로 성도들은 '자존감'을 높이기 위해서 애를 쓸 것이 아니라, 예수 그리스도의 십자가로 말미암아 누리게 된 하나님의 영광스러운 자녀로서의 그 위치를 바르게 알고 누리는 삶이 되어야만 합니다.

교재의 제목 아래에 다음과 같은 글이 있습니다.

낮아진 자존감을 회복하여 건강한 자존감을 갖게 하시고 나 자신에 대한 거짓된 속임수에서 벗어나 하나님 눈으로 나 자신을 바로 알게 하소서(p. 19).

과연 "낮아진 자존감을 회복"하는 것이 성경적일까요? 먼저 이 교재에서 어떻게 다루고 있는지를 살펴보겠습니다.

20페이지에서는 다음과 같은 성경 구절로 시작합니다.

살아 계신 아버지께서 나를 보내시매 내가 아버지로 인하여 사는 것같이 나를 먹는 그 사람도 나로 인하여 살리라(요 6:57)

도대체 "자존감의 회복"과 이 성경 구절이 무슨 상관이 있을까요? 굳이 주석을 찾아보지 않아도, 이 구절에서는 예수 그리스도를 믿어야 영생을 얻는다는 뜻입니다. "나로 인하여 살리라"는 말씀의 의미가 나의 자존감을 높여준다는 의미는 결코 아닙니다.

> 자신에 대한 바른 정체성이 세워져 있지 않을 때 삶 가운데 만나는 작은 사건들에도 크게 흔들리며 고통과 상처는 가중된다. 자신에 대한 바른 정체성을 갖지 못할 때 우리는 악을 이길 수 없으며 풍성한 삶을 살 수 없다. 바른 정체성을 가지기 위해서 먼저 다음과 같은 인생의 근본적인 질문에 대한 바른 답을 확립해야 한다.
> 나는 어디에서 왔으며 어디로 가는가?
> 나는 왜 이곳에 있는가?
> 나는 어떤 가치를 지닌 사람인가?(p. 20)

과연 성도의 풍성한 삶이 "바른 정체성"에서 올까요?[241] 성경이 과연 그렇게 말씀하고 있을까요? 성도의 풍성함에 대해서는 예수님께서 다음과 같이 말씀하셨습니다.

> 도적이 오는 것은 도적질하고 죽이고 멸망시키려는 것뿐이요 내가 온 것은 양으로 생명을 얻게 하고 더 풍성히 얻게 하려는 것이라(요 10:10)

바른 정체성이 필요 없다는 말이 아닙니다. 바른 정체성을 가져서 풍성한 삶을 누린다는 개념이 일차적이어서는 안 됩니다. 성도의 삶의 풍성함은 "바른 정체성"의 문제가 아닌 예수님의 오심으로 가능한 것이요 예수 그리스도로 말미암아 생명을 얻음으로써 누리게 되는 것입니다. 그것은 죄와 사망에서 구원하여 주시는 일입니다. 이 일은 우리 스스로가 만들어내지 못하는 것입니다. 우리의 능력 밖의 일입니다. 오직 예수 그리스도 그분만이 우리에게 은혜로 허락하심으로 이루어진 일입니다. 그래서 복음입니다.

---

241) 교재 20페이지 - 주서택 목사의 다음과 같은 말은 매우 모호한 의미를 담고 있다. "인류역사의 모든 위대한 성인들도 이러한 본질적인 인생의 문제를 알지 못했고 그들의 삶은 이 문제에 대한 답을 얻기 위한 수행이었다. 하지만 인류역사 이래 오직 한 분 예수님만은 이런 문제를 알고자 수행하시지 않으셨다. 그분은 이미 인생의 본질적인 모든 질문에 대한 스스로의 답을 가지고 계셨고 자신이 해야 할 일을 이미 알고 있었다. 그랬기에 그분의 삶은 유일하고 독특했으며, 자신의 말씀대로 일관되게 사셨다. 그리고 우리도 예수님을 통해 우리 자신을 온전히 알 수 있다고 말씀하신다."
이 글만 그대로 읽으면 요즘 같은 뉴에이지 시대에 있어서는 예수님은 다른 성인들과 다른 사람 곧 더 신성이 충만한 사람으로, 다시 말해서 수행할 필요가 없는 날 때부터 신성으로 충만한 사람이었다는 것으로 오해를 살 수 있다. 마지막 문장에서, "우리도 예수님을 통해 우리 자신을 온전히 알 수 있다"라는 문장도 마찬가지다. 예수님은 하나의 거울이요 우리의 본보기로 보여질 수 있다.

그러나 심리학에 기초한 내적치유는 죄에 대한 관점이 아니라, 내면아이의 상처에 집중하기 때문에 정체성의 개념으로 바로 나아갑니다. 인간의 정체성은 오직 예수 그리스도 안에서 찾아야 합니다.[242] 인간의 정체성을 인간 안에서 찾으려고 해서는 안 됩니다. 인간 안에서 답을 찾아보려고 역사 속에서 수많은 철학자들이 몸부림을 쳐 보았지만 결국 지적 파산에 이르렀고 남은 것은 절망밖에 없습니다.

1. 우리는 하나님을 통해서만 나를 바로 알 수 있기에 먼저 하나님을 알고 예수님에게 내가 누구인지 물어야 한다.
모세: 자기의 동족에게서 쫓겨나고 자기가 커왔던 나라에서도 쫓겨나 자신의 정체성을 찾을 수 없었으나 하나님을 만남으로 인생의 근본 된 답을 알게 되고 자신에 대한 바른 정체성을 갖게 되었다.(p. 20)

먼저 알아야 할 것은 우리가 누구인지 알기 위해 예수님께 물어볼 필요가 없습니다. 이미 계시된 성경 속에 예수님께서 말씀해 주셨기 때문에 우리가 누구인지 알고 있습니다.

주서택 목사가 물어보라고 하는 이유는 '내울내'는 상처투성이라고 생각하기 때문입니다. 예수 그리스도 안에서 새사람이 되었다고 성경에서 아무리 말씀을 해도 주서택 목사는 '내울내'는 아직도 변화되지 않았다고 끝까지 고집합니다. 과연 누구의 말을 들어야 할까요?

모세 예화에도 문제점이 제기 됩니다. 예화를 읽으면 모세는 마치 하나님을 만나 도(道)를 득한 사람으로 오해케 하는 문장으로 기록되어 있습니다. "하나님을 만남으로 인생의 근본 된 답을 알게 되"었다는 것은 매우 오해를 불러일으킬 만한 문장입니다. 모세가 하나님을 만남으로 다만 "인생의 근본 된 답"을 알게 된 것일까요? 결코 아닙니다. 모세는 80세나 된 늙은 몸으로 이제 아무런 생각도 용기도 없을 그때에 하나님께서 부르셨다는 것을 잊지 말아야 합니다. 왜냐하면 인간 모세의 힘이 아니라 오직 하나님의 능력으로 그 백성을 구원하신다는 것을 보여 주시기 위해서입니다. 이 교재와 같은 해석이 나오는 것은 성경을 심리학적인 차원에서 풀어가기 때문입니다.

성경이 무엇을 말하고 있습니까?

---

242) 데비 드바르트, 존 브래드쇼의 상담이론 비평, 전병래 역, CLC, 2005, p. 113.

24 믿음으로 모세는 장성하여 바로의 공주의 아들이라 칭함을 거절하고 25 도리어 하나님의 백성과 함께 고난 받기를 잠시 죄악의 낙을 누리는 것보다 더 좋아하고 26 그리스도를 위하여 받는 능욕을 애굽의 모든 보화보다 더 큰 재물로 여겼으니 이는 상 주심을 바라봄이라(히 11:24-26)

여기에는 인본적인 '자기 정체성' 개념은 없습니다. 하나님의 사람 모세를 겨우 세상 사람들의 수준으로 끌어내려서 "인생의 근본 된 답을 알게" 된 사람으로 만드는 것은 세상의 심리학 수준에 맞추는 격이 되고 맙니다. '인생의 근본'이라는 키워드로 검색을 하면 거기에 기독교에 관한 사이트보다는 그렇지 않은 비기독교적인 사이트가 비교 불가할 만큼 많이 나오는 이유가 무엇인지를 아는 지혜가 있어야 합니다.

성경의 다음과 같은 구절에 대하여 주서택 목사는 무엇이라고 할까요?

오호라 나는 곤고한 사람이로다 이 사망의 몸에서 누가 나를 건져내랴(롬 7:24)

사도 바울은 죄의 문제로 괴로워할 때, 자존감과 정체성의 문제에 빠져 '자아'에 초점을 맞추었을까요? 결코 그렇지 않습니다. 사도 바울은 곧 바로 25절로 나갑니다.

우리 주 예수 그리스도로 말미암아 하나님께 감사하리로다(롬 7:25상)

인생의 죄의 비참한 상황에 대한 답을 인간의 자아 속에서 찾은 것이 아니라, 하나님께서 죄인들에게 찾아오심으로 예수 그리스도 안에서 해결하셨음을 감사하고 있습니다. 그것이 로마서 8장까지 이어지면서 예수 그리스도 안에서 성령님 안에서 새로운 삶을 살아가게 된 것을 확신하고 그 삶을 누리고 살아갔습니다.[243]

2. 예수 그리스도가 스스로에게 대해 가진 정체성과 다른 이들의 답변을 비교해 보라.
1) 나는 어디에서 왔고 어디로 가는가?
– 예수님의 답변

---

243) 데비 드바르트, 존 브래드쇼의 상담이론 비평, 전병래 역, CLC, 2005, p. 52.

"내가 아버지께로 나와서 세상에 왔고 다시 세상을 떠나 아버지께로 가노라 하시니"(요 16:28)[244]
– 당신과 세상 사람들의 답변은?

우리가 요한복음 16장 28절의 말씀을 제대로 이해하려면 요한복음 16장 전체가 무엇을 말씀하고 있는지를 알아야 합니다. 요한복음 16장은 '성령의 오심'과 '그 사역에 관한 것'으로, 예수님께서 말씀하시는 본문입니다. 예수님께서는 그것을 계속해서 말씀해 오시다가 28절을 말씀하셨습니다. 전체 문맥상 이 말씀의 의미는, 예수님께서 이 세상을 떠나 아버지께로 가시는 것이 성령님의 오심에 대한 가장 확실한 조건이며 신호라는 말씀입니다. 그러므로 이 본문은 예수님의 정체성에 관한 자기 대답, 곧 "나는 어디에서 왔고 어디로 가는가?"에 대한 말씀이 아니라 성령의 오심에 대한 보증이라는 의미입니다.

특별히 강의 진행 중에 "당신과 세상 사람들의 답변"에서 이렇게 말합니다.

나를 무시하는 사람들에게 무슨 대답을 해야 하는가?
진리란 시간이 지나도 변하지 않는 것이다. 오늘의 학설은 내일 쓰레기통으로 들어간다. 그것이 지식의 한계이다. 인간의 모든 지식은 변하지만 하나님의 말씀은 변하지 않는다.

이 말에 대해 의문을 가지게 되는 것은 "왜 그렇게 한계 있는 세상의 지식을 왜 내적치유라는 이름으로 가르치는가?" 하는 것입니다. 말 그대로 하나님의 말씀은 변하지 않는데 왜 굳이 세상의 심리학과 뉴에이지의 '구상화'를 도입해서 성도들에게 가르쳐야 하는지 의문이 가지 않을 수 없습니다.

'내울내'에서는 "당신의 답변은?"을 이렇게 말하고 있습니다.

우리의 인생은 쉬임 없이 지금도 가고 있는 중이다. 하지만 우리가 가는 종착역에 대해서 알지 못하는 자가 운전을 열심히 하되 목적지 없이 달리는 것과 같다. 이

---

244) 1998년 교재에는 다른 성경구절이었다. "예수께서 가라사대 하나님이 너희 아버지였으면 너희가 나를 사랑하였으리니 이는 내가 하나님께로 나서 왔음이라 나는 스스로 온 것이 아니요 아버지께서 나를 보내신 것이니라"(요 8:42)

런 운전자가 있다면 얼마나 어리석은 자인가? 열심히 달리고 또 기름을 새로 채워 달리지만 목적지를 모르는 채 달리는 운전자, 하나님은 우리가 이런 운전자가 되기를 결코 바라시지 않는다.[245]

이 글을 읽으면, '굳이 이렇게 복잡하게 말할 필요가 있을까?' 하는 생각이 앞서게 됩니다. 과연 우리가 우리의 종착역이 어디인지 모르고 살아가고 있을까요? 지나가는 객을 잡고 물어보십시오. "예수 믿는 사람들이 예수 믿으면 어디에 간다고 하던가요?" 하고 말입니다. 말을 복잡하게 할 이유가 없습니다. 성도들이 예수 믿고 천국 가는 것을 모르고 믿고 모르고 살아가고 있을까요? 그렇지 않습니다. 이 뻔한 질문을 이렇게 하는 것은 소위 말하는 '정체성'을 세상적인 시각에서 찾으려고 하기 때문에 이런 접근이 도입됩니다.

3번은 더 놀랍습니다.

3. 당신은 누구이며 어떤 가치를 가진 자인가?
– 예수님의 답변
"예수께서 가라사대 내가 곧 생명의 떡이니 내게 오는 자는 결코 주리지 아니할 터이요 나를 믿는 자는 영원히 목마르지 아니하리라" (요 6:35)
"예수께서 가라사대 내가 곧 길이요 진리요 생명이니 나로 말미암지 않고는 아버지께로 올 자가 없느니라" (요 14:6)
– 당신과 세상 사람들의 답변은?

'당신은 누구인가?'에 대한 예수님의 답변이 과연 적절하고 타당한 성경 구절일까요? 요한복음 6장 35절의 말씀은 음식을 먹지 않으면 죽는 것처럼, 구원의 유일한 길로써 예수님을 믿지 않으면 멸망한다는 의미입니다. 그러므로 이 말씀은 '당신은 누구인가?'에 대한 타당한 증거구절이라고 할 수 없습니다.

이어 나오는 요한복음 14장 6절 말씀도 '당신은 누구인가?'에 대한 대답이 아니라 '예수님만이 절대적인 구주시다.'는 것을 말씀하신 구절입니다. 이 구절의 헬라어 원문은 각 단어마다 정관사가 붙어 있어서 구원의 길이 여러 길이 있지 않고 오직 예수 그리스도 외에는 없다는 것을 강조하고 있기

---

245) 내 마음속에 울고 있는 내가 있어요, 주서택, 김선화, 순출판사, 2008, p. 100.

때문입니다.

'당신은 누구인가?'에 대한 예수님의 대답은 오히려 다음과 같은 성경구절이 더 합당합니다.

> 그는 근본 하나님의 본체시나 하나님과 동등 됨을 취할 것으로 여기지 아니하시고 (빌 2:6)
> 그는 보이지 아니하시는 하나님의 형상이요 모든 창조물보다 먼저 나신 자니(골 1:15)
> 이는 하나님의 영광의 광채시요 그 본체의 형상이시라 그의 능력의 말씀으로 만물을 붙드시며 죄를 정결케 하는 일을 하시고 높은 곳에 계신 위엄의 우편에 앉으셨느니라(히 1:3)

예수님의 신성과 인성을 말해줄 수 있는 성경구절이야말로 '예수님이 누구신가?' 하는 것을 바르게 말씀해 주고 있습니다. 주서택 목사의 초점은 '내면아이'를 달래 주는 것입니다. 그렇기 때문에 하나님이 누구신가? 하는 물음에도 하나님의 초월성이 아닌 인간의 눈높이로 하나님을 설명하려 합니다.

이런 일들은 현대의 신복음주의의 영향 아래에서 일어나는 일들 중에 하나입니다. '오늘의 나의 이 고통 속에서 하나님은 어떤 의미를 지니고 있는가?' '하나님은 무엇을 하고 계시는가?'의 문제를 끊임없이 제기하고 고민합니다. 그러다 보니 하나님을 우리와 같은 수준으로 끌어내리고 오로지 사랑의 하나님만 강조합니다. 공의의 하나님을 상실하며 결국은 초월로서의 하나님, 우리와 구별되시는 하나님의 하나님 되심은 사라지고 맙니다.

교재 25페이지 "묵상과 적용"을 보면 더욱 그런 증상이 나타납니다.

* 하나님이 나에게 말씀하신
  바른 신분카드를 매일 읽고 선포한다.
 · 나는 하나님께서 계획하시고
   하나님이 자기 형상대로 창조한 자이다.
 · 나는 하나님에게 무조건적인 사랑을 받고 있다.
 · 하나님은 예수 그리스도와 나를 바꾸실 만큼
   나를 사랑하고 필요로 하신다.
 · 이 세상의 어떤 것도 나를 하나님의 사랑에서 끊을 수 없다.

여기에서 보듯이 하나님의 사랑만 강조되고 있고 성도로서 해야 할 책임과 의무가 없습니다. 이렇게 '내울내'만 강조되다보니 '사랑한다'고 위로해 주어야 하는 하나님으로 전락해 버리는 어처구니없는 현상이 지금 일어나고 있습니다.

"자존감의 회복"이라는 과정에서 가장 심각한 문제는 계속해서 과거에만 맞추고 있는 것입니다. '과거에 일어난 일이 나에게 어떠한 영향을 주었는가?'에 초점을 맞추는 것은 성도의 할 일이 아닙니다.

성경에서 과거를 언급할 때는 하나님께서 구원의 역사를 기억하게 하시고 되새길 때 그렇게 하셨습니다. 그 속에는 저들의 죄악 된 삶과 하나님을 모르고 살았던 삶을 돌아보고 회개케 하는 일이 포함됩니다.

진정으로 성경적인 자존감으로 나아가려면 예수 그리스도께서 죄인 된 인간에게 행하신 구속의 은혜가 무엇인지를 똑바로 알게 하는 것이 가장 중요합니다. 거기에서 출발하여 그 구속의 내용이 얼마나 위대하고 얼마나 풍성한 것인지를 이미 계시로 주어진 하나님의 말씀인 성경을 통하여 배워가야 합니다. 그것이 사도 바울의 기도의 내용입니다.

> 17 우리 주 예수 그리스도의 하나님, 영광의 아버지께서 지혜와 계시의 정신을 너희에게 주사 하나님을 알게 하시고 18 너희 마음 눈을 밝히사 그의 부르심의 소망이 무엇이며 성도 안에서 그 기업의 영광의 풍성이 무엇이며 19 그의 힘의 강력으로 역사하심을 따라 믿는 우리에게 베푸신 능력의 지극히 크심이 어떤 것을 너희로 알게 하시기를 구하노래(엡 1:17-19)

성경은 '자아존중'을 가르치지 않습니다. 오히려 자기를 부인하고 자기 십자가를 지고 예수님을 좇으라고 말씀합니다.[246] 자존감의 회복의 본질은 세속적인 자아존중 운동입니다. 자아사랑에 초점을 맞추면 인간의 죄인 됨이 사라지고 상처받은 일과 말에 그리고 그 상처를 준 사람에게 중심을 두게 됩니다. 그러다보니 나 자신에게 무게를 두게 되어 '사랑받아야 할 나', '가능성이 있는 나', '위대하게 살아가야 할 나', '신성한 나'로 결론이 나게 됩니다. 이런 것이 바로 인간의 죄악성을 여실히 반영합니다.

---

246) 24 이에 예수께서 제자들에게 이르시되 아무든지 나를 따라 오려거든 자기를 부인하고 자기 십자가를 지고 나를 좇을 것이니라 25 누구든지 제 목숨을 구원코자 하면 잃을 것이요 누구든지 나를 위하여 제 목숨을 잃으면 찾으리라(마 16:24-25)

교재에는 나와 있지 않으나 세미나에서는 '시간여행'이라는 순서가 있습니다. '시간여행'에서 구상화는 다음과 같이 더욱 구체적으로 일어납니다.

시간여행
현재의 사건들은 과거의 사건과의 끝이 있습니다.
언제나 감정에 영향을 주고 있습니다.
이 감정은 오늘 내가 느끼는 것을 다 이해할 수 없습니다.
조금은 이해하지만 표면적인 이유입니다.
표면적인 것은 몇 가지가 안 됩니다.
숨어 있는 이유가 더 많습니다.
어디에서 기인된 것인지 알아야 합니다.
그 결박을 끊어야 합니다.
그럴 때 지나친 감정에 휩쓸리지 않습니다.
이(齒) 안 닦은 아이에게 지나친 야단을 쳐서
마치 살인자로 내몹니다.
통제력을 상실합니다. 아무 데나 데리고 갑니다.
내가 나를 주장하지 못합니다.

(목적)
우리의 지나온 시간들 속에 그 사건들이 현재에 연결되어온
사건(부정적인 사건)을 재조명케 하십니다.
나를 삼위 하나님이 만드셨다는 것을
실제로 내 것으로 받아들이게 하십니다.

아주 옛날부터 지금까지 앨범을 열어 보는 것입니다.
지금까지 걸어오는 것입니다.
주님과 함께~
감정을 느낄 수도 있고, 통증을 느낄 수도 있습니다.
편안한 마음으로~

(반주는 계속된다)
눈을 감습니다.
마음의 눈을 뜨고 정신을 똑바로 차리고~

줄 하나를 그려 보십시오.
시간 여행 때 성령께서 도와주소서.
진리를 선포할 때 성령은 역사합니다.

성령께서 말씀하시기를,
"성부 성자 성령께서 한 사람 한 사람을 계획하고 만드셨다."
자신을 나타내시기를 원하십니다.

자신에게 집중하십시오.

어느 날 세 분께서 계획하셨습니다.
하나님은 사랑을 주시고 생명체를 만들기로 계획하셨습니다.
천사들과 계획하신 것이 아닙니다.
세 분은 이 생명체를 만들기로 하셨습니다.
하나님의 형상을 따라 특별한 모습으로 만들었습니다.
두 사람을 사용해서 한 사람을 만들었습니다.
정자와 난자가 결합해서 한 사람이 되었습니다.
자라서 예수 그리스도의 신부가 될 때까지
보고 계시면서 너무나 기뻐하셨습니다.
한 여인의 태를 빌려서 이 생명체를 넣으셨습니다.
영혼을 넣으셨습니다.
유전형질을 통해서 만드셨습니다.

1개월이라는 시간을 지내고 있습니다.
어른이 아니라 1개월 된 아이로 있다고 생각하십시오.
아무도 당신이 있다는 것을 모릅니다.
그분만이 아십니다.
그 생명체는 그 어머니의 태 안에서
그 어머니의 기분을 느끼고 영양을 빨아들입니다.
이 과정 속에서 주님에게 하고 싶은 말을 해도 됩니다.
아픈 것이 있다면 왜 그런 것인지 물어 보십시오.

2개월이 지났습니다.
성령께서 같이 계셔서 자라나도록 돌보고 계셔서 감사했습니다.

3개월이 지났습니다.
여러분의 모습은 어떻습니까?
당신 자신의 것으로 깊이 받아들이십시오.

4개월이 되었습니다.
어머니도 더 구체적으로 알아차리기 시작했습니다.

어떤 어머니는 놀라고 당혹해 하는 마음을 가질 수 있습니다.
자기 생명체가 있다고 모르는 분도 있습니다.

해당되는 분들이 있습니다.
고통으로 기도 받고 싶은 분이 계시면
손을 드시면 같이 기도해 주십니다.

5개월이 되었습니다.
어떤 모습입니까?
이 세상 누구도 모르고 이해하지 못합니다.
그 아이는 그 속에서 어머니의 정서들을 느끼고 있습니다.
슬프지만 많은 어머니들이 준비되지 않은 상태에서
임신하고 힘들어 하고 자기 몸이 바뀌는 것에 대해
감추고 싶어 합니다. 귀찮아합니다.

6개월이 되었습니다.
한 사람 한 사람이 6개월을 보내고 있습니다.
주님만이 아십니다.
이 생명을 지키는 분이 있습니다.
이 생명체에게 관심도 없는 부모도 있습니다.
일이 너무 바쁘기 때문에 …….
엄마 아빠의 무관심 속에
어떤 모양으로든지 전달이 되고 있습니다.
열심히 움직이지만
아이가 바라는 만큼 그 관심이 오지 않습니다.

7개월의 앨범을 들쳐 보자.
8개월의 앨범을 들쳐 보자.
9개월의 앨범을 들쳐 보자.

어머니도 아이를 생각합니다.
기대고 하지만, 어떤 어머니는 이방인처럼 생각합니다.
남의 집 아이처럼 생각하는 엄마도 있습니다.
아버지도, '이것은 내 책임이 아니다'라고 하는 부모도 있습니다.
그 아이가 음성을 듣기를 원합니다.
'아이야 내가 너를 사랑한다. 내가 너를 책임지겠다.'

10개월이 되었습니다.
이 아이를 자유하게 하시기를 원하십니다.
갇힌 자아가 풀어질 때
강력한 하나님의 자녀가 되기를 원하십니다.
단순한 마음으로 주님을 생각하면서
지나온 세월을 주님과 함께 생각하십시오.

이 세상에 태어난 모습을 보십시오.
아이가 누워 있는 방을 생각해 보십시오.
그 아이는 어떻습니까?
그 어머니는 어떻습니까?
평안하고 넉넉합니까?
산후조리의 충분한 환경이 됩니까?
그 아이의 아버지는 계십니까?
그 생명체를 받아들일 수 있는 분위기입니까?
거기에 주님이 계신 것을 보십시오.
주님이 계십니다.
그 아이를 어떻게 보고 계십니까?
육신의 몸을 입고 있지 않아서 보고 있지 않았지만
마음의 눈으로 볼 수 있습니다.
그 생명체를 어떤 얼굴로 바라보고 계십니까?
주님께서 귀찮아하고 계십니까?
그렇지 않습니다.
이 어린 생명체에 대한 기쁨과 축복으로
주님의 신부가 되기를 원하는 그 기쁨으로
바라보고 계십니다.

어떤 집안에서 보내고 있습니까?
그 분위기는 어떠했습니까?
그 아이는 그렇게 존귀한 존재라는 것을
그 집안의 다른 사람이 알고 있습니까?
어떤 옷을 입고 있습니까?
좋은 집안에 태어났으면 좋았을걸 하고 말하는 사람은 없습니까?

2살이 되었습니다.
이 아이는 걷고 돌아다니기 시작합니다.
엄마 아빠가 자기에게 어떻게 하는지 살피고 있습니다.

3살이 되었습니다.
어떤 기억이 있습니까?
지금 내 마음은 기쁘십니까?
왜 마음 놓고 기쁠 수가 없을까요?
알고 싶은 것도 많습니다.
실수도 많습니다.
야단맞으면서도 웃을 수 있습니까?
아니면 아픔과 슬픔이 가득 차 있습니까?

4살이 되었습니다.
어머니의 얼굴은 어떻습니까?
어머니가 무슨 말을 하십니까?
자기를 잘 표현하지 못해서 나쁜 짓을 하기도 합니다.

5살이 되었습니다.
여러분의 모습으로 보십시오.
5살 된 모습으로 보십시오.
5살 된 아이에게 묻습니다.
마음이 어떻죠?
예수님이 계시다는 것을 이 아이가 압니까?
예수님이 사랑이시다는 것을 이 아이가 압니까?

6살 된 아이가 있습니다.
우리는 종종 가장 괴로운 일은 숨겨 버립니다.
그러나 주님은 다 아십니다.
그것이 우리를 주장하길 원하시지 않기에
나와 함께 열어 보자고 하십니다.
주님과 함께 그 집에 가보십시오.
주님께 내가 살았던 방을 안내해 보십시오.
깨끗하고 당당하고 예쁘고 밝습니까?
어둠이 가득하고, 벌써 한숨이 있습니까?

7살이 되었습니다.
학교에 대한 공포가 심한 아이들이 있습니다.
왜 학교에 가야 하는지 모르는 아이들이 있습니다.
너무 함부로 말을 하고, 아픔이 되는 말을 할 수가 있습니다.

8살이 되었습니다.

13살까지 누가 여러분에게 다가왔습니까?
그 아이가 무엇 때문에 울고 있습니까?
그 현장을 주님께 말씀드리십시오.
이 시간을 지나면서 가장 힘들었던 순간,
부모님이 먼저 돌아가신 분이 계십니다.
그 죽음 앞에서 너무나 두려워하는 아이가 있습니다.

중학교 시절~
16살까지 지내면서 어디에 있었습니까?
마음의 괴로움이 있을 때 어떻게 하고 있습니까?

17, 18살의 시간을 보내면서
고등학교 시절을 보내면서 무엇 때문에 분노했습니까?
무엇을 결심했습니까?
왜 그렇게 쓴 마음을 품게 되었습니까?
왜 그렇게 저주했습니까?
왜 그렇게 자신을 싫어했습니까?
주님께서는 보고 계십니다.
주님께서는 죄인을 불러 회개케 하기 위해 오셨다고 하셨습니다.
주님~ 나의 몸과 마음을 깨끗케 해 주십시오.
마음속의 분노가 절망이 죄를 짓게 하고 있습니다.
나를 깨끗케, 새롭게 해 주십시오.

왜 절망이 가득합니까?
사회에 대한 분노가 어른에 대한 분노가 가득합니다.
주님께 말씀하십시오.
이 분노와 싸우느라 왜 모든 에너지를 다 썼습니다.
이제 싸울 힘이 없습니다.
이 뿌리를 끊어 주십시오.
여러분을 속인 사람은 누구입니까?
무엇 때문에 다시는 사람을 믿지 않겠다고 결심했습니까?

19살이 되었습니다.
좋은 대학에 들어간 사람도 있습니다.

좋은 대학에 못 들어 간 사람은 자학하는 사람도 있습니다.
주님께서 어떻게 보고 있습니까?
나는 혼자라고 말하는 사람도 있습니다.
주님께서 무엇이라고 하십니까?
가장 외롭고 힘들 때~ 어디 입니까?
바로 그 자리에 그 모습으로 주님을 요청하십시오.
그 모습으로 요청하십시오.
아무에게 보여줄 수 없는 바로 그곳으로
주님을 요청하십시오.
당신을 이 자리로 요청합니다.

담배를 피우고 계십니다.
그 자리에 요청하십시오.
너무 심한 군것질 습관에...,
그 자리에 요청하십시오.
다른 사람의 옷을 집어 찢는 분도 있습니다.
주께서 우리를 먼저 찾아오셨습니다.
우리는 항상 혼자라고 생각합니다.
가장 고독한 그 자리로 당신을 요청합니다.
친구들에게 보여질 수 있는 그곳에
주님께 보여 드립니다.
부끄러운 나의 어머니, 부모님께
주님이 오시기를 원하고 있습니다.
정돈되지 않은 그곳에 내가 들어가기를 원한다고
주님께서 말씀하십니다.
끊임없이 청소하는 분이 있습니다.
무언지 모르지만 자꾸만 그렇게 합니다.
실수 없는 자신으로 만들어 갑니다.
실수 있는 자유는 주님이 아십니다.
자꾸만 하라고 명령을 받고 있는 분도 있습니다.
그런데 이 아이는 무엇을 해야 할지 모릅니다.

무엇을 해야만 하는가?
그러나 무엇을 해야 하는지 잘 몰라도 됩니다.
주님께서는 내가 앞서 길을 지도하시겠다고 했습니다.

어떤 아이는 식구들이 있는 방으로 못가고

구석진 건너 방에만 있습니다.
왜 식구들 사이에 끼지 못할까요?
항상 그 자리에 있어야 된다고 생각합니다.
주님이 그 집에 가시면 어디로 가실까요?
건너 방에 있는 그 아이에게 찾아가시기 위해
부르신 것이 아닐까요?

한 번도 주인공이 되어보지 못한 아이에게
내가 너를 필요로 하고 있다고 말씀하십니다.
내가 너를 신부로 만들겠다고,
여러분의 속사람에게 있는 그 마음의 방을 보십시오.l
주님은 요청해야만 들어오실 수 있습니다.
그 방에는 주님이 지금 계십니까?
주님께서는 지옥에까지 들어갔다 왔습니다.
거기까지라도 내가 너를 인도해 내겠다...,

밤에 어디론가 가고 있는 분이 있습니다.
마음으로 뒤를 돌아보십시오.
바로 거기에 주님이 계십니다.
죄짓는 그 자리에 주님이 계십니다.
주님은 고통을 당하십니다.
밤거리를 방황하는 그 분,
주여 그 아들의 어깨를 눌러 주시고~
비가 와도 그냥 걸어가는 그 낙심된 마음을 덮어 주십시오.

내 인생 중에 한 번도 떠나지 않으셨던 주님
하고 싶은 말씀이 계십니다.
주님의 음성을 듣기가 어려울까요?
내 곁에 계시다는 것을 믿지 못하기 때문입니다.
나를 지금까지 한 번도 떠나시지 않은 것을 믿습니다.

내 속사람에게 무엇이라고 말씀하십시오.
그 어린 아이에게 무엇이라고 말씀하십시오.
그분의 말씀을 잘 잡아 보십시오.
그리고 그 말씀을 그 아이에게
그 마음속의 아이에게 말해 보십시오.
담대하십시오.

너의 아버지 앞에 나오라고 하십니다.
그 어린아이에게 무엇이라고 말씀하십니까?
아버지를 찾고 있는 아이에게 무엇이라고 말하십니까?
그 음성을 잡은 분은 말하셔도 좋습니다.
큰 소리로 말하셔도 좋습니다.
일어서서 말하셔도 좋습니다.

주님께서 우리에게 귀를 주셨기에
듣지 않겠느냐고 말씀하십니다.
입을 지었기에 말하겠다고 하십니다.
내 양은 내 음성을 들으며 그 음성을 따른다고 했습니다.
주님의 양은 주님의 음성을 들을 수 있습니다.
개인적으로 주님께서 말하십니다.
그의 음성을 들으면 살아나리라고 말씀하셨습니다.
그 아이들에게 말씀해 주십시오.
마음을 통해서 주님이 들려주실 것입니다.
여러분을 가장 잘 이해하고
무슨 비밀이라도 지켜준다면
그 사람에게 준비해둔 말이 있다면
무엇이라고 말하겠습니까?
그분이 바로 말씀하십니다.
내가 듣지 않겠는가?
주님이 말씀하십니다.
주님은 이해하십니다.

어떤 사람은 말합니다.
나는 바보 같아요.
나는 할 수 없어요.
주님이 그 말을 들으시고 어떻게 생각하실까요?
주님의 마음이 이 땅에 있는 자녀들에게 있다고
주님의 마음이 이 땅에 있는 자녀들에게 있다고 하셨습니다.

예수님이 열어 놓으신 지성소에,
하나님의 긍휼이 있다고 하였습니다.
주께서 귀를 기울이신다고 했습니다.
아이들은 무슨 말을 해야 할지 잘 모르지만

아버지는 아십니다.
이 땅을 떠나면 아버지에게로 갈 것입니다.
집이 없다고 갈 곳이 없다고 생각하지 마십시오.
아버지께서 너의 거처가 되게 해 주시겠다고 하셨습니다.

내가 너를 맞는 것을 기뻐하느냐?
내가 너를 나의 신부로 맞이하는 것을 기뻐하느냐?

주님이 혼자 버려두셨겠습니까?
나는 너의 걸음을 인도하는 여호와라고 하셨습니다.
우리는 주님을 버린 적이 수 없이 많지만,
주님은 멀리 계시지 않습니다.
내가 다시 그분을 찾으면 만나 주신다고 하셨습니다.
내가 다시 그분을 필요로 하면 만나 주신다고 하셨습니다.

그분이 계셔서 불편하십니까?
마음대로 못해 불편하십니까?
사랑하는 자녀들아 속지 말라
도적이 오는 것은 멸망시키려는 것뿐이다.

아버지가 오신 것은 생명 주려고, 복 주시려고,
지도하시려고 오신 것입니다.

어떤 슬픔의 현장이나, 죄악의 현장에서도
주님을 거부하지 않는다면 주님은 우리와 함께 하십니다.

친구에게 기대는 사람이 있습니다.
주께서 나의 옷자락으로 너를 덮기를 원한다고 하셨습니다.
나의 바람막이가 되어줄 친구는 없습니다.
계속해서 찾습니다.
주님께는 기대하지 않습니다.

이제는 결단합니다.
주님에게 의지합니다.
주님의 친구다운 친구되기를……
무엇 때문에 슬퍼하는지 아십니다.
왜 구석에 있는지 아십니다.

주님을 맞이하시겠습니까?
주님을 불편해 하시겠습니까?
…….

이것이 주서택 목사가 인도하는 '시간여행'입니다. 과거로 돌아가서 태아가 되기 전 창세 이전으로까지 돌아가서 기억치유를 합니다. 이런 모든 일들은 '최면요법'이라고 하기도 하고, '구상화 치유'라고 합니다. 이런 뉴에이지적인 방법으로 내적치유를 한다는 것은 매우 위험한 일입니다.

주서택 목사의 '시간여행'이 브래드쇼[247]가 하는 방법과 얼마나 유사한지 비교해 보십시오.

이제 다섯 살 난 당신의 내면아이를 봅니다. ……
그 아이가 집 밖으로 걸어 나가
뒤 뜰에 앉아 있는 모습을 바라본다고 상상해 보세요.
아이에게 걸어가 인사해 보세요. "안녕?" ……
아이는 무슨 옷을 입고 있습니까? ……
그 아이가 인형이나, 다른 장난감을 가지고 있습니까? ……
아이에게 가장 좋아하는 장난감이 무엇인지 물어보세요. ……
좋아하는 애완동물이 있는지 물어보세요. ……
그 아이에게 당신은 미래에서 왔고,
당신이 필요할 때마다 언제든지 곁에 있어 주기 위해서
여기에 왔다고 말해 주세요. ……
자, 이제 당신 자신이 유치원 시기의 내면아이가 되어 봅니다. ……
그리고 현명하고 친절한 천사인 당신을 쳐다보세요. ……
친절하고 애정 어린 당신의 얼굴을 바라보세요. ……

247) 데비 드바르트, 존 브래드쇼의 상담이론 비평, 전병래 역, CLC, 2005, pp. 36, 88. 데비 드바르트, 존 브래드쇼의 상담이론 비평, 전병래 역, CLC, 2005, pp. 34, 37, 88. 신학적인 견지에서 볼 때 브래드쇼는 뉴에이지 종교의 추종자이다. 그는 선(禪)에 정통한 자들을 찬양하고 기독교 아니라 힌두교의 토대라고 할 범신론적 세계관을 수용하고 있다. 힌두교 또는 뉴에이지의 특성인 명상을 강조한다. 내면아이를 회복하는 과정을 참선을 경험하는 과정으로 설명한다. 철학적으로는 실존주의자에 속한다. 특히나 신은 죽었다고 하는 니체를 신봉한다. 심리학적으로 볼 때 브래드쇼는 혼합주의적 입장을 취한다. 그는 융의 엉터리 이론을 신봉하면서 상처받은 내면의 아이야말로 인간의 현대적 원형이라고 주장하고 있다. 그가 애지중지했던 '내면의 아이'란 용어는 에릭 번(Eric Berne)이 주창한 교류분석에서 도출된 것이다. 에릭 번은 인간을 부모, 성인, 아동 등 세 가지 자아 단계로 구분했다. 명상은 무아의 상태로 나아가는 과정이기 때문에 이러한 명상을 통해 존재하고 있는 자기 자신에 초점을 맞추는 연습을 해야 한다는 것이다.

어른인 당신이 아이인 당신에게,
"원한다면, 와서 내 무릎에 앉아도 좋다."고
말하는 걸 들어보세요. ……
만약 당신이 싫다면 그렇게 하지 않아도 괜찮습니다. ……
이제 어른인 당신이 해 주는 부드럽고,
친절한 선언문을 들어 보세요.
……………

그 아이가 무엇을 느끼든 그대로 느끼게 하세요. ……
이제 다시 천천히 어른인 당신으로 돌아갑니다. ……
유치원 시기의 내면아이에게 당신이 지금 여기에 있으며
그에게 많은 것을 이야기해 줄 거라고 말하세요. ……
아이가 당신을 절대로 잃어버리지 않을 것이고,
당신이 결코 그 아이를 떠나지 않을 것이라고 말해 주세요. ……
이제 아이에게 작별 인사를 하고,
기억의 선을 따라 앞으로 걸어갑니다. ……
당신이 가장 좋아하던 극장,
아이스크림 가게를 지나고. ……
학교를 지납니다. ……
고등학교 운동을 지나 ……
현실로 돌아오는 자신을 느껴 보세요. ……
발의 움직임을 느껴보고 ……
발가락을 움직여 보세요. ……
당신의 몸을 통해 전해 오는 에너지를 느껴 보세요. ……
손을 느끼고……
손가락을 움직여 보세요.……
당신의 상체를 토해서 오는 에너지를 느껴 보세요. ……
깊은 숨을 들이마시고……
내쉴 때는 소리를 내어보세요. ……
당신의 얼굴에서 힘을 느껴 보세요. ……
지금 어디에 앉아 있는지 느껴 보세요. ……
입고 있는 옷을 느껴 보세요. ……
자, 이제 천천히 눈을 뜨세요. ……
몇 분간 그대로 앉아 있으면서
당신이 경험한 것을 느껴 보세요.

브래드쇼의 그 다음 말은 매우 흥미롭습니다.

당신이 원한다면, 당신의 후원자와 이 명상을 나누어 보라.

여기에 분명히 "명상"이라고 나오고 있습니다. 그는 지금 이 구상화의 과정을 "명상"이라는 방법을 통하여 치유하고 있다는 것을 유념해서 보아야만 합니다. 브래드쇼의 이 "명상방법"은 구상화를 말합니다. 그의 책 『상처받은 내면아이 치유』에서 다음과 같은 더 심각한 "명상"의 모습을 볼 수가 있습니다.

브래드쇼의 『귀향의 명상』을 보면 정말 아연실색케 합니다.

제 2 부 당신 안의 상처받은 내면아이의 치유[248]
귀향의 명상
녹음기에 다음의 내용을 녹음하라.
다니엘 코비알카(Daniel Kobialka)의
'집으로 돌아가기'(Going Home) 테이프를
배경 음악으로 사용하라.
각 간격마다 약 20초의 여유를 두라.

자, 이제 눈을 감고 당신의 호흡에 집중해 보세요. ……
당신이 숨을 들이마실 때 아랫배를 부드럽게 당겨 보고,
숨을 내쉴 때는 배를 내밀어 보세요.
넷을 세는 동안 숨을 들이마시고,
다시 넷을 셀 동안 숨을 참고 있다가,
여덟을 세는 동안에 천천히 숨을 내쉬어 보세요. ……
몇 번을 반복해서 해 보시기 바랍니다. ……
넷을 셀 동안 숨을 들이마시고,
다시 넷을 셀 동안 숨을 멈추고,
열여섯을 셀 동안 숨을 내쉬고 ……
그 다음에는 넷을 셀 동안 숨을 들이마시고,
다시 넷을 셀 동안 숨을 멈추고,
그리고 서른 둘에서 숨을 내쉬어 보세요. ……
이것을 3번 반복해 보세요. ……
이제 보통의 숨 쉬기를 다시 시작합니다.
당신이 숨을 내쉴 때 3이라는 숫자에 집중해 보세요. ……

---

248) John Bradshaw, 상처받은 내면아이 치유, 오제은 역, 학지사, 2004, pp. 244-246.

그것을 바라보고, 색칠해 보거나,
마음의 귀로 '3' 을 들어 보세요. ……
자, 이제 2라는 숫자에 집중해 보세요. ……
그리고 이제 숫자 1에 집중해 보세요. ……
이제 당신은 숫자 1이 문이 되는 걸 보고 있습니다. ……
문을 열고 안으로 들어가 보세요.
양쪽으로 문이나 있는 나선형의
긴 복도를 따라 걷고 있습니다. ……
당신의 왼쪽에 '작년' 이라고 말하는 문이 보입니다. ……
그 문을 열고 안을 들여다봅니다.
작년에 당신에게 있었던 좋았던 장면들을 바라보세요. ……
문을 닫고 당신의 오른쪽에 있는 다음 문으로 가세요. ……
그 문을 열고 거기에 당신의 청소년기 아이가
서 있는 모습을 봅니다.
그 아이를 껴안아 주세요.
그리고 그가 겪은 일이 무엇인지
당신이 다 알고 있다고 말해 주세요. ……
이제는 집을 떠날 시간이라고 아이에게 말해 주세요.
이제 혼자가 아니라
당신이 옆에서 도와줄 거라고 말해 주세요. ……
또한 당신과 함께 갈 것이고,
당신의 모든 아이들, 즉 당신의 갓난아이,
유아, 유치원기 아이, 학령기 아이들을
같이 찾을 거라고 말해 주세요. ……
당신의 청소년 아이와 함께
복도 끝까지 걸어가 문을 열어보세요. ……
이제 당신의 기억 속에 어릴 때
당신이 살던 집을 바라봅니다. ……
그 집 안으로 들어가
당신의 갓난아이가 있던 방을 찾아보세요. ……
당신의 청소년 아이가 당신의 갓난아기를 안아보세요. ……
이제 다시 복도로 나와서
당신 왼쪽의 첫 번째 문을 열고,
당신의 유아를 바라봅니다. ……
그 아이 손을 잡고 다시 복도로 걸어 나옵니다. ……
그 다음은 당신의 오른쪽에 있는
첫 번째 문을 열어 유치원기의 아이를 봅니다. ……

그 아이를 바라보세요. ……
그 아이가 어떤 옷을 입고 있습니까?
그 아이의 손을 잡고 그 방을 나옵니다.
이제 당신은 학령기 아이를 찾았습니다. ……
그 아이는 무엇을 입고 있나요? ‥‥
그 아이에게 당신의 청소년 아이의 손을 잡게 하고
그 집을 걸어 나옵니다. ……
지금 당신은 청소년 아이의 옆에 서 있습니다.
누가 당신의 갓난아기를 안고 있습니까? ……
당신의 학령기 아이는
청소년 아이의 팔을 붙잡고 있습니다. ……
당신은 당신의 유아와
유치원기 아이의 손을 잡고 있습니다. ……
이제 당신의 갓난아기가 유아가 되는 것을 보세요. ……
이제 당신의 유아가 자라서
유치원기 아이가 되는 것을 보세요. ……
이제 그 아이가 학령기 아이가 되는 것을 보세요. ……
이제 그 아이가 청소년이 되었습니다. ……
당신과 당신의 청소년 아이가 나란히 서 있습니다. ……
이제 청소년 시절에 당신이 살던 집 앞에
부모님이 나와 계시는 걸 봅니다. ……
당신과 청소년 아이는 그들에게 작별 인사를 합니다. ……
그들에게 당신들 모두가 지금 떠난다고 말해 주세요. ………
또한 그들이 당신들을 위해서
최선을 다 했다는 걸 알고 있다고 말해 주세요. ……
그들을 상처받은 사람으로 바라봅니다. ……
그들이 당신을 버린 것에 대해 용서하세요. ……
이제 당신이 자신의 부모가 될 것이라고 말해 주세요. ……
그 집에서 이제 걸어 나옵니다. ……
당신의 어깨 너머로
계속해서 그들의 모습을 바라보세요. ……
그들의 모습이 점점 작아지고 있습니다. ………
그들의 모습이 보이지 않을 때까지 바라보세요. ……
자, 이제 당신은 앞을 바라볼 때입니다.
당신을 기다리는 애인, 배우자, 친구를 바라보세요. ……
만약 당신에게 치료사가 있다면
그 치료사를 거기에서 볼 수도 있습니다. ……

만약 당신에게 지지 그룹이 있다면 그 그룹을 봅니다. ……
당신이 하나님을 믿는다면 그분을 바라봅니다. ……
그들 모두를 안아 보세요. ……
이제 당신은 그들의 지지와 격려를 느낄 수 있습니다. ……
이제 당신이 혼자가 아님을 알게 됩니다. ……
당신이 새로운 가족들을 가지게 된 걸 알게 됩니다. ……
이제는 당신의 청소년 아이가 당신과 하나가 됩니다. ……
어린 시절의 당신 모습 중에서
어느 나이이든 선택하여
당신 안의 그 아이를 바라보세요. ……
당신이 그를 지켜 줄 거라고 말해 주세요. ……
당신이 그 아이를 사랑하고 돌봐 줄
새로운 부모가 되어 주겠다고 말해 주세요. ……
그 아이가 겪은 아픔이나 고통에 대해서
다른 누구보다도 당신이 잘 알고 있다고 말해 주세요. ……
앞으로 그 아이가 살아가면서 누구를 만나게 되든,
당신만큼은 절대로 그 아이 곁을
떠나지 않겠다고 말해 주세요. ……
매일 그를 위해서 시간을 낼 것이고,
함께 시간을 보내겠다고 말해 주세요. ……
온 마음을 다해 그를 사랑한다고 말해 주세요. ………
자, 이제 마음의 시야를 넓혀 봅니다. ……
30이라는 숫자를 보세요. ……
당신의 발가락을 느끼면서……
그것들을 한 번 움직여 보세요. ……
2라는 숫자를 봅니다. ……
다리에서부터 상체 끝까지 올라오는 힘을 느껴 보세요. ……
팔에서 힘을 느껴 보세요. ……
손을 움직여 보세요. ……
그 힘이 머리와 뇌로 올라가는 걸 느껴 보세요. ……
이제 10이라는 숫자를 봅니다.
눈을 천천히 뜨면서 기지개를 펴 보세요. ……

이제 당신은 전체적인 내면의 가족체계를 회복했다.
당신은 이제 집으로 돌아온 것이다!
당신의 상처받은 내면아이를 회복하는 과정은 용서의 과정이다.
왜냐하면 용서는 바로 우리가

이전과 같이 될 수 있도록 해 주기 때문이다.
그것은 과거를 치유하고 현재를 위해
우리의 힘을 자유롭게 해 준다.

브래드쇼가 하는 방법이나 주서택 목사가 하는 방법이나 무슨 차이가 있을까요? 차이가 있다면 명상을 위한 "숨고르기" 방법이 다르다는 것뿐입니다.

특히, 브래드쇼는 "다니엘 코비알카(Daniel Kobialka)의 '집으로 돌아가기(Going Home)' 테이프를 배경 음악으로 사용하라"고 말합니다. 우리가 이 부분에 관심을 기울여 보아야 하는 이유가 무엇일까요? 그것은 바로 다니엘 코비알카(Daniel Kobialka)의 '집으로 돌아가기'(Going Home)는 '뉴에이지 음악'에 속하기 때문입니다. 뉴에이지 음악을 들으면서 명상을 하면서 '내면아이'를 치유하는 방법입니다. 이것은 바로 전형적인 뉴에이지 구상화 치유의 범주에 속하는 것들입니다.

브래드쇼가 하는 뉴에이지 구상화는 주서택 목사의 구상화에 그대로 반영되어 있습니다. 의도적이든 아니든 주서택 목사는 이런 뉴에이지 구상화로 하는 내적치유사역을 지금이라도 그만 두어야 합니다.

그러면 하나님께서 시간 속에서 행하신 일들은 다 무슨 의미가 있을까요? 하나님께서 실수하신 것일까요? 하나님께서 하신 일을 인간이 과연 재조정할 수 있을까요?
주서택 목사와 같이 '내울내'와 상처의 차원에서 접근하면 성경적인 해답을 찾을 수가 없습니다. 하나님께서는 창세전에 우리의 삶을 계획하시며, 우리의 삶에 크고 작은 일들을 통해서 하나님의 자녀로 연단해 가십니다. 상처를 입었다는 것은 자아를 중심으로 인생을 해석하고 살기 때문입니다. 하나님께서 어떻게 이끌어 가시는지 성경을 통하여 해석하여야 거룩과 경건의 열매를 맺어갈 수 있습니다. 이 세상의 보상으로 나가면 상처를 받을 수밖에 없지만 거룩과 경건으로 나가면 어떤 일에도 상처 받지 않으며 십자가를 바라보며 믿음과 소망으로 감당하게 됩니다.

또한 뉴에이지 구상화를 통해 하나님의 음성을 이렇게 듣는다면 굳이 성경이 필요할까요? '내울내'를 달래기 위해서 하나님의 모든 것을 동원해야만 하는 그런 하나님으로 만들어 버렸습니다. 하나님께서는 '내울내'의 상처를 달래 주기 위하여 '내울내'가 눈만 감으면 '어떤 상처를 없애줄까?' 하고 언제나 기다리고 있어야 하는 '그대만을 위한 오 분 대기조'에 불과합니다.

교재 24페이지에 가면 이런 문장이 나옵니다.

6. 자신에 대한 거짓된 믿음을 버리고 하나님이 주신 바른 신분카드(바른 정체성)을 선택해야만 한다. 어떻게 선택할 수 있나?

"선택해야만 한다"라는 말을 주의해서 보아야만 합니다. 정체성[249]이 과연 "선택"으로 되어지는 일일까요?

주서택 목사의 교재는 논리적으로 앞뒤가 맞지 않는 말을 하고 있습니다. 여기에서는 "선택해야만 한다"고 하면서 교재 23페이지에서는 이렇게 말합니다.

5) …… 또한 우리 자신에게는 진정한 신분증을 스스로 만들 능력이 없기 때문이다.

앞서 언급했던 교재 25페이지에는 "하나님이 나에게 말씀 하신 바른 신분카드를 매일 읽고 선포한다."라고 했습니다.[250] 여기서는 "진정한 신분증을 스스로 만들 능력이 없"다고 주서택 목사는 말합니다. 이 말이 의미하는 바는 정체성에 관한한 인간의 선택의 문제가 아니라는 것을 주서택 목사도 알고 있다는 말입니다.

주서택 목사는 선택을 말하면서, "매일 읽고 선포"하라고 했습니다. 이

---

249) 참고) 네이버 사전에서-정체성 : 변하지 아니하는 존재의 본질을 깨닫는 성질. 또는 그 성질을 가진 독립적 존재
250) *하나님이 나에게 말씀하신 바른 신분카드를 매일 읽고 선포한다.
· 나는 하나님께서 계획하시고 하나님이 자기 형상대로 창조한 자이다.
· 나는 하나님에게 무조건적인 사랑을 받고 있다.
· 하나님은 예수 그리스도와 나를 바꾸실 만큼 나를 사랑하고 필요로 하신다.
· 이 세상의 어떤 것도 나를 하나님의 사랑에서 끊을 수 없다.

말은 '매일 인식을 시키겠다.'는 의미인데, 그것은 또한 '매일 선택과 결단을 하겠다.'는 실존적 도약을 말하고 있습니다. 이것만큼 성경을 무너뜨리는 일도 없습니다.

"스스로 만들 능력이 없"는 사람이 어떻게 "선택"을 할 수 있겠습니까? 성도의 정체성은 성도가 만들어 내지 않습니다. 세상의 심리학은 흉내도 낼 수 없습니다! 하나님께서 예수 그리스도 안에서 우리에게 만들어 주신 것을 믿음으로 소유하게 되는 것이 성도의 정체성입니다. 성도된 우리가 가장 소중하게 붙들고 있는 말씀 중에 하나가 요한복음 1장 12절 말씀입니다.

> 영접하는 자 곧 그 이름을 믿는 자들에게는 하나님의 자녀가 되는 권세를 주셨으니 (요 1:12)

예수 그리스도 안에서 "하나님의 자녀"가 된 것이 성도의 정체성입니다. 이것보다 더 성도를 감격케 하는 것은 없으며 세상의 그 어떤 것으로도 이 자녀 된 신분으로 이끌지 못하며 만들지도 못합니다. 성경은 성도를 '하나님의 자녀'라 일컬어 그 이름표를 주신 하나님의 사랑과 성품을 닮아가게 하십니다.[251]

그렇기 때문에 성경은 이어서 이렇게 말씀합니다.

> 이는 혈통으로나 육정으로나 사람의 뜻으로 나지 아니하고 오직 하나님께로서 난 자들이니라(요 1:13)

이 자녀 된 자리를 하나님께서 만들어 내셨다고 말씀합니다. 세상의 것이 개입할 여지가 없습니다. 왜냐하면 세상은 영원을 만들어 내지 못하는 유한이기 때문입니다. 하나님께로 난 자들이 하나님의 자녀입니다. 영원하신 하나님, 그분이 우리에게 예수 그리스도의 십자가의 피 흘림을 통하여 그의 은혜로 허락하신 놀라운 신분이 하나님의 자녀라는 정체성입니다.

그러므로 성도의 정체성은 선택의 문제가 아니라 믿음의 문제입니다. 그것

---

251) 에드벌클리, 왜 크리스천은 심리학을 신뢰할 수 없는가?, 차명호 역, 미션월드, 2006, p. 110. 심리학은 사람들에게 잘못된 이름표를 붙여 주어서 평생토록 거기에서 벗어나지 못하게 한다. '정신질환자', '알콜중독자', '우울증', '**장애자' 등으로 불리게 하여 평생 "나는 이런 장애를 가진 사람입니다. 그래서 나는 이렇게 행동합니다."라는 말을 하게 한다. 그 이름표에서 벗어나지 못하게 한다.

은 내가 결심해서 되는 것이 아니라 이미 허락하여 주신 것들에 대한 믿음이요 신뢰입니다.[252]

존재에 대한 물음에 대하여 인간이 겨우 생각해 낸 것은 우연과 진화의 개념입니다. 왜냐하면 인간은 하나님 앞에 죄인 됨을 고백하기 싫기 때문입니다. 그들은 십자가를 원하지 않습니다. 자기의 가능성을 계발하고 고양하여 인간이 결코 무능하지 않다는 것을 확신시켜 줄 신을 필요로 하고 자신도 신이 되려고 합니다. 이것이 인간의 죄악입니다. 그리하여 자기를 지으신 창조주 하나님을 의도적으로 부인하고 반항하는 자리로 나아갑니다.

그 결과는 무엇입니까? 아무리 고민을 해 보아도 답이 없는 절망의 상태에 도달했습니다. 그러니 불안만 가중되고 있습니다. 막연한 긍정적인 사고방식을 붙들고 삽니다. 그것이 삶에는 어떻게 나타나고 있습니까? 쾌락과 스토리(story)만 남았습니다. 먹고 즐기고 웃다가 죽는 삶이 되었고 가치와 의미는 상실된 추잡스런 인간이 되고 말았습니다.[253]

그러므로 참된 정체성은 하나님께로부터 창조함을 받은 인간임을 인정하는 것과 인간의 타락과 죄인 됨을 회개하고 고백하는 데서부터 시작됩니다. 성도는 예수 그리스도의 십자가 피로써 구속받은 자로서의 새언약의 관계 속에 있습니다.

이 비교할 수 없고 형언할 수 없는 은혜의 백성으로 살아가도록 하신 하나님을 알아가고 그를 경배하며 그가 지금도 행하시고 앞으로도 역사하실 일을 믿음으로 바라보며 살아가는 것이 신자의 삶입니다. 죄는 더 이상 우리를 주관하지 못하며 은혜가 왕노릇 하는 삶을 살아가고 있습니다. 이것이 신자에게 허락된 영광스러운 삶입니다.

'과정 4. 성경적 인간이해'의 분석과 비판

제목 아래에 이런 말이 있습니다.

바른 자아관은 바른 가치관과 바른 세계관을 갖게 하고 바른 인생관을 갖게 한다.

---

252) 알미니안주의 신학에 기초한 전도방식들은 요한복음 1장 12절만을 인용하여 인간의 선택과 결단으로 하나님의 자녀가 되는 것처럼 인식하게 한다.

253) 그럼에도 불구하고 인간은 하나님 앞에 무릎 꿇지 않고 신비주의로 나아가 자신이 신이라고 우기고 있다. 이 모든 일의 원인은 하나님 앞에선 인간의 죄인 됨을 부정하고 끝까지 자기 안의 선함에 기초하여 가능성을 찾으려는 인간의 부패와 죄악성 때문이다.

과연 바른 자아관이 그렇게 만들어 갈까요? 성경은 어떻게 말씀하고 있을까요? 이 교재가 '내울내'에 치중해 있기 때문에 인간론이 먼저 앞서고 있습니다. 과정 6에 가서야 "아버지 되시는 하나님"을 말하고 있습니다. 순서적으로 볼 때에 '하나님이 누구신가?' 곧 '신론'을 먼저 말하고 그 다음으로 '인간론'이 와야 합니다. 하나님을 먼저 바르게 알아야만 인간이 누구인지 바르게 알 수 있기 때문입니다. 인간론이 앞서는 이 교재는 벌써 이런 오류를 포함하고 있습니다.

그러므로 바른 자아관이 바른 가치관과 바른 세계관을 갖게 하는 것이 아니라 바른 신론이 바른 가치관과 바른 세계관을 갖게 한다는 사실을 먼저 인식해야만 합니다.

27페이지에 가면 주서택 목사는 '삼분설'에 기초하여 인간론을 펼쳐가고 있습니다.

1. 인간은 하나님의 형상을 따라 창조되었으며 세 부분으로 형성된 존재다.
1) 인간 안의 세부분
· 영 – 하나님과 교제, 하나님의 신의 임재
· 혼 – 생각하고 느끼고 결단하는 기능
· 몸 – 물질로 되어 있어서 물질세계와 접촉할 수 있고 본능이 있음

주서택 목사가 여기에서는 '삼분설'에 대한 성경구절을 말하고 있지 않습니다. '내울내'에서는 두 개의 성경구절을 제시합니다.

사람의 사정을 사람의 속에 있는 영 외에는 누가 알리요 이와 같이 하나님의 사정도 하나님의 영 외에는 아무도 알지 못하느니라(고전 2:11)

14 육에 속한 사람은 하나님의 성령의 일을 받지 아니하나니 저희에게는 미련하게 보임이요 또 깨닫지도 못하나니 이런 일은 영적으로라야 분변함이니라 15 신령한 자는 모든 것을 판단하나 자기는 아무에게도 판단을 받지 아니하느니라(고전 2:14–15)

'내울내' 127페이지 상단에 있는 그림을 보면 그 출처가 탐 마샬의 'free indeed'라고 나와 있습니다. 탐 마샬(Tom Marhall)은 『자유케 된

자아」(Free, Indeed)[254]로 국내에 유명하게 알려져 있습니다. 이런 사실들을 통해서, 주서택 목사가 삼분설로 "성경적 인간이해"를 시작하고 가르치는 것은 탐 마샬로부터 큰 영향을 받고 있는 것을 확인하게 됩니다.

탐 마샬은 내적 상처에 대한 하나님의 해답이란 주제를 다루면서 전형적인 삼분설의 오류를 범하고 있습니다. 즉, 거듭난 영에 성령이 거하면서 지, 정, 의가 자리하는 혼을 정화시켜 나간다고 주장합니다.

> 하나님께서는 인간의 혼(soul) 안에 지(mind), 정(emotion), 그리고 의(will)의 기능을 두셨다. 그러므로 인간의 혼에는 자유로운 선택을 하는 잠재적 능력이 있으며 사단이 공격하는 곳도 바로 이 영역이다.(자유케 된 자아, p. 64)

그들의 주장은 다음과 같습니다.

> 영을 좇아 사는 신자를 유혹하는 것은 소용없는 일이다. 영(양심)은 문제가 있으면 성령께 전달하고 성령께서 그 문제를 해결하신다. 그러나 인간의 혼에는 자기주장과 반역의 가능성이 있다. 인간이 유혹을 받고 타락한 곳이 바로 바로 여기였다." (p. 64)

> "아담이 타락하지 않았을 때 그의 정신(mind)이 그의 육체(the body)를 지배하고, 그의 영(spirit)이 그의 정신(mind)을 지배하고 성령(the holy spirit)이 그의 영(spirit)을 지배했다." (p. 202)

그러므로 이들은 영에 속한 신자가 되면 완전 성화가 가능하다는 완전성화론을 주장하는 결론에 이릅니다. 그러나 성경이 말씀하시는 우리의 성화는 이 땅에 사는 동안 마지막까지 진행되는 점진적인 과정입니다.[255]

오늘날 삼분설 지지자들에게 가장 큰 영향력을 끼친 사람을 들자면 두 사람으로 꼽을 수 있습니다. 삼분설을 구체화하여 퍼뜨린 사람은 '스코필드'입니다. 그는 세대주의 신학에 근거한 『스코필드의 주석성경』을 만들었습니다. 그 다음으로는 '워치만 니'를 먼저 말할 수 있습니다. 그는 데살로니

---

254) 탐 마샬, 자유케된 자아: 건강한 그리스도인의 균형 잡힌 내면세계(Free Indeed), 예수전도단 역, 2004.

255) http://cafe.daum.net/cksdiddufao, 2000/NAgD/43

가전서 5장 23절을 증거 구절로 제시합니다.256) 영은 하나님과의 접촉점이 므로 가장 고상하고, 육(몸)은 물질계와 접촉하므로 가장 저급하며, 혼은 영과 몸을 연결시키는 역할을 한다는 것이 그의 이론입니다.257) 여기에 대하여 레이몬드는 이렇게 말합니다.

삼분설자의 주장에 의하면, "영"과 "혼" 사이에 있는 접속사 "과"는 이 둘이 별개의 실체들임을 뜻하는 것으로 보아야 한다. 그러나 이같이 주장하는 것은 터무니없는 엉터리인 것은 첫째로, "영"과 "혼"이 그 둘 사이에 있는 "과"에 근거하여 분리된 비물질적 실체를 가리키는 것으로 주장하면, 누가복음 10장 27절에 있는 마음, 혼(목숨), 힘, 뜻 등이 그들 사이에 있는 반복된 "과" 때문에 분리된 비물질적 실체를 가리킨다고 주장해야 하기 때문이요, 둘째로, 부사 "온전히"와 형용사 "온"으로 보아 이 구절이 강조하는 바는 "전인"(whole man)으로서의 전체적 관점에서 본 그리스도인을 강력하게 시사하고 있기 때문이다.258)

그러므로 개혁주의 신조들은 '이분설'을 채택하였습니다. 웨스트민스터 신앙고백서는 다음과 같이 말합니다.

제32장 사후(死後) 상태와 죽은 자의 부활
1. 인간의 육체는 사후(死後)에 흙으로 돌아가 썩게 되나(창 3:19; 행 13:36) 영혼(결코 죽거나 잠들지 않음)은 불멸적인 본질을 가지고 있기 때문에 그것을 주신 하나님께로 즉시 돌아간다(눅 23:43; 전 12:7). 의인의 영혼은 죽는 순간에 즉시 거

---

256) 평강의 하나님이 친히 너희로 온전히 거룩하게 하시고 또 너희 온 영과 혼과 몸이 우리 주 예수 그리스도 강림하실 때에 흠 없게 보전되기를 원하노라(살전 5:23)

257) http://cafe.daum.net/cksdiddufao2000/NAgD/43 "그들의 주장에 의하면 영은 하나님의 접촉점이므로 가장 고상합니다. 육(몸)은 물질계와 접촉하므로 가장 저급합니다. 혼은 영과 몸을 연결시키는 역할을 한다고 합니다. 사람의 지성과 감정과 의지는 혼에 속한다고 봅니다. 그들의 타락설은 사람이 타락한 것은 혼이 영에 비해 비대해 진 때문인데, 에덴동산에서 하와는 '네가 하나님처럼 된다'는 뱀(사단)의 유혹에 빠져 먼저 생각이 혼적으로 타락하였다고 합니다(이성의 타락), 그리고 금지된 열매를 하와가 선악과 먹었고(의지의 타락), 아담은 하와를 사랑하기 때문에(감정/정서의 타락), 금지된 열매를 먹었다(의지의 타락)는 주장입니다. 이러한 주장은 결국 사람의 타락은 혼의 타락이라는 것입니다. 죄로 인해 혼에 속한 지, 정, 의가 타락하였으므로 우리들의 구원은 혼의 구원을 이루어 가는 것이라고 주장합니다. 이어서 그는 혼(지정의)의 타락으로 인해 하나님과의 교통의 수단인 영이 죽게 되었고, 그 결과로 육체의 열매(몸에서 생기는 나쁜 욕망들--시기, 질투, 음란, 분쟁 등)와 혼에서 생기는 나쁜 욕망들(자기 의 및 독립심)이 있는데 혼은 몸 만큼 완전히 타락하지는 않았다고 주장합니다."

258) 로버트 L. 레이몬드, 최신조직신학, 나용화·손주철·안명준·조영천 역, 기독교문서선교회, 2004, p. 538.

5. 『성서적 내적치유 세미나』 교재 분석과 비판 189

룩함으로 완전케 되어 지극히 높은 천국에 들어가 거기서 빛과 영광 가운데 하나님의 얼굴을 뵈오며, 몸의 완전한 구속을 기다린다(히 12:23; 고후 5:1, 6, 8; 빌 1:23; 행 3:21; 엡 4:10). 그러나 사악한 자의 영혼은 즉시 지옥에 던지어져 거기서 고통과 칠흑 같은 어둠 가운데 지내며, 마지막 날에 심판을 기다리게 되어 있는 것이다(눅 16:23, 24; 행 1:25; 유 6, 7; 벧전 3:19). 성경은 육신이 죽은 후에 영혼이 갈 곳으로 이 두 장소(지옥과 천국) 외에는 아무 곳도 인정하지 않고 있다.

여기에 대해 레이몬드는 다음과 같이 말하고 있습니다.

웨스트민스터 신앙고백서가 진술하는바 사람은 죽어 썩음을 당하게 되어 있는 하나의 존재론적 실체를 가지고 있음이 분명하다. 성경은 이 실체를 몸이라 부른다. 그러나 사람에게서 또 하나의 다른 존재론적 실체가 있는 바, 그 실체에는 불멸적 본질이 있어서 사람이 죽는 때 그것은 몸을 떠나더라도 죽거나 잠들지 않는다. 이로 보건대 신앙고백은 성경과 일치하게 여기서 인간에 대한 이분설을 분명하게 가르치고 있는 것이다.

전통적으로 동방 교회의 희랍철학은 인간이 영(靈, spirit), 혼(魂, soul), 몸(肉, body)의 세 요소로 구성되어 있다고 하는 삼분설을 주장하였습니다.

서방 교회의 라틴철학은 인간이 몸과 영혼(靈魂)으로 구성되어 있다는 이분설의 입장을 취하였습니다. 서방 교회의 입장인 이분설은 어거스틴에게서도 잘 나타나 있습니다. 이분설은 중세 시대에 보편적으로 신봉되던 입장이었고, 종교개혁 때도 유지되었습니다.

개혁신학은 삼분설을 배격하고 이분설이나 전인격설을 지지합니다. 성령 사역이나 영성 사역을 강조하는 대부분의 사람들이 삼분설을 지지합니다. 사실 전 세계적으로 성령 사역이나 영성 사역을 하는 사람들이 제일 꺼리는 것이 개혁신학이라고 할 수 있습니다.[259]

이 과정에서 특이한 점은 우리가 무엇인가 "협조"를 해야 한다고 말하는 점입니다.

4) 각 부분의 회복을 위해 내가 성령님께 협조할 사항은 무엇인가?(p. 28)

---

259) http://jmf.or.kr/jmf/technote/read.cgi?board=holy_school&y_number=121

1998년 교재에는 다음과 같은 말이 있습니다.

하나님이 말하는 인간의 구원은 전인적인 것이다. 영, 혼, 육의 모든 부분에 대한 치유와 회복을 그분은 계획하셨다. 여기에서 가장 문제가 되는 것은 인간의 마음이다. 이곳은 구원받기 이전에 나의 자아가 지배해 온 곳이기에, 자아의 새로운 회복을 위해 내가 주님께 협조해야만 새로 건축될 수 있다.(1998년, p. 31)

"협조해야" 한다도 아니고, "협조해야만" 한다고 강조하는 것은 더 더욱 위험한 발상입니다. 두 가지 다 구원에 있어서 말도 안 되는 소리입니다. "자아가 지배해 온 곳"을 새롭게 건축하기 위해 "주님께 협조해야만" 한다는 것은 얼마나 구원론과 성화론에 있어서 그릇된 기초를 가지고 있는지를 알 수가 있는 말입니다. "각 부분을 회복하기 위해 성령님에게 협조"한다는 것 역시 매우 위험한 사상입니다. 이런 것은 반펠라기우스주의[260]적인 냄새가 나지 않는다고 볼 수 없습니다.

구원에 관하여 인간의 기여 곧 '협조'가 있는 구원이라면 그것은 성경이 말하는 구원이 아닙니다. 뿐만 아니라 신자의 삶에 있어서도 '협조'하는 차원에서 성경은 우리를 권면하지 않습니다. 그것은 하나님의 말씀에 대한 순종의 차원입니다.

교재 28페이지에서 주서택 목사는 속사람에 대한 그릇된 이해 때문에 성경 구절을 잘못 인용하고 있습니다.

---

[260] http://blog.naver.com/poemcity/2055611 아우구스티누스의 신단세설(monergism)에 반대하여 제기되었던 신인협동설을 가리킨다. 하나님의 은혜와 인간의 자유의지에 대한 양 극단의 이론인 어거스틴주의와 펠라기우스주의의 중도적인 입장을 가리키는 말이다. 어거스틴은, 죄인은 하나님의 은혜가 없이는 신앙에로 한 걸음도 나아갈 수가 없다고 하였다. 펠라기우스는, 신앙은 인간의 자유로운 행위라고 하였다면, 반펠라기우스주의는 인간은 자기의 자유의지로서 하나님께로 돌아설 수 있고, 그 후에 하나님이 그 새생명에게 계속 살 수 있는 은혜를 계속해서 부어주신다고 주장하였다. 이 이론은 어거스틴이 가르친 두 번째의 강조점과 상충된다. 어거스틴은, 하나님의 은혜는 저항할 수 없는 것이므로 하나님이 예정하시고 부르신 사람은 멸망받을 수 없다(참조: 성도의 견인)고 주장하였다. 그러나, 반펠라기우스주의는 인간은 하나님께로 돌아선 이후에도 그 은혜에 대하여 저항할 수 있다고 주장하였다. 이 논쟁은 어거스틴이 죽기 직전에 시작되었기 때문에 어거스틴 사후에도 계속 되다가 529년에 이르러 오렌지 회의에서 해결을 보게 되었다. 이 회의에서 채택된 사항에는 명백하게 펠라기우스와 반펠라기우스를 정죄하고 있으나, 그 결정문의 끝에 첨가되어 있는 요약 구절은 반어거스틴적이어서 이 결정문의 일관성을 의심하게 만든다. 현재, 이 반펠라기우스주의는 하나님의 은혜와 협동할 수 있는 인간의 의지의 능력을 강조하는 견해들을 가리키기 위하여 사용된다.

2. 인간은 하나님으로 채워져야 하는 속사람을 가진 존재다.

1) 하나님으로 채워지지 못한 속사람은 목마르며 굶주려 있다. 그러므로 하나님은 이 속사람에게 물과 양식을 주신다고 약속하신다.

"또 내게 말씀하시되 이루었도다 나는 알파와 오메가요 처음과 나중이라 내가 생명수 샘물로 목마른 자에게 값없이 주리니"(계 21:6)

"명절 끝날 곧 큰 날에 예수께서 서서 외쳐 가라사대 누구든지 목마르거든 내게로 와서 마시라"(요 7:37)

"너희 목마른 자들아 물로 나아오라 돈 없는 자도 오라 너희는 와서 사 먹되 돈 없이 값 없이 와서 포도주와 젖을 사라"(사 55:1)

"성령과 신부가 말씀하시기를 오라 하시는도다 듣는 자도 오라 할 것이요 목마른 자도 올 것이요 또 원하는 자는 값없이 생명수를 받으라 하시더라"(계 22:17)

주서택 목사가 제시한 이 성경구절들은 구원에 관한 하나님의 초청입니다. 하나님께서 속사람에게 채워 주시려고 하는 것은 다시 구원에서부터 시작하라는 것이 아닙니다.

28페이지 2)를 보면 매우 의아한 것이 나옵니다.

2) 인간은 자신의 공백(속사람)을 하나님이 아닌 다른 것으로 채울 수 있다고 믿고 스스로 그것을 채우려고 필사적인 노력을 한다. 이것이 악의 근본이다.

그 매우 의아한 것은 바로 "자신의 공백(속사람)" 이라는 대목입니다. 이것은 우리가 생각하는 상식으로 보면, "자신의 공백" = "속사람" 이라는 등식이 성립합니다. 도대체 이런 아이디어는 어디에서 오는 것인지 너무나도 신기하고 놀랍고 궁금합니다.

여기서 말하는 인간이 구원받은 인간인지 아닌지 매우 불확실하게 말합니다. 그러나 다음으로 제시하는 증거구절을 보면 또 생각이 달라지게 합니다.

내 백성이 두 가지 악을 행하였나니 곧 생수의 근원되는 나를 버린 것과 스스로 웅덩이를 판 것인데 그것은 물을 저축지 못할 터진 웅덩이니라(렘 2:13)

여기에서 "내 백성" 이라고 된 성경구절을 인용했기 때문에 주서택 목사가 말하는 "인간" 은 '구원받은 인간' 이라고 해야 옳습니다. 그러면 구원받은 인간의 속사람이 "자신의 공백" 이라는 등식이 성립될 수 있는가? 하는 점입니다.

그가 이렇게 말하게 되는 배경은 '무의식'과 '내울내'와 같은 비성경적인 개념을 심리학으로부터 도입하기 때문입니다. 성경이 말하는 개념과 심리학이 말하는 개념을 섞어서 가르치기 때문에 이런 혼란이 오기 마련입니다. 그가 잠재의식 곧 '내울내'를 구상화라는 방법으로 치유하고 있으면서 성경적이라고 말하고 있기 때문에 많은 사람들이 잘못된 길로 가고 있습니다.

교재 29페이지로 가면 더욱 사람들의 마음을 혼란시키게 합니다.

4) 모든 죄악은 나의 속사람의 갈증을 내가 스스로 채울 수 있고 만족을 얻을 수 있다고 믿는 환상에서부터 시작한다. 내가 무엇으로 내 속사람을 채우려고 했는지는 내가 무엇을 가장 필요로 하고 있는지 살펴봄으로 알 수 있다. 내가 가장 민감하게 반응을 보이는 것은 무엇인가?

주서택 목사는 이런 것이 죄악이라는 말을 하면서도 "속사람의 갈증"을 '구상화'라는 방법으로 채웁니다. 스스로 채우면 죄악이고 섞어서 채우면 죄악이 아닐까요?

이 시대의 위험성은 적군과 아군을 구별하지 못하는 혼미한 상황입니다. 성경이라면 '성경만으로' 가든지 아니면 세상의 심리학이라면 '최면요법', '구상화'라고 하면 누가 봐도 구별이 가게 됩니다. 그러나 주서택 목사와 같은 혼합주의자들은 성경과 심리학과 뉴에이지적인 방법을 섞어서 가르치기 때문에 무엇이 옳고 그른지를 구별을 못하게 됩니다.

그러므로 스스로 채우는 것만이 죄가 아니라 섞어서 채우는 것도 역시 죄가 됩니다. 세상의 방법으로 채우는 것이 죄악일 뿐 아니라 세상의 방법과 성경의 원리를 섞어서 가르치는 것도 역시 죄악입니다. 구약 성경의 선지서가 계속 말씀하고 있는 것은 바로 이런 죄악이었습니다. 그들은 여호와만 섬긴 것이 아니라 여호와도 섬기고 우상도 섬겼습니다. 그 결과 그들은 하나님의 심판을 자초하고 말았습니다. 성경의 요구는 오직 하나님만으로 만족하고 그분께 의지하여 그 말씀으로 살아가라는 것입니다. 그것 외에 다른 것을 섞어서 가르치는 것은 환상이 아니라 우상입니다.

29페이지 3번에서 다음과 같이 말합니다.

3. 치유는 바른 선택에서부터 시작한다.

4) 내 안의 속사람이 느끼는 목마름과 굶주림과 외로움을 내 방법으로 채우려고 한 죄악을 버리고 하나님만이 나를 채우실 수 있다는 약속을 믿기로 선택한다.

과정 3에서도 말했듯이, 선택이 치유에 기여한다는 발상은 매우 위험합니다. 특별히 "약속을 믿기로 선택한다."는 말이 과연 성경적일까요? 하나님께서 죄인에게 베푸시는 약속은 일방적입니다. 인간의 애씀과 행위에 근거한 약속이 아니기 때문입니다. 우리에게 요구하시는 것은 우리의 "선택"이 아닙니다. "약속을 믿고 순종하는 것"을 요구하십니다. 우리의 "선택"이라는 말은 사실상 마음먹기에 달려 있다는 말입니다. 내가 어떤 마음을 먹느냐에 따라 달라진다는 뜻입니다. 내 마음 먹기에 따라 하나님의 약속이 좌지우지 되는 것은 성경적인 태도가 아닙니다. 이런 것은 실존주의에 오염된 기독교입니다. 주서택 목사는 이렇게 실존주의적인 태도를 보임으로써 성도의 신앙생활을 왜곡하고 있습니다.

성경은 무엇이라고 말씀할까요?

성경이 무엇을 말하느뇨 아브라함이 하나님을 믿으매 이것이 저에게 의로 여기신바 되었느니라(롬 4:3)

이것이 아브라함에게만 일어났고 요구된 일입니까? 아닙니다. 성경은 우리에게 다음과 같이 분명하게 말씀해 주고 있습니다.

23 저에게 의로 여기셨다 기록된 것은 아브라함만 위한 것이 아니요 24 의로 여기심을 받을 우리도 위함이니 곧 예수 우리 주를 죽은 자 가운데서 살리신 이를 믿는 자니라 25 예수는 우리 범죄함을 위하여 내어줌이 되고 또한 우리를 의롭다 하심을 위하여 살아나셨느니라(롬 4:23-25)

이것 외에 무슨 다른 더 나은 증거를 원하겠습니까? 이런 것들을 보면 '심리학으로 가느냐?' '성경만으로 가느냐?'는 정말 '한 끝 차이다.'라는 말을 실감나게 합니다.

30페이지로 가면 주서택 목사는 정신과 의사나 심리학자들이 말하는 용어를 그대로 사용하고 그 증상도 똑같이 말합니다.

묵상과 적용
병적인 사람, 의존성을 가진 인간관계의 모습
1. 다른 사람들의 행동과 감정에 매우 민감하게 영향을 받는다.
2. 사람들의 인정이나 사랑 혹은 소속감을 통해 자신의 내면의 필요를 채우려고
하기에 관계에서 좌절과 분노에 시달리면서도 독립하지 못한다.
3. 자신의 감정에 대해 정직하게 상대방에게 말하지 못하고 숨기다가 충동적인 행
동을 하거나 뒤에서 수군대거나 충동적으로 감정을 폭발시킨다.

여기에서 첫 번째로 지적해야 할 것은 "병적인"이라고 하는 말입니다.
성경은 인간의 삶의 문제의 근원을 하나님의 섭리하심과 '죄의 문제'로 시
작하지만 심리학은 '병적인 차원'으로 바라봅니다. 그래서 '죄'라는 말
로 표현하지 않고, '상처'라고 표현을 합니다. 이것이 놀라운 속임수입니
다.

주서택 목사가 아무리 성경적이라고 말을 할지라도 본인이 사용하는 말과
내용이 "병적인"이라는 단어를 사용하며 그런 내용을 열거하는 것은 심리
학의 종살이를 하고 있다는 사실을 증명합니다.[261]

사실 주서택 목사의 내적치유에 대한 깊이는 현대의 심리학의 흐름으로 살
펴보면 그 깊이에 있어서는 낮고 시대적으로도 뒤떨어진 면이 보여집니다.
정신과 의사였던 M. 스캇 펙은 그런 면에서 단연 앞서간 사람이었습니다. 그
는 '의존성'에 관하여 이렇게 말합니다.

나는 의존성이란, 상대방이 자기를 열심히 돌봐 준다는 확신 없이는 적절한 생활
을 영위하지 못하거나 자기가 완전하다는 느낌을 경험할 수 없는 것이라고 정의
한다. 신체적으로 건강한 성인이 의존성을 나타낸다면, 이것은 병리현상으로 정신
과적 질환이다.[262]

이 말을 단순하게 곧이곧대로 들으면 이 세상에는 의존성질환을 앓고 있지

261) 데비 드바르트, 존 브래드쇼의 상담이론 비평, 전병래 역, CLC, 2005. p. 46. 주서택 목사는 브
래드쇼가 행했던 그대로 따라가고 있다. "브래드쇼는 자아를 회복하고 진정한 자아를 드러내기 위
해 '상처받은 내면아이 치유'에 온 정열을 다 바쳤다. 이는 하나님을 섬기고 복음을 전파하기 위
해 자신을 희생해야 한다고 한 성경에 정면으로 위배되는 것이다. 브래드쇼는 성경에서 말하는 원
죄의 개념을 부정하고 인간은 본래 선하고 순수하며 죄가 없다는 가정을 받아들이기 때문에 이러한
성경 왜곡이 가능했던 것이다. 그리스도를 섬기고 복음을 전하기 위해 자신을 죽이는 것에 대해서
는 아무런 언급을 하지 않았다."
262) M. 스캇 펙, 아직도 가야 할 길, 신승철 · 이종만 역, 열음사, 2009. p. 143.

않는 사람은 아무도 없습니다. 어느 정신적 질환의 '자가테스트'라도 마찬가지이듯이 그 '자가테스트'에 안 걸리는 사람이 없도록 만들어 놓았습니다. 아이들의 ADHD(주의력결핍과잉행동장애) 자가 테스트263)를 보고 거기에 해당되지 않을 아이는 아무도 없습니다.

그렇기 때문에 심리학자 Bob Jacobs는 "소위 ADHD라는 증거는 없다. 모든 아이들이 ADHD다." 또한 이스라엘 내과의사 Louria Shulamit는 "아이들에게 정신과 약 투여를 중지해야만 한다. 음식 부족, 비타민 부족이거나, 문제들을 배우는 중이다."라고 말합니다.264)

그러나 스캇 펙이 이런 말을 하는 데에는 남다른 배경이 있습니다. 그의 최종목표는 하나님과 같은 '신'이 되는 것입니다. 그러기 때문에 이 '의존성'의 문제를 매우 심각하게 생각합니다. '신'(神) 되는 길로 가기 위해서는 이 '의존성'을 뛰어 넘어서 '자율성'으로 가야하기 때문입니다.

이와 반대로 성도들의 삶을 생각해 보면 놀라운 결과를 보게 됩니다. 그것은 다름이 아니라 스캇 펙의 말대로 보자면 성도들은 아주 심각한 의존성정신병 환자들 입니다. 하나님께 의지하고 살아가는 성도들은 소위 말하는 의존성 정신병환자일 뿐 아니라 더 나아가서 양극성장애265) 환자입니다.

스캇 펙은 수동적 의존성에 대해 언급하면서 이것이 사랑의 결핍에서 시작된다고 말합니다.266) 그의 입장에서 예수님부터 살펴보면 예수님 역시 수동적 의존성에 해당됩니다. 하나님 아버지께 대한 예수님의 의존성을 드러내는 성경구절로 다음과 같은 구절들을 말합니다.

38 내가 하늘로서 내려온 것은 내 뜻을 행하려 함이 아니요 39 나를 보내신 이의 뜻

) http://blog.daum.net/hupers/13336463?srchid=BR1http%3A%2F%2Fblog. daum.net%2Fhupers%2F13336463 1. 차분하지 못하고 너무 활동적이다. 2. 쉽사리 흥분하고 충동적이다. 3. 다른 사람들에게 방해가 된다. 4. 한번 시작한 일을 끝내지 못한다.(주의집중 기간이 짧다) 5. 늘 안절부절못한다. 6. 주의력이 없고 쉽게 주의 분산이 된다. 7. 요구하는 것이 있으면 금방 들어줘야 한다. 8. 자주, 또 쉽게 울어버린다. 9. 금방 기분이 확 변한다.

264) http://www.mental-health-abuse.org/realCrisis.html

265) http://ko.wikipedia.org/wiki/%EC%A1%B0%EC%9A%B8%EC%A6%9D 조울증(躁鬱症, 영어: bipolar disorder, manic-depressive disorder) 또는 양극성 우울증(兩極性憂鬱症)은 조증과 우울증이 교대로 나타나는 질병으로, 감정의 장애를 주요 증상으로 하는 내인성(內因性) 정신병이다. (위키백과)

266) M. 스캇 펙, 아직도 가야할 길, 신승철·이종만 역, 열음사, 2009. p. 143. 수동적인 의존은 사랑의 결핍에서 시작된다. 수동적 의존자들을 고통스럽게 하는 마음속의 지워지지 않는 공허감은 그들이 유년기에 필요로 했던 부모의 애정과 충분한 보살핌을 받지 못한 결과다.

을 행하려 함이니라 나를 보내신 이의 뜻은 내게 주신 자 중에 내가 하나도 잃어버리지 아니하고 마지막 날에 다시 살리는 이것이니라(요 6:38-39)

가라사대 아버지여 만일 아버지의 뜻이어든 이 잔을 내게서 옮기시옵소서 그러나 내 원대로 마옵시고 아버지의 원대로 되기를 원하나이다 하시니(눅 22:42)

그렇다고 해서 성경에서 예수님을 '수동적의존성환자'라고 말씀하지 않습니다. 오히려 그렇게 하심으로 하나님을 영화롭게 했다고 말씀합니다. 예수님의 가신 길을 똑같이 그의 성도들에게도 요구하십니다.

또 무리에게 이르시되 아무든지 나를 따라 오려거든 자기를 부인하고 날마다 제 십자가를 지고 나를 좇을 것이니라(눅 9:23)
나더러 주여 주여 하는 자마다 천국에 다 들어갈 것이 아니요 다만 하늘에 계신 내 아버지의 뜻대로 행하는 자라야 들어가리라(마 7:21)
누구든지 하늘에 계신 내 아버지의 뜻대로 하는 자가 내 형제요 자매요 모친이니라 하시더라(마 12:50)

예수님께서 아버지의 뜻에 순종하시어 십자가를 지시고 피 흘리심으로 자기 백성을 구원하셨듯이, 그의 백성들에게도 동일한 내용의 삶을 요구하십니다. 성경은 그들을 어떻게 평가할까요?

1 믿음은 바라는 것들의 실상이요 보지 못하는 것들의 증거니 2 선진들이 이로써 증거를 얻었으니라(히 11:1-2)

성경은 그들을 믿음의 "선진들"이라고 부릅니다. 이것이 세상의 심리학을 좇아가는 사람들과 다른 삶을 살아가는 사람들의 평가입니다. 하나님을 의지하면서 지금은 보이지 아니하고 잡히지 아니하여도 믿음으로 살아간 그들을 수동적의존성 환자라고 평가하지 않습니다. 이것이 심리학과 성경이 가는 길의 현격한 차이점입니다.

8. 치유는 즉각적인 것도 있으나 대부분 마음의 치유는 시간이 걸린다. 회복의 과정에 걸리는 시간은 자기중심적인 태도의 심각한 정도와 치유를 위해 자신을 헌신하는 정도에 따라 달라진다.
성령님은 우리의 선택의 권리를 존중하시기에 성령님에게 협조하는 만큼 회복과 성장 즉 성화는 점진적으로 이루어진다.

과연 자신을 헌신하는 정도에 따라 달라지는 것이 치유일까요? 성령님께서 선택의 권리를 존중하시어 "협조하는 만큼" 회복하고 성장할까요? 우리가 무엇이길래, 인간이 무엇이길래 감히 성령님께 협조하고 안하고 할 만한 존재가 된다는 말입니까? 성경 어디에도 하나님께 협조한 인물은 없습니다. 하나님은 인생이 아니시기에 우리의 도움이나 협조를 필요로 하지 않습니다.[267]

그러면 왜 치유가 즉각적이지 않고 시간이 걸리게 될까요? 그것은 갈라디아서 5장에서 밝히고 있습니다.

> 16 내가 이르노니 너희는 성령을 좇아 행하라 그리하면 육체의 욕심을 이루지 아니하리라 17 육체의 소욕은 성령을 거스리고 성령의 소욕은 육체를 거스리나니 이 둘이 서로 대적함으로 너희의 원하는 것을 하지 못하게 하려 함이니라 18 너희가 만일 성령의 인도하시는 바가 되면 율법 아래 있지 아니하리라(갈 5:16-18)

치유는 우리의 헌신과 선택과 협조에 달려 있는 것이 아닙니다. 예수 그리스도 안에 있는 성도의 싸움은 성령을 좇아 행하느냐? 육체의 소욕을 따르느냐?의 싸움입니다. 육체의 소욕을 따르면 육체의 열매[268]를 맺게 됩니다. 성령의 인도하심을 따라 살면 성령의 열매[269]를 맺게 됩니다.

평생을 예수 믿어 살아 놓고도 심리학과 성경을 섞어 놓은 거짓말에 현혹이 되어서 성도의 신분과 싸워야 할 싸움의 내용을 망각하게 되는 것은 너무나도 안타까운 일입니다.

내적치유는 계속해서 인간의 헌신, 인간의 협조, 인간의 선택의 문제로 부각시킵니다. 그러나 치유는 우리의 헌신과 선택과 협조에 달려 있는 것이 아닙니다. 성경은 '성령을 좇아 행하느냐?' '육체의 소욕을 따르느냐?'의

---

267) 참고구절, 하나님은 인생이 아니시니 식언치 않으시고 인자가 아니시니 후회가 없으시도다 어찌 그 말씀하신 바를 행치 않으시며 하신 말씀을 실행치 않으시랴(민 23:19) 예수는 그 몸을 저희에게 의탁지 아니하셨으니 이는 친히 모든 사람을 아심이요(요 2:24)
268) 19 육체의 일은 현저하니 곧 음행과 더러운 것과 호색과 20 우상 숭배와 술수와 원수를 맺는 것과 분쟁과 시기와 분냄과 당짓는 것과 분리함과 이단과 21 투기와 술 취함과 방탕함과 또 그와 같은 것들이라 전에 너희에게 경계한 것같이 경계하노니 이런 일을 하는 자들은 하나님의 나라를 유업으로 받지 못할 것이요(갈 5:19-21)
269) 22 오직 성령의 열매는 사랑과 희락과 화평과 오래 참음과 자비와 양선과 충성과 23 온유와 절제니 이같은 것을 금지할 법이 없느니라(갈 5:22-23)

싸움으로 분명하게 말씀합니다.

성령을 좇아 행함은 무엇이며 육체의 소욕을 따름은 무엇일까요? 육체의 소욕을 따르는 자(갈 1:6-9)들은 사도 바울이 갈라디아 교회를 향하여 지적한 바와 같이 다른 복음을 좇는 자들을 말합니다. 저들은 믿음으로 의롭다함을 얻는 것이 아니라 율법을 행함으로 의롭다 함을 얻는 것에 미혹되었습니다.[270] 그러므로 사도 바울은 아브라함을 말하면서 의롭게 된 것이 율법의 행함이 아니라 믿음으로 되었다(갈 3:6-29)는 사실을 상기시킵니다.

육체의 소욕을 따른다는 것은 믿음으로 의롭게 되는 길이 아니라 행함으로 의롭게 되는 길로 가는 것이요, 그로 인해서 자기 자랑과 자기 의로 살아가는 삶입니다. 그것은 하나님 앞에 당당해지고 싶은 자세입니다. 그것이 가져오는 결과는 당을 짓고 비판하고 싸우는 것밖에 없습니다. 결국 멸망에 이르게 됩니다. 육체의 열매라는 것은 그 멸망으로 가기 전의 증상들을 나타내어 주는 것들입니다. 그런 것들이 멸망으로 가는 이유는 그 속에는 생명이 없기 때문입니다.

성령을 따라 행한다는 것은 오직 믿음으로 의롭게 되는 길로 가는 것이요 아브라함과 같이 이삭과 같이 약속을 따라 살아가는 삶입니다. 거기에는 핍박이 있고 고난이 있을 수 있으나 그로 인해 기뻐하는 삶을 살아가는 것입니다. 성도의 삶은 하나님의 은혜를 구하며 사는 자세입니다.

성도는 자기 안에 가능성이 없는 것을 아는 자요 이 죄의 비참함에서 끌어내어 주실 자는 예수 그리스도 밖에 없음을 고백하는 자입니다. 그러기 때문에 문제의 해결을 내 안에서 찾지 않으며 과거에서 찾지 않으며 예수 그리스도의 십자가로 확보합니다. 왜냐하면 하나님께서는 우리의 지혜와 능력을 초월하여 일하시는 하나님이시기 때문입니다.

우리가 우리의 죄를 해결하기 위하여 십자가에 못박힌 적이 없기 때문에 삶에서 문제가 일어나면 당황해 합니다. 자기 자신의 경험으로 확보하려고 합니다. 죄와 사망의 자리에서 벗어나 하나님의 자녀의 신분으로 오는데 우리 자신으로서는 아무런 행함이 없었습니다. 그런데도 예수 그리스도의 의를

---

270) 1 어리석도다 갈라디아 사람들아 예수 그리스도께서 십자가에 못 박히신 것이 너희 눈 앞에 밝히 보이거늘 누가 너희를 꾀더냐 2 내가 너희에게 다만 이것을 알려 하노니 너희가 성령을 받은 것은 율법의 행위로냐 듣고 믿음으로냐 3 너희가 이같이 어리석으냐 성령으로 시작하였다가 이제는 육체로 마치겠느냐 4 너희가 이같이 많은 괴로움을 헛되이 받았느냐 과연 헛되냐 5 너희에게 성령을 주시고 너희 가운데서 능력을 행하시는 이의 일이 율법의 행위에서냐 듣고 믿음에서냐(갈 3:1-5)

우리에게 전가시켜 주시고 우리를 의롭다 하셨습니다.

그런데 삶에 죄를 짓고 원인도 알 수 없는 이해하지 못할 일들이 일어납니다. 거기에서 성도가 싸워야 할 싸움의 본질이 무엇인지 혼동이 일어나기 시작합니다. '내가 과연 하나님의 자녀라 불릴만한 자격을 갖추고 있는가?' '내가 죄를 뿌리 뽑고 고쳐서 하나님의 합격점에 도달한 적이 있는가?'로 갑니다. 그렇게 생각하면 도저히 그러지 못한 자신을 발견하게 되고 절망에 빠지고 맙니다.

그러나 성경이 밝히 말씀하시는 것은 이제는 더 이상 '나만의 나'가 아니라 예수님께서 내 안에 사신다고 합니다.

> 내가 그리스도와 함께 십자가에 못 박혔나니 그런즉 이제는 내가 산 것이 아니요 오직 내 안에 그리스도께서 사신 것이라 이제 내가 육체 가운데 사는 것은 나를 사랑하사 나를 위하여 자기 몸을 버리신 하나님의 아들을 믿는 믿음 안에서 사는 것이라 (갈 2:20)

예수 그리스도를 영접하고 난 뒤에도 여전히 죄를 짓고 실패하고 삶의 문제들을 만나는 나이지만, 그래도 이전과는 다른 위치와 신분에 들어와 있다는 사실을 강조합니다. 지금 죄를 짓고 실패하고 어려움을 직면하는 나라고 할지라도 예수 그리스도가 내 안에 살아계시기 때문에 이 하나님의 자녀 된 자리에서 탈락시키지 못한다는 사실입니다. 더 이상 과거의 그 어떠한 것들도 성도를 간섭하거나 지배하지 못합니다. 모든 것이 합력하여 선을 이룰 줄 알고 믿으며 그 어떤 것도 예수 그리스도의 사랑에서 떨어지게 할 수 없습니다.

주서택 목사와 같은 내적치유사역자들이 과거의 문제로 돌아가려고 하는 이유는 내가 스스로 내 안에서 정당함을 확보하려고 하기 때문입니다. 그렇게 나가면 갈라디아 교회처럼 기독교와는 거리가 멀어지고 성경만으로 갈 수가 없습니다. 거기에는 율법이 더해져야 합니다. 율법이 더해진다는 것은 자기 행위로 인한 의를 확보하고 거기에 기초를 세우겠다는 것입니다.

예수 그리스도 안에서 성도는 더 이상 형벌의 차원에서 살지 않으며 하나님의 자녀 된 거룩한 신분으로 살아가고 있다는 사실을 기억해야만 합니다. 은혜가 은혜 되게 하기 위하여 내 안에서 근거를 마련하려고 하지 말아야 합니다. 이런 것이 바로 기독교 신앙이 무너지는 자리입니다.

삶의 문제가 있으며 실패하고 죄 짓는 형편에 있을 수가 있습니다. 그러나 그런 것들로 인해 구원이 취소되지 않으며 그 과정을 통하여 하나님께서 만들어 가시고자 하시는 그 목적과 내용으로 완성해 내시고야 말 것입니다.

그 싸움이 힘들다고 외면치 말 것이며 그 싸움이 고단하다고 포기치 말아야 합니다. 왜냐하면 그 싸움을 통해서 하나님의 원하시고 기뻐하시는 바를 이루실 것이기 때문입니다. 우리보다 앞선 믿음의 선진들이 그랬고 지금 우리도 그 길을 가고 있습니다. 오늘의 현실에서 그 보상과 결과가 주어지지 않으며 보이지 않아도 주가 승리케 하실 것이며 완성하실 것을 믿으며 이 땅에서는 나그네로 살아감을 부끄러워하지 않습니다.

그러므로 치유가 성경적이고 효과적이기 위해서는, 그리스도의 십자가 피로 구원받은 성도의 신분을 알고, 성도의 싸움이 다만 구원이냐 아니냐의 정도가 아니라 새언약의 백성으로 성령을 좇아 행하는 거룩과 경건의 싸움이라는 것을 알아야 합니다. 이것이 성경적인 치유이며 성경적인 변화로 가는 첩경입니다.

성령을 좇아 행하는 삶은 옛 사람을 벗어 버리고 새사람을 입는 싸움이기 때문에 어려움이 있습니다. 그러나 사람들은 성도의 선한 싸움을 포기해 버리고 쉽고 넓은 세상의 길을 택하려고 하기 때문에 내적치유와 같은 곳을 찾아서 엉뚱한 길로 나가고 있습니다.

이 거룩한 싸움을 가는 성도들은 월터 마샬의 다음과 같은 말을 명심해야 합니다.

> 자신에게 어떤 선함이나 은혜도 찾아볼 수 없다면, 불의한 자를 의롭다 하시는 그리스도를 더욱 의지하라. 잃어버린 자를 찾아 구원하러 오신 분을 믿으라 하나님께서 원수를 대하시듯 우리를 대하고 욥에게 주신 끔찍한 고통을 우리에게 허락하시더라도, 자신의 믿음과 그 열매를 쓸모없는 것으로 생각하면 안 된다. 오히려 욥처럼 "하나님이 나를 죽이려고 하셔도 나로서는 잃을 것이 없다. 그러나 내 사정만은 그분께 아뢰겠다"(욥 13:15 새번역)고 말하라. 하나님을 의지함으로 믿음에 더욱 자라가기를 힘쓰라. 기회가 있을 때마다 믿음을 실천하라. 우리 안에서 "착한 일을 시작하신 이가 그리스도 예수의 날까지 이루실 줄을 확신"(빌 1:6)하라.[271]

'과정 5. 쓴뿌리와 용서'의 분석과 비판

이 과정에서는 주서택 목사의 내적치유사역이 얼마나 비성경적인 심리학에 근거한 것인지를 여실히 드러내어 주는 과정입니다.

과정 5의 목적에 대하여 '내울내'에서는 다음과 같이 서술하고 있습니다.

> 누군가로부터 인격 모독이나 통렬한 실망을 느낄 때 우리의 마음은 깊은 상처를 입게 된다. 이것은 우리 안에 심어져 있는 사단의 쓴뿌리가 되어 우리의 성품과 내면에 악영향을 끼친다. 이런 일은 가족들 속에서 시작되는 경우가 매우 흔하다. 그리고 온갖 종류의 반역과 완악함과 이기적인 삶으로 우리를 이끌어 간다. 이 쓴 마음에서 벗어나는 길은 용서다. 용서는 내면의 상처를 치유하기 위해서 통과해야만 하는 근본적인 문이다. 이 과정의 목적은 어떻게 실제로 용서할 수 있는지 돕기 위한 것이다.[272]

우선 우리가 이 과정의 목적을 분석하고 성경적인 '쓴뿌리'가 무엇인지 알아가기 위해서 주서택 목사가 말하는 '쓴뿌리'가 무엇인지를 아는 것이 필요합니다. '내울내'에서 주서택 목사는 다음과 같이 말합니다.

> 인간의 뇌는 마치 컴퓨터와 같이 입력된 모든 사건들을 보관한다. 그리고 시간이 지나면 모든 사건에 대한 기억은 우리의 의식 속에서 망각이란 방법을 통하여 사라져 간다. 그러나 이것은 그대로 없어져 버리는 것이 아니다. 컴퓨터가 한 번 입력한 내용들을 스스로 소멸시키지 못하는 것처럼 인간의 뇌 속에 들어온 경험과 기억들은 결코 스스로 없어지지 않는다. 다만 보관하는 모습이 달라져 의식에 잡히지 않을 뿐이다.
> …… 그 중에 어떤 특정한 사건들, 특히 우리 마음에 깊은 상처를 낸 과거의 어떤 일이 있을 때 이것은 고통의 감정과 함께 저장되는 것이다. 그리고 비록 의식 안에서 사건 자체에 대한 사실성과 감정 자체를 기억하지 못할지라도 잠재의식 안에 보관되어 있기 마련이다. …… 그러므로 아무리 현재의 상황을 해결한다 할지라도 더 큰 영향력을 가지고 있는 근본뿌리와 같은 것을 제거하지 않는 한 기대하는 변화는 지속적으로 나타나지 못한다. …… 이 일로 마음속에는 독이 든 씨앗이 심겨지게 되고 이 씨앗은 쓴 뿌리를 계속해서 뻗어낸다.[273]

---

271) 월터 마샬, 장호준 역, 성화의 신비, 복있는 사람, 2010, pp. 270-271.
272) 주서택, 김선화, 내 마음속에 울고 있는 내가 있어요, 순출판사, 2008, p. 162.
273) 같은 책, pp. 34-35.

내적치유의 허구성

주서택 목사가 말하는 '쓴뿌리'는 결국 '잠재의식 안에 보관된 고통과 상처들'을 말합니다. 이런 분명한 증거가 있는데도 주서택 목사는 심리학이 아니라 성경적으로 내적치유를 한다고 말합니다. 이것이 과연 맞는 말인지 몇 가지로 살펴보고자 합니다.

1) 고통과 상처가 독이 될지 약이 될지 인간은 아무도 모른다

내적치유에 대한 이해와 접근을 복잡하게 할 이유가 없습니다. 이렇게 고통과 상처가 잠재의식(혹은 무의식)에 저장이 된다고 하면 우리는 아주 상식적인 문제로 이 개념의 오류에 대해 말할 수 있습니다. 인생을 살아가 보면 오늘 일어난 일이 좋은 것이라 생각했는데 시간이 지나고 보면 사실은 그것이 나쁜 영향을 미칠 때가 있습니다. 반대로 오늘 일어난 것이 나쁜 것이라고 생각했는데 세월이 지나고 보면 그것이 기대하고 예상했던 것과는 달리 굉장히 좋은 결과로 나타나는 경우가 있습니다.

또한 단기간에는 그것이 좋은 일이 될지 나쁜 일이 될지 아무도 장담할 수가 없는 것이 인생살이 입니다. 어렸을 때는 나쁜 일이 어른이 되어서는 그 나쁜 일로 인해서 덕을 보는 경우가 흔하기 때문입니다. 단기간의 안목으로 인생을 바라보면 그것이 이해가 안 될지라도 인생 전체를 돌아보면 오히려 그 고난이 도움이 되고 약이 되는 경우가 많다는 것을 부인할 사람은 아무도 없습니다.

자식을 키우는 경우에도 그런 일들을 얼마든지 봅니다. 아이들은 공부하기 싫어합니다. 물론 공부가 좋은 아이들도 있지만 그런 경우는 공부를 통해서 어떤 결과가 얻어질지 알고 공부하는 경우입니다. 아이들이 공부하기가 싫다고 '그럼 너 좋을 대로 해라.' 하는 부모는 없습니다. 사랑과 애정을 가지고 마음을 다해서 공부하도록 합니다.

그러나 공부를 못했다고 해서 그럼 인생이 다 끝나는 것일까요? 공부 잘하는 것이 인생에 도움이 될지 공부 못하는 것이 인생에 덕이 될지 아무도 모릅니다. 그걸 안다면 우리는 인간이 아닙니다. 그렇다고 널브러져서 될 대로 되겠지 하고 마음먹고 사는 사람도 없고 그렇게 살라고 권하지도 않습니다. 다만 우리는 만나는 매 순간을 열심히 살아갈 수밖에 없습니다. 왜냐하면 우리는 우리 자신이 인생의 주인이 아니라는 것을 알기 때문입니다. 이런 일을 두고서 인간이 살아가는 과정을 인과율로 다 설명이 안 되더라는 것을 알게 됩니다. 인간으로서는 삶에서 일어나는 일에 대하여 그 원인과 결과에 대하여 온전하게 다 알 수가 없습니다. 그것은 오직 하나님께 속한 일입니다.[274]

그런 의미에서 여기서 먼저 지적하고 싶은 것은, (주서택 목사가 말하는) 잠재의식에 저장된 "우리 마음에 깊은 상처를 낸 과거의 어떤 일"이 좋은 결과를 만들어낼 것인지 나쁜 결과를 만들어 낼 것인지 어떻게 알 수 있느냐 하는 것입니다. 또한 그 "상처와 어떤 일"이 좋은 결과를 만들어 낸다면 굳이 내적치유를 할 필요가 있을까요? 울고불고 내적치유 하고 상처 준 사람을 용서하고 그랬는데 그 일이 사실상은 나를 이렇게 훌륭한 인격체로 만들었다면 무엇이라고 말하겠습니까? 우리는 성경에서 요셉의 생애와 욥의 생애를 통하여 확실하게 그 증거를 가지고 있습니다.

그래서 성경은 이 모든 일을 두고서 이렇게 말씀합니다.

우리가 알거니와 하나님을 사랑하는 자 곧 그 뜻대로 부르심을 입은 자들에게는 모든 것이 합력하여 선을 이루느니라(롬 8:28)

이 로마서 8장은 구원의 확신 속에서 인간의 이해와 능력을 초월하여 일하시는 하나님의 일하심을 말씀해 줍니다. 지나간 과거와 지금의 현실로 볼 때에는 이해가 되지 않고 상처가 되고 고통이 되지만 하나님께서는 그 모든 일들을 선하게(혹은 선을 목표로) 섭리해 나가십니다. 성도는 그것을 구원의 확신 속에서 하나님의 역사하심을 신뢰하게 됩니다.

2) 그러면, 인생의 고통과 상처를 어떻게 바라보아야 하는가?

첫째로, 고통과 상처는 죄와 그 죄의 영향들로 말미암아 생겨났다는 것을 알아야 합니다.

내적치유에서는 '내울내'가 오로지 고통과 상처를 입은 관점에서만 설명합니다. 그 상처를 해결하기 위해서 심리학적으로 해결하려고 합니다. 자연히 하나님의 관점에서 바라보지 않습니다.

---

274) 오묘한 일은 우리 하나님 여호와께 속하였거니와 나타난 일은 영구히 우리와 우리 자손에게 속하였나니 이는 우리로 이 율법의 모든 말씀을 행하게 하심이니라(신 29:29)

인간의 삶에 일어나는 고통과 상처는 인간의 타락과 그 죄로 인하여 일어나는 결과입니다. 아담과 하와가 선악과를 먹고 죄를 지어 타락했을 때 하나님께서는 이렇게 말씀하셨습니다.

> 15 내가 너로 여자와 원수가 되게 하고 너의 후손도 여자의 후손과 원수가 되게 하리니 여자의 후손은 네 머리를 상하게 할 것이요 너는 그의 발꿈치를 상하게 할 것이니라 하시고 16 또 여자에게 이르시되 내가 네게 잉태하는 고통을 크게 더하리니 네가 수고하고 자식을 낳을 것이며 너는 남편을 사모하고 남편은 너를 다스릴 것이니라 하시고 17 아담에게 이르시되 네가 네 아내의 말을 듣고 내가 너더러 먹지 말라 한 나무 실과를 먹었은즉 땅은 너로 인하여 저주를 받고 너는 종신토록 수고하여야 그 소산을 먹으리라 18 땅이 네게 가시덤불과 엉겅퀴를 낼 것이라 너의 먹을 것은 밭의 채소인즉 19 네가 얼굴에 땀이 흘러야 식물을 먹고 필경은 흙으로 돌아가리니 그 속에서 네가 취함을 입었음이라 너는 흙이니 흙으로 돌아갈 것이니라 하시니라(창 3:15-19)

하나님께서는 그들이 지은 죄로 말미암아 고통을 겪을 것이라고 분명하게 말씀하셨습니다. 하나님께서는 왜 그렇게 계속해서 고통을 겪게 될 것이라고 말씀하셨을까요? 인간은 그 같은 고통을 겪을 때마다 하나님께 대한 자신의 범죄가 얼마나 치욕스럽고 중차대한 것이었는지를 상기시키기 위함입니다.[275] 그러나 내적치유는 죄와는 아무런 상관이 없이 오로지 상처의 차원에서만 바라보기 때문에 죄로 인해 타락한 인간의 비참함을 깨닫게 하여 회개케 하는 것이 아니라 오히려 인간의 자존감을 더욱 앙양시킬 뿐입니다. 성경이 밝히 드러내어 이 고통의 원인에 대하여 말씀하고 있는 것을 바르게 인식하는 것이 삶을 살아가는 바른 기초입니다.

둘째는, '하나님께서는 고통과 상처 속에서 어떻게 일하시는가?'를 바라보아야 합니다.

내적치유를 받아야 한다고 주장하는 사람들은 "예수님을 믿어 구원은 받았으나 과거의 상처는 자신을 끊임없이 괴롭히기 때문에 따로 치유를 받아야 한다"고 말합니다. 이렇게 말하는 것은 한 가지 측면만 바라보고 다른 수많은 차원에서는 바라보지 못하기 때문입니다.

칼빈은 옛언약에 속한 자들이 당한 고난에 대하여 언급하며 그들의 삶이

---

275) 카리스주석, 창세기1, 기독지혜사, 2007, p. 426.

계속적인 훈련의 과정이었다고 말했습니다.[276] 그렇게 죄의 중함과 비참함을 깨닫게 하는 것은 그런 훈련의 과정에 앞서서 예수 그리스도에게로 이끄시기 위함입니다. 더 나아가 이 세상에서 고통과 상처를 당하는 것으로 끝나는 것이 아니라 하나님의 자녀로 영광스러운 회복을 소망하게 하시기 위함입니다.

> 21 그 바라는 것은 피조물도 썩어짐의 종노릇한 데서 해방되어 하나님의 자녀들의 영광의 자유에 이르는 것이니라 22 피조물이 다 이제까지 함께 탄식하며 함께 고통하는 것을 우리가 아나니 23 이뿐 아니라 또한 우리 곧 성령의 처음 익은 열매를 받은 우리까지도 속으로 탄식하여 양자 될 것 곧 우리 몸의 구속을 기다리느니라(롬 8:21-23)

죄로 인하여 고통을 당하는 이 현실로 끝나는 것이 아니라 구속을 기다리며 그 소망을 가지고 살아가게 합니다. 이것은 현재의 고난과 비교할 수 없는 영광입니다. 그러기에 메튜 헨리는 다음과 같이 말했습니다.

> 하나님은 인간의 죄 때문에 피조물에게 선고를 내리셨으며 여기에 피조물들이 굴복하게 된 것이다. …… 아직은 어떠한 모습으로 나타날지 알 수 없으나(요일 3:2) 그때 가서는 그 영광이 나타날 것이다. 하나님의 자녀들이 각자의 모양에 따라 나타날 것이다.[277]

칼빈은 하나님께서는 고난을 통하여 우리의 현세에 대한 지나친 애착에서 떼어 놓으신다고 하면서 다음과 같이 말했습니다.

> 어떤 환난이 우리를 압박하든 간에 우리는 현세를 무시하는 습관을 들이고 그렇게 됨으로써 내세를 명상하도록 각성되기 위한 그 목적을 항상 바라보아야 한다. 우리의 본성이 이 세상에 대해서 얼마나 야수와 같은 애착을 가지고 있는가를 하나님께서는 제일 잘 아시기 때문에 우리가 이 애착에 너무 끈질기게 집착하지 않도록 우리를 끌어내시며 우리의 태만을 떨쳐버리기 위해 가장 적절한 방법을 사용하신다. …… 따라서 죽을 수밖에 없는 운명의 인생을 생각할 때에는 신자의 목표는 인생은 원래 비참한 것일 뿐임을 깨닫는 동안, 더욱 큰 열성으로 속히 내세의 영생을 명상하는 데 전심을 기울여야 한다.[278]

---

276) 존 칼빈, 기독교 강요 II, 성문출판사 편집부 번역, 성문출판사, 1993, p. 399.
277) 메튜 헨리 저, 메튜 헨리 로마서 주석, 황장욱 역, 기독교문사, 1983, pp. 198-199.
278) 존 칼빈, 기독교 강요 III, 성문출판사 편집부 번역, 성문출판사, 1993, pp. 359-367.

그는 아담으로부터 시작해서 아브라함, 이삭과 야곱, 다윗, 욥, 에스겔과 다른 인물들을 들어 설명하면서 다음과 같이 결론을 맺었습니다.

구약의 족장들은 (1) 그리스도를 언약의 보증으로 소유하였고, (2) 미래의 복을 위해 그리스도께 일체의 소망을 두었다. 나는 여기서 이것들을 증명하려고 애쓰지 않겠는데, 왜냐하면 그것들은 보다 명백하고 논쟁의 대상이 되지 않기 때문이다.[279]

이런 것이 성도의 삶의 내용이요 방향이요 목적이 아니라면 이 세상에서 가장 불쌍한 자라고 성경은 말씀합니다.[280] 예수 그리스도를 영접한 성도에게 이 세상의 고난과 상처는 하나님의 은혜로 말미암아 영원한 하나님의 나라를 소망케 하시는 또 다른 방편입니다. 이 세상 사람들은 이런 일에 대해서 도저히 이해를 하지 못합니다. 왜냐하면 그들의 소망은 오로지 이 세상에 속한 일이요 이 세상이 전부이기 때문입니다. 그러기에 그들은 항상 문제를 해결하고 자기 가능성으로 자기 변화를 이루려고 '해결중심상담'[281]을 행하지만 성도는 그 문제를 통하여 예수 그리스도 안에 주어진 구원을 확인하며 그 어떤 문제도 사랑에서 끊을 수 없다는 결론으로 나아갑니다.[282] 이런 결론 속에서 지나간 날의 상처와 고통은 씻은 듯이 사라지며 오늘의 고난도 담대히 감당해 나가게 되며 내일의 걱정근심을 하나님께 내어 맡기고 믿음으

---

279) 존 칼빈, 기독교 강요Ⅱ, 성문출판사 편집부 번역, 성문출판사, 1993, p. 423.
280) 만일 그리스도 안에서 우리의 바라는 것이 다만 이생뿐이면 모든 사람 가운데 우리가 더욱 불쌍한 자리라(고전 15:19)
281) http://cafe.daum.net/mindmove/ 해결중심 상담은 문제의 원인을 규명하기보다는 내담자가 가진 자원(강점, 장점, 성공경험, 예외상황)등을 활용하면서 문제해결방법에 중점을 두는, 단기간 내에 상담목적을 성취하는 상담모델이다. 이 모델은 문제보다는 내담자가 상담을 통해 얻기 원하는 바에 초점을 둔다. 즉 문제가 무엇인가를 탐색하기보다는 상담을 통해 내담자가 바라는 또는 기대하는 변화가 무엇인가를 분명하게 한다. 이렇게 할 때 내담자는 문제에 깊이 빠져들지 않거나, 부정적인 상황에 오래 머물지 않고 첫 회 상담부터 상담을 통한 구체적인 변화를 꿈꾸며, 변화를 위한 작은 행동을 시작할 수 있는 힘을 얻게 된다. 또한 문제에 대한 전문가는 내담자임을 강조함으로써 내담자 속에 잠재되어 있는 해결방법을 발견시킨다. 이것은 문제를 긍정적인 개념으로 재 개념화하거나 문제에 대한 예외 상황 및 성공경험을 발견함으로써 가능하다. 이처럼 해결중심단기상담은 내담자가 가진 강점이나 예외상황에 대한 탐색을 통하여 내담자의 문제 해결 능력을 향상시키는 데 역점을 두는 상담이론이다. 이 이론은 내담자가 문제해결을 위한 자원을 이미 갖고 있으며, 문제를 해결할 능력도 또한 갖고 있음을 기본 전제로 한다
282) 38 내가 확신하노니 사망이나 생명이나 천사들이나 권세자들이나 현재 일이나 장래 일이나 능력이나 39 높음이나 깊음이나 다른 아무 피조물이라도 우리를 우리 주 그리스도 예수 안에 있는 하나님의 사랑에서 끊을 수 없으리라(롬 8:38-39)

로 살아갈 수가 있습니다.

쓴뿌리를 치료하기 위해 과거로 돌아가는 '구상화 치유'를 하는 것은 하나님의 주권적인 일하심에 대한 명백한 월권행위이며 하나님의 역사를 부정하는 태도입니다. 하나님께서 인생에게 행하신 일에 대하여 믿음으로 바라보지 못하기 때문에 심리학적인 방법으로 '내울내'의 상처를 달래 주는 것은 비신앙적이고도 인본주의적인 발상입니다.

3) 상처를 준 일이 잠재의식에 저장된다는 것을 과학적으로 어떻게 증명되었는지 뒷받침이 없다

상처를 준 일이 잠재의식에 저장이 되고, 그것이 쓴뿌리가 되어 마음을 더럽히고 굳게 만드는 객관적이고 구체적인 과학적 증거가 어디에 있습니까? 그 일에 대해서 어떤 것도 과학적으로 입증된 것이 없습니다. 무의식에 대한 어떤 것들도 증명해 내지 못하는 것은 기정사실입니다. 그런데도 주서택 목사는 내적치유를 하는 타당성 있는 근거로 쓴뿌리 이론을 내세우고 있습니다.

밥간은 이런 오류들에 대하여 다음과 같이 말합니다.

> 전 미국 정신과 학회(American Psychiatric Association) 회장인 알프레드 프리드만(Alfred M. Freedman) 박사는 '마틴 그로스'라는 한 언론인과의 인터뷰에서 놀라운 사실을 털어 놓은 적이 있다. "정신분석 이론에는 아직 적절히 검증되지 않은 수많은 추론들이 있다. 예를 들어, 오이디푸스 콤플렉스와 같은 유아기 경험의 결과들은 믿을 만한 논리를 갖지 못하고 있다."
> 쥴스 매서만(Jules H. Masserman) 박사는 "정신분석학적 보고들은 각자 다룰 수 없는 이론적 또는 임상적 추론에 근거해 있다."고 말하고 있으며, 시어즈(R. R. Sears)박사는 사회과학연구협의회(Social Science Research Council)에서 정신분석에 관한 연구결과를 발표하면서 이렇게 말한 바 있다. "정신분석은 관찰을 반복적으로 할 수 없는 기술에 근거하고 있으며, 그럼으로써 믿을 만한 증거를 축적하기 어렵다. 게다가 관찰자의 주관적 의견이 내재할 소지가 너무 많다."[283]

밥간이 결론을 내리고 있듯이 인간의 생각과 행동은 과학적으로 결단코 범주화할 수 없습니다. 왜냐하면 인간은 개개인이 다 독특하고 유일한 존재이기 때문에 상황과 자극에 대한 반응이 과학적으로 예측될 수 없기 때문입니

---

283) 말틴 밥간 & 디드리 밥간, 영혼치료상담, 전요섭 역, CLC, 2008, pp. 56-57.

다.

서론에서 말했듯이 심리학자들과 정신의학자들이 다음과 같이 한 말에 대해서, 주서택 목사는 무엇이라고 대답할 수 있을까요?

"우리는 정신병의 원인을 모른다. 우리는 여전히 이런 질병의 치료방법을 가지고 있지 않다." [284] -Rex Cowdry(미국정신건강연구소 Director)-

미국심리학회(American Psychological Association) 회장 조지 알비(George Albee)는 "사람들이 살아가면서 겪는 정서적인 문제들의 대부분은 정신질환의 범주에 들지 않는다"고 말했다.

"국립정신건강연구소(National Institute of Mental Health, NIMH)의 관리들과 관련자들은 정신의학적 치료가 필요하다고 추정하는 수천만 명의 사람들 가운데 극소수만이 실제로 정신질환으로 인해서 고통당하고 있다는 것을 이 분야의 권위자들로부터 판정하는 데 동의할 것이다."

정신의학자 제롬 프랭크(Jerome Frank)는 "만일 삶의 문제를 가지고 있는 사람들이 우리 병실에서 추방된다면 정신병원에는 극소수의 환자만 남게 될 것"이라고 고백한 바 있다.

심리치료사 토마스 짜쯔(Thomas Szasz)는 '여러 가지 엄청난 정신적 증상들을 나타내는 정신질환자들 가운데서 정상적인 사람들에게서 볼 수 있는 정상적인 행동의 전환'에 대해서 연구한 사람이다.

그리고 윌리암 킬패트릭(William Kilpatrick)은 그의 책 『심리학의 매혹』(Psychological Seduction)에서 우리에게 심리학의 결과에 대해서 "우리들의 일상생활에서 겪는 태도 또는 의미의 문제나 갈등을 일축하려는 노력이 심리학에 나타나 있는데 인간의 진정한 문제들을 병리학적으로 단순화시킴으로써 이를 하찮게 여기고 있다"고 진술했다. 그는 또 "심리학이 가지고 있는 문제는 우리의 상상력이나 열정을 자극하는 것이 아니라 궁극적으로 그것들을 무감각하게 하는 것"이라고 말했다.[285]

---

284) http://www.mental-health-abuse.org/realCrisis.html
285) 말틴 밥간 & 디드리 밥간, 영혼치료상담, 전요섭 역, CLC, 2008, pp. 25-29. 킬패트릭은 현대 심리학의 도움에 대해서 다음과 같이 설명했는데 이는 매우 적절한 설명이라고 본다. 만약에 당신이 심리학적 사고를 넘어서 새로운 세계로의 모험을 생각한다면 당신은 틀림없이 심리학을 넘어서는 더 좋은 시각이 있다는 것을 발견하게 되며, 아울러 심리학에 대해서 상당한 환상을 가지고 있었다는 것을 알게 될 것이다. 이는 마치 거울을 대하는 것과 같다. 사실 나는 심리학에 대해서 두려움을 가지고 있는데 이것은 마치 거울의 방과 유사하다. 실제로 거울의 방은 하나의 방이고, 그 방으로 들어간 사람들은 조만간에 나가고자 길을 찾고 문을 찾으려고 할 것이다.

주서택 목사보다 더 정신분석에 탁월한 사람들이 이런 말을 하고 있는 것에 대해서 우리는 무엇이 옳고 그른지에 대해서 생각을 하고 거짓된 심리학과 뉴에이지 방법들을 버리고 하나님의 말씀인 성경만으로 나아가야 합니다.

4) '왜 현실요법을 하게 되었는가?'를 생각해 보라

잠재의식의 비과학적이고 비성경적인 이론과 치료는 많은 의문점과 문제점이 제기되면서 점차 '현실요법'이라는 것으로 대체되기 시작했습니다.[286] 왜냐하면 과거의 문제를 들추어낸다고 해서 삶이 변화되는 것이 아니기 때문입니다. 현실요법으로 가야 한다는 말이 아니라 과거를 문제 삼아 해결하려는 시도가 문제시 되었다는 것을 말하고 싶기 때문입니다.

현실요법은 William Glasser박사가 1965년부터 가르치던 상담이론입니다. 현실치료에서 중시하는 '관계'를 창출하기 위해서는 상담자가 과거 문제를 피하고 현재문제에 초점을 맞춰야 합니다. 왜냐하면 모든 인간관계 문제는 불만족스런 현재관계 때문에 발생한다고 보기 때문입니다.[287] 진정으로 문제를 해결하기 위해서는 '과거의 일'을 문제 삼을 것이 아니라 '현재의 일'을 다루어야 한다는 것을 알았기 때문입니다.[288]

현실치료의 중심 사상은 개인은 자신의 행동에 책임이 있다는 것이다. 이 치료체계의 일반 목표는 내담자가 자신의 현재 행동을 평가하는 심리적 힘을 기르도록 돕는 것이며 비록 자신의 욕구가 충족되지 못하더라도 보다 책임 있는 행동을 하도록 돕는 것이다.[289]

글래서가 프로이트의 이론을 버리고 현실요법을 하게 되는 배경에는 매우

---

286) 국내의 모 단체에서는 '직면요법'으로 가르치고 있다.
287) http://blog.daum.net/j-imanuelm/18189465
288) 다음 지식검색 http://k.daum.net/qna/view.html?category_id=QIF&qid=3O06i&q=%C7%F6%BD%C7%BF%E4%B9%FD 현실요법은 다음과 같은 전제를 가지고 있다. 1. 현실요법 상담은 정신병의 개념을 거부한다. 2. 현실요법 상담은 감정과 태도보다는 현재의 행동에 초점을 둔다. 3. 과거가 아니라 현재에 초점을 맞춘다. 4. 가치판단을 강조한다. 5. 전이관계를 강조하지 않는다. - 상담자는 내담자의 어머니나 아버지의 역할을 하는 것이 아니라 한사람의 인격자로서 드러나야 한다. 6. 무의식적인 면이 아니라 의식적인 면을 강조한다. 7. 형벌의 방법을 배제한다. - 비난하는 말을 하는 것은 처벌에 속하므로 상담자가 비난하는 말을 사용하는 것을 경고한다. 8. 책임의 개념을 강조한다. - 학습의 책임은 일생동안의 과정이다.
289) http://www.sangdam.kr/encyclopedia/cc/cctheory/cctheory23.html

흥미로운 인간관이 자리 잡고 있습니다.

William Glasser의 인간관290)
– 인간은 긍정적이며 자신의 행동과 정서에 대해 책임을 지는 반결정론적인 존재
이다.
– 인간은 자신의 결정에 의존함으로써만이 책임을 다할 수 있고 성공적이며 만족
스러운 삶을 살 수 있다.
– 우리 모두는 성공적인 정체감을 요구하는 심리적 욕구를 지니고 있고 이는 누
구나 이 세상 어딘가는 자기를 사랑하는 한 사람이 존재하며 자신도 역시 사랑할
한 사람이 있다고 믿는 것과 관련이 있다.
– 우리는 거의 언제나 자기 자신을 가치 있는 인간으로 알고 이해하며 주위 사람
들이 자신을 가치 있는 사람으로 여긴다고 알고 이해한다. 만약 이러한 정체감이
발달하지 못하면 패배적인 정체감이 발달하게 된다.
– 인간은 누구나 자신의 좋은 세계를 추구하기 위해 최선을 다하고 있기 때문에
진정한 의미에서의 패배적 정체감이나 실패라는 개념은 없다.

글래서의 이 말들 중에서 가장 눈여겨 봐야할 것은, "인간은..., 반결정론
적인 존재이다" 라고 말한 대목입니다.

주서택 목사의 교재 속에는 '결정론' 으로 인간의 삶을 다루어 가고 있습
니다. 그러나 그런 문제를 간파한 글래서는 '반결정론' 으로 풀어 가고 있
습니다. 글래서의 이론이 다 타당하는 것이 아니라 이전의 결정론으로는 한
계에 부딪혔기 때문에 인간의 삶의 문제를 '결정론' 이 아닌 '반결정론'
으로 해결해야 한다는 데에까지 이르렀다는 것입니다.

LA의 V. A 병원에서 'G. L. 헤링톤' 은 다음과 같이 말했습니다.

206동 건물에서 210명과 함께 생활, 해마다 2명만 퇴원했다. '책임있는 프로그
램' 을 실시하니, 1년 후에는 75명이 완치되어 퇴원했다. 2년 뒤에는 200명이 퇴
원 예상을 했다. 거의 모든 사람이 완치된다는 것을 말한다.

이런 사실들을 통해서 살펴볼 때 주서택 목사의 쓴뿌리 개념, 곧 잠재의식

---

290) 다음 지식검색에서 http://k.daum.net/qna/view.html?category_id=QIA&qid=34BPL&q=
%BF%D6+%C7%F6%BD%C7%BF%E4%B9%FD%C0%BB+%C7%CF%B4%C2%B0%A1

에 기초한 내적치유는 매우 비성경적이며, 더 이상 교회에 가르쳐서는 안 되는 방법입니다.

주서택 목사는 '내울내'에서 다음과 같이 강도 높게 심리학을 의존하는 교인들을 비판합니다.

문제는 하나님을 믿는다고 하는 기독교인의 태도이다. 하나님이 모든 것을 하실 수 있다고 외치면서 인간의 마음에 대해서만 유독 '그것은 정신과 영역'이라고 하는 태도는 참으로 모순이 되는 것이다. 이러한 현상에 대해 신학자 모우러는 다음과 같이 말하고 있다.
"이러한 현상은 복음주의적 종교가 자기의 장자권을 심리학이라는 죽 한 그릇에 팔아먹은 어리석음과 같다."(p. 143)

이런 말을 하는 그 저의가 어디에 있는지 매우 궁금합니다. 주서택 목사 본인이 심리학을 빌려서 내적치유에 사용하고 있으면서도 심리학을 의지하는 기독교인을 비판한다는 것은 상당히 의아스러운 부분이라고 하지 않을 수 없습니다.

한계 속에 있는 인간이 내어놓은 한 가지 원리와 이론으로 인간의 삶의 모든 문제를 해결하려는 시도 자체가 모순입니다. 지나간 세대에서나 지금에도 마찬가지로 인간들이 새로운 이론을 내어놓을 때마다 매우 흥분하여 다음과 같이 말했습니다. "이 이론은 대단히 획기적인 것으로 인간의 문제를 모두 해결할 수 있습니다. 이전에도 없었고 앞으로도 이것보다 더 나은 것은 없습니다." 그러나 돌아서기가 무섭게 그 말을 하는 사람이 또 나타나서 똑같은 말을 하는 것이 인간이 사는 세상입니다.

주서택 목사의 내적치유는 근본적으로 프로이트와 융의 심리학에 물들어 있으며, 그가 내적치유에서 사용하는 구상화는 뉴에이지에 오염된 사악한 방법입니다. 여기에서 벗어나지 않는 이상 결코 성경적인 치유사역이 될 수가 없습니다. 그렇게 하기가 힘든 이유는 그것을 빼고 나면 그의 내적치유는 완전히 무너지기 때문입니다.

5) 고통과 상처가 '사탄의 쓴뿌리'가 되는가?
교재 32페이지에서 다음과 같이 말합니다.

우리가 받은 고통과 상처는 사탄의 쓴뿌리가 되어 우리의 성품과 내면에 악영향을 일으킨다.

앞서 언급했듯이 오늘의 고통과 상처가 내일에 어떤 영향을 끼치게 될지 인간으로서는 아무도 모릅니다. 하나님께서 행하시는 일을 사람이 다 헤아릴 수가 없기 때문입니다.

8 여호와의 말씀에 내 생각은 너희 생각과 다르며 내 길은 너희 길과 달라서 9 하늘이 땅보다 높음 같이 내 길은 너희 길보다 높으며 내 생각은 너희 생각보다 높으니라(사 55:8-9)

그런데 주서택 목사는 "우리가 받은 고통과 상처는 사탄의 쓴뿌리가" 된다고 합니다. 성도는 범사에 일어나는 일이 하나님의 계획과 섭리 가운데 일어나는 일이라고 믿고 사는 사람입니다. 세상은 우연이라고 말하여도 성도는 그 속에 분명히 하나님의 섭리와 일하심을 믿습니다.

그런 일에 대하여 감히 "사탄의 쓴뿌리"가 된다고 말하는 것이 옳은 말일까요? 그럴 수는 없습니다. 성경이 무엇을 말씀하고 있을까요? 요셉에 대하여 성경은 다음과 같이 말합니다.

17 한 사람을 앞서 보내셨음이여 요셉이 종으로 팔렸도다 18 그 발이 착고에 상하며 그 몸이 쇠사슬에 매였으니 19 곧 여호와의 말씀이 응할 때까지라 그 말씀이 저를 단련하였도다(시 105:17-19)

요셉은 분명히 종으로 팔려 애굽에 수많은 고통을 당하는 세월을 보냈습니다. 그러나 거기에 대하여 성경은 분명히 말합니다. "한 사람을 앞서 보내셨음이여" 하나님께서 요셉을 보냈다고 말합니다. 그리고 "여호와의 말씀이 응할 때까지라 그 말씀이 저를 단련하였도다."라고 분명하게 말합니다. 하나님께서는 요셉을 먼저 보내셨고 단련하셨습니다. 거기에 무슨 '사탄의 쓴뿌리'라고 언급되지 않습니다.

성경은 요셉의 고백을 통하여 더욱 선명하게 하나님의 일하심을 말합니다.

19 요셉이 그들에게 이르되 두려워 마소서 내가 하나님을 대신하리이까 20 당신들

은 나를 해하려 하였으나 하나님은 그것을 선으로 바꾸사 오늘과 같이 만민의 생명을 구원하게 하시려 하셨나니(창 50:19-20, 개역)

만민의 생명을 구원하시려고 하나님께서 선으로 바꾸었다고 합니다. 이것이 하나님의 말씀인 성경에 분명히 기록된 말씀이라고 믿는 성도라면 과거의 일뿐 아니라 답이 나오지 않는 답답한 현실 속에서 살아가고 있을지라도 하나님의 계획과 섭리가 있음을 믿고 살아가야 합니다.

성도의 삶에는 지금 그 답을 받아내지 못할 때가 대부분입니다. 왜 이런 일들이 일어나는지 왜 이 고통이 나에게 왔는지 도무지 결론이 나지 않는 삶의 연속입니다. 그러나 그렇다고 성도는 절망과 포기로 나아가지 않습니다. 오늘의 나를 이렇게 만든 환경과 조건을 탓하지 않습니다. 하나님께서 요셉을 애굽으로 보내신 이유와 목적이 있듯이 오늘 우리에게도 동일하게 역사하시는 줄 믿고 믿음으로 이 삶을 버티어 가고 감당해 가는 것이 진정한 성도의 삶입니다.

6) 내면상처를 치유하기 위해 용서해야 하는가?
교재 32페이지에서 다음과 같이 말합니다.

> 내 안의 깊은 상처를 치유하기 위해 하나님은 용서하라고 명령하시며 순종하고자 하는 자를 도우신다.

"내 안의 깊은 상처를 치유하기 위해"서 하나님께서 용서하라고 명령하실까요? "내 안의 깊은 상처를 치유하기 위해"서 해야 할 일이 용서가 먼저일까요? 주서택 목사의 내적치유의 핵심은 "'내울내'를 어떻게 치유하느냐?" 하는 것입니다. 그 '내울내'는 상처받았기 때문에 위로가 필요하고 관계가 회복되어야 하고 치유가 되어야 합니다. 그러다 보니 '내울내'는 밑 빠진 독 마냥 계속해서 부어 주어야만 합니다. 그리고 '내울내'를 치유하기 위해 상처 준 사람들을 용서해 줍니다. 문제는 여기서 "죄의 개념"이 모호하고 거의 없다는 사실입니다.

1998년 교재에만 하더라도 용서에 대해 언급이 있고[291], 2008년 '내울내'에서도 하나님께 자신의 죄에 대해 용서를 구하라고 합니다.[292]

---

291) 주서택, 김선화, 내적치유세미나, 한국대학생선교회내적치유상담실, 1998, pp. 39-40.

그러나 그 죄도 과거의 그때 그 상처에 대한 죄의 회개가 아닙니다.

어떤 것이 죄인지 하나님께 물어보라. 그리고 생각나는 대로 자신을 합리화 시키지 말고 정직하게 자백하라. 그 길만이 당신을 새롭게 하는 길이다. 지금 잠시 눈을 감고 성령께서 떠오르게 하는 죄를 자백하라.[293]

지난 세월에 상처 입은 것은 마음에 뿌리 깊이 박혀서 기억하고 있고 자기가 지은 죄는 무엇인지 몰라서 하나님께 물어봐야 하는가요? 눈을 감고 있으면 성령님께서 죄를 떠오르게 하실까요? 지금 자기 자신이 죄가 죄인 줄도 인식하지 못하는 것을 성령께서 떠오르게 해 주실까요? 물론 인간은 미련해서 죄를 지을 때는 죄인 줄도 모르고 죄를 지었다가 후에 말씀을 통하여 성령님께서 죄를 기억나게 해 주실 수 있습니다. 그러나 지금 여기에서 하는 말은 그런 내용이 아닙니다. 완전히 차원이 다릅니다. 여기서는 무의식의 바다를 헤매고 다니는 '내울내'를 말합니다.

그러면 떠오르지 않는 죄에 대하여서는 어떻게 할 것인가? 그런 일에 대해서는 나 몰라라 하고 기억나는 죄에 대해서만 다루는 것은 지독한 이기주의가 아닐까요? 기억나지 않는 죄는 어떻게 해야 할까요? 자신은 죄가 아니라고 생각하지만 다른 사람에게는 심각한 죄가 되는 경우가 있는데, 그런 경우는 어떻게 될까요? 구상화를 통해서 영적인 안내자를 만나 치유를 합니다. 이것이 인본주의 심리학이 반기독교적으로 가는 길입니다. 그래서 심리학과 내적치유가 위험합니다! 그럼에도 불구하고, 심리학을 단순한 학문이라고 말하는 교수들과 목사들과 성도들이 너무나도 많습니다.

그러므로 "상처를 치유하기 위해"서 해야 할 일은 용서하는 것이 우선이 아니라 자신의 죄를 철저히 회개하는 것이 최우선적입니다. '누구 때문에 상처 입었다.'가 아니라 '자기 죄'를 회개해야 합니다.

7) '당신 자신을 용서하라'는 것이 옳은가?

자기 사랑은 자존심(혹은 자존감)과 함께 등장하는 인본주의 심리학의 중요한 핵심 키워드 중에 하나입니다.

주서택 목사는 다음과 같이 말합니다.

---

292) 주서택, 김선화, 내 마음속에 울고 있는 내가 있어요, 순출판사, 2008, pp. 169-170.
293) 같은 책, p. 170.

당신 자신을 용서하지 못하고 용납하지 못하는 것은 교만과 불신앙 때문이다. 하나님께서 당신을 사랑하시고 용납하심 같이 당신 역시 자신을 용납하고 사랑해야 한다. 당신이 자신을 용서하지 못하고 계속 학대하고 비하시키는 것은 하나님의 사랑에 대한 무서운 거역이며 자신을 용서하지 못한 결과이다. 하나님도 당신의 죄악을 다 용서하시고 기억하지도 아니하신다. 당신 모습 그대로 주님은 당신을 용납하고 계신다. 그렇다면 당신도 당신의 모습을 그대로 용납하고 용서하며 사랑해야 되지 않겠는가?('내울내' p. 171)

그럴듯해 보이는 이 말의 실제적인 핵심은 '자아사랑'의 이론입니다. 과연 성경에서 자아를 사랑하라고 말씀하고 있을까요?

1너는 이것을 알라 말세에 고통하는 때가 이르러 2사람들은 자기를 사랑하며 ……
(딤후 3:1-2상)

사도 바울은 말세의 특징을 말하면서 그 첫 번째가 '자기 사랑'이라고 말하고 있습니다. 포스터모더니즘 시대와 뉴에이지 시대인 이 시대의 가장 큰 특징은 바로 '자아사랑'입니다.

로버트 슐러는 기독교인은 자기 스스로를 사랑하지 않으면 결코 건강한 정신과 신앙적 성숙을 경험할 수 없다고 말합니다. 자기 사랑과 자기 용서는 동전의 앞면과 뒷면입니다.

인본주의 심리학이 20세기 인간관을 지배하고 있기 때문입니다. 특히 인간의 자유의지를 강조하며, 인간은 무한한 잠재력을 가진 존재로서 자기의 잠재력 계발욕구, 즉 자아실현 욕구를 인간의 가장 중요한 특성으로 파악하는 '인본주의 심리학'은 오늘날 최대 호황을 누리고 있는 '잠재력 계발운동', '자기계발 산업'을 이끄는 원동력입니다. 이러한 인본주의 심리학은 인간의 타락으로 인한 '죄성', 즉 인간은 근본적으로 '전적으로 부패한 존재'라는 생각을 거부하고, 인간의 본성은 선하다는 입장에서 출발하기 때문에 기본적으로 반성경적이고 비기독교적입니다.[294]

특별히 인간중심상담의 칼 로저스(Carl Rogers)가 이런 일에 큰 영향을 끼쳤습니다.

---

294) http://www.jesusfamily.kr/

인간중심이론은 인간의 자기실현 경향성을 전제로 한다. 로저스(Rogers)는 이를 다음과 같이 표현하였다. "자기실현의 경향성은 유기체가 자신을 유지하거나 성장시키는데 도움이 되는 방향을 자신의 모든 능력을 계발하려는 선천적인 경향성이다." 자기실현을 향한 움직임은 인간이 가진 유기체적인 본성 중의 하나이다.[295]

로저스는 그런 이론을 배경삼아 인간의 본성 특히 '자기애'(self-love)에 대한 관점을 펼쳐갑니다.[296]

예수님은 자기 사람들을 부르실 때 사랑의 관계를 위해서 부르셨습니다. 제자들의 기쁨은 예수님 안에서 찾아야지 '자기' 속에서 찾을 수 있는 것이 아닙니다. 제자들의 사랑은 예수님이 제자들을 사랑하신 그 사랑에서 나옵니다. 따라서 제자들이 서로 사랑하는 것은 그들의 '자기 사랑'이나, '자존심'에서 나오는 것이 아닙니다. 그러므로 예수님은 이렇게 말씀하셨습니다.

> 30 네 마음을 다하고 목숨을 다하고 뜻을 다하고 힘을 다하여 주 너의 하나님을 사랑하라 하신 것이라 31 둘째는 이것이니 네 이웃을 네 몸과 같이 사랑하라 하신 것이라 이에서 더 큰 계명이 없느니라(막 12:30-31)

그러나 심리학은 하나같이 '자기 사랑'을 강조합니다. 그렇게 하는 이유는 자신 스스로를 덜 사랑하기에 자신에게 욕심을 부리지 않는다고 생각하기 때문입니다. 모든 것은 나로부터의 시작이며 내 문제라고 봅니다.[297] 이런 것이 바로 자기를 사랑하라고 자기를 용서하라고 하는 것의 근본적인 원인이고 배경입니다.

주서택 목사의 내적치유에서, '내울내'는 상처받은 자아라고 말하는 사람들의 배경에는 인본주의 심리학자들이 있습니다. 그들은 하나님의 무한하신 사랑과 십자가를 모릅니다. 그러기에 자기가 자신을 지켜 가야 합니다. 그것은 하나님의 언약을 떠나 버린 인간의 죄악성입니다. 하나님의 왕 되심과 하나님의 보호하심을 원하지 않고 자기가 왕이 되고자 하는 것이 죄에 빠진 인간의 사악함입니다.

---

295) http://kowon.dongseo.ac.kr/~knamij/26ssw.htm 김정희, 인간중심상담.
296) http://kr.blog.yahoo.com/lshoo3729/13081
297) http://blog.daum.net/hypnotherapist/8735240

그러기에 저들은 자기가 자기를 사랑할 수밖에 없습니다. 자기 사랑이 없으면 저들은 곧 죽음으로 갑니다. 자기 사랑은 자기 안에서 가능성을 발견하려는 인본주의의 핵심 키워드 중에 하나입니다.

그러나 하나님의 사랑받는 성도는 다릅니다. 그러기 때문에 구하고 바라는 것이 다릅니다. 무엇을 먹고 마실까 무엇을 입을까 그렇게 고민하고 살지 않습니다. 그 나라와 그 의를 구하며 삽니다. 왜냐하면 하나님이 우리의 아버지가 되시기에 하나님의 지키심과 보호하심을 굳건히 믿고 살기 때문입니다. 여호와 우리 하나님은 언약에 신실하신 하나님이시기 때문입니다. 자기 사랑으로 가지 않아도 되는 충분한 이유가 있습니다.

아무리 뭐라고 타당한 이유를 말한다고 할지라도 시대의 흐름을 잘 보면 됩니다. 세상은 자기 사랑, 자기 존중, 자기 용서로 나아가며 성경은 자기 부인(否認), 자기 십자가로 나갑니다. 그 방향성은 변함이 없습니다. 지난 날에도 그래 왔고 앞으로도 그럴 것입니다.

8) 성경이 말하는 쓴뿌리 개념과 완전히 틀리다

주서택 목사는 이 과정에서 "쓴뿌리와 용서"라고 했듯이, 쓴뿌리 이론에 기초하고 있습니다. 심리학을 의존하는 사람들을 비판하며 자신은 성경적이라고 하면서 이런 가르침을 하고 있습니다. 그러나 그가 말하는 쓴뿌리는 그의 책에서 말하듯이 결국 잠재의식(무의식)을 의미합니다. 그가 말하는 이런 쓴뿌리는 성경이 말씀하고 있는 쓴뿌리와는 너무나 상이한 개념입니다. 그가 속사람이라고 말하는 것이 성경이 말씀하는 속사람과 다르듯이 이 쓴뿌리 개념도 분명히 다른 개념입니다.

국내외의 그 수많은 내적치유에서 다루는 쓴뿌리 개념은 인본주의 심리학에서 그대로 가져온 무의식의 개념입니다. 그것을 성경과 섞어서 가르치기 때문에 사람들이 다 속아 넘어갑니다. 이 구별이 없기 때문에 교회는 무너져가고 있습니다. 그러면 성경에서 말하는 '쓴뿌리'는 무엇을 말할까요?

> 너희는 돌아보아 하나님 은혜에 이르지 못하는 자가 있는가 두려워 하고 또 쓴 뿌리가 나서 괴롭게 하고 많은 사람이 이로 말미암아 더러움을 입을까 두려워하고(히 12:15)

내적치유에 많이 인용되어지는 이 성경구절은 너무나도 오해되고 있습니다. 성경 본문의 뜻과는 상관없이 심리학 용어로 설명합니다. 자신들의 목적을 위하여 성경을 곡해합니다.

히브리서의 이 말씀은 신명기 29장 18-19절 말씀을 근거로 하고 있습니다.

> 18 너희 중에 남자나 여자나 가족이나 지파나 오늘날 그 마음이 우리 하나님 여호와를 떠나서 그 모든 민족의 신들에게 가서 섬길 까 염려하며 독초와 쑥의 뿌리가 너희 중에 생겨서 19 이 저주의 말을 듣고도 심중에 스스로 위로하여 이르기를 내가 내 마음을 강퍅케 하여 젖은 것과 마른 것을 멸할지라도 평안하리라 할까 염려함이라(신 29:18-19)

여기서 "독초와 쑥의 뿌리가 너의 중에 생겨서" 라고 했습니다. 그 의미는, 그 다음 구절에서, "강퍅한 마음" 이라고 말한다. 이 "강퍅한 마음" 은 '자기중심의 마음'을 말합니다. 내 삶을 내 마음대로 하겠다는 것입니다. 이것은 언약을 저버리고 하나님 대신에 내가 주인이 되어 살겠다는 의미입니다.

성경에서 이 말은 비유적으로 사용되어 패역한 마음으로 하나님을 거역하고 우상 숭배를 주장하는 자들(호 10:4; 암 6:12; 히 12:15)을 가리키는 말입니다. 왜냐하면 이러한 자들은 군중의 마음 밭에 죄악의 독을 퍼뜨려 순식간에 그 공동체를 파멸로 몰아넣는 독초와 쑥의 뿌리 같은 자들이기 때문입니다.[298]

> 저희가 헛된 말을 내며 거짓 맹세를 발하여 언약을 세우니 그 재판이 밭이랑에 돋는 독한 인진 같으리로다(호 10:4)
> 말들이 어찌 바위 위에서 달리겠으며 소가 어찌 거기 밭 갈겠느냐 그런데 너희는 공법을 쓸개로 변하며 정의의 열매를 인진으로 변하여(암 6:12)
> 또 아들들에게 권하는 것같이 너희에게 권면하신 말씀을 잊었도다 일렀으되 내 아들아 주의 징계하심을 경히 여기지 말며 그에게 꾸지람을 받을 때에 낙심하지 말라 (히 12:5)

"젖은 것과 마른 것을 멸할지라도 평안하리라" 라는 말은, 저주가 임하여

---

298) 호크마 주석에서

모든 것이 멸망한다 할지라도 자기만은 평안하리라 확신하는 독초와 쑥의 뿌리 같은 자들의 강퍅하고 화인(火印) 맞은 마음(렘 6:14, 15)을 묘사한 말로 볼 수 있습니다. 언약공동체의 의무와 책임을 저버리고 자기 욕심만 챙기는 악한 모습을 말합니다. 이런 일들에 대하여 예레미야는 다음과 같이 강력하게 경고합니다.

> 14 그들이 내 백성의 상처를 심상히 고쳐 주며 말하기를 평강하다 평강하다 하나 평강이 없도다 15 그들이 가증한 일을 행할 때에 부끄러워하였느냐 아니라 조금도 부끄러워 아니할 뿐 아니라 얼굴도 붉어지지 않았느니라 그러므로 그들이 엎드러지는 자와 함께 엎드러질 것이라 내가 그들을 벌 하리니 그 때에 그들이 거꾸러지리라 여호와의 말이니라(렘 6:14-15)

백성들의 죄악 된 상태가 위험 수위를 넘어섰는데도 종교 지도자들은 거짓 평강만을 외쳤습니다. 여호와와 백성 간의 언약 관계는 파괴되어 심판이 임박했습니다. 따라서 백성들에게 필요한 것은 허황된 빈 말로써 땜질하는 것이 아니라 근본적인 치료였습니다. 한편 '가볍게' 라는 말은 원래 '무가치한 것으로', '하찮은 것으로' 란 뜻인데, 70인역(LXX)은 이를 '여수데눈테스' 라고 번역하여 '아무것도 아닌 것으로 여기며', '경멸하며' 로 해석하였습니다.[299] 이런 지도자의 상태가 바로 성경이 말씀하는 '쓴뿌리' 입니다.

신명기 29장 18-19절의 이 말씀은 모압에서 세운 언약의 말씀인데, 모압 땅에 일어난 중요한 사건은 바로 발람사건입니다. 그들은 거기서 간음사건으로 실패했습니다. 그러나 이 간음사건은 단순한 간음사건이 아닙니다. 그들은 가나안 우상에게 완전히 넘어가 버렸습니다. 그들은 적극적으로 이 일에 가담했습니다. 이 간음사건도 브올의 아들 발람의 계략에 의해서 나온 것이었습니다.

이 간음사건은 이스라엘 백성들이 하나님과 맺은 언약을 거부해 버린 사건입니다. 이스라엘 백성은 하나님의 지키심과 보호하심을 거절하고 거부했습니다. 바알을 택하고 행음했다는 것은 복을 받는 길, 곧 복의 원천을 바꾸었다는 뜻입니다. 그들은 하나님을 저버리고 바알을 택했습니다. 우상은 자기가

---

299) 호크마 주석에서

정하고 목적한 것을 이루어 주는 신으로 만든 것입니다. 우상이란 어떤 객체
가 아니라 인간의 자기 허영과 욕심을 객관화한 것에 불과합니다.

쓴뿌리는 그렇게 해서 생깁니다. 상처를 받고, 분노가 무의식 속에 쌓여서
생겼다는 것은 심리학이 말하는 쓴뿌리 입니다. 이런 정도의 수준으로 성경
이 말씀하지 않습니다. 하나님 없는 인생, 하나님이 왕이요 주인이 아니라,
자기가 주인이고 왕으로 살려고 하기 때문에, 거기서 강팍한 마음, 독초가 일
어납니다. 그것이 바로 성경이 말씀하는 쓴뿌리 입니다.

그러므로 쓴뿌리를 없애기 위해서 무의식의 바다를 헤매고 다닐 것이 아니
라, 자신의 죄를 회개하고 예수 그리스도를 믿어 오직 살아계신 하나님만을
왕으로 섬기고 살면서 그 언약에 신실한 삶을 살아가야 합니다.

'과정 6. 아버지 되시는 하나님' 의 분석과 비판

과정 6에서 주서택 목사는 자신이 얼마나 프로이트의 심리학에 물들어 있는지를 구분하지 못합니다(1998년도 교재의 제목은 '과정 7. 나의 진정한 아버지를 바로 알지 못하는 굴레들' 입니다).

우선 교재의 서론(p. 53, 1998년 교재)을 보겠습니다.

> 많은 자들이 구원받은 기쁨의 단계에서 멈추어 있다. 그러나 지옥가지 않는 것만이 구원의 전부는 아니다. 기독교의 구원은 아버지와 자녀의 성숙단계로 이어져야 한다.
> 우리의 구원은 커다란 가정으로 들어가는 것이기 때문이다. 그곳의 중심은 하나님 아버지다. 그런데 왜 우리는 하나님 아버지의 사랑을 느끼기 어려우며 기독교인이 된 이후에도 왜 우리는 예수님이 원하시는 좋으신 아버지와의 그러한 친밀한 관계 속으로 들어가지 못하고 또 계속 성장되지 못하는가?

주서택 목사는 그 이유들을 크게 4가지로 나누고 1번 항목에서 이렇게 말합니다.

> 3. 하나님 아버지에 대해서 왜곡된 인상을 갖게 하는 4가지 요인들
> 1) 육신의 아버지는 인간이 처음 만나는 가장 강한 하나님을 대표하는 존재다. 그런데 그 아버지와 만나는 그 시기는 우리의 자아가 아직 온전히 이루어지지 않은 상태이기에 이 시기의 모든 경험과 사건 느낌은 우리의 성격 형성의 근본을 이루게 되고 이것은 우리가 평생 쓰고 다니는 마음의 안경이 된다.
> 2) 부모가 끼친 영향을 살펴보는 이유는
> 3) 육신의 아버지의 여러 유형들과 그런 아버지의 모습으로 인하여 아이에게 끼칠 수 있는 영향들을 생각해 보자
> (1) 좋은 아버지 (2) 화를 잘 내거나 광포한 아버지
> (3) 자신의 감정을 표현하지 않는 아버지
> (4) 성경적으로 연약하거나 두려움이 많고 소심한 아버지
> (5) 안 계신 아버지 (6) 알콜 중독에 빠진 아버지 (7) 나를 버린 아버지
> (8) 나를 부끄러워하고 나를 용납하지 못하는 아버지
> (9) 나에게 해를 끼친 아버지 (10) 무능력한 아버지
> (11) 미성숙하고 무책임한 아버지

이렇게 말하는 것은 프로이트의 이론을 따르고 있는 것입니다.[300] 교회에서 설교를 들을 때 이와 유사한 말을 많이 듣게 됩니다. 그러나 그 말이 프로이트에게서 출발하였다는 것을 알고 하시는 분들은 거의 없습니다.[301]

프로이트가 그 말을 할 때는 오디푸스 컴플렉스(Oedupus complex), 즉 어머니를 어머니로서가 아닌 성적 대상으로 인식하게 된다는 이론으로 시작한다는 것을 알아야 합니다.[302] 어떤 유명한 사람이 그 말을 하기 때문에 덩달아서 사용하게 되면 어처구니없게도 심리학에 오염된 설교를 하고 있다는 사실을 모르게 됩니다. 교재 40, 41페이지에서는 더 위험하게 말하고 있습니다.

3. 조상으로부터 내려오는 저주의 끈과 굴레들에 묶여 있을 때 하나님을 바로 알지 못하게 한다. 음란한, 사기, 도적질, 저주의 말들, 악독, 알콜, 거짓말, 점치는 것(p. 40)

5) 조상들로부터 온 악습과 죄성의 굴레들에 대해서는 예수의 이름으로 담대히 끊어서 더 이상 나의 자녀들에게 이것들이 전가되지 않도록 기도하라. 성령의 능력

---

300) http://mindbuilder.net/41 루이스 vs 프로이트(아맨드 M. 니콜라이 지음/ 홍승기 역 / 홍성사)을 읽고 그 내용을 요약해 놓았다. 그 중에 일부를 발췌 하면 다음과 같다. "프로이트의 심리학적 논증에서 가장 핵심은 모든 종교적 관념이 원초적 소망에 뿌리를 두고 있다는 것이다. 우주와 내세에 도덕적 질서가 있다면 정말 좋을 것이라는 소망 & 초기 아버지와의 관계에서 느꼈을 안정감과 보호받음에 대한 열망…… . 신에게 투사되는 이러한 소망은 '무기력감'에서 나타난다고 이야기 했다. 그래서 신이란 높여진 아버지에 불과하다고 이야기 했고, 신과의 인격적인 관계란 전적으로 육신의 아버지와의 관계에 의해 좌우된다고 말했다. 결국 프로이트는 우리가 하나님을 우리 부모의 이미지로 창조한다고 말한다."

301) http://blog.daum.net/deserthouse/11309685 에서는 프로이트가 한 말이라고 분명히 밝히는 설교문도 있다. 프로이트는 "아버지와의 관계가 어떠한가? 내 삶속에 남아 있는 아버지의 이미지가 무엇인가에 따라서 신관이 결정된다."고 했다.

302) http://cafe.daum.net/ymc3161/86xP/8 Freud에 따르면 남근기에 일어나는 가장 중요한 사건이 소위 오디푸스 컴플렉스(Oedupus complex)이다. 이 이론은 남아가 다소 직관적으로 어머니를 성적대상으로 인식하게 된다는 것이다(Rapporport, 1972). 이런 일이 어떻게 일어나는지는 완전하게 설명할 수 없으나 남아가 약 4세에 이르면 어머니를 성적 애착 대상으로 보며 아버지를 성적 경쟁자로 보기 시작한다는 것이다. 아버지는 어머니와 함께 자고 어머니를 끌어안고 입맞춤도 하며, 아동이 할 수 없는 방식으로 어머니의 몸을 애무하는 것이다. 남아는 또한 자신을 거세 할 수 없는 힘을 가진 강력하고 위협적인 존재로서 아버지를 보게 된다. 남아는 어머니에 대한 욕망과 자신을 거세할 수도 있는 아버지의 힘에 대한 두려움 사이에 놓이게 된다. 이러한 기분과 그로 인한 갈등의 대부분은 무의식적인 것이다. 이 갈등의 결과는 불안이다. 어린 남아가 이 불안을 어떻게 다룰 수 있겠는가? Freud는 남아는 동일시(identification)라는 방어기제로 이 불안에 반응하게 된다고 하였는데 즉 남아는 아버지의 이미지와 자신을 통합하여, 그 이미지에 자신의 행동을 부합시키고자 노력하게 된다. 가능한 한 아버지처럼 되고자 시도함으로써 남아는 아버지로부터 공격받을 기회를 감소시킬 수 있을 뿐만 아니라, 아버지의 힘의 일부로 편승할 수 있게 되는 것이다. 또한 남아는 아버지와의 동일시하는 이러한 과정을 통해서 초자아를 발달시키게 된다.

으로 기도하라. 예수의 이름은 창조와 기적을 일으킨다.(p. 41)

또한 '내울내'에서는 다음과 같이 말합니다.

인간의 잠재의식 속에는 부모의 여러 영역이 유전되기도 한다(p. 50)

이것은 또한 '내울내'에서는 명백히 '가계에 흐르는 저주' 이론을 가르치는 것입니다. 소위 '가계저주론'은 현재의 질병이나 어떤 고통스런 일의 원인이 가계에 흐르는 저주 때문이라고 합니다. '메릴린 히키'를 통해서 국내에 소개된 이 잘못된 사상은 그 뒤를 이어서 이윤호 목사가 『가계에 흐르는 저주를 끊어라』라는 책으로 한국 교회를 더 어지럽게 했습니다. 이것이 '전인치유'라는 명목으로 오용되고 있습니다.

"메릴린 히키"는 '가계에 흐르는 저주'에서 "맥스 죽스"와 "조나단 에드워드"의 가문을 대조해서 정당성을 펼쳐갑니다. "맥스 죽스"라는 불신자가 불신자 여자와 결혼하여 이룬 가문에서 516명이 참으로 비참한 생활을 했으며, 청교도 중 가장 잘 알려진 "조나단 에드워드"의 가문 1,394명을 조사하여 이들이 모두 출세하여 하나님께 복 받은 가문이 되었다고 제시합니다. 그러나 이런 대조는 현실에 비추어 보면 얼마나 거짓된 것인지 드러나게 됩니다. 불신자들 중에는 더 많이 세상에서 출세하고 권력과 재산을 누리고 살아가고 있기 때문입니다.[303]

예장합신측은 86회 총회에서 이윤호 목사의 '가계저주론'을 '위험한 사상'으로 규정했습니다. 정훈택 교수는 다음과 같이 말했습니다.

이윤호의 저주론은 성경에서 나온 것이 아니다. 따라서 그의 가계저주론도 성경적인 얘기가 되지 못한다. 그의 저주론, 가계저주론의 뿌리는 다른 곳에 있다. 단적으로 말하면 정령숭배사상과 물신론 등 한국에서 쉽게 발견할 수 있는 미신적 샤머니즘과 비슷한 이야기를 그는 기독교적 개념으로 각색해 놓은 것이다. …… 이윤호의 저주론, 축복관은 한국의 전래 미신적 기복사상의 기준을 그대로 전제로 삼아 그 기초 위에 성경적 자료들과 이론들을 올려놓은 것이다.[304]

303) http://lovereformed.com/home/
304) http://blog.naver.com/ydkim0301/20032548143 신약시대로 오면 이제 어느 가계나 아무런 의미를 가지지 못한다. 긍정적으로도 그렇고 부정적으로도 그렇다. 가족이라는 것이 하나님의 구원을 나르거나 가로막는 기능을 가지고 있지 않다. 가문도 민족과 혈통도 더 이상 하나님의 사랑과 은총을 막거나 전하는 수단이 중요시되지 않는다. 그래서 신화와 족보에 몰두하지 말라는 명령이

이윤호 목사는 자신의 개인적인 생각을 성경으로 입증하려고 시도했습니다. 그러나 그가 말하는 성경구절의 원래의 뜻을 곡해하였습니다.[305] 그런 그의 주장에 대해서 통합측에서도 91차 총회에서 사이비성이 농후하다는 결론을 내렸습니다.[306]

이와 같은 비성경적인 저주론에 대해서 많은 이의와 비판이 일어난 것은 주지의 사실입니다.[307] 그런데도 이런 내용으로 소위 '내적치유'라는 이름 하에 가계에 흐르는 저주를 가르치는 것은 매우 위험한 일입니다.

나온다. 왜냐하면 "이런 것은 믿음 안에 있는 하나님의 경륜을 이룸보다 도리어 변론을 내는 것"이기 때문이다(딤전 1:4). 비슷한 말씀이 디도서 3:9에도 기록되어 있다. "어리석은 변론과 족보 이야기와 분쟁과 율법에 대한 다툼을 피하라 이것은 무익한 것이요 헛된 것이니라" 이윤호의 결론과는 너무나 다르지 않은가? 이윤호는 바울 사도의 충고와는 반대로 "가계의 영적 뿌리를 추적하라."고 권하고 있다. 영적 뿌리를 추적하는 것은 부모에게서 시작하여 위로 올라가면서 그들의 죄와 저주를 찾으라는 것이다. 추적해 보았자 별 결과가 없을 것을 염려한 이윤호는 그런 것에 대해 "하나님께 물어보라"(154쪽)고 충고한다. 어디까지 가야 끝나는지에 관하여 말하지 않기 때문에 아마 그가 말한 이 순례는 아담에게까지 도달해야만 끝낼 수 있을 것이다.
그렇게 바울 사도의 충고와 싸우라는 것일까? 이윤호의 주장은 복음을 거슬러 올라가는 것이다. 성경을 따른다면 이렇게 말해야 한다. 조상들이 어떤 죄를 지었고 어떤 삶을 살았든지 걱정하지 말고 예수님께서 십자가에서 피 흘려 돌아가심으로 하나님의 형벌을 다 받으시고 그 대신 우리를 용서하시며 우리를 받으신다는 이 복음을 지금 당신이 받아들이라. 예수님을 믿는 사람에게 더 이상 두려울 것도 무서울 것도 없다. "자기 아들을 아끼지 아니하시고 우리 모든 사람을 위하여 내어 주신 이가 어찌 그 아들과 함께 모든 것을 우리에게 은사로 주지 아니하시겠느뇨"(롬 8:32).

305) http://kr.blog.yahoo.com/visions72000/1662 가계저주론 주창자들은 자기들의 주장을 지지하기 위해 성경을 인용하거나 성경에 등장하는 인물을 열거한다. 그런데 그 인용한 성경구절에 대하여 주석학적 근거를 전혀 제시하지 않는다. 이윤호만 단 한번 주석학자 카일 델리취를 언급할 뿐이다. 하지만 그것도 자기가 필요한 것만 인용하였고 델리취의 원래 의도를 곡해하였다. 이윤호는 시편 51:5의 "내가 죄악 중에 출생하였음이여 모친이 죄 중에 나를 잉태하였나이다" 라는 뜻을 어머니의 성적 범죄의 가능성을 주장했다고 델레취를 들먹이더니 신디 제이콥스를 인용하여 다윗 조상 중에 기생 라합이 있어서 성적인 범죄를 하게 되었다고 한다. 그러나 델리취의 주석(pp. 136-137)을 자세히 읽어보면 이 구절을 다윗이 자기의 범죄한 사실 자체만 아니라 죄의식을 표현한 것이고 자기 어머니가 죄인이며 이 죄의 상태에서 그의 잉태 그의 출생이 이루어져 자기의 죄인 됨을 출생부터 발생한 것이라는 철저한 자기 성찰을 가리키는 고백이라고 설명한다. 시편 51편이나 델리취의 주석이나 어디에서도 다윗의 범죄가 조상 탓이라는 암시조차 찾을 수 없다.
306) http://pck.or.kr/PckCommunity/NoticeView.asp?ArticleId=60&TC_Board= 11799&page=1 7) 연구결론 - 이윤호 목사와 메릴린 히키의 가계저주론의 신관, 기독론 및 구원론, 귀신신앙, 축사기도문, 운명론의 문제점 등을 살펴볼 때 성서의 가르침과 교회의 신앙과 신학에 위배됨이 현저하고 사이비성이 농후하므로 이들의 책을 읽거나 가르치는 것의 위험성을 경고하고 금해야 한다.
307) http://cafe.daum.net/hapdongchongsin/5SKz/114 사이트에 나와 있는 자료들을 참고하면 더욱 자세히 살펴 볼 수 있다.

큰 4번(p55)으로 가면 여전히 '구상화'에 대한 내용이 포함되어 있습니다.

4. 모태 안에서 받은 상처와 영향이 나의 굴레가 되어 있을 수 있다.

물론 여기에서 "있을 수 있다."라는 표현을 사용하고 있으나, 세미나 내내 강조하고 있는 내용이나 '시간여행'에서도 그렇게 행하고 있듯이 실제로는 모태로부터 받은 상처에 대한 이론으로 펼쳐가고 있습니다.

그러나 이런 것은 하나의 생각에 불과한 것이지 어떤 것으로도 과학적으로 증명된 일이 없습니다. 증명되지 아니한 이론을 마치 성경적인 것처럼 가르치는 이런 비성경적인 치유는 마땅히 교회에서 배격되어야만 합니다.

더욱이 과정을 마칠 때에도 강의 끝에 '구상화'를 통한 치유를 합니다. 강의 중에도 다음과 같이 말합니다.

나의 어머니는 어떤 분이셨습니까?
어떤 인상을 가지고 있습니까?
주님께서는 과도한 책임감을 가지고 있는
아이에게 말씀하십니다. '그 아이는 쓰러져 갈듯 했다.'
남들은 대단하게 생각했지만 주님께서는 그 아이의 고통을 아셨습니다.
그 아이가 자신이라면 일어나셔서 기도하십시오.
하나님께 일어나는 것도 믿음으로 화합하는 것입니다.
하나님이 우리에게 말씀하시는 것은
이제 주님의 품 속에 품고 싶은 아이라고 하십니다.
즐거운 아이로 살게 해 주세요.
하나님과 함께 놀 수 있는 자유를 주세요.
웃는 것에 대해서 죄책감을 느끼는 분이 있습니다.
성령께서는 기쁨의 영이라고 하셨습니다.
항상 열심히 하는 것이 바른 것이 아닙니다.
너는 내 안에서 웃는 얼굴을 보기를 원한다고 말씀하십니다.
고리를 끊기를 원하는데, 연약한 마음을 가지신 분이 있는데,
이미 성령의 검을 주셨다고 말씀하십니다.
너는 내 아들이라고 말씀하십니다.
네가 그 탯줄을 끊는 것은 바른 행동이라고 하십니다.
내 인생은 내동댕이쳤다고 말하는 분이 있습니다.

주님께 물어보십시오.
"주님 내가 왜 이런 내팽개쳐진 속에 살아가야 합니까?"
속임수를 쓰도록 강요받는 사람이 있습니다.
가정 안에서 네가 원하는 것을 얻으려고 했었지만
그 탯줄을 끊으라고 말씀하십니다.

이런 방식들은 다 구상화 치유의 방식이며, 이런 방식을 도입하는 것은 바로 '내 속에 울고 있는 아이'를 치유하기 위해서입니다. 이렇게 오컬트에서 기원한 뉴에이지적인 방식으로 예수 믿는 성도들을 치유하는 것은 극도로 위험한 방식이며 성경적인 치유가 아닙니다.

'과정 7. 예수 그리스도의 인성과 내적치유'의 분석과 비판
먼저 교재 44페이지의 성경구절과 설명을 읽어보겠습니다.

미혹하는 자가 많이 세상에 나왔나니 이는 예수 그리스도께서 육체로 임하심을 부인하는 자라 이것이 미혹하는 자요 적그리스도니(요이 1:7)
아버지께서 내 안에 내가 아버지 안에 있는 것같이 저희도 다 하나가 되어 우리 안에 있게 하사 세상으로 아버지께서 나를 보내신 것을 믿게 하옵소서(요 17:21)
이제는 그의 육체의 죽음으로 말미암아 화목케 하사 너희를 거룩하고 흠 없게 책망할 것이 없는 자로 그 앞에 세우고자 하셨으니(골 1:22)

예수님은 우리가 하나님과 화목한 관계가 되기 위해서 희생하시고 최선을 다하셨다. 하지만 많은 그리스도인이 몸은 교회 안에 들어와 있으나 마음 즉 속사람은 하나님과 거리감을 가지고 있다. 이런 관계는 예수님이 원하시는 온전한 하나 됨의 관계가 아니다. 왜 이런 일들이 발생하는 것일까? 그리고 이에 대한 해결책은 무엇인가?

교재 47페이지에서는 초대 교회를 언급하고 있습니다.

11. 그러므로 초대 교회부터 사단은 끊임없이 예수 그리스도의 인성과 신성을 다음과 같이 부인했다.
1) 전능하신 창조주가 물질, 시간, 공간의 제한을 받으실 필요가 있겠는가? 그가 구원자라면 인간과는 틀린 아주 탁월한 존재여야 하지 않겠는가?
(배도 고프지 않고, 쓸쓸한 외로움도 없으시고, 고통도 느끼지 않고 등등의)라고 주장하는 자들이 있다.

2) 예수님은 하나님이시므로 인간의 성품은 없고 오직 거룩한 하나님의 모습, 하나님의 성품만을 가지고 계신다(단성론 monophysitism).

12. 사단의 이런 속임수로 예수님을 바라보게 되면 ……
1) 예수님을 나와 같은 진정한 사람으로 생각지 않고 어떤 가현상이나 인간과 본질적으로 다른 초월적인 권세를 가진 자, 즉 하늘의 소식을 전하기 위해 잠시 나타난 자로 설명하는 이론의 결과는 그리스도 인성의 따뜻한 중보적 도움을 느끼지 못하는 결과로 만들었다.
그리하여 두려움과 소원한 기분이 생겨 대신 별세한 성도를 중보자로 세워 그들을 통해 하나님께 나아가려는 성도 경배 사상이 생겨나게 되었다(칼 아담의 저서 『우리의 형제 그리스도』에서)

주서택 목사는 예수님의 신성을 부인하는 가현설에 대해서는 "사단의 속임수"라고 성경적으로 말했습니다. 이 부분은 반드시 짚고 넘어가야 할 부분입니다. 그 당시 영지주의가 교회를 위협하는 상황 가운데서 사도 요한은 영지주의를 '적그리스도'로 말합니다. 주서택 목사의 말 그대로 그런 일이 "사단의 속임수"라는 것을 안다면 '심리학'이 교회에 얼마나 위협이 되고 있는지 똑바로 알아야만 합니다. 초대 교회에 영지주의가 "사단의 속임수"였다면 이 시대의 '심리학'도 동일하게 "사단의 속임수"로 자리 잡고 있기 때문입니다.

주서택 목사는 칼 아담을 비판하며 예수님의 인성을 약화시키는 그런 사상에 대해서 강하게 비판을 가하고 있습니다. 그렇다면, 예수 그리스도의 구원에 대하여 조롱하고 '환상'이라고 하는 자들의 이론을 따르고 있는 주서택 목사는 과연 그와 동일한 비판에서 벗어날 수 있을까요? 그가 비판하는 자보다 더 신랄한 비판이 있을 수밖에 없습니다. 그것은 예수 그리스도의 십자가를 욕되게 하는 일이기 때문입니다.

주서택 목사는 이런 사상들이 "사단의 속임수"라고 말하기 이전에 자기 자신이 심리학에 기초하여 사역하면서, 수많은 사람들을 미혹과 혼란에 빠트리고 있다는 사실을 인정하고 속히 성경만으로 가르쳐야 합니다.

주서택 목사가 그렇게 하지 못한다는 것은 기독교의 가르침과 "사단의 속임수"에 속하는 반기독교적인 사상을 구별하지 못하고 있다는 증거입니다.

'내울내'에서 주서택 목사는 아주 단호하게 다음과 같이 말합니다.

우리의 속사람에 하나님 말씀이 전달되기 위해서는 이미 그 자리를 차지하고 있는 잘못된 지식들을 몰아내야 한다. 세상의 헛된 철학과 사상, 사단적인 지식들을 몰아내야 한다.(p. 87)

주서택 목사는 "잘못된 지식들"을 "사단적인 지식들"이라고 분명하게 말하고 있습니다. 그러면, 심리학과 뉴에이지에 물든 이론들과 방법들을 사용하고 있는 주서택 목사는 과연 무엇이라고 해야 할까요?

교재 44페이지 1번을 계속해서 살펴보겠습니다.

1. 관계는 속사람이 하는 것이다. 속사람이 하나님을 향해 마음을 열지 않는 이유는 무엇일까?
오해 – 하나님이 나를 돕지 않고 외면하고 버렸다.
거리감 – 하나님은 인간인 나와 다르기에 내 고통을 완전히 모른다.

과연 "관계는 속사람이 하는 것"일까요? 앞서 주서택 목사가 삼분설로 인간을 이해하고 설명하고 있다고 말했습니다. 여기서도 주서택 목사는 잘못된 인간이해로 설명하고 있습니다.

그 뿐만 아닙니다. 그는 그런 삼분설보다 더 이상한 이론으로 가르치고 사역하고 있습니다. 그가 말하는 '속사람'은 '내울내'인데, '무의식 속에 상처 받은 나'를 말합니다. 과연 그런 '무의식 속에 상처 받은 나'라는 존재가 하나님과 관계를 하고 있을까요? 도대체 성경 어디에 그렇게 말씀하고 있을까요? 없습니다. 성경에는 그렇게 말씀하고 있지 않습니다.

과연 하나님께서 '내울내'를 말하는 '속사람'만 관계하고 우리의 몸은 하나님과 무관할까요?

19 너희 몸은 너희가 하나님께로부터 받은 바 너희 가운데 계신 성령의 전인 줄을 알지 못하느냐 너희는 너희의 것이 아니라 20 값으로 산 것이 되었으니 그런즉 너희 몸으로 하나님께 영광을 돌리라(고전 6:19-21)

성경이 이렇게 밝히 말씀하고 있는데도 주서택 목사가 '관계는 속사람이 하는 것'이라는 입장을 계속 고수하는 것은 그가 '내울내'에서 벗어나지 못하기 때문입니다. 그가 진정으로 성경적이고 바른 치유사역을 원한다면 이

'내울내' 이론을 버려야 합니다. 그러지 않고서는 결코 성경적이라고 말할 수 없습니다. 주서택 목사와 그의 치유사역에 있어서 가장 핵심이 되는 것이 바로 '내울내'이기 때문입니다. 그가 아무리 성경적이라고 포장을 하고 광고를 하여 사람들을 속여도 그 비판을 결코 피해갈 수가 없습니다. 심리학의 개념으로 성경을 왜곡하는 내적치유는 그 어떤 명목으로도 교회 안에서 용납되어서는 안 됩니다.

교재 45페이지를 보면 고통의 치유에 대한 잘못된 접근과 해결이 있음을 보게 됩니다.

> 4. 하나님은 나를 떠난 적이 없고 버린 적이 없다. 또한 하나님은 온전한 인간으로 이 세상에 오셔서 사셨기에 나의 모든 입장과 고통을 완전히 이해하신다.
> 이 두 가지 사실을 온전히 이해할 때 속사람의 오해는 풀어지고 하나님과 하나 되는 관계가 이루어진다. 즉 예수님께서 나와 같은 인간임을 알 때 우리의 모든 고통은 치유 될 수 있다. 그러므로 악령은 초대 교회 때부터 예수님의 온전한 모습을 알지 못하게 미혹했다.
> "사랑하는 자들아 영을 다 믿지 말고 오직 영들이 하나님께 속하였나 시험하라 많은 거짓 선지자가 세상에 나왔음이니라 하나님의 영은 이것으로 알지니 곧 예수 그리스도께서 육체로 오신 것을 시인하는 영마다 하나님께 속한 것이요 예수를 시인하지 아니하는 영마다 하나님께 속한 것이 아니니 이것이 곧 적그리스도의 영이니라 오리라 한 말을 너희가 들었거니와 이제 벌써 세상에 있느니라"(요일 4:1-3)

'내울내'에 빠져 있는 주서택 목사는 자신의 오류가 무엇인지 알지 못합니다. "이 두 가지 사실을 온전히 이해할 때 속사람의 오해는 풀어지고 하나님과 하나 되는 관계가 이루어진다."라는 말이 과연 진실일까요?

하나님과 하나 되는 관계는 성도에게는 이미 이루어졌습니다. 그것은 내가 "이해할 때" 되는 것이 아닙니다. 이미 예수 그리스도의 십자가로 이루어졌습니다. '무의식의 내울내'가 이해할 때에 하나님과 하나 되는 것이라면 그것은 성경이 말씀하는 하나님이 아닙니다. 이런 비성경적인 생각을 펼치는 이유는 주서택 목사가 '자아'에 초점을 맞추고 심리학에 의존하고 있기 때문입니다.

"속사람의 오해"는 결국 "속사람의 상처"를 말하는데 '이해'를 통해서 '오해'를 푸는 것을 성경에서 말씀하고 있을까요? 성경은 '믿음'을 말씀합니다. '오해'를 한 것이 아니라 '죄'를 지었습니다. 그러나 이제 예수 그리스도 안에서 새로운 피조물이 되었습니다. 그것이 바로 성경이 말하는 '속사람'입니다. 이것이 성경적인 관점입니다. 성경이 말씀하는 '속사람'의 본질을 주서택 목사는 무너뜨리고 있습니다.

"예수님께서 나와 같은 인간임을 알 때 우리의 모든 고통은 치유 될 수 있다."는 말은 속임수입니다. 우리의 모든 고통이 치유되는 것은 예수 그리스도를 구주로 영접할 때, 죄를 회개하고 십자가의 피의 공로를 믿을 때 치유가 됩니다.

> 4 그는 실로 우리의 질고를 지고 우리의 슬픔을 당하였거늘 우리는 생각하기를 그는 징벌을 받아서 하나님에게 맞으며 고난을 당한 다 하였노라 5 그가 찔림은 우리의 허물을 인함이요 그가 상함은 우리의 죄악을 인함이라 그가 징계를 받음으로 우리가 평화를 누리고 그가 채찍에 맞음으로 우리가 나음을 입었도다 6 우리는 다 양 같아서 그릇 행하며 각기 제 길로 갔거늘 여호와께서는 우리 무리의 죄악을 그에게 담당시키셨도다(사 53:4-6)

예수 그리스도께서 십자가의 고난을 당하시고 피 흘려 죽으심으로 우리가 나음을 입었습니다. 이 중요한 사실 때문에 우리가 치유를 받았습니다. 그런데 여기에 무엇을 더 첨가를 한다는 것은 하나님의 치유책을 받아들이지 못하는 불신앙 입니다.

"그러므로 악령은 초대 교회 때부터 예수님의 온전한 모습을 알지 못하게 미혹했다." 라는 말이 주서택 목사 자기 자신을 두고 하는 말인지 모르고 있습니다. 곧 우리가 예수님의 인성을 '이해' 할 때, '알 때' 치유가 된다는 것이야 말로 예수님의 온전한 모습을 알지 못하게 하는 처사입니다. 영지주의는 초대 교회를 위협한 더럽고 썩은 세상의 철학에 오염된 사상입니다. 영지주의가 예수님의 인성을 부인해서 문제가 되었다면 주서택 목사는 인성을 강조하는 바람에 문제가 됩니다. 주서택 목사는 사도 요한이 말하는 초대 교회의 적그리스도가 무엇인지 그 본질을 바르게 알아야만 합니다.

성경이 무엇이라 말합니까?

> 우리가 아직 죄인 되었을 때에 그리스도께서 우리를 위하여 죽으심으로 하나님께서 우리에게 대한 자기의 사랑을 확증하셨느니라(롬 5:8)

우리가 하나님을 알아보고 이해할 때 예수 그리스도가 우리를 위하여 죽으신 것이 아닙니다. "죄인 되었을 때에" 죽으셨습니다. 우리가 알지 못할 때 죽으셨습니다. 이것이 복음입니다. 이것이 은혜입니다. 이 진리를 무너뜨리면 안 됩니다.

교재 45페이지 6번은 예수님의 3중직에 대한 오해가 있습니다.

6. 인간이 되신 예수님의 삶은 곧 대제사장의 중보자의 삶이다. 구약의 대제사장은 예수 그리스도의 예표였다.
구약의 대제사장은 자신도 연약한 자였기에 저가 무식하고 죄에 미혹된 자를 능히 용납하고 중보 할 수 있었다. 그렇듯 예수님 역시 충성된 중보자가 되기 위하여 우리의 모든 연약함을 인간의 삶을 사심으로 직접 체험하셨던 것이다.

예수님의 삼중직은, 왕, 선지자, 대제사장입니다. 그런데 주서택 목사는 예수님의 직분을 대제사장이라고만(인성으로서) 제한적으로 말하고 있습니다. 그러나 예수님은 인성을 가진 채로 왕으로, 선지자로, 대제사장으로 다 수행하셨습니다. 어느 것 하나만 분리해서 인성을 가지시고 사역하신 것으로 말하면 안 됩니다. 이런 편협 된 시각을 가지고 말씀을 대하기 때문에 문제가 됩니다. 예수님의 삼중직 중에서 대제사장의 중보직 만을 말하는 이유는 '내울내'는 상처받았고 위로받아야 한다는 의도가 있기 때문입니다.

유대인의 왕으로 나신 이가 어디 계시뇨 우리가 동방에서 그의 별을 보고 그에게 경배하러 왔노라 하니(마 2:2)

예수를 배척한지라 예수께서 저희에게 말씀하시되 선지자가 자기 고향과 자기 집 외에서는 존경을 받지 않음이 없느니라 하시고(마 13:57)

그러므로 우리에게 큰 대제사장이 있으니 승천하신 자 곧 하나님 아들 예수시라 우리가 믿는 도리를 굳게 잡을지어다(히 4:14)

위에 나오는 성경 구절들이 모두 다 인성을 가지시고 오신 예수님에 대한 말씀입니다. 대제사장직 만을 언급하여 예수님의 예수님 되심에 대한 오해를 가지게 하는 것은 성경을 심히 잘못되게 가르치는 처사입니다.

47페이지 10번에서는 예수 그리스도의 십자가의 죽음에 대한 편견을 말하고 있습니다.

10. 예수는 이 땅에서 인간의 진정한 모습, 즉 나약하고 상처받을 수 있고 마음에 위로를 필요로 하는 인성을 가지신 완전한 인간이 되셔서 내가 당해 본 모든 고통들을 체휼하셨다. 그 이유는 나를 구속하시고 회복하시기 위한 사랑 때문이었다.

"사랑 때문이었다."는 말이 틀린 말은 아닙니다. 그러나 예수님께서 십자가에 못박혀 죽으신 것은 하나님의 사랑만이 아니라 하나님의 '공의'를 만족케 하시기 위함입니다. 그것은 우리의 '죄' 때문이었습니다. 십자가에서는 그 두 가지가 나타났습니다. 공의를 무시한 사랑은 맹목적인 사랑입니다. 하나님의 자기 백성을 향한 사랑만이 아니라 하나님의 그 의가 십자가에서 동시에 나타나셨습니다. 이것이 복음입니다.

그러나 현대신학의 흐름 중에 하나가 하나님의 '사랑'에만 치우쳐서 말하는 것입니다. 그렇게 말하는 이유는 '오늘의 나의 삶에서 하나님은 어떤 분이신가?' '오늘의 고난 가운데 하나님은 무슨 의미가 있는가?' 여기에만 의미를 부여하기 때문입니다. 인간의 고통과 인간의 상처에 대한 위로와 사랑에만 관심이 집중되어지고 하나님의 공의는 저 멀리 내동댕이쳐 버렸습니다.

교재 48페이지 13번에서는 성경에 대한 폭넓은 관점을 제시하지 못합니다.

13. 당신은 아직도 당신 혼자라고 말할 수 있는가?
당신을 위하여 인간이 되어 이 땅에 오신 예수 그리스도 안에서 진정한 회복과 치유의 은혜를 체험하는 것은 당신의 특권이다.

예수님의 오심에 대한 이해를 "당신을 위하여"에 계속해서 집중함으로 복음의 핵심을 오해케 합니다. 이것은 주서택 목사의 내적치유가 얼마나 '자아'가 중심을 차지하고 있는지 여실히 증명해 줍니다.

예수께서 이르시되 내가 다른 동네에서도 하나님의 나라 복음을 전하여야 하리니 나는 이 일로 보내심을 입었노라 하시고(눅 4:43)

예수님의 오심은 "하나님의 나라 복음"을 전하심이라고 성경에서 말씀합니다. 그런 의미에서 예수님의 오심은 '내울내'의 상처를 치유하는 차원이 아니라, 새언약의 차원에서 설명되어야 합니다.

'과정 8. 성령의 권능을 받으라'의 분석과 비판

과정 8의 문제점은 교재 54페이지에서 드러나고 있습니다. 페이지 전체를 다 옮겨보겠습니다.

3) 사도행전 2장에 나타난 오순절 성령충만의 사건은 그곳에 모인 자들만을 위한 것이었는가?
만일 그 역사가 그 곳에 있는 자들만을 위한 것이었다면 그 후에 다시는 믿는 자들에게 이런 식으로 성령이 임하는 사건은 일어나지 않았을 것이다. 그러나 오랜 시간이 지난 그 이후에도 그와 같은 사건은 계속해서 일어났다.
사도행전 8:14-25 사도행전 10:44-48 사도행전 19:1-7
위의 기록들을 볼 때 예수님의 약속을 의지하고 기도하는 사람들에게 성령이 임하시는 현장이 계속 재현되었음을 볼 수 있다. 그러므로 사도행전 1장에서 말씀하시는 주님의 약속은 지금 당신에게도 유효한 것이다. 이것은 우리가 거듭나서 하나님의 자녀가 되게 하기 위한 성령의 내주 역사가 아니고 이미 거듭난 그리스도인에게 성령님께서 권능을 주시기 위해 임하시는 성령충만함의 역사이다.

● 성령으로 충만한 삶을 지속적으로 살게 하는 역사
성령의 두 역사가 일회적이고 순간적이지만 성령으로 충만한 삶을 지속적으로 살게 하는 역사는 일회적이 아닌 매일의 삶 속에서 이루어지는 생활이며 성령님과의 관계의 모습이다.
위의 두 사건이 이미 이루어졌을지라도 죄나 고집에 의해서 성령님을 무시하면 성령께서 그 사람 안에서 충만한 넓이를 계속 넓혀 가실 수 없다. 은사와 권능이 나타났을지라도 매일의 삶 속에서 성령님과의 관계를 깨뜨리면 그 은사는 곧 추한 신비주의로 뒤바뀌고 그의 인격은 이기적이며 교만한 모습만을 드러내게 될 뿐이다.

이런 주서택 목사의 견해는 과연 성경적일까요? 사실 치유사역의 가장 중요한 두 기둥이 말씀의 충분성과 성령론이라고 해도 과언이 아닙니다. 그러므로 어떤 성령론을 따르느냐가 매우 중요한 관건이 됩니다. 주서택 목사가 지향하는 방향은 개혁주의 성령론이 아닙니다.[308]
그러나 성령론에 관한한 가장 궁극적인 문제는 '성령의 역사만으로도 치

---

308) '내 속에 울고 있는 내가 있어요' 198페이지 각주에서 주서택 목사는 '디 마틴 로이드존스, 성령론(새순출판산, 서울, 1986)'을 언급함으로써 그의 성령론의 타당성을 입증받으려 하나, 로이드존스의 성령론은 개혁주의적인 성령론이 아니다.

유가 부족한가?' 하는 점입니다. 주서택 목사의 말대로 성령님께서 권능을 주시고 성령충만케 하시면 무의식(잠재의식)의 상처받은 '내울내'는 치유가 안 되는 것일까요? 성령님의 권능과 충만은 어디까지가 치유가 되고 어디까지는 안 되는 것인지 매우 궁금합니다. 진짜 중요한 마음의 치유는 심리학으로 해야 된다면 굳이 성령의 권능을 받고 성령의 충만을 받을 필요가 있을까요? 주서택 목사는 다음과 같이 말합니다.

> 성령에 대한 수많은 변론이 있다. 그러나 문제는 무엇을 위한 변론인가 하는 것이다. 내가 가진 지식의 틀을 고수하기 위해 행하는 변론은 무익함 뿐이다. 성령을 아무리 소리 높여 외친다 해도 속사람이 성령께 순종하지 않고 있다면 성령은 깊이 고통을 받으실 것이다.

위의 말이 별 것 아닌듯해도 매우 심각한 내용을 포함하고 있는 말입니다. 왜냐하면 주서택 목사가 말하는 '속사람'은 성경에서 말씀하는 '속사람'이 아니기 때문입니다. 그것은 무의식에 갇힌 '내울내'를 뜻하기 때문입니다. 그런 논리 속에서 "속사람이 성령께 순종하지 않고 있다면 성령은 깊이 고통을 받으실 것이다." 라는 말은 매우 위험천만한 말입니다.

'상처받은 내면아이'에게 성령님이 임하셨는데도 치유가 되지 않고 순종하지 않는다면 도대체 성령님께서는 왜 오셨을까요? 분명히 성경은 성령님께서 오셔서 예수 그리스도의 구속의 은혜를 우리에게 효과적으로 적용시키시는 분이십니다. 그런데 그 성령님이 오셨는데도 '내면아이'를 치유하지 못한다고 하면 과연 그것이 성경이 말하시는 치유일까요? 이런 주서택 목사의 성령님에 대한 생각은 성령 하나님의 능력과 역사에 대한 모욕입니다.

주서택 목사는 논리적으로도 안 맞는 말을 하고 있습니다.

> 이는 힘으로 능으로 되지 않는다. 오직 성령으로만 된다. 기독교의 마지막 남은 메시지는 성령에 대한 것이다.[309]
> 내적치유는 나의 작은 협조를 가지고 성령께서 처음부터 끝까지 행하시는 것이다……

아니 도대체 힘으로도 능으로도 안 되어서 오직 성령으로만 된다고 하면서

---

309) 주서택, 김선화, 내 마음속에 울고 있는 내가 있어요, 순출판사, 2008, p. 184.

'내면아이'는 치유가 안 되면 무엇 때문에 성령님의 권능과 충만이 필요합니까? 그런 어중간한 치유라면 굳이 성령님이 오셔서 치유하셔야 할 필요가 없습니다.

성령의 권능과 충만은 그렇게 받고, 내면아이를 치유하기 위하여 심리치유는 심리치유대로 해야 하는 것이라면 굳이 성령님이 임하시고 충만케 하실 필요가 없습니다. 그런 논리대로 하자면 결국 주도권은 성령님께서 쥐고 계신 것이 아니라 '내면아이'가 장악하고 있는 셈입니다. 그렇게 '내면아이'에게 쩔쩔매는 성령님의 권능은 얼마나 초라합니까? '내면아이'의 눈치를 봐야 하는 성령님이시라면 굳이 충만하기를 구해야 할 필요가 없습니다. 결국 성령 하나님보다 심리학이 더 높은 자리를 차지하고 있는 말도 안 되는 논리입니다.

이런 주서택 목사의 내적치유는 인본주의 심리학에 오염된 방법과 철학으로 성령님의 역사도 몰아내고 '자아'가 안방을 차지하고 더 큰소리를 치게 되었습니다. 그리하여 하나님의 말씀인 성경보다 더 권위에 있어서나 효력에 있어서나 '자아'가 왕좌를 차지하고 있습니다. 이것은 매우 심각한 문제입니다.

"내적치유는 나의 작은 협조를 가지고 성령께서 처음부터 끝까지 행하시는 것이다. ……"라는 말은 모순을 내포하고 있습니다. 성령님께서 처음부터 끝까지 행하시는 것이라면 "나의 작은 협조"는 필요 없습니다. 주서택 목사가, "나의 작은 협조"가 필요하다고 말하는 것은 '내울내'의 차원에서 접근하기 때문이라는 것을 잊지 말아야 합니다. 이런 자세는 반펠라기우스적인 성향을 나타내고 있으며, 성령의 거듭나게 하시는 역사와 내주하시며 충만케 하시는 역사의 의미에 대하여 성경적인 견해를 가지고 있지 못하다는 것을 입증합니다.

• 성령이 하시는 일: 우리 안에 내주하셔서 죽은 영을 살게 하시고 하나님의 자녀가 되어 하나님과 교제를 시작할 수 있도록 거듭나게 하신다.[310]

죽은 영을 살게 하시는 성령 하나님께서 '내울내'는 치유를 못하신다는

---

310) 주서택, 김선화, 내적치유세미나, 한국대학생선교회내적치유상담실, 2007, p. 52.

것은 성경적인 입장이 아닙니다. 결국 앞 뒤 내용을 보면 성령님께서 죽은 영을 살리게 하시고 하나님의 자녀로 교제케도 하시나 '내울내'는 살리지 못하시고 치유도 못하신다는 사상입니다. 그것이 왜 사상이냐 하면 그것은 성경에서 말하는 원리도 아니요 성령님의 역사도 아니기 때문입니다. 성도는 그런 나약하고 초라한 성령님으로 믿지 않습니다.

> 1 그러므로 이제 그리스도 예수 안에 있는 자에게는 결코 정죄함이 없나니 2 이는 그리스도 예수 안에 있는 생명의 성령의 법이 죄와 사망의 법에서 너를 해방하였음 이라(롬 8:1-2)

이것이 성령 하나님의 역사입니다. 성도는 죄와 사망의 법에서 해방되었습니다. 성경은 해방되었다고 하는데, 주서택 목사는 '내울내'는 '협조' 해야 한다고 하면 성도는 과연 어디에다 장단을 맞추어야 하겠습니까?

성령님의 충만으로 나아가기 전에 이미 성령님의 거듭나게 하시는 그때에 일어난 일이 얼마나 위대한 일이며 놀라운 일인지를 주서택 목사는 간과하고 있습니다. 그것은 마치 니고데모가 거듭남에 대해 이해하지 못하는 것과도 같습니다.[311]

주서택 목사는 성령충만이라는 내용으로 끌고 감으로써 성령님의 내주하시는 그 의미를 너무 외면하여 삼위 하나님의 구원의 역사가 마치 부족한 것처럼 만들고 있습니다.

예수 그리스도의 십자가의 피로써 구원받은 성도에게 더 이상 '내면아이'는 존재하지 않습니다. 심리학으로 물든 이런 내적치유는 더 이상 교회에서 실력을 발휘할 수 없습니다. 왜냐하면 성경에서 말씀하는 원리와 내용을 따르지 않기 때문입니다. 그런 것들을 언제나 아낌없이 '배설물'로 내어버려야 합니다.

성령 하나님은 언제나 말씀을 통하여 역사하십니다.

---

311) 3 예수께서 대답하여 가라사대 진실로 진실로 네게 이르노니 사람이 거듭나지 아니하면 하나님 나라를 볼 수 없느니라 4 니고데모가 가로되 사람이 늙으면 어떻게 날 수 있삽나이까 두번째 모태에 들어갔다가 날 수 있삽나이까 5 예수께서 대답하시되 진실로 진실로 네게 이르노니 사람이 물과 성령으로 나지 아니하면 하나님 나라에 들어갈 수 없느니라 6 육으로 난 것은 육이요 성령으로 난 것은 영이니 7 내가 네게 거듭나야 하겠다 하는 말을 기이히 여기지 말라 8 바람이 임의로 불매 네가 그 소리를 들어도 어디서 오며 어디로 가는지 알지 못하나니 성령으로 난 사람은 다 이러하니라 9 니고데모가 대답하여 가로되 어찌 이러한 일이 있을수 있나이까 10 예수께서 가라사대 너는 이스라엘의 선생으로서 이러한 일을 알지 못하느냐(요 3:3-10)

하나님의 말씀은 살았고 운동력이 있어 좌우에 날선 어떤 검보다도 예리하여 혼과 영과 및 관절과 골수를 찔러 쪼개기까지 하며 또 마음의 생각과 뜻을 감찰하나니(히 4:12)

이렇게 강력하게 역사하는 하나님의 말씀이 '내면아이'에게 효과가 없다면 굳이 성령 하나님의 능력도 필요가 없으며, 굳이 하나님의 말씀만으로 살아갈 이유가 없습니다. 그러나 성경은 분명히 말씀합니다.

그런즉 누구든지 그리스도 안에 있으면 새로운 피조물이라 이전 것은 지나갔으니 보라 새것이 되었도다(고후 5:17)

성경은 분명하게 그리스도 안에서 새로운 피조물이 되었다고 말씀하는데, 주서택 목사는 '내울내'는 그대로 있다고 합니다. 성경이 옳습니까? 주서택 목사가 옳습니까? 성경이 진리입니까? 주서택 목사가 진리입니까?

성경에서 이것이 진리라고 말하면 거기에 아멘으로 믿고 순종하는 것이 성도입니다. 그렇다면 세상의 심리학에 종살이 하는 주서택 목사의 심리학에 오염된 내적치유는 더 이상 교회에 필요하지 않습니다. 성도는 이미 예수 안에 새로워진 피조물이요 죄와 사망이 그를 지배하지 못하며 은혜가 왕노릇 하는 복 된 자리에 속한 자입니다. 성경이 무엇을 말합니까?

이는 죄가 사망 안에서 왕노릇한 것 같이 은혜도 또한 의로 말미암아 왕노릇하여 우리 주 예수 그리스도로 말미암아 영생에 이르게 하려 함이니라(롬 5:21)

그 설명이 성령님의 중생케 하시는 역사이든지 충만케 하시는 역사이든지 간에 그것은 우리의 열심과 지혜와 능력으로 이루어진 일이 아닙니다. 우리 안에서 나온 것이 아니라 우리 밖에서 우리의 의지와 생각과 상관없이 일어난 일입니다. 그러기에 은혜요 그러기에 복음입니다. 그렇게 역사하심으로 우리 안에 일어났다는 것은 우리의 능력 밖이었다는 것을 인정하는 것입니다. 우리가 '협조'하고 안하고의 문제가 아닙니다. 성령 하나님께서는 거듭나게 하시고 거룩케 하십니다. 옛사람은 이미 십자가에 못박혀 죽었습니다.[312] 그리고 새사람이 되었습니다. 거기에 '내울내'가 끼일 틈이 없습니다. '내

---

312) 우리가 알거니와 우리 옛 사람이 예수와 함께 십자가에 못 박힌 것은 죄의 몸이 멸하여 다시는 우리가 죄에게 종노릇하지 아니 하려 함이라(롬 6:6)

울내'는 처음부터 없었습니다. '내울내'가 아니라 '죄악에 울고 있는 내가 있어요'[313]가 있었을 뿐입니다. '내울내'는 심리학에 물든 자아해석이요, '죄울내'는 하나님 앞에 죄지은 인간에 대한 해석입니다. '죄울내'는 예수 그리스도의 십자가로 완전히 죽었습니다. 그러나 '내울내'는 여전히 "다고! 다고!" 하고 있습니다.

> 거머리에게는 두 딸이 있어 다고 다고 하느니라 족한 줄을 알지 못하여 족하다 하지 아니하는 것 서넛이 있나니(잠 30:15)

이 말씀은 계속 피를 빨아 먹고도 족한 줄 모르는 특성을 가진 거머리를 묘사하고 있습니다. '두 딸'이란 거머리 몸에 부착되어 있는 강력한 흡인력을 지닌 두 개의 흡입관으로 이해할 수 있습니다. 그렇게 만족함이 없이 끝없이 달라고만 하는 거머리 같은 존재가 바로 '내울내'입니다. "성령님이 내주하셔도 '내울내'는 살아있다!" 이것이 주서택 목사의 사상입니다. 그런 '내울내'를 만족시키려면 결국 자기 주위의 모든 사람들을 희생 시켜야 합니다. '내울내'는 언필칭 '상처를 받았다.'고 말하기 때문입니다. 그래서 '내울내' 앞에서는 어느 누구도 고개를 숙일 수밖에 없습니다.

죽을 때까지 '내울내'를 위해서 사시렵니까? 아니면 성령님으로 거듭남과 성령님의 내주하심을 통해 이미 주신 예수 그리스도의 복음 안에서 새언약의 신실한 백성으로 자유와 평안을 누리며 살아가시겠습니까? 심리학을 좇아가면 '내울내'의 종살이를 하게 되지만, 예수 그리스도의 복음에 순종하면 하나님의 자녀로 참된 복을 누리게 됩니다.

'과정 9. 영적 전쟁'의 분석과 비판

이 과정의 제목은 '영적전쟁'이지만[314], 실제로 이 과정의 핵심은 '대적기도'입니다. 제목 아래에는 다음과 같은 글이 있습니다.

> 우리는 사람과 대항하여 싸우는 것이 아니라 하늘과 이 어두운 세상을 지배하고 있는 악한 영들인 마귀들을 대항하여 싸우고 있습니다.

---

313) '죄울내'의 개념은 '내울내' 개념을 파괴하기 위한 '대항어(對抗語)'입니다.
314) 1998년 교재의 제목은 '영적 전쟁에서 승리하는 법'이다.

증거구절로 에베소서 6장 12절 말하고 있습니다.

우리의 씨름은 혈과 육에 대한 것이 아니요 정사와 권세와 이 어두움의 세상 주관자들과 하늘에 있는 악의 영들에게 대함이라(엡 6:12)

대적기도의 배경은 무엇인가?

이런 대적기도를 하게 된 배경은 피터와그너[315]의 영향입니다. 그의 책 중에 『지역사회에서 마귀의 진을 헐라』, 『영적 원수를 대적하라』 등의 책에 뿌리를 두고 있습니다. 또한 내적치유와 축사 사역의 근원은 신사도 운동본부(하비스트 미니스터리) 소속 사역자 스콧트 레만 부부입니다. 스코트 레만의 사역 라파 미니스트리는 신사도 운동 본부 글로벌 비스트 미니스트리의 소속입니다. 레만 부부는 피터 와그너의 국제 축사 협회의 멤버입니다.[316]

이런 배경을 가지고 있는 신사도 운동에 열렬한 사람들은 어떤 도시의 고층빌딩이나 산봉우리에 올라가서 "하나님의 영들이 가득한 거룩한 도성이 될지어다!", "죄악과 음란과 탐욕의 영들은 다 물러갈지어다!" 라고 기도합니다. '지역의 영'(Territory Spirit)을 의식하면서 "이 지역에서 왕노릇 하는 어둠의 영은 이제 땅의 주인되시는 예수 그리스도의 권세 아래 굴복할지어다! 이제 이 땅을 떠날지어다!" 라는 식의 기도를 좋아합니다. 또한 땅을 밟으면서 영적인 세력을 정복하고 제압한다고 믿습니다. 그러나 조금만 생각해 보면 이런 형태는 과거 우리 조상들을 지배했던 샤머니즘 종교가 행해 왔던 것들입니다. 정월 보름 무렵에는 요란스럽게 굿판을 벌이면서 열을 지어 행진하며 악신을 추방했고, 각 가정의 마당과 온 집의 땅을 발로 밟았습니다. 그것이 바로 '지신밟기' 또는 '마당밟기'입니다. 기독교가 무당 종교로 변질되어 가는 모습을 보여 주는 증거들입니다.[317] 신사도의 대적기도는 가

---

315) http://blog.daum.net/hitto/490 여기서 우리는 피터와그너가 누구인지 분명하게 알아두어야 할 필요가 있다. 20808년 6월 23일 레이크랜드에서 생방송으로 토드 벤틀리의 특별사도임명식을 열었다. 은사운동의 소위 거물급 사도들과 선지자들이 참석했다. 전세계 은사운동의 우두머리 사도격인 피터 와그너, 최고의 선지자라고 하는 릭 조이너가 임명식을 거행(?)했다. "이 위임식은 보이지 않는 세계에서 일어나는 권능과 충만한 성경의 계약을 의미한다. 하나님이 저에게 주신 사도의 권위를 가지고 토드벤틀리에게 선언하노라. 너의 능력이 커질 것이다. 너의 권위가 올라갈 것이다. 너에게 은혜가 늘어날 것이다. 너의 영향력이 증가할 것이다. 너의 계시가 증거할 것이다." 라고 피터와그너는 선언했다.

316) http://blog.daum.net/alphacourse/11297195

317) http://www.cantoncrc.com/bbs/zboard.php?id=column2&page=1&sn1= &divpage=1&sn=off&ss=on&sc=on&select_arrange=headnum&desc=asc&no=27

히 혀를 내두를 정도입니다.[318]

성도를 향하여 축사하는 것은 어리석은 일입니다. 왜냐하면, 성도의 몸 안에 성령이 계셔서[319] 악령이 존재할 수 없기 때문입니다. 다만 성도의 경우는 죄를 짓거나, 시험에 들어서 악령의 영향을 외부로부터 받아서 성령의 소욕을 거스리거나 근심을 시키거나 성령의 역사를 소멸하려는 악령의 역사에 도구가 될 수가 있으나, 이러한 것은 내부로부터 외부로 몰아내는 축사의 대상이 아닙니다.[320]

내적치유 과정에서 다음과 같이 베드로의 이야기를 합니다.

예수님께서 십자가에 못박혀 죽을 것이라고 하셨을 때, "절대로 그럴 수 없습니다." 그랬을 때에 예수님께서는, "고맙다. 너 때문에 살맛이 난다."라고 말씀하지 않으시고 "사탄아. 너는 사람의 일만 생각한다."라고 말씀하셨습니다.
사람의 일만 생각하도록 사탄이 몰아갑니다. 생각은 우리의 입으로 들어가는 음식과 같습니다. 음식이 상하면 토해 버립니다. 상했는데 상했구나 하고 삼키지 않습니다. 새가 많이 내 머리 위에 날아갈 수 있습니다. 그런 새 중에서 새똥을 내 머리 위에 누면 씻을 수가 있습니다.
"더러운 생각아 물러갈지어다"고 대적하십시오. 미혹이 올 때 예수 이름으로, "더러운 귀신아 물러갈지어다."

마지막 마치는 기도(?)에서는 아주 이상한 부분이 발견되었습니다.

성령께서 우리 안에 와 계십니다. 이 점을 인식하십시오. 인격적인 성령께서 영으로 계십니다. 왕좌에 계십니다. 내 안에 있는 어두움의 영역이 어떤 것들이 있는가? 묵상해 보십시오.
나의 가장 연약한 부분이 어떤 것이 있습니까?
나의 감정 속에 연약한 부분이 어떤 것이 있습니까?
말씀과 예수 그리스도의 이름으로 대적하십시오.

---

318) http://blog.daum.net/sakatpark/17 "제계 주신 권세로! 예수 그리스도의 이름으로! 이 시간 종교의 영을 묶나니, 궁핍의 영을 묶나니, 끊어버리노라. 예수의 이름으로 떠나갈 지어다. 다시 심나니, 믿음으로 내가 축복을 받습니다. 더 나은 직장을 받습니다. 월급의 인상을 받습니다. 승진을 하게 됩니다. 은총을 받아들입니다. 유업을 받습니다. 모든 빚이 끊어졌습니다. 수표가 내게 날아옵니다. 형통함이 옵니다. 목적을 가지고, 하나님의 그 일을 이룰 수 있도록. 할렐루야! (전정희, "밀려드는 '新사도적 개혁 운동' 파도," 교회와 신앙, amennews.com, 2006.6.5)"
319) 21 우리를 너희와 함께 그리스도 안에서 견고케 하시고 우리에게 기름을 부으신 이는 하나님이시니 22 저가 또한 우리에게 인치시고 보증으로 성령을 우리 마음에 주셨느니라(고후 1:21-22)
320) http://cafe.daum.net/heretical/Knzb/475

예수님의 이름으로 명하노니 습관적으로 일어나게 하는 사탄아 물러갈지어다. 악습아 끊어질지어다.

믿음으로 살지 못하게 하는 것들을 믿음으로 대적하십시오. 우리의 생각 속에 귀신의 거처가 있을 수 있습니다. 우리의 육신 속에 귀신의 거처가 있을 수 있습니다. 이 시간 예수 그리스도의 이름으로 끊어버려야 합니다....

성령님께서 우리 안에 와 계시는데, 어떻게 "내 안에 어두움의 영역"이 있을 수 있는지 궁금합니다. 더 나아가서 우리의 생각과 육신 속에 "귀신의 거처"가 있을 수 있다는 생각은 매우 위험한 발상입니다. 우리 안에 성령님께서 와 계시는 자리가 따로 있고 "귀신이 거처하는 자리"가 따로 있을까요? 과연 그것이 성경적인 것일까요? 이것은 주서택 목사가 하나님의 주권과 통치를 부인하는 것입니다. 예수님을 믿는 사람의 몸 안에 "내 안에 있는 어두움의 영역이" 있다고 말함으로써 성경말씀[321]을 파괴하고 있습니다.[322]

기독교이단사이비연구대책협회에서 대적기도와 관련한 다음과 같이 말했습니다.

성경은 이들과 같이 대적하는 명령형이나 결박을 외치는 기도문의 모범은 없다. 성도에게는 어두움의 영들이 들어오지 않는다. 성도의 영적인 상태에 따라 사단과 귀신에게 영향을 받을 수 있으나 들어온다는 가르침이 없다.

또한 성도에게 생각과 파장이 귀신이 들어오는 통로라는 것 역시 따지고 보면 설득력이 없다. 성경은 70인에게 원수의 모든 능력을 제어할 권세를 주었으니 너희를 해할 자가 결단코 없으리라. 이미 성도에게 허락된 제어할 권세를 행사하는 역사는 있으나, 성도 자신이 자신에게서 어두움의 영을 쫓아내는 축사나 대적이나 결박하는 명령의 기도는 없다.[323]

그러므로 중요한 것은 성경에서 이런 마귀와의 대적을 위해서 '무엇을 하라고 하셨는가?' 입니다.

그러므로 하나님의 전신 갑주를 취하라 이는 악한 날에 너희가 능히 대적하고 모든

---

321) 너희가 하나님의 성전인 것과 하나님의 성령이 너희 안에 거하시는 것을 알지 못하느뇨(고전 3:16)

322) http://blog.daum.net/biblesaid/195

323) http://blog.naver.com/holykim33/130087378494 대적기도 시리즈 1 정원목사 저술경계/ 기독교형의 탈을 쓴 철학과 헛된 속임수 문서들을 경계하라

일을 행한 후에 서기 위함이라(엡 6:13)

"그러므로"라는 단어가 의미하는 바는 앞의 말에 대한 결론으로 하는 말입니다. 성도된 우리가 그 싸움을 해 나가는 데 하나님의 전신갑주를 취하라고 합니다. 그 전신갑주의 내용이 무엇인지 성경은 이어서 이렇게 말씀하고 있습니다.

14 그런즉 서서 진리로 너희 허리띠를 띠고 의의 흉배를 붙이고 15 평안의 복음의 예비한 것으로 신을 신고 16 모든 것 위에 믿음의 방패를 가지고 이로써 능히 악한 자의 모든 화전을 소멸하고 17 구원의 투구와 성령의 검 곧 하나님의 말씀을 가지라 18 모든 기도와 간구로 하되 무시로 성령 안에서 기도하고 이를 위하여 깨어 구하기를 항상 힘쓰며 여러 성도를 위하여 구하고 19 또 나를 위하여 구할 것은 내게 말씀을 주사 나로 입을 벌려 복음의 비밀을 담대히 알리게 하옵소서 할 것이니 20 이 일을 위하여 내가 쇠사슬에 매인 사신이 된 것은 나로 이 일에 당연히 할 말을 담대히 하게 하려 하심이니라(엡 6:14-20)

이것이 성도의 싸움을 위한 무기입니다. 여기에 무슨 대적기도 이런 것은 나와 있지 않습니다. 그러한 모습들은 믿음의 싸움을 해 가야하는 성도의 책임과 의무를 약화시키고 핑계를 대며 문제의 핵심을 죄와 자신이 아닌 환경의 탓으로 돌립니다. 역시 이런 경우도 그 근원을 따져 올라가서 조상 탓으로 돌려 '가계에 흐르는 저주' 이론이 힘을 발휘하게 되는 잘못되고 죄악된 자리로 나아가게 됩니다. 김세윤 교수는 이렇게 말합니다.

여기서 바울은 로마 병정의 무장 상태를 묘사하여 설명함으로써 '영적 전쟁'의 심각성을 일깨우고 있다. 하지만 허리띠·호심경·군화·방패·검·투구 등 로마 병정의 무장이 중요한 것이 아니다. 'ㅇㅇ의'가 중요한 것이다. 여기 '성령의 검'을 '하나님의 말씀'이라고 풀어 주지 않았는가. 즉 우리가 진리를 굳게 지키고, 의를 행하며, 열심히 돌아다니며 화평의 복음을 전하여 죄인들을 하나님께 화해시키고, 이웃과 이웃을 화해시키며, 핍박을 믿음으로 이겨 내는 것이 에베소서에서 가르치는 '영적 전쟁'이다. …… 사도들은 주 예수 그리스도께서 부활하시어 하나님 우편에 앉아 하나님의 통치를 지금 대행하심을, 즉 그의 성령을 그의 교회에 퍼부어 주시어 그리스도인들로 하여금 그의 통치의 일꾼 또는 군사가 되어 사단의 죄와 죽음의 통치를 극복하고 하나님의 구원의 통치를 실현해 가도록 하신다는 것을 강조하였다.324)

324) http://www.newsnjoy.co.kr/news/articleView.html?idxno=32793

현대내적치유는 축사사역이 많은 부분을 차지하고 있습니다. 그런 축사사역의 핵심은 칼 융의 「원형론」입니다. 아그네스 샌포드는 칼 융의 심리학을 가장 잘 이용한 사람입니다. 존 & 폴라 샌드포드 역시 칼 융의 원형론을 그대로 치유사역에 적용했습니다.[325] 그들은 다음과 같이 말했습니다.

귀신들린 자가 귀신을 원할 때는 축사를 할 수 없다. 마찬가지로, 전투 초기에 상대방을 상담하지도 않고 모든 원형과 그 이면에 있는 귀신들과 정사들을 다 쫓아낼 수 없다. 하지만 내담자를 위해 '시간을 벌' 수는 있다. 우리는 내담자가 제정신이 들 때까지는 원형과 정사의 버팀목을 깨뜨리고 이것들의 영향력을 막을 수 있다. 어떤 이는 누가복음 15장에 나오는 탕자를 붙잡고 있던 것이 십대의 반항과 탐욕과 정욕이라는 고대의 원형적 형태가 아닌지 의아하게 여길 것이다. …… 원형과 관련해 앞서 말한 부분의 요점은, 아마도 사랑하는 그 사람은 누군가의 중보적인 영적전쟁의 대가를 치루지 않으면 결코 놓이고 싶다고 외칠 힘이 없다는 것이다. 강한 자, 즉 그의 생각을 붙들고 있는 원형을 휘두르는 세상의 주관자가 묶여야 한다. 그 권세가 깨져야 한다.[326]

또한, 존 & 폴라 샌드포드는 귀신들과 원형에 대하여 이렇게 말합니다.

귀신들(demons)은 사람 속에 거주하기도 하고 영향력을 행사하기도 한다. 정사와 권세는 주로 외부에서 공격하는 것으로 힘을 행사한다. 여기에는 불결한 기운을 사람에게 흘려보내거나 방해물을 놓는 방법이 동원된다. 이 어두움의 세상 주관자들은 사람들이 가진 사고의 원형을 조종함으로써 감정을 통제하고 사상의 자유를 억압한다(이에 관해서는 『속사람의 변화』에 16장 첫 부분을 참조하시기 바란다). 원형적인 구조들(archetypal structures)이란 모든 인류의 정신세계 안에 자리 잡고 있는 전형적인 사고 유형을 의미한다. 이는 모든 사람에게서 공통적으로 발견되는 육체성의 일부이다. 원형들의 가장 보편적인 예로는 인종간의 편견이나 여성의 예속, 탐욕, 전쟁 및 공격성, 종교적인 고정관념과 종교적인 독단 등이 있다.
일단 사람들이 원형에 속한 감정이나 사고 유형에 길들여지기 시작하면, 정사와 권세는 사람들을 앞서 언급한 여러 가지 사고 유형의 그물에 말려들게 함으로써 지배권을 장악한다. 미식축구 선수들은 경기를 할 때 머리의 충격을 완화할 목적

---

325) 칼 융의 원형론과 축사사역을 더 잘 이해하기 위해 필자의 책 『내적치유와 내면아이』, 『내적치유와 구상화』를 참고하기 바란다.
326) 존 & 폴라 샌드포드, 속사람의 변화2, 황승수/ 정지연 역, 순전한 나드, 2010, pp. 232-233.

으로 헬멧을 쓴다. 원형(archetypes)은 이러한 헬멧과는 정반대되는 기능을 한다. 충격으로부터 보호해 주는 것이 아니라, 하나님의 빛이 우리에게 도달하는 것을 차단하고, 분별력 있는 이성을 가지지 못하도록 방해한다. 원형은 우리를 다양한 정신적인 충격으로부터 보호해주지 못한다. 오히려 원형 자체가 일종의 큰 충격이다. 원형은 뇌의 회로 속으로 더럽힘(defilement)의 촉수를 뻗쳐 와서, 그릇된 생각과 감정의 노예가 되어 옴짝달싹하지 못하는 사람으로 만들어 버린다.

정사와 권세는 원형을 도구로 하여 이 어둠의 세상 주관자들의 감독 아래 사람들을 조종하고 더럽힌다. ……327)

존 & 폴라 샌드포드는 귀신들이 사람의 원형을 도구로 하여 조종하고 더럽힌다고 말합니다. 그들은 강신술, 최면술 등 여러 비성경적인 것들을 비판하면서 자신들의 치유사역의 핵심이 되는 칼 융의 원형론이나 귀신들림에 대해서는 매우 정당하게 말하고 있습니다. 아그네스 샌포드와 존 & 폴라 샌드포드의 내적치유 사역의 영향을 받지 않은 사람은 거의 없습니다. 그들의 내적치유 사역의 핵심에는 칼 융의 심리학이 있습니다. 칼 융의 심리학은 단순한 학문이 아닙니다.

존 & 폴라 샌드포드를 비롯한 내적치유 사역자들은 「깊은치유」를 해야 한다고 말합니다. 그 「깊은치유」는 칼 융의 '적극적 심상법'에서 배워 온 것입니다. 그것은 영적인 안내자(spirit guide)를 통해서 신적 합일에 이르는 방법입니다. 원형을 말한다는 것은 바로 그런 신인합일에 이르는 세상 종교의 전형적인 방법을 체계화 한 것입니다.

이와 같은 영적전쟁의 진정한 의미를 무시한 채 언필칭 '대적기도'를 통하여 해결하려는 자세는 배격되어야만 합니다.

이 과정에서도 발견되는 심각한 문제점은 '그렇게 대적기도를 통해서 물리칠 수 있다고 생각되면, 왜 심리학에 기초한 내적치유가 필요한가?' 하는 것입니다. 한편으로는 심리학으로 '내울내'를 치유하고 또 한편으로는 영적전쟁(?)도 해가면서 치유하는 이런 말도 안 되는 내적치유는 성령 하나님의 역사를 조롱하고 능멸하는 것입니다. 이것은 소위 영적인 싸움이라는 것도 가르치고 인본주의 심리학의 사상도 가르치기 때문에 일어나는 문제입니다.

---

327) 존 & 폴라 샌드포드, 상한 영의 치유1, 임정아 역, 순전한 나드, 2010, pp. 376-377.

결국은 영적인 싸움이 심리학의 내적치유에 밀려나고 그 자리를 상실하게 됩니다.

'과정 10. 치유를 넘어 성숙으로'의 분석과 비판
교재 65페이지를 살펴보면 성숙에 대한 개념이 나옵니다.

깨달음의 결심을 습관으로 만드는 것이 성숙이다.

경건의 좋은 습관은 언제나 유익하고 좋은 일입니다. 그러나 주서택 목사가 말하는 '성숙'이라는 개념은 기독교적인 개념으로는 분명하지 않습니다.[328] 이와 같은 개념정의는 잘못된 방향으로 나아갈 수 있습니다. 주서택 목사가 말하는 '성숙'의 개념은 세상 어디에 내어놓아도 아무런 구별이 없습니다. 기독교적 '성숙'의 개념이 아니기 때문입니다. 어느 종교에서나 어느 심리적인 치료에서 말하는 개념과 차이가 나지 않습니다.

주서택 목사가 위의 글에서 말한 '성숙'은 정신건강적인 차원에서의 '성숙' 곧 심리학적인 차원에서의 '성숙'을 정의하는 말입니다. 그것은 곧 '자아의 완성'이라는 차원으로 귀결될 수밖에 없습니다.

"깨달음의 결심"으로 인터넷에 검색을 해 보면 거의 대부분이 불교와 관련되어 있습니다. "깨달음의 결심"이라는 말은 그 자체로도 기독교적인 용어가 아닙니다.

그러나 성경에서 말하는 '성숙'이란 '영적인 성숙'을 말합니다. 성경이 보여주는 진정한 '영적 성숙'이란 무엇일까요? 그것은 하나님을 알아가며 그 하나님의 성품을 닮아가는 것입니다. 세상이 말하는 '성숙'은 '자아의 성숙'이며 '자아의 완성'입니다. 그렇게 하여 결국은 신이 되고자 하는 죄악 된 욕망을 드러냅니다. 그러나 성경에서는 그렇게 말씀하시지 않고 하나님의 언약에 신실한 백성으로서 그 하나님의 거룩함을 본받아 거룩한 인격으로 온전해져 가는 것을 말씀하십니다.

---

328) 에드 벌클리, 왜 크리스천은 심리학을 신뢰할 수 없는가?, 차명호 역, 미션월드, 2006, p. 154. 영적성숙과 심리학적 건강은 결코 같지 않다. 정신건강에 대한 심리학적 정의는 불신자들이 만들어 낸 사고와 행동을 종합적으로 보려는 주관적 노력일 뿐이다.

그러므로 하늘에 계신 너희 아버지의 온전하심과 같이 너희도 온전하라(마 5:48)

17 우리 주 예수 그리스도의 하나님, 영광의 아버지께서 지혜와 계시의 정신을 너희에게 주사 하나님을 알게 하시고 18 너희 마음 눈을 밝히사 그의 부르심의 소망이 무엇이며 성도 안에서 그 기업의 영광의 풍성이 무엇이며 19 그의 힘의 강력으로 역사하심을 따라 믿는 우리에게 베푸신 능력의 지극히 크심이 어떤 것을 너희로 알게 하시기를 구하노라(엡 1:17-19)

오직 우리 주 곧 구주 예수 그리스도의 은혜와 저를 아는 지식에서 자라가라 영광이 이제와 영원한 날까지 저에게 있을지어다(벧후 3:18)

그런 일로 성숙할 때 나타나는 특징들을 성경은 다음과 같이 말씀합니다.[329]

22 오직 성령의 열매는 사랑과 희락과 화평과 오래 참음과 자비와 양선과 충성과 23 온유와 절제니 이같은 것을 금지할 법이 없느니라(갈 5:22-23)

또한 하나님께서는 삶을 변화시키는 방법도 가르쳐 주셨습니다.

22 너희는 유혹의 욕심을 따라 썩어져 가는 구습을 좇는 옛 사람을 벗어버리고 23 오직 심령으로 새롭게 되어 24 하나님을 따라 의와 진리의 거룩함으로 지으심을 받은 새사람을 입으라 25 그런즉 거짓을 버리고 각각 그 이웃으로 더불어 참된 것을 말하라 이는 우리가 서로 지체가 됨이니라(엡 4:22-25)

이 말씀에 대하여 메튜 헨리는 다음과 같이 말합니다.

옛 사람을 벗어 버려야만 한다. 여기서 타락한 본성을 사람이라고 부르고 있다. 왜냐하면 타락한 본성도 인간의 신체와 같이 여러 부분으로 이루어져 있어서 서로 도우며 힘을 주고받기 때문이다. 타락한 본성은 옛 아담과 마찬가지로 옛 사람이다. 우리는 아담으로부터 이 타락한 본성을 물려받았다.…… 죄를 향한 성향과 욕망은 곧 유혹의 욕심이다.…… 그러므로 이러한 모든 욕심을 입으면 우리가 부끄러울 수밖에 없는 추한 낡은 옷과 같이 벗어 버려야만 한다.
새사람을 입어야만 한다. 타락한 습관을 버리는 것만으로는 충분하지 않다. 우리는 은혜로운 습관을 따라 행해야만 한다.…… 악행하기를 그친 것으로 충분하지 않으며 선을 행하는 것을 배워야만 한다.…… 또 "하나님을 따라"라고 했다. 이는 하나님의 모습을 본받고 그의 위대한 본과 원형을 따라감을 말한다.[330]

---

329) 같은 책, p. 154.

옛 사람을 벗어버리고 새사람을 입는 이런 관점을 세상은 이해하지 못합니다. 세상은 인간의 본성이 죄악으로 타락했다고 보지 않기 때문입니다. 세상은 인간의 선함을 기본으로 말하며 거기에 기초하여 "깨달음"으로 구원의 경지로 나아간다고 말합니다.

또한 주서택 목사는 위의 글에 이어서 계속해서 다음과 같이 말합니다.

> 당신이 협조할 때 이 계획은 온전히 이루어진다. 계속적인 변화와 성숙을 위해 어떻게 협조할 것인가?

주서택 목사는 교재 속에서 자주 '협조'라는 말을 자주 사용합니다. 인간이 '협조'할 때에 변화와 성숙이 이루어진다고 말합니다. 성경은 '협조' 하라고 말씀하지 않고 다음과 같이 말씀합니다.

> 내가 이르노니 너희는 성령을 좇아 행하라 그리하면 육체의 욕심을 이루지 아니하리라(갈 5:16)

"성령을 좇아 행하라"고 말씀합니다. "행하라"는 하나님과 함께 동행하는 행위가 생활 속에서 늘 지속되어야 함을 표현합니다. 이 말씀은 곧 '너희는 성령 안에서 성령에 의하여 하나님과 늘 동행하는 삶을 살아야 한다'는 의미입니다. 성령님은 죄인이었던 인간이 하나님의 자녀로 하나님의 선한 역사에 동참하여 하나님과 동행하는 삶의 유일한 원리입니다.[331] 이것이 성경이 말씀하는 원리입니다.

인간된 우리의 협조라고 하면 거기에는 인본주의적이고 반펠라기우스적인 색채가 너무 강합니다. 하나님의 자녀 된 성도들은 성령님의 인도하심과 그 말씀을 따라 살아가는 순종의 삶이 되어야 합니다. 거기에 무슨 우리의 기여나 공로가 개입되는 차원의 접근이 이루어져서는 안 됩니다.

66페이지를 보면 주서택 목사의 성령론이 의심스러운 부분이 나옵니다.

> 악한 생각의 길은 사단이 타고 들어오는 통로가 되며 내 안에 계신 성령의 불을

---

330) 메튜 헨리 에베소서 주석, 메튜 헨리 저, 황장욱 역, 기독교문사, 1983, pp. 234-235.
331) 카리스주석, 갈라디아서, 기독지혜사, 2007, p. 359.

끄는 역할을 한다. 그러므로 가나안의 모든 족속들을 완전히 진멸하듯이 내 안에 있는 하나님이 주시지 않은 모든 거짓 진리들을 대적하고 없애야 한다.

"내 안에 계신 성령의 불을 끄는 역할을 한다"는 말은 매우 위험스러운 발언입니다. 그러면 성령의 불을 사탄이 끌 수 있다는 말일까요? 결국 성령 하나님보다 사탄이 더 힘이 세다는 것인데 성경 어디에서 그렇게 말하고 있는지 매우 궁금합니다. 이런 잘못된 성령님에 대한 이해는 결국 잘못된 치유 사역으로 나아가게 만듭니다. 이런 접근들은 나의 선택과 결정에 의하여 성령님께서 좌지우지되는 생각이 자리 잡고 있기 때문입니다. 성령님을 마음껏 조장하고 장악하려는 시도는 결국 하나님의 명령에 응답하기 싫어함과 동시에 자기 욕심이 앞서기 때문입니다.

68페이지로 가면 주서택 목사는 내면의 분석에 대해 말합니다.

3. 건전하지 않은 내면의 분석에 빠지지 않도록 주의하라. 지나친 자기분석은 자기애의 병적증상이다.

도대체 "건전한 내면분석"의 기준이 어디에 있는지 궁금합니다. 주서택 목사 자신은 "지나친 내면 분석"이 아니라는 방어막을 치고 있습니다. 과연 그럴까요? 앞에서 미리 살펴보았듯이 주서택 목사 역시 심리학의 이론과 방법들과 도구들을 동일하게 사용하고 있습니다. 다만 그 방법에 있어서 차이가 있을 뿐입니다. 분명하게 사용하고 있으면서도 주서택 목사 자신은 아니라고 강조하는 그 이유가 무엇인지 궁금합니다. 그렇게 말하므로 성도들이 분별을 하지 못하도록 아주 교묘하게 속이고 있습니다.

교재 69페이지로 가면 주서택 목사는 아주 묘한 말을 하여 더욱 분별이 안되게 합니다.

7. 내적치유 세미나에서 당신 내면 속의 어떤 문제가 치료되는 경험을 했다면 그것은 이제 당신의 속사람이 성장되는 문이 열린 것임을 기억하라.

"내면 속의 어떤 문제가 치료" 된다는 것은 '내면아이'가 '구상화'를 통해서 치유를 받아 무의식 속의 자아가 받은 상처가 사라졌다는 것입니다. 그러나 사실 그것은 시작에 불과합니다. 한 개인이 가지고 있는 상처와 기억들은 수없이 많기 때문에 치유를 사람이 어떻게 이끌어 가느냐에 따라 얼마든지 더 많은 치유의 경험을 만들어 갈 수가 있습니다. 실제로 내적치유 세미나에 계속 참석하는 사람들을 보았습니다.

주서택 목사는 그의 내적치유세미나에서 '내면아이'의 치유를 위해 사용하는 '상상력'(imagination) 혹은 '구상화'(visualization)가 얼마나 비성경적이고 뉴에이지적인 방법인지를 분명하게 알아야만 합니다. 그리고 그 방법을 포기할 때에 비로소 성경적인 관점으로의 방향전환이 시작될 수 있습니다. 그가 '내면아이'와 '구상화'라는 두 기둥을 고수하고 있는 한 결코 성경이 말씀하는 '속사람'의 성숙이 될 수 없습니다.

'과정 11. 두 개의 가족과 나에 대한 이해'의 분석과 비판

교재 74페이지에서는 여전히 프로이트의 이론에 종살이 하고 있는 모습을 보게 됩니다.[332]

4. 자신의 성격을 이해하기
1) 부모 특히 아버지는 가정 안에서 하나님을 투영하는 대표적인 존재다. 그러므로 아버지가 자녀에게 대하는 태도는 자녀의 성격형성에 영향을 미친다. 하지만 성격의 벽돌을 선택하는 것은 본인 자신이다. 그러므로 성격은 내 자신의 책임인 것이다.

이런 비성경적인 이론에 오염이 되어 가르치는 것이 내적치유입니다. "부모 특히 아버지는 가정 안에서 하나님을 투영하는 대표적인 존재다."라고 말하는 것은 프로이트의 이론[333]입니다. 앞에서 말했듯이, 주서택 목사는 자신이 성경적으로 치유하며 심리학적인 것들은 사용하지 않는 것처럼 말하는 것이 더 악한 태도입니다. 이런 심리학의 이론을 그대로 답습하고 있으면서도 그것을 두고 성경적이라고 하는 것은 사람들을 속이고 있는 처사입니다.

주서택 목사는 계속해서 "성격의 벽돌을 선택하는" 것에 대하여 말합니

---

332) "과정 6 아버지 되시는 하나님"을 참고하면 된다.
333) http://cafe.daum.net/qqww50/4NtS/575 『환상의 미래』(1927) - 본능과 문명의 대립 관계에 대한 프로이트의 관심이 종교에 투사된 논문이다. 이 논문의 명제는, 종교는 〈인류의 강박신경증〉이며, 지상에서 본능적 원망을 단념하는 대가로 내세에서의 행복을 약속하는 하늘에 계신 사랑하는 아버지의 환상을 영속화한다는 것이다. 이 논문에서 프로이트는 신에 대한 믿음은 유아적 무력함의 보편적 상태가 신화적으로 재현된 것이라고 주장하고 있다.

다. '못난 언니' 와 '잘난 동생'을 통해서 성격의 재료들을 선택한다고 합니다.

그러나 그것이 과연 '선택'의 문제로만 보아야 할지는 깊이 생각해 보아야 합니다. 성격이라고 하는 것이 형성이 될 때가지는 많은 과정을 거치기 때문입니다.

또한 장기적인 관점에서 볼 때, 지금의 좋지 않은 성격이 변하여 나중에 더 좋은 성격으로 변화될지, 지금의 좋은 성격이 변하여 나중에 더 나쁜 성격으로 나쁜 결과를 가져올지 인간은 아무도 알 수가 없습니다.

주서택 목사의 이런 '인과율'에 근거한 접근은 한 인생에 대한 전체적인 조명을 갖지 못하게 합니다. 편협한 시각으로 사람을 다루며, 특히나 성경적인 관점에서 조명하지 못하기 때문에 주서택 목사의 내적치유는 사실상 심리치유에서 벗어나지 못합니다.

더 심각한 문제는 주서택 목사의 오류는 여기에서 더 나아간다는 사실입니다. 언필칭 성경적으로 내적치유는 한다고 하면서 자기의 이론을 세우는 데 도움이 된다면 어떤 사람의 말도 다 인용합니다. 그가 얼마나 경악스러운 말을 인용하는지 보십시오.

> 나에게는 내가 나 되는 것이 성성(聖性)이고 너에게는 네가 너 되는 것이 거룩함이 됩니다. 성인이 된다는 것은 나에게는 나 자신이 된다는 것을 의미합니다. 그렇기 때문에 거룩함과 구원의 문제는 사실 내가 누구인지를 찾고 진정한 자아를 발견하는 문제입니다.[334]

주서택 목사가 토마스 머튼의 이런 글을 인용하는 것은 자신의 신학적 오류를 증명해 줄 뿐입니다. 토마스 머튼은 천주교 사제이며 관상기도의 대가로 꼽히는 사람입니다. 토마스 머튼은 선불교나 노자사상에 심취했으며, 장자를 두고 '나와 동류의 인물'이라고 했습니다.[335] 주서택 목사는 자신이 머튼의 글을 인용하면서도 인용한 글의 위험성을 정말 몰랐을까요? 이런 문장은 너무나도 반기독교적입니다. 주서택 목사의 이런 자세는 혼합주의자들의 결말이 어디로 흘러가게 되는지 보여주는 실제적인 사례로 볼 수가 있습니다.

---

334) 주서택, 김선화, 마음에 숨은 속사람의 치유, 순출판사, 2009, p. 275.
335) http://blog.daum.net/dae3000/523?srchid=BR1http%3A%2F%2Fblog.
daum.net%2Fdae3000%2F523

"거룩함과 구원의 문제는 사실 내가 누구인지를 찾고 진정한 자아를 발견하는 문제입니다." 성경에서는 "거룩함과 구원의 문제"가 "자아를 발견하는 문제"라고 말씀하지 않습니다. 오히려 자기를 부인하라고 합니다. "거룩함과 구원"이 본질이지 "자아"가 본질을 차지하지 않습니다. 이것이야말로 기독교와 세상 종교와의 차이입니다. 주서택 목사가 인용한 위의 글에서 말하는 '진정한 자아발견'은 인간이 관상을 통하여 '신'(神)이 되는 것을 말합니다. 성경은 절대로 그렇게 가르치지 않습니다.

주서택 목사가 이런 글을 그저 순진하게만 인용했다고 볼 수는 없습니다. 그렇다고 그가 어디까지 앞으로 심리학과 세상의 사상들을 수용할지 알 수 없으나 토마스 머튼에 대해서 이런 포용적인 자세를 취하는 것은 매우 위험합니다.

그런 그의 경향성은 계속되는 그의 말에 대한 진의를 다시 생각해 보게 하는 말입니다.

> 속사람의 계속적인 성장을 위해, 예수님이 내 안에서 당신의 삶을 사시도록 하기 위해 우리는 마음을 다해 성령을 협조해 드려야 한다. 어떻게 협조할 것인가? 가장 중요한 협조는 나의 생각을 새롭게 만들어 가는 것이다.

여기에서 말하는 "속사람의 계속적인 성장"은 성경에서 언급하는 "속사람"으로 볼 수 없습니다. 주서택 목사가 말하는 '속사람'은 '내면아이'인데 그 '내면아이'가 계속적으로 성숙해 간다는 것은 그가 토마스 머튼의 글을 인용한 그대로라면 결국 "자아"가 성숙하여 '신'(神)이 되어 간다는 것을 의미합니다. 이것은 다음 구절을 통해서도 더욱 명백하게 드러납니다.

"예수님이 내 안에서 당신의 삶을 사시도록 하기 위해"라는 문구는 매우 난해합니다. 성경은 다음과 같이 말씀합니다.

> 내가 그리스도와 함께 십자가에 못 박혔나니 그런즉 이제는 내가 산 것이 아니요 오직 내 안에 그리스도께서 사신 것이라 이제 내가 육체 가운데 사는 것은 나를 사랑하사 나를 위하여 자기 몸을 버리신 하나님의 아들을 믿는 믿음 안에서 사는 것이라 (갈 2:20)

그리스도께서 이미 내 안에 살아계시는데 무슨 다른 협조가 필요할까요? 주서택 목사의 이런 문맥들은 M. 스캇 펙과 비교를 해 보면, 그가 원했던 아니했던지 간에 주서택 목사는 점점 스캇 펙을 따라가고 있다는 생각을 하지 않을 수 없습니다. 스캇 펙은 사랑을 통해서 우리의 자아 경계를 확장하고 사랑하는 사람을 향해 다가가서 그 사람의 성숙을 도와주는 것까지 포함된다고 말합니다.

> 사랑의 참된 목적이란 오직 정신적 성장이나 인간의 발전인 것이다.[336]

스캇 펙은 '자아의 성숙'을 통하여 '신'(神)이 되는 길을 말하고 있기 때문입니다. 주서택 목사가 인용한 머튼의 글은 스캇 펙과 동일한 지향점을 가지고 있습니다. 그렇기 때문에 주서택 목사의 그 의도는 매우 의심을 사지 않을 수가 없습니다. 아래의 글을 비교해 보면 다만 그 표현상의 차이일 뿐이지 주서택 목사의 글과 스캇 펙의 글의 내용에 있어서는 별다른 차이를 느끼지 못합니다.

> (주서택 목사) 건강한 가정은 가족 구성원 개개인에게 자신이 될 자유가 주어진다. 각자 다른 자기의 모습을 찾아가며 서로 간에 깊은 사랑이 있다. 역기능 가정은 각자의 인격이 존중되지 못하고 각자의 경계선이 약하고 모두 한 덩어리로 뭉쳐 있지만 이것은 건강한 사랑이 아닌 밀착이며 의존성이다. 모두는 서로에게서 자신의 필요를 채우려고 하지만 서로를 도울 수 없다.[337]

> (M. 스캇 펙) 참사랑의 경험도 역시 인간 한계의 확장을 포함하고 있기 때문이다. 인간의 한계란 인간의 자아 영역과 마찬가지다. 우리가 사랑을 통해서 우리의 자아 경계를 확장하는 것은 자아 영역을 넘어서 사랑하는 사람을 향해 다가가 그 사람의 성숙을 도와주는 것까지 포함한다.[338]
> 나는 의존성이란, 상대방이 자기를 열심히 돌봐 준다는 확신 없이는 적절한 생활을 영위하지 못하거나 자기가 완전하다는 느낌을 경험할 수 없는 것이라고 정의한다. 신체적으로 건강한 성인이 의존성을 나타낸다면, 이것은 병리현상으로 정신과적 질환이다.[339]
> 수동적인 의존은 사랑의 결핍에서 시작된다. 수동적 의존자들을 고통스럽게 하는 마음속의 지워지지 않는 공허감은 그들이 유년기에 필요로 했던 부모의 애정과 충분한 보살핌을 받지 못한 결과다.[340]

---

336) M. 스캇 펙, 아직도 가야 할 길, 신승철·이종만 역, 열음사, 2009. p. 155.
337) 주서택, 김선화, 내적치유세미나, 한국대학생선교회내적치유상담실, 2007. p. 74.
338) M. 스캇 펙, 신승철·이종만 역, 열음사, 2009. p. 137.
339) 앞의 책, p. 143.

이런 글들이 점점 어디로 가고 있는지 그 방향성을 알아야 합니다. 심리학이 하나의 치유라는 차원을 넘어서 종교라는 자리를 확보해 가는 지금의 현실에서 생각해 보아야만 합니다. 심리학이 자아에 집중하면 할수록 결국 신비주의로 향하게 됩니다. 자아에 대한 관심이 많아지면 많아질수록 결국은 인간은 '신'(神)이 되고자 하는 더러운 욕망에서 벗어나지 못합니다. 그 결과는 로마서 1장에서 타락한 인간의 죄상을 고발하는 자리에서도 여실히 드러납니다.[341]

그러므로 주서택 목사의 내적치유가 진정으로 성경적인 내적치유가 되려면 이런 자아중심의 내적치유에서 벗어나야만 합니다. 그리하여 예수님의 말씀대로 자기를 부인(否認)하고 자기 십자가를 지고 주를 따라가는 삶이 되어야만 합니다. 지금까지 주서택 목사의 내적치유 세미나 교재를 살펴보았습니다. 심리학과 뉴에이지에 물들어 있는 줄도 모르고 많은 분들이 참석하고 은혜(?)를 받았습니다. 이제라도 이렇게 세상의 오염된 사상에 물든 내적치유에서 벗어나 오직 하나님의 말씀만으로 나아가는 진정한 믿음의 성도들이 되시기 바랍니다.

---

340) 앞의 책, p. 151.

341) 21 하나님을 알되 하나님으로 영화롭게도 아니하며 감사치도 아니하고 오히려 그 생각이 허망하여지며 미련한 마음이 어두워졌나니 22 스스로 지혜 있다 하나 우둔하게 되어 23 썩어지지 아니하는 하나님의 영광을 썩어질 사람과 금수와 버러지 형상의 우상으로 바꾸었느니라(롬 1:21-23)

6. 『답답합니다. 도와주세요』의 분석과 비판

이 번 장에서는 주서택 목사의 책을 살펴보도록 하겠습니다. 그의 책은 그의 내적세미나에서 가르치는 사상과 똑같습니다. 그러나 그의 책을 살펴보는 것은 그의 책을 통하여 수많은 성도들이 그 책을 읽고 있기 때문입니다.

책 분석과 비판을 위하여, 현재 출판되어 있는 주서택 목사의 책 중에서, 『답답합니다 도와주세요』 (주서택, 국민일보, 2004, pp. 11-113까지)를 살펴보겠습니다. 다른 책들과 인터넷에서 올라와 있는 글들은 앞서 교재에서 살펴본 것들과 중복이 되는 경우가 많기 때문에 일일이 다룰 필요는 없습니다. 이 책은 질문에 대하여 주서택 목사가 답하는 방식으로 구성되어 있습니다.[342]

'1부 부정적 성격과 심리에 대해' 의 분석과 비판

(상담자) 저는 제 성격을 고치고 싶습니다. 제 성격이 직장생활을 하는 데 문제가 되기 때문입니다. 그런데 성격은 타고난 것이기에 변화될 수 없다고 하는데 과연 그렇습니까? 그렇다면 하나님께서는 왜 제 성격을 이렇게 만드셔서 어려움을 겪게 하시는 것일까요?(p. 11)

(주서택 목사) .... 그러면 성격이란 무엇일까요?
성격이란 인격(Personality)이라고도 표현되며, 가족 관계나 가계에서 전해지는 성향에 의해서 영향을 받으며 후천적으로 습득되어지고 만들어진 개인적인 인간성입니다. 이것은 성품이라고도 표현할 수 있습니다. 성품은 좋게도 만들어질 수 있고 나쁘게도 만들어질 수 있습니다. 이 책임은 철저하게 그 사람 자신의 몫입니다.(p. 14)

"가족 관계나 가계에서 전해지는 성향에 의해서 영향을 받으며" 라는 말에 대한 의미가 무엇이냐가 중요합니다.

그의 세미나 교재 40, 41 페이지에서는 그것이 실제로 무엇을 말하고 있는지 적나라하게 말하고 있습니다. 그는 "조상으로부터 내려오는 저주의 끈과 굴레들" 이라고 말하는데 이것은 '가계에 흐르는 저주' 를 말하고 있습니다.

---

342) 책 분석과 비판에서 인용되는 주서택 목사의 글들은 『답답합니다 도와주세요』 (주서택, 국민일보, 2004)에서 인용하고 있음을 밝혀 둔다.

그러면서도 "이 책임은 철저하게 그 사람 자신의 몫입니다."라고 하는 것은 원인을 준 사람들과 환경들에 대하여서는 아무런 책임이 없는 것처럼 말하는 것은 일관성이 없는 말입니다.

실제로 그의 내적치유세미나에서는, 구상화를 통하여 상처 준 사람들을 용서합니다. 그러면 그 용서받아야 할 사람도 책임이 있다는 것인데 논리적으로 맞지 않습니다. 책임 소재가 없는 사람이라면 용서할 이유가 없습니다.

> (주서택 목사) 예수님을 믿어도 성격의 연약한 부분이 그대로 있다면 그것은 주님의 능력이 못 미쳐서가 아니라 내면에서 역사하시는 성령님께 나의 속사람이 협조를 안 해 드렸기 때문입니다. 우리의 자아가 협조만 해드린다면 그분은 우리의 성격을 새롭게 하는 역사를 시작하십니다. 성경은 도처에 이 사실에 대해 약속하고 있습니다.
> "또 새 영을 너희 속에 두고 새 마음을 너희에게 주되 너희 육신에서 굳은 마음을 제하고 부드러운 마음을 줄 것이며 또 내 신을 너희 속에 두어 너희로 내 율례를 행하게 하리니 너희가 내 규례를 지켜 행할지라"(겔 36:26-27)(p. 16)

이런 글은 반펠라기우스주의(Semi-Pelagianism)[343]적인 발상이 있음을 엿보게 됩니다. "성령님께 나의 속사람이 협조를 안 해드렸기 때문"이라는 견해는 그런 성향을 보여주고 있습니다. 이렇게 말하는 어떤 분들은 의롭다 함을 얻고 거듭난 성도라도 자유의지로 인해서 타락할 수도 있다고 말하는 성향이 함께 있으므로 매우 경계해야만 합니다.

주서택 목사가 이렇게 말하게 되는 이유 중에 하나는 그가 삼분설에 기초한 인간론을 가지고 있기 때문입니다. 성령님께 협조를 안 하는 이런 상태는 자아가 주인이 되어 있는 모습을 말하고 있습니다. 성령님보다 자아가 더 우세한 자리 곧 왕의 자리에 앉아 있으므로 자아가 주체가 되어 버립니다.

또한 증거구절로 인용한 에스겔서의 말씀은 그 문맥과 구속사적인 맥락에서 잘못 이해하고 인용한 말씀입니다. 이것은 성령님께서 우리 밖에서 역사하시지 아니하고 이제 우리 안에 내주하셔서 역사하시어 그 백성으로 삼으시고 그 언약에 신실하도록 하시겠다는 말씀입니다. 설령 그의 말대로 한다고 할지라도 성령님께서 '속사람'을 새롭게 하셨는데도 인간이 또 협조해야 한다는 것은 매우 위험스러운 발상입니다.

---

343) 어거스틴의 절대예정론이나 제한속죄설, 저항할 수 없는 은혜 등의 개념을 거부하고 인간의 의지와 하나님의 은혜가 협력함으로써 중생하게 된다는 '합력중생설'(Synergism)을 취했다.

앞서 언급해 왔듯이, 여기서 주서택 목사가 말하는 '속사람'은 성경에서 말씀하시는 '속사람'[344]을 의미하지 않습니다. 여기에 대해서는 앞에서 설명했기 때문에 더 언급하지 않겠습니다.

(상담자) 저는 남을 보면 비판하는 마음부터 듭니다. 그리고 저도 모르게 그 사람의 약한 것을 조목조목 비판하는 말이 자동적으로 떠오릅니다. 가까운 형제들도 저와 사이가 좋지 않습니다. 제게 문제가 있는 줄은 알지만 그들의 잘못한 것이 보이니 괴롭습니다. 어떻게 해결해야 할까요?(p. 18)

(주서택 목사) 남을 보면 비판이 먼저 된다는 것은 이미 비판하는 태도가 습관화되어 버린 것입니다. 그러한 비판하는 태도는 하나님이 처음부터 당신 안에 입력시킨 것이 아니고 누군가에게 배운 것이며, 그것이 성격과 태도로 굳어진 것입니다. 대개의 경우 비판하는 부모 밑에서 자란 자녀는 그 부모의 눈과 똑같은 눈을 가지게 됩니다.(p. 18)

주서택 목사의 말대로, "누군가에게 배운 것이며, 그것이 성격과 태도로 굳어진 것입니다."라고 한다면 그것은 "죄"라고 단정적으로 말해 주어야 합니다. 심리학자들이나 내적치유자들은 이런 일들에 대해서 '죄의 관점'에서 보는 것을 간과해 버림으로써 늘 자신은 피해자이며 다른 사람들은 용서해 주어야 하는 자리에 세웁니다. 그러므로 "습관화 되어 버린 것입니다."라고 말하기 보다는, "그러한 습관은 죄입니다."라고 해야 합니다. 그리고 그런 비판하는 죄악 된 행동에 대하여 회개해야 하며, 비판하지 않고 사랑하고 이해하는 습관으로 만들어 가라고 해야 합니다.

이어서 주서택 목사는, "비판하는 부모 밑에서 자란 자녀는 그 부모의 눈과 똑같은 눈을 가지게 됩니다."라고 말합니다. 이것은 프로이트와 같은 심리학자들의 '결정론' 사상을 그대로 답습하고 있는 입장입니다.

똑같은 상황일지라도 어떤 사상과 이론으로 설명하고 해석해 가느냐에 따라 삶에는 차이가 나게 됩니다. 프로이트의 이론을 따르면 프로이트의 이론에 따른 행동이 나옵니다. 성경의 원리를 따르면 성경의 원리에 따른 행동이 나옵니다.

하나님께서 허락하신 부모님인 줄 알고 그 부모를 사랑하고 섬기고 부모의

---

344) 내 속사람으로는 하나님의 법을 즐거워하되(롬 7:22) 그 영광의 풍성을 따라 그의 성령으로 말미암아 너희 속사람을 능력으로 강건하게 하옵시며(엡 3:16)

연약한 부분을 감싸며 기도하는 것이 자식 된 도리입니다. 아무리 부모님이 어떻다 할지라도 그가 하나님의 명령에 순종하여 살아가면 그는 하나님의 성품을 닮아가게 됩니다. 예수 그리스도 안에 있는 자는 성령의 인도하시는 바가 되는 하나님의 자녀이기 때문입니다. 그것이 말씀의 능력입니다.

(상담자) 저는 아무 의욕이 없습니다. 저의 집은 엉망으로 어질러져 있고 제 꼴은 제가 보기에도 끔찍합니다. 남편과 아이들을 도와주어야 하는 것은 알지만 저는 아무것도 할 수 없습니다. 기도하고 성경 보라고 하는 말이 제일 싫습니다. 안 되기 때문입니다. 제발 다른 말로 저 좀 도와주세요.(p. 22)

(주서택 목사) 마음의 모든 의욕이 떨어지고 죽고 싶은 마음이 드는 것은 당신뿐만 아니라 신앙의 대단한 용사들도 경험한 고통입니다. …… 먼저 다윗 같은 사람은 간음과 살인죄를 짓고 난 후에 견딜 수 없는 죄책감으로 인해 깊은 의욕상실과 우울증에 빠졌습니다.…… 또 사울이라는 사람은 자신의 명예욕과 세상의 권력에 대한 집착으로 하나님께 불순종한 후에 깊은 우울증에 시달리게 됨을 볼 수 있습니다.(pp. 22-23)

성경에 나오는 인물을 두고서 '우울증'에 빠졌다고 단정하는 것은 매우 위험한 생각입니다. 성경은 그들에 대하여 우울증에 빠졌다고 말하지 않습니다. 그 당시에는 우울증이라는 단어가 없었다고 말할지 모르나 현대인이 말하는 우울증이라는 개념으로 성경의 어떤 인물도 평가하고 있지 않습니다.

주서택 목사가, "견딜 수 없는 죄책감으로 인해 깊은 의욕상실과 우울증에 빠졌습니다."라고 말하는 것은 죄책감보다 의욕상실과 우울증에 더 비중을 두게 함으로써 인간에게 정말 필요한 것이 무엇인지를 희석시키는 결과를 만들어 냅니다.

다윗이 다만 그렇게 의욕상실과 우울증에 빠졌을까요? 그것은 다윗의 기도를 보면 알 수가 있습니다.

10 하나님이여 내 속에 정한 마음을 창조하시고 내 안에 정직한 영을 새롭게 하소서 11 나를 주 앞에서 쫓아내지 마시며 주의 성신을 내게서 거두지 마소서 12 주의 구원의 즐거움을 내게 회복시키시고 자원하는 심령을 주사 나를 붙드소서(시 51:10-12)

다윗은 죄를 지은 자신뿐만 아니라 인간의 죄악 됨을 보았습니다. 그리고 자신이 지은 죄로 인해 통회하는 마음을 가지고 하나님께 나아갔습니다(시 51:17). 그는 그렇게 회개하면서 하나님께서 회복시켜 주시길 간절히 구했습니다. 다윗의 이와 같은 자세는 의욕상실과 우울증이라는 심리학적인 차원에 머문 것이 아닙니다. 그는 하나님 앞에선 인간의 죄의 비참함에 대한 회개와 죄 용서를 구하는 은혜를 사모하는 마음으로 가득 차 있었습니다.

그러나 주서택 목사가 말하는 대로 현대적인 관점에서 우울증이라 하여 정신질환345)으로서의 우울증으로 바라보면 비성경적인 접근으로 인간의 문제를 바라보기 때문에 그 문제는 더 심각합니다. 소위 '마음의 감기'라고 불리기도 하는 우울증은 일상의 삶에 대해 흥미를 느끼지 못하거나 절망하여 사는 맛을 느끼지 못하고 살아가는 경우를 말합니다.

그러므로 다윗은 괴로워하는 것으로 끝나지 않았습니다. 다윗은 하나님 앞에서의 죄인 된 모습과 하나님의 새롭게 하시는 회복을 바라보았습니다. 주서택 목사와 같이 '우울증'이라는 이름표를 붙여 놓고 시작하면 그 과정도 결과도 성경에서 만들어 가려는 삶의 모습과는 다른 방향으로 가게 됩니다. 성경을 심리학으로 바라보면 성경을 제대로 이해하지 못하며, 인간의 책이요 인간의 이야기로 전락시켜 버립니다.

주서택 목사가 취하는 심리학적인 접근법대로 하자면 다음과 같은 대목에서는 무엇이라고 해야 할까요?

> 6 땅위에 사람 지으셨음을 한탄하사 마음에 근심하시고 7 가라사대 나의 창조한 사람을 내가 지면에서 쓸어 버리되 사람으로부터 육축과 기는 것과 공중의 새까지 그리하리니 이는 내가 그것을 지었음을 한탄함이니라 하시니라(창 6:6-7)

> 이에 말씀하시되 내 마음이 심히 고민하여 죽게 되었으니 너희는 여기 머물러 나와 함께 깨어 있으라 하시고(마 26:38)

그러면 성부 하나님과 성자 하나님께서도 "깊은 의욕상실과 우울증에 빠졌"을까요? 심리학으로는 성경을 절대로 이해하지 못합니다. 인간의 문제를

---

345) 에드 벌클리, 왜 크리스천은 심리학을 신뢰할 수 없는가?, 차명호 역, 미션월드, 2006, p. 114. 정신의학자 풀러 토리는 "정신질환이란 잘못된 단어이다. '정신'과 '질환'은 함께 할 수 없는 말이며, 이는 '보라색 생각'이나 '지혜로운 공간'과 같은 부적절한 사용법을 의미한다."라고 강조한다.…… 뇌에서 발생하는 질환은 뇌막염이나 간질 또한 종양과 같은 것뿐이다. 따라서 정신에 질환이 있다는 것은 마치 지성(intellect)에 종양이 생겼다는 말처럼 어폐가 있다.

인간이 해결하려는 심리학의 이론으로 하나님의 오묘하고 깊고 놀라운 계획을 판단하려는 것은 어리석고 무지한 자들의 오만함이요 교만함입니다.

사울이 단지 자신의 욕심이 채워지지 않아서 그런 지경에 갔을까요? 성경을 접근하는 자세가 바르게 되어 있지 않으면 세상적인 기준으로 성경의 인물들을 평가하게 됩니다. 사울이 욕심을 가지고 있었지만 그것은 어느 한 부분에 속한 것입니다. 성경이 사울에 대하여 말하는 것은 그가 이스라엘이라는 언약의 백성의 머리됨을 상실하고 여호와의 율법을 저버리고 죄악에 빠지게 되었다는 것입니다. 사울 역시 우울증의 차원에서 접근하게 되면 그 해결점에 대하여 다르게 접근하게 됩니다. 뒤이어 나오는 엘리야도 역시 마찬가지입니다.

그 실례로 주서택 목사의 다음과 같은 말에서 쉽게 알 수가 있습니다.

> 당신도 사울처럼 자신의 욕심이 채워지지 않아서 그에 대한 분노와 실망으로 의욕상실에 빠져 있는지 점검해 보십시오(p. 23)

사울에 대한 비성경적인 접근 때문에 상담자에 대해서도 동일하게 비성경적인 접근을 하게 됩니다. 혹 상담자가 욕심이 채워지지 않아 분노와 실망으로 의욕상실에 빠져 있다면 그것은 죄라고 해야 합니다. 성경은 성도로 하여금 하나님의 새언약에 신실하도록 하시며 성령의 역사하심으로 즐거이 그 말씀에 순종하게 하십니다.

> (상담자) 저는 결혼이 너무나 두렵습니다. 술 먹고 구타하는 아버지의 모습이 저의 마음에 생생해서 가족이란 단어 자체도 좋아하지 않습니다. 저도 결혼하면 그런 가정이 될 것만 같은데, 저 같은 사람도 정상적인 가정을 만들 수 있을까요?(p. 25)

> (주서택 목사) 부모로부터 마음의 독립을 하기 위해서는 아버지나 어머니가 자매에게 끼친 부정적 영향들을 잘 정리해 보면서 자매에게 깊이 상처를 준 사건들이 있다면 예수님의 이름으로 깊이 용서하는 것이 필요합니다. 이미 돌아가신 부모님이라 할지라도 용서가 필요합니다.(p. 26)

주서택 목사는 결혼을 두려워하는 상담자에게, 부모님에게 받은 부정적인 영향들을 말하면서 그 상처를 준 부모님을 용서하라고 말합니다. 앞서 인격에 대해서 말할 때도 말했지만, 내적치유자들은 늘 본인은 상처받은 자이고 부모님이나 다른 사람들은 늘 용서해 주어야하는 사람들입니다. 이런 자세는 결코 성경적이지 못합니다.

하나님께서 계획하시고 목적하신 바가 있어서 한 개인을 그 부모님에게서 태어나고 그 품 안에 살아가게 하십니다. 그 부모님을 탓할 것 같으면 그렇게 행하신 하나님도 탓해야 하고 용서해야 합니다. 그렇기 때문에 이런 비성경적인 태도로는 바른 결혼에 도달할 수가 없습니다.

물론 그 속에는 부모님으로부터 부정적인 영향을 받을 수도 있습니다. 죄인으로 태어난 인간이기에 죄악의 영향을 입지 않고 자랄 수 있는 사람은 아무도 없기 때문입니다. 예수님을 믿는 성도라면, 먼저 하나님의 말씀대로 부모님의 말씀에 순종하고 살았는지 점검해 보아야 합니다. 그리고 부모님께 지은 죄악 된 일은 없는지, 비성경적인 태도로 삶을 살아오지는 않았는지, 상처 받은 일을 통해서 어떤 경건의 삶으로 나아갔는지를 살펴보는 것이 성도의 바른 자세입니다.

그렇지 않고 심리학의 이론으로 접근하여 자신은 상처받은 사람이고 다른 사람은 용서해야 할 대상으로 규정하면 비성경적인 해결책으로 나아가게 됩니다. 성경적인 접근을 하면 성경적인 열매를 맺게 되고 인본주의적으로 접근하면 인본주의적인 열매가 맺힙니다.

이 세상의 어떤 부모도 완벽한 인격을 소유한 부모는 없습니다. 왜냐하면 타락한 인간의 본성이 죄로 오염되어 있기 때문입니다. 그러나 놀라운 것은 하나님께서는 그 속에서 일하신다는 사실입니다. 완벽한 부모 아래서 완벽한 인간을 만들어 내시려는 것이 하나님의 목적이 아닙니다.

그 완벽하지 못한 부모 아래서 인간의 죄악과 비참함을 알게 하시며 우리로 하여금 예수 그리스도의 십자가로 나아가게 하십니다. 그 속에서 하나님의 은혜를 구하게 하시며 하나님의 자녀로 거듭나게 하시고 그 속에서 하나님 그 분의 성품을 닮아가게 하십니다.

인간의 죄악은 다름이 아니라 완벽한 환경과 조건이었다면 지금의 자신이 아니라 더 훌륭하고 좋은 인격을 갖추었을 것이라고 생각하는 것입니다. 그 것은 출애굽의 40년 여정에서 역사적인 사실로 말해 줍니다. 하나님의 공급하심에도 불구하고 죄 짓는 일만 하다가 죽었습니다.

그러므로 환경과 조건의 문제가 아니라, 어떤 조건과 환경 속에서도 하나님의 백성으로 신실하게 그 언약에 응답하고 있느냐가 중요합니다.

(상담자) 저는 미국에서 목회를 하고 있습니다. 우리 교회의 한 청년이 중학교 때 이민 왔는데 학교에서 외국인으로서 받은 지나친 스트레스로 자신감을 잃고 환상과 환청까지 듣는 상태가 되어 정신과 치료도 받았지만 상태가 많이 호전되지 않았습니다. 지금은 30대 중반인데 사회생활은 물론 집에서도 말을 별로 하지 않고, 지나치게 엄마를 의존하는 듯합니다. 그분의 부모님, 특히 아버지는 어릴 때부터 마음이 약한 아들을 많이 야단치고 억눌렀었답니다. 어떻게 이 청년을 도와야할까요?(p. 27)

(주서택 목사) 바르고 정확한 목표를 세우기 위해서는 청년의 주변과 청년에 대해 최대한 많은 정보의 수집이 필요합니다. 원인 없는 결과는 없으니 이렇게 되기까지 영향 받은 청년의 주변 환경과 개인적인 성향 등을 자세히 수집하는 것이 필요합니다. 그리고 그 정보를 참고로 우선 청년 안에 이루어져야 할 단기적인 목표를 상담자가 나름대로 세우되 장기적으로는 청년 자신에 대한 건강한 자기 용납과 자신을 부모에게 독립시켜 하나님의 사람으로 세워가는 것에 대한 지지를 해 주는 것을 목표로 세우면 좋겠습니다(pp. 27-28).

이민사회의 부적응으로 인한 어려움은 어제 오늘의 이야기가 아닙니다. 그 어려운 과정을 이겨내고 살아가는 것은 어린 십대의 나이에는 더욱 힘들고 고달픈 일입니다. 그런 영혼들을 돌보기 위한 목회자의 안타까운 심정에 대하여 주서택 목사는 여전히 심리학적인 접근과 목표를 설정해 주고 있습니다.

그 청년에 대하여 최대한의 많은 정보 수집을 하라고 합니다. 상담을 위한 정보수집이 필요하기는 하지만 지금 주서택 목사가 말하듯이, 원인과 결과의 측면에서 다시 말해 결정론의 측면에서 정보 수집을 하고 있는 것은 매우 안타까운 일입니다. 정보의 수집이 많다고 해서 그를 바르게 지도할 수 있는 일은 아닙니다. 그래서 어떤 내적치유세미나를 다녀오신 분은 자기에게 다 말하라고 그러면 치유가 된다고 말합니다.

그러면서 주서택 목사는 이 청년에게 '자신에 대한 건강한 자기 용납'을 먼저 말합니다. 그 다음에 '부모에게 독립시켜 하나님의 사람으로 세워나가는 것'을 말합니다. 이것이 바로 심리학에 오염된 주서택 목사의 치유방식입니다.

이런 접근은 결국 '너는 아무 잘못이 없다'라고 진단함으로써 그 청년을 상처받은 자의 입장이 되게 합니다. 더불어 생각해야 할 것은 "부모에게 독립시"키는 것이 '과연 하나님의 사람으로 세워나가는 것인가?' 하는 것입니다. 지금 이 청년은 이미 30대 중반이라고 했습니다. 환청이 들리고 환상이 보인다고 했습니다. 이런 상황에 처한 사람에 대한 해결책으로 이 정도의 말을 하는 것은 무책임한 처사입니다.

(상담자) 15년 전 쌍둥이로 태어난 아이 중 한 아이가 3개월 만에 죽었습니다. 그래서 저는 불면증과 신경과민으로 정신과 약을 복용했는데 하나님이 싫어하시는 것 같아서 약을 끊었다가 15일을 잠을 못잔 적이 있습니다. 지금은 두려워서 약을 끊을 수 없지만 먹어도 마음이 편치 않습니다. 어떻게 해야 할까요?

(주서택 목사) 먼저 약을 복용하는 것은 죄가 아님을 말씀드리고 싶습니다. 약을 하나님이 주신 것이라고 믿고 감사한 마음으로 복용하십시오. 약을 먹는다고 해서 믿음이 약해서 하나님을 의지하지 못하고 있다고 정죄하시는 하나님은 아니십니다. 언젠가 약을 안 먹어도 이길 수 있다는 마음이 생기면 그때 약을 끊으시기 바랍니다.(p. 30)

과연 그럴까요? 주서택 목사는 오랫동안 내적치유사역을 해 온 분이십니다. 그렇다면 정신과의사가 처방해 준 약의 부작용에 대해서 과연 모르고 있을까요? 주서택 목사의 이와 같은 말은 독자들에게 매우 혼란을 주는 말이 됩니다.

"약을 복용하는 것이 죄가 아니다" 라는 것은 일반적인 치료목적의 약을 말합니다. 그러나 그것이 이 상담자의 경우와 같이 향정신성의약품일 경우는 차원이 달라집니다. 제가 경험하기로도 양심적인 정신과 의사는 장기간 약을 복용하는 것에 대하여 반드시 주의를 줍니다.

그런데 하물며 소위 내적치유를 하신다는 분이 약을 복용하는 문제에 대하여 이렇게 피상적인 대답을 하는 것은 매우 위험한 것입니다. 인터넷에 검색을 해보면 정신과 약의 부작용은 얼마든지 검색됩니다. 어떤 분은 한 달 먹었다가 죽다가 살아났다고 말하는 분도 있습니다.[346]

(주서택 목사) 그리고 아이의 죽음에 대해서 당신이 가지고 있는 생각을 점검해 보십시오. 당신은 아이의 죽음이 당신 탓이라는 생각을 가지고 있습니다. 그 생각

---

346) http://82cook.com/zb41/zboard.php?id=free2&no=457552

은 과연 맞는 생각일까요? 우리는 하나님이 주시지 않은 생각을 버려야 합니다. 하나님이 주시지 않은 생각을 붙잡고 있을 때 우리 삶은 파괴되어 갑니다. …… 하나님이 주신 생각이라면 결코 그 사람을 우울함과 자기 증오, 혹은 낙심과 정죄감, 후회로 몰고 가지 않습니다. 그분이 주시는 생각은 소망이며 평안이고 사랑입니다(pp. 30–31).

과연 그럴까요? 부모로서 자식의 죽음에 대하여 죄책감에 빠지는 것에 대하여 이렇게 말하는 것이 과연 성경적일까요? 하나님께서는 과연 성도에게 "우울함과 자기 증오, 혹은 낙심과 정죄감, 후회"를 주시지 않을까요?

1 하나님이 참으로 이스라엘 중 마음이 정결한 자에게 선을 행하시나 2 나는 거의 실족할 뻔하였고 내 걸음이 미끄러질 뻔하였으니 3 이는 내가 악인의 형통함을 보고 오만한 자를 질시하였음이로다(시 73:1–3)

시편 기자는 이런 심각한 상황에까지 이르렀습니다. 왜 하나님께서는 이런 심정에까지 이르게 하실까요? 그로 하여금 다음과 같은 결론에 이르게 하시기 위함입니다.

25 하늘에서는 주 외에 누가 내게 있리요 땅에서는 주 밖에 나의 사모할 자 없나이다 26 내 육체와 마음은 쇠잔하나 하나님은 내 마음의 반석이시요 영원한 분깃이시라(시 73:25–26)

성도가 여러 가지 인생살이 중에 고통과 아픔을 겪을 수 있습니다. 그로 인해서 마음에 큰 충격과 괴로움을 당합니다. 그러나 하나님은 그것으로 끝내시지 않습니다. 하나님만 의지하게 하시고 그 하나님만이 우리 마음의 반석이시요 즐거움이 되게 하십니다.

하나님께서는 우리로 하여금 죄와 사망의 비참함을 통감하게 하시어 오직 예수 그리스도의 십자가 외에는 구원이 없음을 알게 하십니다. 성령님께서는 그 일을 행하시며 우리로 예수 그리스도와 연합되게 하십니다. 하나님께서는 때때로 자기 증오와 낙심, 정죄감과 후회로 우리를 몰아가셔서 우리의 소망이, 우리의 평안과 만족이 오직 하나님께 있음을 알게 하십니다.

'2부 하나님의 음성을 듣는 법에 대해'의 분석과 비판

이 장에서는 주서택 목사의 그릇된 "하나님의 음성을 듣는 법"에 대해 살펴 볼 것입니다. 오늘날 수많은 성도들이 하나님의 음성을 듣겠다고 눈을 감고 하나님을 묵상하는 자세는 매우 위험한 일입니다. 하나님의 음성에 대한 잘못된 생각으로 신앙생활을 하게 됨으로써 계시된 진리의 말씀 밖으로 넘어가는 일은 경계해야 할 일입니다.

오늘날 직통으로 하나님의 음성을 들을 수 있다고 잘못 가르치는 자들로 말미암아 신앙의 변질과 혼란을 가중시키고 있습니다. 피터 와그너는 모든 신자들이 "사도적 귀"를 가져야 한다고 주장하며 모든 신자들이 성령이 말씀하시는 것을 들을 수 있으며 또 들어야 한다고 말합니다. 신사도주의자들은 하나님의 음성을 듣는 것을 일상생활에 구체적으로 활용된다고 말하면서 엉뚱한 길로 나아갑니다. 그들은 하나님의 음성을 듣는 것이 훈련으로 가능하다고 말합니다.

『하나님의 음성 듣기』를 쓴 지종엽은 한 걸음 더 나아가 "하나님은 오직 성경을 통해서만 말씀하신다는 편견을 버려야 한다."며, "성경이 완성되었다고 해서 하나님이 더 이상 말씀하시지 않는다는 생각은 잘못"이라고 주장합니다. 다시 말해서 그가 말하는 하나님의 음성은 성경 밖에 있는 것일 수 있으며, 또 그것을 외면해서는 안 된다는 것입니다. 브래드 저삭(Brad Jersak)은 "성경 밖 계시의 개념은 의심의 대상이었고 심지어 사이비라고 여겨졌다."라고 했는데, 말미에서 그가 말하고자 한 것은 지금은 과거와 달리 성경 밖의 계시에 대해 받아들일 수 있게 되었다는 것이었습니다.[347]

(상담자) 기도할 때 하나님께서 주신 생각인지 아닌지 분별하기가 어렵습니다. 어떻게 분별할 수가 있을까요?
(주서택 목사) 하나님이 주신 생각과 우리 자신의 생각을 구분할 수 있는 보편적인 방법을 소개해 드리고자 합니다.
첫째는 '하나님의 말씀'이라는 자를 대고 비추어 보는 것입니다.
예를 들면 형제가 예수님을 믿지 않는 자매를 사랑한다고 해 봅시다. 이 자매와의 결혼에 대해서 형제가 계속 하나님의 뜻을 물을 때 형제는 혼란에 빠질 수도 있습니다. 사랑하는 마음이 있기에 자신의 소원을 합리화 시키는 마음이 들 수 있지 않겠습니까?

---

347) http://ewoot.or.kr/bbs/zboard.php?id=vision1&no=290

그러나 성경은 믿지 않는 자와 멍에를 같이 하지 말 것을 권면하고 계십니다. 이렇듯이 성경에 이미 기록된 하나님의 도에 어긋나는 것은 하나님이 주신 생각이 아니라고 구분할 수 있습니다.(p. 35)

주서택 목사는 "보편적인 방법"(?)을 소개해 주면서 믿지 않는 자매와의 결혼을 예를 들어서 말하고 있습니다. 그러면서 다음의 성경 구절을 인용하고 있습니다.

너희는 믿지 않는 자와 멍에를 같이 하지 말라 의와 불법이 어찌 함께 하며 빛과 어두움이 어찌 사귀며(고후 6:14)

사도 바울이 이 말씀을 할 때에 그 의도와 배경은 무엇이었을까요? 바울은 고린도 교회 성도들이 새로운 피조물이 되었으나 믿지 않는 자들과의 관계에서 문제가 있기 때문에 하나님과 화목하지 못하다고 말하고 있습니다. 그것이 믿음의 순수성을 저해하는 일들 곧 불신자와의 결혼(고전 7:39), 우상숭배(고전 10:14), 도덕적 타락(고전 6:8), 거짓사도들의 가르침(11:4) 등과 밀접하게 관련되어 있다고 말합니다. 결론적으로 말해서, 바울은 신앙과 윤리적인 면에 있어서 성도의 정체성을 유지할 수 없는 상황에까지 이르지 않도록 자신을 지키라고 권고하고 있습니다.[348]

주서택 목사의 말대로, "성경에 이미 기록된 하나님의 도에 어긋나는 것은 하나님이 주신 생각이 아" 닌 것은 분명합니다. 그러나, 이것이 상담이라는 차원에서 본다면, 본문의 원래 의미에 대한 설명도 덧붙여져야 합니다. 불신자와의 결혼은 믿음의 순수성을 바르게 지켜나가지 못하게 되며 더 나아가서는 그것이 하나님과 화목하지 못하는 결과가 나올 수 있기 때문에 하나님의 뜻이 아니라고 분명하게 말해주어야 합니다.[349]

---

348) 카리스주석, 고린도후서, 기독지혜사, 2008, p. 370. 성도들의 순결을 요구하는 본문은 신 22:10의 "너는 소와 나귀를 겨리하여 갈지 말며"와 레 19:19의 "네 육축을 다른 종류와 교합하지 말며 네 밭에 두 종자를 섞어 뿌리지 말며" 라는 구약의 말씀과 같은 맥락에서 이해될 수 있다.
349) 주서택 목사 자신이 말하고 있는 대로 "성경에 이미 기록된 하나님의 도에 어긋나는 것은 하나님이 주신 생각이 아니라고" 한다면, 그가 사용하고 있는 심리학과 뉴에이지의 이론과 방법이 기초하여 사역하는 내적치유는 과연 하나님의 뜻일까?

(주서택 목사) 둘째는 '하나님의 성품'이라는 자를 사용하는 것입니다. …… 예를 들어 잘못된 말세론에 빠진 주부가 자기는 하나님의 음성을 들었는데, 하나님께서 죄 많은 남편과 아이들은 다 두고 하나님의 방주에 들어오라고 했다면서 어느 집단에 들어갔습니다. 바른 말세론적 교리를 모른다고 할지라도 자식과 남편보다 자기의 구원을 더 앞세우는 이기심은 예수님의 성품과 반대되는 것입니다.(p. 36).

말세론에 빠진 주부에 대해 "바른 말세론적 교리를 모른다고 할지라도 자식과 남편보다 자기의 구원을 더 앞세우는 이기심은 예수님의 성품과 반대되는 것입니다."라는 말이 과연 바른 접근일까요? 무엇보다 이 주부에게는 바른 말세론적 교리를 먼저 아는 것이 매우 중요합니다. 더불어 진정한 구원에 대해서는 말해 주어야 합니다. 또한 이 주부에게 예수님의 성품을 말해야 한다면 성경적인 구원과 가족 사랑에 대해서 말해 주어야 합니다. 왜냐하면 구원에 관한 문제로 가족과 이별을 해야 하는 경우도 있기 때문입니다.[350]

(상담자) 하나님의 음성을 듣는다는 것은 합리적인 말씀 신앙보다는 초자연적이고 신비주의적 신앙체험을 구하는 자세가 아닌가요? 이런 자세는 바람직하지 않다고 생각하는데요.

(주서택 목사) 전혀 그렇지 않습니다. 하나님의 음성을 듣는다는 것은 모든 경건한 크리스천들이라면 반드시 구해야 하는 기본적인 삶의 자세입니다.(p. 46)

이와 같은 주서택 목사의 말은 계시된 하나님의 말씀인 성경을 떠나서 계속해서 말씀하시는 하나님으로 설명됩니다. 그가 "하나님의 음성을 듣는다는 것은 모든 경건한 크리스천들이라면 반드시 구해야 하는 기본적인 삶의 자세입니다."라고 말하는 것은 매우 경계해야 될 말입니다.

계시된 말씀 안에서 충분하게 만족하며 살아갔던 수많은 믿음의 인물들은 다 무엇이라고 해야 할까요? 경건한 크리스천이라면 계시된 말씀 이외의 범위를 넘어가서는 안 됩니다.

주서택 목사는 세미나와 강의를 통해서 하나님께 묻는 기도를 하라고 합니다. 구상화를 통해 만난 예수님께 그 때 그 상황에서 어디에 계셨는지, 무엇을 하셨는지 물어보라고 합니다. 그리고 그때에 말씀해 주시는 것이 예수님

---

350) 여호와께서 아브람에게 이르시되 너는 너의 본토 친척 아비 집을 떠나 내가 네게 지시할 땅으로 가라(창 12:1)

의 음성이라고 하고 하나님의 음성이라고 합니다.

그러나 분명하게 알아야 할 것은 구상화를 통해 만난 예수는 '영적인 안내자' (Spirit Guide)에 불과합니다. 그런 '영적인 안내자' 를 통해서 들은 음성은 하나님의 음성이 아닙니다.

'구상화' 와 '영적인 안내자' 는 뉴에이지 영성에 있어서는 없어서는 안 되는 중요한 수단이자 방법이고 매개체입니다. 그런 것에 미혹이 되어서 하나님의 음성 운운하는 것은 매우 위험한 일입니다.

> (주서택 목사) 주관적인 이유로는 첫째로 하나님의 음성을 듣는 것에 대한 잘못된 정보나 선입견 때문입니다.
> 그중 가장 보편적인 것들을 살펴보면 첫째는 음성을 들었다는 자의 잘못된 사례로 인한 거부감 때문에 아예 그런 쪽으로는 마음을 닫고 있는 경우입니다. 하나님의 음성을 들었다는 자들이 자신만이 하나님의 음성을 들을 수 있는 특별한 사람인 것처럼 교만한 태도를 취하거나 그들이 들었다는 하나님의 음성이 심히 기괴하고 비이성적이며 합리적이지 못할 때, 하나님의 음성을 듣는 삶에 대한 소망이 생길 리 만무합니다.(p. 39)

주서택 목사는 하나님의 음성을 "모든 경건한 크리스천들이라면 반드시 구해야" 할 것이라고 합니다(p. 46). 문제는 지금 주서택 목사가 말하고 있는 것처럼 개인이 하나님의 음성들을 들었을 때, '그것이 과연 하나님의 말씀인지 아닌지를 누가 판단해 주느냐?' 하는 것입니다. "그들이 들었다는 하나님의 음성이 심히 기괴하고 비이성적이며 합리적이지 못" 하다는 것을 어떤 기준으로 알 수가 있는가? 하는 문제가 발생하게 됩니다. "심히 기괴하고 비이성적이며 합리적" 이라는 것의 기준이 도대체 무엇이냐? 가 중요합니다.

그래서 주서택 목사는 다음과 같이 말합니다.

> (주서택 목사) 혹은 하나님의 음성이라는 것이 주로 저주나 하나님의 심판 같은 선고적인 내용이라 듣는 사람에게 협박성이거나 아니면 정반대로 기도 받는 자에 대한 지나친 아첨의 성격일 경우가 많습니다. 이럴 경우 하나님의 음성이라는, 혹은 하나님의 뜻이라는 말을 가지고 교회 공동체에 엄청난 상처를 내며 어린 성도들을 실족시키는 독을 만들어 버리는 것입니다. 이런 모습들은 우리나라에 퍼져 있던 샤머니즘의 영향과 바른 신앙에 대한 무지 때문이라고 생각합니다(p. 39).

성도는 그 삶에 있어서 하나님의 음성에 대해 성경적인 자세를 가져야 합니다. 계시가 종료된 오늘 우리의 상황에서 하나님의 음성은 기록된 하나님의 말씀으로 우리 앞에 분명하고 확실하게 존재하고 있습니다. 그러므로 성도는 이미 기록된 성경의 말씀의 원리를 따라 살아가야 합니다(딤후 3:16).

이어지는 주서택 목사의 말은 더욱 놀라게 합니다.

> (주서택 목사) 대체적으로 이런 식의 부정적 모습들을 들었거나 보게 된 경우 하나님의 음성을 듣는 것에 대한 거부감 내지는 잘못된 기대감이 있을 것은 당연합니다.(pp. 39-40)

주서택 목사는 계속해서 일상에 관한 일로 하나님의 음성을 듣는 것이 당연하고도 자연스러운 일인 것처럼 말하고 있습니다. 그러나, 계시된 말씀을 벗어나 직접적으로 하나님의 음성을 듣고자 기대하는 것은 매우 위험한 일입니다. 성경은 이런 일에 대해 다음과 같이 경고합니다.

> 5 내 백성을 유혹하는 선지자는 이에 물면 평강을 외치나 그 입에 무엇을 채워주지 아니하는 자에게는 전쟁을 준비하는도다 이런 선지자에 대하여 여호와께서 가라사대 6 그러므로 너희가 밤을 만나리니 이상을 보지 못할 것이요 흑암을 만나리니 점치지 못하리라 하셨나니 이 선지자 위에는 해가 져서 낮이 캄캄할 것이라(미 3:5-6)

어느 시대에나 백성들에게 하나님의 음성이라고 하면서 거짓을 말하는 선지자들이 있어 왔습니다. 그런 일에 대하여 경고하시는 하나님의 말씀을 깊이 새겨들어야 합니다.

> (주서택 목사) 재미있는 사실은 이런 식으로 말해지는 하나님의 음성의 내용 대부분이 길흉화복에 관한 것이라는 점입니다. 하지만 하나님은 우리에게 재산 늘려주는 비법을 말해 주시기 위해서 그분의 음성을 들려주시는 것은 결코 아닙니다.(p. 40)

주서택 목사의 말대로, "하나님은 우리에게 재산 늘려주는 비법을 말해 주시기 위해서 그분의 음성을 들려주시는 것은 결코 아" 니라면 계시된 말씀만으로 충분합니다. 하나님의 음성이 그런 것이 아니라는 것을 분명히 알고 있다면 굳이 하나님의 음성을 듣는 것이 당연한 듯 상담자에게 말해 주어야 할 필요가 전혀 없습니다.

(주서택 목사) 둘째로 하나님의 음성을 듣기 어렵게 하는 주관적 이유는 극히 낮은 자존감과 정죄의식 때문입니다.(p. 40)

"극히 낮은 자존감과 정죄의식 때문"에 하나님의 음성을 듣지 못하는 것일까요? 반대로 극히 높은 자존감과 정죄의식을 가지고 있지 않으면 하나님의 음성을 더 잘 들을 수 있을까요?

만에 하나 오늘날에도 하나님의 음성을 직접 들을 수 있다고 가정해본다손 치더라도 주 목사의 이 주장은 문제가 있습니다. 예를 들어 생각해 보겠습니다. 하나님의 사람 모세는 자존감이 높은 상황 가운데서 하나님의 음성을 듣고 그 부르심에 순종하였을까요? 그렇지 않습니다. 그가 광야에서 하나님의 음성을 들었을 때는 광야생활 40년의 그 마지막 순간이었습니다. 자존감의 관점에서 그를 살펴본다면 아마 그의 자존감은 바닥을 쳤을 것입니다. 그러나 바로 그 때에 하나님께서는 그를 불러 애굽의 종살이를 하는 그의 백성을 인도해 내셨습니다. 따라서 낮은 자존감과 정죄의식 때문에 하나님의 음성을 듣지 못한다는 이런 관점은 매우 비성경적이고 인본주의 심리학에 기초한 것입니다. 하나님의 음성을 들어야 한다는 주서택 목사의 주장이 성경적으로 옳은지 그른지의 진위여부를 규명하는 것을 제쳐 두고서라도 말입니다.

하나님의 음성은 내가 듣고 싶다고 해서 들려지는 것이 아닙니다. 하나님께서는 그의 택한 선지자에게 말씀하여 주시고 그것을 기록된 형태로 남기어서 그 백성들이 그 말씀대로 준행하여 살도록 했습니다. 그래서 성경에서는 이렇게 말씀합니다.

오직 그 말씀이 네게 심히 가까와서 네 입에 있으며 네 마음에 있은즉 네가 이를 행할 수 있느니라(신 30:14)

아직도 주서택 목사는 자신의 생각에 대한 위험성을 잘 모르고 있는 것 같습니다. 사람들이 주서택 목사가 말하는 방식으로 하나님의 음성을 들으려고 하면 상담자가 우려하면서 말하듯이 '신비주의'에 빠지고 맙니다.

(주서택 목사) 이렇게 자신의 자격을 의심하는 자들은 어느 때는 하나님의 음성을

듣고자 하는 간절한 마음으로 자신의 감정을 일부러 고양시키기 위해 노력하다가 이상한 상태에 빠질 수도 있고 잘못된 체험을 하기도 합니다.(p. 41)

이렇게 "이상한 상태" 와 "잘못된 체험"에 빠지게 되는 것은 하나님의 음성을 듣고자 하는 그 자체가 문제입니다. 이미 기록된 말씀으로 주신 성경 말씀을 배워가며 하나님의 뜻을 따라 순종하며 살아가야 합니다.

아직 말씀 안에 연단되지 못한 성도들이 이런 잘못된 생각에 사로잡히면 심각한 상태에 빠지게 됩니다. 그들은 체험위주의 신앙으로 가게 되며 말씀에 신실한 자가 되기보다는 사사건건이 하나님께 물어보며 직접 음성을 들려주시기를 구하는 잘못된 신앙으로 미혹됩니다.

하나님께서 허락하신 은혜들에 대한 이해가 잘못되어 있는 경우가 많습니다. 그것이 하나의 이정표가 되고 가로등이 되는 것일 수는 있어도 그것으로 점포를 차리는 것은 매우 심각한 문제입니다.

신자의 신앙생활은 얼마나 들었느냐 얼마나 보았느냐의 싸움이 아닙니다. 얼마나 하나님을 알아가며 얼마나 하나님의 성품을 닮아 가느냐의 싸움입니다. 성도는 하나님의 하나님 되심을 삶 가운데 증거하여 그 영광을 나타내는 삶을 살아가야 합니다.

하나님께서는 그 말씀의 길을 벗어나서 다른 길로 가는 자들을 향하여 엄중하게 경고하십니다.

네가 쫓아낼 이 민족들은 길흉을 말하는 자나 복술자의 말을 듣거니와 네게는 네 하나님 여호와께서 이런 일을 용납지 아니하시느니라(신 18:14)

주서택 목사는 길흉화복에 관한 것은 하나님의 음성이 아니라고 말합니다. 문제는 어떤 차원의 길흉화복이냐가 중요합니다.

내적치유 세미나를 찾는 사람들이 왜 그렇게 하나님의 음성을 듣고자 할까요? 오늘의 자신에 대한 답을 찾고자 하기 때문입니다. 그 답을 찾기 위해 '구상화' 를 합니다. '구상화' 를 통해 만난 '영적인 안내자'(Spirit Guide)를 통해 하나님께 묻는 기도를 하고 하나님의 음성을 들었다고 합니다. 이런 것은 신비주의 종교에서 하는 죄악 된 일이며 그것은 하나님의 음성이 아닙니다.

진정으로 답을 찾기 원한다면 하나님의 말씀 앞에서 회개하며 그 언약에 신실하게 살려고 해야 합니다. 그래야만 하나님의 백성다움이 무엇인지 바르게 알 수가 있습니다.

'왜 내가 이렇게 되었나요?' 하고 묻거나, '그때 하나님은 어디에 계셨나요?' 하고 물을 필요가 없습니다. 오히려 하나님 앞에 철저히 회개하며 그 말씀이 원하는 삶을 살아야 합니다.

> (주서택 목사) 하나님께서 사랑을 주시는 방법은 인간과 다릅니다. 인간과의 사랑은 무슨 자격이 있어야만 받을 수 있고, 대화도 대화 상대가 되는 자격을 갖추어야 하지만 하나님의 사랑은 아무 자격을 따지지 않고 당신에게 부어집니다. 인간 쪽에서 진실한 손을 내민다면 주님은 절대로 거부하지 않으십니다.(p. 41)

참으로 그렇게 하나님께서 "아무 자격을 따지지 않고 당신에게 부어" 주실까요? 결단코 그렇지 않습니다. 성경은 무엇이라고 할까요?

> 내가 내 마음에 죄악을 품으면 주께서 듣지 아니하시리라(시 66:18)
> 6 만일 우리가 하나님과 사귐이 있다 하고 어두운 가운데 행하면 거짓말을 하고 진리를 행치 아니함이거니와 7 저가 빛 가운데 계신 것같이 우리도 빛 가운데 행하면 우리가 서로 사귐이 있고 그 아들 예수의 피가 우리를 모든 죄에서 깨끗하게 하실 것이요(요일 1:6-7)

죄악 가운데 있는 모습으로는 하나님과 교제할 수가 없습니다. 신자는 죄를 회개하고 하나님 앞에 시인해야 합니다. 예수님께서는 우리의 중보자가 되어 주셨습니다. 예수 그리스도의 십자가의 피만이 하나님 앞에 우리를 정결케 합니다. 다른 길은 결단코 없습니다.

"하나님의 사랑은 아무 자격을 따지지 않고 당신에게 부어집니다." 라는 말은 하나님의 사랑만 강조하고 하나님의 공의를 저버린 엉터리 복음입니다. 만일 하나님께서 아무 자격과 조건 없이 사랑만 부어 주신다면 하나님의 공의에 저촉이 됩니다. 하나님은 그렇게 불의하게 일하시지 않으십니다. 신자가 하나님 앞에 설 수 있는 것은 예수님께서 우리의 의가 되어 주셨기 때문입니다.

> 너희는 하나님께로부터 나서 그리스도 예수 안에 있고 예수는 하나님께로서 나와서

우리에게 지혜와 의로움과 거룩함과 구속함이 되셨으니(고전 1:30)
너희 중에 이와 같은 자들이 있더니 주 예수 그리스도의 이름과 우리 하나님의 성령
안에서 씻음과 거룩함과 의롭다 하심을 얻었느니라(고전 6:11)

이렇게 예수님의 거룩케 하심과 의롭게 하심을 통하여 하나님의 백성이 되었으며 그 앞에 나아가 구하는 신분에 이르게 되었습니다. 이것이 신자의 복이요 영광입니다.

주서택 목사는 "인간 쪽에서 진실한 손을 내민다면 주님은 절대로 거부하지 않으"신다고 합니다. "인간 쪽에서 진실한 손을 내민다"는 것은 매우 모호한 말입니다. 인간의 진실함이 과연 하나님의 공의를 만족시킬 수 있을까요? 절대로 그럴 수 없습니다. 이런 생각은 인간은 자유의지를 가지고 그 의지로 선행을 행할 수 있다는 펠라기우스적인[351) 사고방식입니다.

그러므로 "인간 쪽에서"가 아니라 하나님께서 은혜를 베풀지 않으시면 절대로 진리와 생명에 이를 수 없음을 분명히 알아야 합니다.

주서택 목사는 42페이지에서, "주님은 나에게 자신의 음성을 지금도 들려주고 계신다."고 합니다. 그러면서 "내 양은 내 음성을 들으며 나는 저희를 알며 저희는 나를 따르느니라"(요 10:27)는 말씀을 그 증거구절로 제시합니다.

이 말씀은 유대인들이 예수님을 믿지 못하는 것을 두고 하신 말씀입니다. 그런데 주서택 목사는 예수님의 말씀의 진의를 간과하고 양이라면 예수님의 음성을 다 들을 수 있는 것처럼 말씀을 가르치고 있습니다. 이렇게 말씀을 잘못 오해하여 가르치는 경우가 계속해서 나오고 있습니다.

---

351) http://enc.daum.net/dic100/contents.do?query1=b23p2486a Pelagian Heresy라고도 함. 5세기 펠라기우스와 그의 추종자들이 가르친 그리스도교 이단. 인간 본성의 선함과 인간의 자유의지를 강조했다. 펠라기우스는 그리스도교도들 사이에 만연해 있는 도덕적 태만을 걱정했으며, 자신의 가르침을 통해 그들의 행위가 개선되기를 원했다. 인간이 약하기 때문에 죄를 지을 수밖에 없다고 하는 사람들의 주장을 거부한 이들은 하나님은 인간이 선과 악 사이에서 자유롭게 선택하도록 했다고 주장했고, 따라서 죄란 한 인간이 하나님의 법을 저버리고 자발적으로 범한 행위라고 했다. 펠라기우스의 제자인 켈레스티우스는 원죄에 대한 교회의 교리와 유아세례의 필요성을 거부했다. 히포의 주교인 아우구스티누스는 펠라기우스주의를 반대했는데, 그는 인간이란 그들 자신의 노력으로는 의(義)에 도달할 수 없고 온전히 하나님의 은총에 의지해야 한다고 주장했다. 416년 아프리카 주교들의 2개 공의회에서 단죄 받았고, 418년 카르타고에서 다시 단죄 받은 펠라기우스와 켈레스티우스는 418년 결국 파문당했으며, 그 후 펠라기우스의 행적에 대해서는 알려진 것이 없다.

(주서택 목사) 우리가 이순신 장군과 세종대왕을 흠모할 수 있고, 그를 좋아할 수 있고, 닮아가려 할 수 있지만 그들과 인격적인 관계를 깊이 가질 수는 없습니다. 왜냐하면 실존했던 인물이기는 하지만 죽었기 때문에 현재 나의 삶 속에서 그들과 교제할 수는 없습니다. 나는 다만 그들이 써놓은 글을 읽으며 그들의 생각을 이해하고 그들의 행적을 통해 그들을 존경할 뿐 그들이 개인적으로 나에게 무슨 말을 할 수는 없는 것입니다.

하지만 하나님은 다릅니다. 그분은 죽은 자의 하나님이 아니라 현재 살아있는 당신과 나, 즉 '산 자의 하나님'입니다. 그분은 자신을 '말씀하시는 하나님'이라고 하십니다. 우리가 서로 변론해 보자고 그분은 요청하십니다.(pp. 48-49).

이렇게 말하는 것은 성도들로 하여금 분별력을 잃게 만드는 미혹입니다. 과연 말씀이 그러한가 생각해 보아야만 합니다.

주서택 목사가 증거구절로 제시하는 말씀은 광야에 살던 모세를 부르셨을 때 하신 말씀입니다.

하나님은 죽은 자의 하나님이 아니요 산 자의 하나님이시라 너희가 크게 오해하였도다 하시니라(막 12:27)

예수님께서 이 말씀을 하신 이유가 있습니다. 사두개인들은 하나님도 오해하고 성경도 알지 못하여 부활에 대하여 잘못 생각하고 있었습니다. 그러나 예수님은 출애굽기에 나오는 불붙는 가시나무 떨기에 대해서 말씀하셨습니다. 그때 하신 말씀 속에서 하나님은 "나는 아브라함의 하나님, 이삭과 야곱의 하나님"이라고 하셨습니다. 그들은 비록 오래 전에 죽었지만 그들은 여전히 살아 있으며, 하나님은 또한 약속을 지키는 언약의 하나님으로서 그들과 계속적으로 관계를 갖고 있다는 것을 의미하신 말씀이었습니다.

이 말씀은 죽음이 곧 끝이라고 생각했던 사두개인들이 생각하는 하나님처럼 죽은 자의 하나님이 아니라 산 자의 하나님이라는 것을 예수님께서는 확증하시고 내리신 결론이었습니다. 그리하여 하나님은 언약에 신실하신 하나님이시며, 그 하나님께서 성도의 육체적 부활을 보증하신다는 것을 함축하고 있습니다.

이런 성경의 말씀에 대한 이해와는 다르게 주서택 목사는 하나님께서 살아계시기 때문에 하나님의 음성을 들을 수 있다고 말하고 있습니다. 하나님과의 인격적인 교제를 말하면서 하나님의 음성을 듣는 것으로 말하는 것은 성도의 신앙을 위험에 빠트리게 합니다.

주서택 목사는 자신의 주제에 맞추어서 성경을 끼워 맞추는 방식을 채택하고 있습니다.

"우리가 서로 변론해 보자고 그분은 요청하십니다."라고 말하고 있습니다. 이 말 또한 하나님께서 단순히 음성을 들려주시는 하나님으로 성경이 말씀하시지 않습니다. 오히려 죄 지은 그 백성들을 향하여 회개하라고 강하게 선포하시는 말씀입니다. "요청"한다고 하는 것은 마치 하나님께서 그 백성들에게 허리를 굽히는 자세처럼 느껴지게 만듭니다. 그 속에는 죄에 대한 비통과 회개가 없어 보입니다.

이런 접근 또한 죄에 대한 회개가 없기 때문에 하나님 앞에 엎드려 경배해야 할 인간이 아니라 인간의 필요에 하나님께서 엎드려야 하는 '지니'[352]로 만들어 버립니다.

그러므로 성경을 읽을 때 그 원저자의 관점에서, 또한 그 문맥 속에서 말씀하시는 그 의미를 생각해야 합니다. 그렇지 않으면 자의적인 해석에 빠져서 잘못된 방향으로 나가게 됩니다.

> (주서택 목사) 셋째로 하나님의 음성을 듣지 못하게 하는 주관적인 이유는 하나님의 음성을 듣는 것에 대한 무지 때문입니다. 사무엘을 생각해 보면 그도 하나님의 음성을 들었지만 그것이 하나님의 음성인지 몰랐습니다. 사무엘은 성전 안에서 살았지만 자기 주변의 어느 사람에게도 하나님의 음성을 들었다는 말을 들어본 적이 없었습니다. 하나님의 음성을 들어야 할 제사장도 하나님과의 사귐이 없었던 시대였습니다. 사무엘은 하나님이 말씀하신다는 것에 대해 들어보지를 못했으며 배우지도 못했습니다.(p. 42-43)

이것은 순전히 주서택 목사의 상상력에서 나온 산물입니다. 사무엘 시대를 설명하는 말씀이 사무엘서 1장에 나옵니다.

> 아이 사무엘이 엘리 앞에서 여호와를 섬길 때에는 여호와의 말씀이 희귀하여 이상이 흔히 보이지 않았더라(삼상 3:1)

---

352) 알라딘의 요술램프에 등장하는 요정 지니를 말한다. 그 요정 지니가 "주인님, 무엇을 이루어드릴까요?" 하듯이 그런 하나님으로 전락시킨다.

여기에서 "희귀하여 …… 보이지 않았더라"는 표현은 그 시대의 타락하고 부패한 영적 상황을 암시해 주는 말씀입니다.[353] 하나님의 계시가 "희귀했다"는 것은 성경 전체의 맥락에서 해석할 때, 백성들의 영적인 타락과 도덕적 죄악에 대한 하나님의 심판의 일종이었습니다.

본문 속에서 '보이지 않았더라'는 말씀의 의미는 (1) 하나님의 계시가 이스라엘에게 주어지지 않았고,[354] (2) 또한 이스라엘은 하나님의 계시에 지극히 무관심했음을 가리키는 말씀입니다.[355]

이것은 하나님의 음성을 듣는 것에 대한 무지의 측면에서 말하지 않습니다. 오히려 그 백성들의 죄악 된 측면에서 하시는 말씀입니다. 그들의 죄악 때문에 하나님과 멀어지게 된 것이지 그들이 무지해서 그런 것이 아닙니다. 사무엘 역시 사사시대의 사람입니다. 그를 통하여 사사시대를 마감하고 왕정시대를 이어가게 하십니다. 그 당시의 죄악에 대해서 성경은 이렇게 말씀하십니다.

> 그때에 이스라엘에 왕이 없으므로 사람이 각각 그 소견에 옳은 대로 행하였더라(삿 21:25)

말씀에 대한 접근이 무지에의 접근으로 가면 인간의 애씀에 대한 보상으로 가게 됩니다. 그러나 하나님 앞에 지은 죄에 대한 관점으로 바라보면 회개를 불러일으킵니다. 그들이 각자 하나님 앞에 통회하며 나아가면 하나님께서 저들을 외면하지 않으실 것은 분명한 하나님의 약속입니다.

(주서택 목사) 하나님의 음성을 듣는다는 것은 신비한 체험이 아니라 하나님의 자녀에게는 평범한 생활입니다. 이방의 종교를 믿는 수도자들은 엄청난 고해와 금욕 생활을 통해 신과 접촉하려고 시도합니다. 그러나 기독교의 하나님은 그렇게 만날 수 있는 분이 아닙니다. 인간의 어떤 고행으로도 그분을 만날 수 없습니다. 오직

---

353) 사람이 이 바다에서 저 바다까지 북에서 동까지 비틀거리며 여호와의 말씀을 구하려고 달려 왕래하되 얻지 못하리니(암 8:12)

354) 우리의 표적이 보이지 아니하며 선지자도 다시 없으며 이런 일이 얼마나 오랠는지 우리 중에 아는 자도 없나이다(시 74:9)

355) 거룩한 것을 개에게 주지 말며 너희 진주를 돼지 앞에 던지지 말라 저희가 그것을 발로 밟고 돌이켜 너희를 찢어 상할까 염려하라(마 7:6)

그리스도를 통한 단순한 길을 통해 우리는 주님을 만날 수 있고 그분의 음성을 받아들일 수 있는 것입니다. 이 단순한 믿음을 가져야 합니다.(p. 44)

그러나 주서택 목사와 같이 하나님의 음성을 들으려 하는 것은 신비주의에 속합니다. 구상화를 통해 만난 예수님은 성경 속에서 말씀하시는 그 예수님이 아닙니다. 그것은 신비주의 종교에서 말하는 '영적인 안내자'(Spirit Guide)나 샤머니즘에서 등장하는 '영매'(예를 들어 '애기동자'나 '조상신')에 불과합니다.

그가 말하는 "오직 그리스도를 통한 단순한 길"이라는 것은 성경에서 말씀하시는 길과 차원이 다릅니다. "주님을 만날 수 있고 그분의 음성을 받아들"이는 것은 주서택 목사가 말하는 것처럼 하나님께서 지금도 음성을 들려주시는 방식이 아닙니다. 여기에 대하여 성경은 무엇이라고 말할까요?

우리가 보고 들은 바를 너희에게도 전함은 너희로 우리와 사귐이 있게 하려 함이니 우리의 사귐은 아버지와 그 아들 예수 그리스도와 함께 함이라(요일 1:3)

그 사귐을 구체적인 내용이 무엇인지 예수님께서 더 분명하게 말씀해 주셨습니다.

내가 아버지의 계명을 지켜 그의 사랑 안에 거하는 것같이 너희도 내 계명을 지키면 내 사랑 안에 거하리라(요 15:10)

예수님의 계명을 지키는 것으로 그 사랑 안에 거한다고 말씀하셨습니다. 주서택 목사의 말대로 "주님을 만날 수 있고 그분의 음성을 받아들일 수 있는 것"이 하나님께 물어보고 하나님께서 음성을 들려주시는 것이 아니라 그 계명대로 순종하고 살아가는 것입니다. 이것이 성경이 말씀하는 만남이요 교제요 사귐입니다. 이것을 벗어나서 직접 하나님의 음성을 들으려고 하는 것은 헛된 속임수에 불과합니다.

(주서택 목사) 우리는 하나님의 음성을 들으려고 하는 나의 동기에 대해 깊이 생각해 보아야 합니다. 그분의 말씀대로 살고 싶어서 그 뜻을 구하는 것이라면 듣지 못할 이유가 없습니다. 그러므로 내가 오른쪽과 왼쪽의 두 갈래 길에 서서 어느 쪽이 하나님의 뜻이냐고 물을 때 그 음성을 들을 수 있는 경우는 내 마음이 완전히 중립상태에 놓여 있을 때만 가능하다는 것입니다.

이런 마음은 한쪽으로 기울어져 있는 상태에서 하나님의 음성을 들으려고 한다면 자신이 결정한 것에 대해 확산을 달라고 하는 것이지, 주님의 뜻을 구하는 자세가 아닙니다.(pp. 44-45)

이런 주서택 목사의 말에 대해서 우리가 생각해야할 것은, '그러면 과연 그렇게 내 마음이 완전히 중립적인 상태에 놓여질 수 있는가?' 하는 것입니다. 그 답은 매우 간단합니다. 이 세상의 어떤 인간도 그럴 수는 없습니다. 주서택 목사는 인간의 이성에 대해서 너무 높은 점수를 부여하고 있습니다. 사람으로서는 할 수 없는 일에 대해서 사람이 할 수 있는 것처럼 말하는 것만큼 어리석은 일은 없습니다.

이어지는 주서택 목사의 말은 하나님의 음성을 듣는다는 것이 신비적이지 않다는 그의 말을 무색하게 만듭니다.

(주서택 목사) 우리가 하나님을 나의 구주라고 고백하면서 해야 될 가장 중요한 자세는 삶의 순간순간에 하나님의 뜻을 묻고 그 음성에 순종하는 것임을 깨달아 그렇게 살고자 노력하는 것입니다.(p. 45)

과연 이런 것이 신자의 삶에 가장 중요한 자세일까요? 결단코 그렇지 않습니다. 신자는 이미 기록된 하나님의 말씀만으로 충분하다고 성경은 말씀합니다.

16 모든 성경은 하나님의 감동으로 된 것으로 교훈과 책망과 바르게 함과 의로 교육하기에 유익하니 17 이는 하나님의 사람으로 온전케 하며 모든 선한 일을 행하기에 온전케 하려 함이니라(딤후 3:16-17)

여기에 무엇을 더할 필요가 없습니다. 성경은 충분하다고 하는데 주서택 목사는 안 된다고 하면 우리는 과연 누구의 말을 들어야 할까요? 사람의 말을 따라야 할까요? 하나님의 말씀을 따라야 할까요? 우리는 오직 성경에 기록된 그 말씀대로 가야 합니다. 그것이 성도입니다. 유명하다는 어떤 이의 말이 중요한 것이 아니라 '그것이 과연 성경에 기록된 말씀대로 전하고 있는가?' 그것이 중요합니다.

성도는 삶의 순간순간에 하나님께 그 뜻을 물어볼 필요가 없습니다. 이것은 기도할 필요가 없다는 뜻도 아니며 하나님의 뜻대로 살아가려는 것을 부인하는 것도 아닙니다. '주서택 목사가 말하는 식으로는 안 된다' 는 것입니다. 특별히 그가 하는 구상화 방식은 더 더욱 경계해야 하고 교회는 정신을 차리고 분별하여 진리의 말씀대로 순종해야만 합니다.

하나님께 물어보기 이전에 말씀대로 순종할 일이요 그 음성을 들으려고 애쓰기 이전에 믿음의 선한 싸움을 해야 합니다. 장성한 자는 어린아이의 일을 버린다고 했습니다. 아이는 엄마가 밥을 떠 먹여 주어야 하고 모든 것을 챙겨 주어야 합니다. 그러나 장성하면 자기가 알아서 판단하고 행하고 그 일에 책임을 져야 합니다. '하나님께서 왜 이렇게 하십니까?' '하나님 내가 고통당하고 있을 때 하나님은 그때 무얼 하셨습니까?' 묻지 않아도 되는 자리에 이르러야 합니다. 고난과 아픔과 시련 속에서 그렇게 신앙이 깊어지는 자리에 이르게 하십니다. 그 속에서 하나님께 원망하는 자세가 아니라 하나님께서 정말 무엇을 원하시고 기뻐하시는지를 알게 하십니다.[356]

또한 주서택 목사는 하나님의 음성이 여러 가지 수단에 의해서 말씀하신다고 합니다.

> (주서택 목사) 하나님의 음성이란 단순히 말소리가 아니라 여러 가지 방법을 통해서 우리에게 전해지는 하나님의 메시지이며 안내입니다. 꿈을 통해서, 말씀을 통해서, 다른 사람의 말을 통해서, 상황을 통해서, 천사를 통해서, 심지어는 굴러가는 돌을 통해서도 하나님은 우리에게 말씀하실 수 있습니다.(p. 47).

과연 하나님께서 이와 같은 방법으로 말씀하실까요? 그러면 프로이트나 융과 같은 심리학자들이 '꿈의 분석' 을 통해서 '하나님의 음성' 을 듣는다고 하면 그것도 '하나님의 말씀' 이라고 해야 할까요? 문장에서도 나오듯이, "꿈을 통해서, 말씀을 통해서" 라고 말하는 순서부터가 잘못되었습니다. '순서가 바르게 되면 맞다' 는 말이 아니라 이렇게 말함으로써 하나님의 말씀인 성경만으로 말씀하신다는 것을 희석시켜 버립니다.

하나님께서 우리의 마음에 감동을 주시는 것과 말씀해 주시는 것과는 분명한 차이를 두어야 합니다. 이단으로 흘러간 많은 부류의 가장 무서운 독소 중에 하나가 바로 하나님과의 '직통계시' 입니다. 하나님께서 성경 이외에

---

356) 신앙이 장성하면 하나님께 기도도 안하고 성경도 안 본다는 소리가 절대로 아니다. 그렇게 오해하고 도리어 역으로 공격하는 것은 아직 신앙이 무엇인지 경건이 무엇인지 모르는 무지한 소치다.

다른 수단을 통해서 말씀하시고 자신은 들을 수 있다는 것만큼 위험한 것은 없습니다. 성도는 이미 계시된 말씀이 있기 때문에 그 말씀을 벗어나서 직통으로 하나님의 음성을 들으려는 시도는 매우 위험합니다.

이어서 연결되는 주서택 목사의 말은 더욱 위험합니다.

> (주서택 목사) 인간의 이성은 제한되어 있습니다. 그러나 제한되어 있다는 것이 하나님을 바로 알지 못한다는 것은 아닙니다. 제한되어 있으나 정확히 알 수 있습니다. 왜냐하면 하나님이 우리처럼 낮추셔서 우리가 알아들을 수 있는 방법으로 우리에게 자신의 뜻을 알려 주고 계시기 때문입니다.(pp. 47-48)

기독교 지도자는 분명하고 바르게 말해야 성도들이 혼란을 겪지 않습니다. "인간의 이성은 제한되어 있습니다. 그러나 제한되어 있다는 것이 하나님을 바로 알지 못한다는 것은 아닙니다."는 말은 '인간의 잠재성'을 일깨우면 더 많이 하나님을 알 수 있다는 말로 밖에 들리지 않습니다. 물론 뒤에서 하나님께서 "우리가 알아들을 수 있는 방법으로 우리에게 자신의 뜻을 알려 주고 계시기 때문"이라고 말하지만 그 말 속에도 위험성이 내포되어 있습니다. 왜냐하면 타락한 인간은 하나님을 알 수가 없기 때문입니다. 오직 예수 그리스도의 십자가의 피로 구원함을 받아야 알 수가 있습니다. 성령 하나님으로 거듭난 사람만이 하나님의 뜻을 알 수가 있습니다.

하나님께서 낮추어 말씀하시면 인간의 이성이 하나님의 뜻을 정확히 알 수 있다는 것은 혼란스럽고 매우 비성경적인 발언입니다. 하나님께서 아무리 낮추어 말씀하셔도 타락한 인간의 이성은 하나님의 뜻을 알 수 없습니다. 오직 성령 하나님에 의하여 거듭난 그 사람만이 알 수가 있습니다. 애매모호한 말로 성도들의 신앙을 흐리는 것은 매우 위험한 일입니다.

> (주서택 목사) 우리가 우리 자신의 지극히 개인적인 삶을 하나님과 의논하고 나누지 않는다면 그분을 마치 스타를 좋아하듯이 혹은 종교적인 대상으로 존경할 수 있으나 그분으로 인하여 느끼는 만족감과 충족감은 결코 찾아보기 어려운 것입니다.(p. 49)

우리가 "지극히 개인적인 삶을 하나님과 의논"한다는 것은 우리의 일상을 의논한다는 말입니다. 과연 그런 사소한 일들에 대하여 하나님께서 이렇게 하라 저렇게 하라고 말씀해 주실까요? 만일 그런 방식으로 하나님의 음성을 듣고 그대로 살아간다면 굳이 성경을 읽고 그 말씀대로 순종할 필요가 없습니다.

"하나님과 의논하고 나누지 않는다면 …… 만족감과 충족감은 결코 찾아보기 어려운 것입니다."라고 말합니다. 하나님과 의논함을 통하여서 성도는 만족감과 충족감을 누리는 것일까요? 그러면 지금까지 오직 하나님의 말씀인 성경만을 붙들고 그 말씀에 순종하고 살아가는 것을 신앙으로 여겼던 수많은 믿음의 인물들은 다 무엇이라고 해야 할까요? 사도 바울은 다음과 같이 말합니다.

우리가 무슨 일이든지 우리에게서 난 것같이 생각하여 스스로 만족할 것이 아니니 우리의 만족은 오직 하나님께로서 났느니라(고후 3:5)

사도 바울은 능력의 원천이 자기에게 있지 아니하고 오직 하나님께 있음을 깊이 인식하고 있었습니다. 그가 그렇게 인식하게 되는 배경은 새언약의 차원에서 자기 직분을 이해하고 있었기 때문입니다. 자기 자신이 득도해서 이 자리에 온 것이 아니라 성령 하나님께서 새언약에 이끌어 인도하심으로 직분을 감당하게 하심을 감사하고 있습니다.

하나님의 그 말씀과 성령님의 역사하심으로 하나님의 백성 된 자리에 이르게 되었음을 만족하고 감사하는 것이 성도의 자세입니다. 그 말씀 속에 있는 것으로 주의 뜻을 알아가는 데 부족함이 없으며 충분합니다. 성경은 분명히 말씀합니다.

그의 신기한 능력으로 생명과 경건에 속한 모든 것을 우리에게 주셨으니 이는 자기의 영광과 덕으로써 우리를 부르신 자를 앎으로 말미암음이라(벧후 1:3)

이것이 분명하고도 정확한 하나님의 말씀인 성경에 밝히 드러낸 말씀입니다. 이것 이외에 다른 것으로 혹은 직통으로 하나님의 음성을 들으려 해서는 안 됩니다!

'3부 내적치유에 대해'의 분석과 비판

(상담자) 우리가 예수님을 믿으면 과거의 모든 죄와 문제가 다 해결된다고 들었습니다. 그런데 내적치유라는 것이 왜 필요한가요?

(주서택 목사) 물론 우리가 예수님을 믿는 그 순간 과거의 죄뿐만이 아니라 미래의 죄까지 다 해결되었습니다. 그러나 문제는 우리의 마음입니다. 이사야 61장에 보면 성령님이 주님을 통해 하신 일은 '마음이 상한 자를 고치기 위해서'라고 말씀하고 있습니다.
우리의 마음은 수많은 것들이 저장된 녹음테이프와 같습니다. 이것은 주님을 믿기로 작정한 날 다 지워지는 것이 아닙니다. 성령님께서는 우리 안에 잘못된 것들을 지적하시고 그것을 깨끗이 치우기 원하십니다.(p. 53)

이런 주서택 목사의 견해는 기독교의 구원관에 대해 건전한 생각을 가지고 있는지 의문이 가게 만듭니다. 주서택 목사의 경우를 통해서 보게 되듯이 결국 신자의 신앙생활은 '구원론'이 바르게 되어야 하고 구원 이후의 삶에 대한 '성화론'이 바르게 정립이 되어야만 합니다.

위 글에서 주서택 목사는, "이사야 61장에 보면 성령님이 주님을 통해 하신 일은 '마음이 상한 자를 고치기 위해서'라고 말씀하고 있습니다."라고 말하고 있습니다. 이로 볼 때, 주서택 목사는 이사야 61장에 대한 전체적인 이해가 부족합니다.

일차적으로 이 말씀은 바벨론에서 고통 받고 있는 이스라엘 백성들에게 위로와 소망을 주시기 위하여 이사야가 공식적으로 위임받는 구절로 해석을 합니다. 그러나 구속사적인 맥락에서 이 말씀은 메시아에 관한 말씀으로 해석합니다.[357] 이것을 입증하는 결정적인 증거는 예수님께서 신약성경 누가복음 4장 18-21절에서 이 구절을 인용하셨기 때문입니다.

이사야 61장의 '마음이 상한 자'는 바벨론 포로 중에 받은 억압으로 인해 고통을 당하는 자들을 일차적으로 가리키고 있습니다. 그들은 마음에 낙담하고 있었습니다. 그들 자신에게는 소망이 없기 때문에 오직 하나님의 보내시는 메시아를 고대하며 가난한 심령으로 살아가는 자들입니다. 신약에서

---

357) 이사야(하) 매튜헨리 저, 황장욱 역, 기독교문사, 1983, p. 534. 이사야가 권세와 지시를 받아 바벨론의 유대인들에게 자유를 선포하셨듯이 하나님의 사자인 그리스도께서는 잃어버린 세계에 대해 안식년을 선포하신 것이다.

마태복음 5장의 산상수훈에서, 예수님께서는 "심령이 가난한 자"로 말씀하셨습니다.

　이런 성경 본래의 뜻을 무시한 채 주서택 목사는 심리학적인 차원에서 '마음이 상한 자'의 마음을 해석하여 중대한 오류를 범하고 맙니다. '마음'이라는 단어가 같다고 해서 성경에서 사용하는 '마음'과 심리학에서 사용하는 '마음'을 동일시함으로써 잘못된 성경해석과 잘못된 해결책으로 나아갔습니다. '마음'이라는 주관적이고 심리학적인 해석보다 성경 본문의 맥락과 구속사적인 차원에서 해석해야 이와 같은 오류에 빠지지 않게 됩니다.

　성경은 자기 안에 구원의 길이 없음으로 인해 죄의 비참함과 고통으로 인해 자기 밖에서 곧 예수 그리스도로 말미암아 구원을 기다리는 자를 '마음이 상한 자'로 말씀합니다. 그러나 주서택 목사는 심리학적인 무의식에 속한 개념으로 설명하고 이해함으로써 성경 본래의 의미를 왜곡시키고 성도들을 미혹시켰습니다. 주서택 목사는 그의 내적치유 전반에 있어서 심리학의 개념을 성경의 개념에 그대로 적용하여 성경의 본질을 흐리게 만드는 치명적인 오류를 범하고 있습니다.

　주서택 목사의 구원론에는 프로이트의 심리학 이론과 매우 깊은 연관성을 가지고 있습니다. 그가 "우리의 마음은 수많은 것들이 저장된 녹음테이프와 같습니다."라고 말하는 것은 그 대표적인 증거라고 하겠습니다. 왜냐하면 그것은 '무의식'을 말하고 있기 때문입니다.

　내적치유의 정당성을 말하기 위하여 심리학의 이론을 도입하여 성경 말씀과 희석시켜 가는 것은 매우 위험한 것입니다. 주서택 목사가 말하듯이, "이것은 주님을 믿기로 작정한 날 다 지워지는 것이 아닙니다."라는 말을 주의 깊게 살펴보면 주님을 믿는 것과 무엇인가 지워지는 것 두 가지를 말하고 있는 것을 볼 수 있습니다. 그러면 도대체 무엇이 다 지워지지 않는다는 말일까요? 주서택 목사는 그 다음 문단에서 이렇게 말하고 있습니다.

　(주서택 목사) 그러나 이 일은 우리 스스로가 성령님께 협조해야만 가능한 일입니다. 우리 마음 안에 있는 그 쓰레기와 같은 것들, 머릿속에 기록된 잘못된 내용들이 지워지지 않고 있을 때 문제는 그런 것들이 현재의 우리 삶에 심하게 부정적 영향을 끼친다는 것입니다. 내 주위의 대인관계와 삶을 나쁘게 만들어 가는 것은 물론이거니와 하나님과의 관계에 대해서도 항상 걸림돌이 작용한다는 것입니다. 보통의 걸림돌이 아니라 정말 엄청나게 큰 바위와 같은 걸림돌이 됩니다.(p.

주서택 목사는 그 지워지지 않는 것을, "우리 마음 안에 있는 그 쓰레기와 같은 것들, 머릿속에 기록된 잘못된 내용들"이라고 합니다. 이런 말로는 사실 그가 말하는 내용이 무엇인지 정확하게 이해가 되지 않습니다. 그러나 '그가 세미나를 통해서 실제로 무엇을 하는가?'를 살펴보면, 결국 태아 때부터 받은 상처로부터 시작하여 어린 시절에 받은 상처와 자라오면서 받은 상처들, 부정적인 영향들을 말하고 있음을 쉽게 알 수가 있습니다. 주서택 목사는 내적치유에서 '구상화'를 통하여 과거를 재구성하여 '내울내'를 달래 주기에 바쁩니다. 그러나, 과거를 하나님의 말씀으로 재해석하는 것이 성도의 삶입니다.

주서택 목사는 이런 것들은 '내적치유'를 통해서 해결해야 한다고 말합니다.

(주서택 목사) 성장하려면 치유가 반드시 먼저 선행되어야 합니다. 하나님 안에 들어왔기에 이런 치유가 시작될 수 있는 것입니다.(p. 55)

과연 '내적치유'를 통해서 해결되어야 할까요? 결단코 그럴 필요가 없습니다. 왜냐하면 그가 말하는 내적치유는 결국 심리치료의 한 아류 혹은 변종에 불과하기 때문입니다. 주서택 목사의 '내적치유'는 심리학과 뉴에이지에 심각하게 물들어 있는 비성경적인 위험한 방법입니다.

그러나 그 자신은 심리치유가 아니며 '성경적'이라고 말하기 때문에 수많은 분들이 분별력을 상실하고 그의 내적치유세미나가 '성경적 치유'인 줄로 알고 참여했습니다. 그러나 분명한 것은 그가 행하는 내적치유세미나는 비성경적이며 심리요법에 불과합니다.

또한 그의 글을 읽거나 강의를 들으면, 하나님께서 구원은 하시되 마음의 문제까지는 해결하지 못한다는 이론을 펼치고 있습니다. 성경은 그렇게 말씀하지 않습니다. 만일 주서택 목사의 말대로 그렇게 된다면 이런 성경말씀은 무엇이 되겠습니까?

우리가 알거니와 우리 옛 사람이 예수와 함께 십자가에 못 박힌 것은 죄의 몸이 멸하여 다시는 우리가 죄에게 종노릇 하지 아니하려 함이니(롬 6:6)

새사람을 입었으니 이는 자기를 창조하신 자의 형상을 좇아 지식에까지 새롭게 하심을 받는 자니라(골 3:10)

내가 그리스도와 함께 십자가에 못 박혔나니 그런즉 이제는 내가 산 것이 아니요 오직 내 안에 그리스도께서 사신 것이라 이제 내가 육체 가운데 사는 것은 나를 사랑하사 나를 위하여 자기 몸을 버리신 하나님의 아들을 믿는 믿음 안에서 사는 것이라 (갈 2:20)

주서택 목사와 같은 오류를 범하게 되는 것은 '구원론'과 '성화론'에 대한 성경적인 분명한 이해가 서지 못하기 때문에 빚어지는 결과입니다. 또한 심리학의 사상과 이론으로 성경의 진리를 섞어서 가르치기 때문에 발생되는 썩은 물입니다.

그러므로 성도는 내적치유 세미나에 갈 것이 아니라 하나님의 계시 된 말씀인 성경을 바르게 배워서 그 말씀에 순종함이 진정한 치유요 복이라는 것을 알아야 합니다.

(상담자) 내적치유라는 말을 들으면 마치 나를 건강하지 못한 자로 취급하는 것 같아 기분이 나쁩니다. 너무 인간의 부정적인 부분에 초점을 맞추는 것 아닌가요?

(주서택 목사) 이 세상의 어떤 사람도 하나님이 보실 때 치유가 필요하지 않은 자는 없습니다.(p. 56)

주서택 목사는 "이 세상의 어떤 사람도 하나님이 보실 때 치유가 필요하지 않은 자는 없습니다."라고 말합니다. 당연히 그가 말하는 치유는 내적치유를 통한 내면아이 치유를 말하는 것입니다. 성령 하나님께서 이미 새롭게 하신 것을 다시 내적치유를 해야 한다는 것은 성령 하나님의 역사를 경멸하는 것입니다. 하나님께서 원하시는 것은 "내적치유"가 아니라 "죄를 회개하고 구원받는 것"을 원하십니다. 주서택 목사는 "치유"라는 말을 함으로써 본질을 흐리게 합니다. "치유"가 곧 그것이라고 말할지 모르나, 만일 그렇다면 확실하고 명확하게 하나님의 말씀만을 증거해야 합니다. 그렇지 않으면 말씀을 듣고 읽는 자들이 혼란을 겪게 됩니다.

주서택 목사는 이어지는 말 속에서도 유사한 오류를 범하고 있습니다.

(상담자) 내적치유라는 말을 들으면 마치 나를 건강하지 못한 자로 취급하는 것 같아 기분이 나쁩니다. 너무 인간의 부정적인 부분에 초점을 맞추는 것 아닌가요?

(주서택 목사) 하나님 앞에 가까이 다가가는 성숙한 자일수록 자신의 깊은 죄성을 인식하여 더 깊이 회개하고 자신이 치유가 필요한 병자임을 절실히 깨닫게 됩니다.(p. 56)

하나님 앞에 성숙한 자요 죄성을 깊이 인식한 자가 절실히 깨닫는 것이 "치유"일까요? 죄인이 죄를 깨닫게 되면 심리학에 기초한 "치유"를 원하는 것이 아니라, "구원"을 간절히 원하게 됩니다. 여기서도 "치유"가 곧 "구원"이라고 말할지 모르나, 그렇다면 역시 분명하고도 확실하게 성도는 "구원이 절실한 죄인"이라고 복음을 선포해야 합니다. 성도는 "치유가 필요한 병자"가 아닙니다. 이런 표현은 적절치 않으며 심리학적인 표현입니다.

사도 바울은 이렇게 말했습니다.

미쁘다 모든 사람이 받을 만한 이 말이여 그리스도 예수께서 죄인을 구원하시려고 세상에 임하셨다 하였도다 죄인 중에 내가 괴수니라(딤전 1:15)

사도 바울의 이 고백이야말로 성도의 진정한 고백이 무엇인지 말해줍니다. 이런 고백이 나오는 것은 성도는 심리학적으로 거듭난 것이 아니기 때문입니다. 성도는 성령 하나님의 역사로 말미암아 거듭났다는 사실을 잊지 말아야 합니다.

이것이 현대의 그리스도인들이 겪게 되는 혼란입니다. 하나님의 말씀에 대한 정확한 말씀 선포 대신에 애매모호한 설교, 심리학적인 설교를 듣기 때문에 잘못된 신앙을 가지게 됩니다.

(주서택 목사) 교회는 완전하고 문제없는 사람들의 모임이라는 것을 보임으로 하나님의 영광을 드러내는 것이 아니라 치유된 사람들의 모임임을 나타내고 그리고 지금도 의사인 하나님 앞에서 치유가 진행되는 모습들을 나타낼 때 그리스도의 십자가의 바른 이해와 능력이 사람들에게 나타나게 될 것입니다.(p. 56)

주서택 목사가 복음의 본질을 흐리게 하는 증거는 여기서도 나타납니다. 교회가 과연 (내적) "치유된 사람들의 모임임을 나타내"는 것일까요? 그것은 본질에 해당되지 않습니다. 성경에서 말씀하는 교회라는 뜻의 일차적인 의미는 죄와 사망으로부터 구원받은 사람들의 모임입니다.[358]

교회의 정의를 "치유된 사람들의 모임"이라고 한다면 세상 종교와 단체에서 "치유"된 사람들도 교회라고 할 수 있습니다. 그들이 단지 "치유"되었다는 명목으로 교회라고 칭할 수 있다면 예수 그리스도의 십자가는 굳이 필요할 이유가 없습니다. "치유"적인 접근은 인본주의적인 접근 다시 말해서 심리학적이고 병리학적인 접근이기 때문에 "죄"라는 차원에서 접근이 이루어지지 않으면 안 됩니다.

> (주서택 목사) 자기 자신밖에 모르는 **병적 증상**, 자신이 누구인지도 모르는 병적 증상, 자신이 우주의 중심이 돼야 한다고 요구하는 **병적 증상**, 온갖 두려움으로 결박 된 **마음의 상태**, 아무도 신뢰할 수 없는 **기막힌 상태** ······.
> 복음은 하나님께서 인간의 이런 **병을 치료하기**를 원하시며 **치료하고** 계시다는 것입니다.(p. 57)

복음에 대한 이런 잘못된 생각들 때문에 수많은 성도들에게 나쁜 영향을 끼치고 있습니다. 그 잘못된 생각이 무엇일까요? 주서택 목사는 "병적 증상"으로 취급하고 있습니다. 성경에서는 "죄의 문제"로 말씀하는 것을 단지 "병리현상"으로 다루는 것은 매우 심각한 문제입니다.

그런 차원에서 주서택 목사는 심리학의 영향 하에 있습니다. 심리학은 인간의 삶에 일어나는 문제를 "병리현상"의 차원에서 다루고 있기 때문입니다. 주서택 목사가 아무리 심리학의 방법을 따르지 않는다고 말할지라도 이런 분명한 증거가 있습니다.

주서택 목사가 바르게 복음을 전하기를 원한다면 다음과 같이 문장을 수정

---

358) 루이스벌코프, 벌코프 조직신학(하), 권수경, 이상원 역, 크리스챤다이제스트, 1993, p. 825. 벌코프는 3가지 면에서 '교회의 정의'를 말한다. 1. 선택의 관점에서 - 교회는 선택받은 자들의 공동체라고 한다. 2. 효과적 소명의 관점에서 - 교회는 하나님의 성령의 부르심을 받은 선택된 자들의 무리, 유효하게 부르심을 받은 자들의 몸, 또는 더 일반적으로 말해서 신자들의 공동체로 정의되었다. 3. 세례와 고백의 관점에서 - 세례와 고백이라는 관점에서 교회는 세례 받고 참 믿음을 고백하는 자들의 공동체로 정의되었다. 이 공동체를 보다 더 정확히 말하면, 자녀들과 더불어 참된 신앙심을 고백하는 자들의 공동체이다. 쉽게 알 수 있는 바와 같이 이것은 외적인 표지에 따른 교회의 정의이다. 칼빈은 유형 교회를 이렇게 정의한다. "전 세계에 흩어져 있는 사람들의 무리로서, 그리스도 안에서 한 분 하나님을 경배하기로 고백하는 자들이며, 세례로써 이 신앙을 시작하는 자들이며, 성찬에 참여함으로써 교리와 자선에서 그들의 일치를 증거하며, 하나님의 말씀에 동의하며, 말씀 선포를 위하여 그리스도가 제정하신 사역을 유지하는 자들이다"(기독교 강요, Ⅳ., 1, 7.).

해서 가르쳐야 합니다.

> 자기 자신 밖에 모르는 **죄**, 자신이 누구인지도 모르는 **죄**, 자신이 우주의 중심이
> 돼야 한다고 요구하는 죄, 온갖 두려움으로 결박 된 마음의 **죄 된 상태**, 아무도 신
> 뢰할 수 없는 **죄 된 상태** …….
> 복음은 하나님께서 인간의 이런 **죄를 씻기**를 원하시며 예수 그리스도의 십자가로
> 구원하고 계시다는 것입니다

이렇게 바뀌지 아니하면 그것은 복음이 아니라 심리학을 가르치고 있는 것
입니다. 그것을 아무리 잘 포장하고 감춘다고 해도 결코 오래 갈 수가 없습
니다.

> (상담자) 일반 심리학에서 말하는 정신분석과 성경적인 내적치유는 무엇이 다른지
> 요?

> (주서택 목사) 내적치유나 정신분석 모두 현재의 성격의 이상과 생활의 문제들은
> 반드시 어떤 원인이 있으며, 그 대부분이 잠재의식의 영역 속에 들어있다는 비슷
> 한 견해를 가지고 있습니다. 그러기에 치료를 위해서는 반드시 표면의 행동을 만
> 드는 역동적 원인을 규명하는 것에 있어서 유사하게 보일 수 있습니다.(p. 60)

주서택 목사의 이런 말에 대해서 아주 적절하게 적용할 수 있는 성경 말씀
이 있습니다.

> 예수께서 대답하여 가라사대 너희가 성경도 하나님의 능력도 알지 못하는고로 오해
> 하였도다(마 22:29)

부활이 없다 하는 사두개인들이 예수님께 와서 여차여차히 물었을 때 예수
님께서 하신 말씀입니다. 그들은 부활에 대하여 인간의 이성으로 아무리 이
해를 해도 이해를 할 수가 없었기 때문에 예수님으로부터 이런 말씀을 들어
야만 했습니다.

마찬가지로 주서택 목사도 인간의 이성으로 인생의 문제를 바라보기 때문
에 "성경도 하나님의 능력도 알지 못하는고로 오해하였" 습니다. 주서택 목
사는 "내적치유나 정신분석" 이라고 본인 스스로 직접 말하고 있으면서도
심리학으로 내적치유를 하지 않는다고 하는 것은 너무나도 불합리한 말입니
다.

주서택 목사의 이런 말에 대해서, 우리는 먼저 성경에서 욥의 고난과 인내를 찾아 볼 수 있습니다. 그가 당하는 고난은 그의 아내와 그의 친구들이 이해할 수 없는 일이었습니다. 주서택 목사가 말하는 식으로 전혀 말씀하고 있지 않습니다. 심리학자의 눈으로 접근하는 그의 방식이라면 성경 어디를 가더라도 성경적인 해석을 할 수가 없습니다. 성경은 어떤 원인이 있기 때문에 결과도 있다는 '결정론'으로 설명하고 있지 않으며, 성경은 '무의식의 영역'을 다루고 있는 것이 아니라 '의식의 영역'을 취급하고 있기 때문입니다.

신약성경에서 한 소경에 대한 예수님의 말씀은 더욱 중요한 의미를 가지게 됩니다.

> 1 예수께서 길 가실 때에 날 때부터 소경 된 사람을 보신지라 2 제자들이 물어 가로되 랍비여 이 사람이 소경으로 난 것이 뉘 죄로 인함이오니이까 자기오니이까 그 부모오니이까 3 예수께서 대답하시되 이 사람이나 그 부모가 죄를 범한 것이 아니라 그에게서 하나님의 하시는 일을 나타내고자 하심이니라(요 9:1-3)

그가 소경된 의미에 대해서 예수님은 아주 놀라운 말씀을 해 주셨습니다. 인과율로 설명하시지 않으셨습니다. 주서택 목사의 말대로 한다면 이 소경은 도대체 어떤 원인이 있으며 그 잠재의식 속에는 어떤 상처들이 쌓여 있었을까요? 그러나 성경은 그렇게 말씀하지 않습니다. 성경 말씀이 일차적이고 절대적인 최고의 권위이지 주서택 목사의 말이 일차적인 권위를 가지고 있지 않습니다.

> (주서택 목사) 하지만 성경적 내적치유와 일반심리치료는 인간에 대해 가지는 기본모델에서부터 접근하는 방법, 문제에 대한 해석, 이에 대한 해결 그리고 치료의 목적까지 모두 다릅니다.(p. 60)

그러나 실제로 주서택 목사가 행하는 내적치유의 방법은 결코 성경적일 수가 없습니다. 왜냐하면 그가 하는 방법은 심리치료에서 사용하는 방법 그대로를 답습하고 있기 때문입니다. 그가 실제로 그렇게 행하는 것을 다음 문장에서 여실히 드러내고 있습니다.

(주서택 목사) 성경적 내적치유는 인간모델을 성경의 관점으로 이해하며 아픔의 원인을 밝혀가는 과정에 있어서도 인간의 지·정·의를 사용하되 성령 하나님이 주체가 되시고 우리는 협력자라는 자세에서 출발합니다. 이런 자세는 잠재의식 속에 숨겨진 원인을 찾는 과정에서뿐만 아니라 치료 자체에도 많은 차이를 가질 수밖에 없습니다.(pp. 60-61)

이런 주서택 목사의 글을 읽을 때 항상 잊지 말고 생각해야할 것은 그가 반펠라기우스적인 성향을 가지고 있어서 인간이 협력자 노릇 하는 것을 계속 지향하고 있다는 사실입니다. 이런 비성경적인 관점을 지속하는 한 결코 성경적인 치유를 행할 수가 없습니다.

그가 아무리 "잠재의식 속에 숨겨진 원인을 찾는 과정에서뿐만 아니라 치료 자체에도 많은 차이를 가질 수밖에 없습니다." 라고 말할지라도 그가 행하는 내적치유의 방식은 '구상화' 이며 '구상화' 속에서 만난 예수님은 성경이 말씀하는 예수님이 아니라 신비종교나 샤머니즘에서 말하는 '영적인 안내자'(Spirit Guide) 혹은 '영매' ('아기동자' 혹은 '조상신')라는 사실을 분명하게 알아야만 합니다. 그의 내적치유세미나를 다녀온 사람은 이런 사실을 전혀 모르고 그것이 마치 성경적인 양 울고불고 치유를 받았다고 좋아라 했던 것입니다.

(주서택 목사) 치유의 목적도 다른데 내적치유는 하나님과의 친밀한 관계를 목표로 하며 그리스도의 인격을 닮아가는 것이라면, 일반 심리치료의 목적은 사회에 적응하는 건강한 인격체를 만드는 것이 목적입니다.(p. 61)

주서택 목사가 내적치유를 통해서 진정으로 "하나님과의 친밀한 관계를 목표로 하며 그리스도의 인격을 닮아가는 것이라면" 잠재의식 속의 상처를 치유하려고 해서는 안 됩니다. 의식 속에 있는 "죄"를 회개케 하며 죄악을 청산하고 하나님의 말씀대로 순종하는 것을 가르쳐야만 합니다. 그렇지 않으면 그것은 세상의 심리학이 목적하는 것과 똑같은 길을 가고 있는 것을 바꿀 수가 없습니다.

성경은 다음과 같이 말합니다.

네 하나님 여호와를 경외하여 그를 섬기며 그에게 친근히 하고 그 이름으로 맹세하라(신 10:20)

크게 삼가 여호와의 종 모세가 너희에게 명한 명령과 율법을 행하여 너희 하나님 여호와를 사랑하고 그 모든 길로 행하며 그 계명을 지켜 그에게 친근히 하고 너희 마음을 다하며 성품을 다하여 그를 섬길지니라 하고(수 22:5)

"하나님과의 친밀한 관계"는 내적치유를 통해서 오는 것이 아닙니다. 마음을 다하고 성품을 다하여 여호와 하나님을 경외하며 그 언약의 말씀을 신실하게 행할 때 이루어진다고 성경은 말씀합니다.

"일반 심리치료의 목적은 사회에 적응하는 건강한 인격체를 만드는 것"이라는 순진한 생각을 하고 있는 주서택 목사의 견해는 이미 시대에 뒤떨어진 케케묵은 고물에 불과합니다. 그가 조금이라도 이 시대의 심리학의 본질을 안다면 결코 이런 말로 사람들을 미혹케 할 수는 없습니다. 왜냐하면 현대 심리학은 학문의 차원을 넘어서 종교의 차원으로 이미 그 자리를 굳히고 있기 때문입니다.

> (주서택 목사) 일반 심리치료가 도달하고자 하는 심리적 도덕성은 일반윤리와 도덕의 수준이지만 내적치유는 일반윤리와 도덕의 수준을 넘어서 신의 성품에 참여하는 인격성의 수준을 목표로 하고 있습니다.(p. 61)

내적치유가 과연 "일반윤리와 도덕의 수준을 넘어서 신의 성품에 참여하는 인격성의 수준"을 만들어 낼 수 있을까요? 잠재의식 속에 있는 문제들을 찾아내어 상처를 치유함으로써 그것이 가능할까요? 그것을 찾아내기 위하여 '구상화'를 동원하고 '영적인 안내자'(Spirit Guide)를 만나 대화하는 것으로 그렇게 만들 수 있을까요? 결단코 그렇게 될 수 없습니다.

간과하지 말아야 할 교리적으로 중요한 사실은 성도 된 우리라도 "신의 성품"에 "참여"하지 않는다는 것입니다. 우리는 신의 성품에 "참예"합니다. "참여"한다는 것은 존재론적으로 같은 수준으로 하나가 된다는 차원으로 말할 때 사용하는 단어입니다. 이교도들은 인간의 내면에 본래부터 신과 같은 거룩한 성품이 있어서 이것을 잘 계발하면 신이 된다는 사상을 가지고 있었습니다. 그러나 피조물인 우리 인간은 하나님의 절대적인 신성에는 미치지 못합니다.

그러기에 성경은 분명하게 "참예"한다고 말씀하고 있습니다. 이것은 하나님의 도덕적 성품을 닮아가게 된다는 뜻입니다.

3 그의 신기한 능력으로 생명과 경건에 속한 모든 것을 우리에게 주셨으니 이는 자기의 영광과 덕으로써 우리를 부르신 자를 앎으로 말미암음이라 4 이로써 그 보배롭고 지극히 큰 약속을 우리에게 주사 이 약속으로 말미암아 너희로 정욕을 인하여 세상에서 썩어질 것을 피하여신의 성품에 참예하는 자가 되게 하려 하셨으니(벧후 1:3-4)

중요한 것은 그러기 위하여 '성경이 무엇을 요구하고 있느냐?' 하는 것입니다.

5 이러므로 너희가 더욱 힘써 너희 믿음에 덕을 덕에 지식을, 6 지식에 절제를 절제에, 인내를, 인내에 경건을, 7 경건에 형제 우애를 형제 우애에 사랑을 공급하라(벧후 1:5-7)

성도들은 믿음으로 구원을 얻은 자들입니다. 예수님께서는 성도들이 거룩하고 경건한 삶을 살아가는 데 필요한 모든 영적 자원을 주셨습니다. 그리스도인들은 이제 그 자원을 바탕으로 하나님의 거룩한 성품을 닮아가도록 말씀하고 있습니다. 이것이 신앙이요 성도의 삶입니다. 그러기 때문에 내적치유를 받으러 갈 하등의 이유나 필요가 없습니다.

심리학은 '문제해결상담'이기 때문에 하나님께서 인생에게 행하시는 역사를 절대로 이해하지 못합니다. 성경은 다음과 같이 말씀하심으로 성도에게 진정한 지혜가 무엇인지 알게 하십니다.

내가 다시 지혜를 알고자 하며 미친 것과 미련한 것을 알고자 하여 마음을 썼으나 이것도 바람을 잡으려는 것인 줄을 깨달았도다(전 1:17)

하나님이 모든 것을 지으시되 때를 따라 아름답게 하셨고 또 사람에게 영원을 사모하는 마음을 주셨느니라 그러나 하나님의 하시는 일의 시종을 사람으로 측량할 수 없게 하셨도다(전 3:11)

성도의 진정한 지혜가 무엇일까요? 인생사에 일어나는 모든 일들은 사람이 측량할 수 없는 하나님의 하시는 일이더라는 것입니다. 그러기에 전도자는 다음과 같은 결론을 내렸습니다.

13 일의 결국을 다 들었으니 하나님을 경외하고 그 명령을 지킬지어다 이것이 사람의 본분이니라 14 하나님은 모든 행위와 모든 은밀한 일을 선악간에 심판하시리라 (전 12:13-14)

지나간 인생사에 대해서 다시 들추어내어서 내적치유를 할 것이 아니라, 하나님께서 행하시는 일에 믿음으로 즐거이 그 명령을 지켜나가는 것이 사람의 본분입니다. 그것을 벗어나면 결국 인생은 멸망으로 끝나게 됩니다.

(상담자) 내적치유 사례를 읽어보면 대부분 상처를 만든 원인을 깨닫게 되고 그 사건이 해결됨으로 치유가 되는 것을 보았습니다. 그러면 우리 안에 있는 상처들 하나 하나에 대해 꼭 이런 해결을 받아야만 되는 것입니까?

(주서택 목사) 모든 상처에 원인이 있는 것은 사실이나 상처마다 원인을 캐내야할 필요가 있는 것은 아닙니다. 그러나 어떤 특정한 사건에 대해서는 성령님께서 원인이 되는 과거의 일을 기억나게 하시고 그 사건이 그 사람에게 어떤 영향을 주었는지 깨닫게 하시며 그 부정적인 영향에서 벗어나도록 도우십니다.(p. 62)

주서택 목사는 여기에서 논리적인 오류를 범하고 있습니다. 그는 바로 앞의 글에서(p. 60) "내적치유나 정신분석 모두 현재의 성격의 이상과 생활의 문제들은 반드시 어떤 원인이 있으며, 그 대부분이 잠재의식의 영역 속에 들어 있다는 비슷한 견해를 가지고 있습니다." 라고 말을 했습니다.

그러나 지금 주서택 목사의 말대로라면 어떤 문제든지 원인을 가지고 있는데 어떤 특별한 문제들에 대한 원인만 찾아내어 해결한다는 차원이 되어 버립니다. 특정하지 않은 문제에 대해서는 그냥 지나가도 된다는 말인가요? 의사가 큰 병은 고쳐주고 작은 병은 그냥 대충 지나가라는 의사는 문제 있는 의사가 아닐까요? 마찬가지로, 지금 주서택 목사는 다른 사람들의 영혼의 문제와 삶의 문제를 다루면서 중요하고 큰 일만 취급하고 다른 사소한 문제는 덮어 두는 행위를 하고 있습니다.

그래서 결국 내적치유라는 것은 과거의 일을 추적해서 그것을 풀어나가는 것인데, 그렇게 마음을 쓸려고 하면 평생 과거의 종살이를 하게 됩니다. 하나를 해결하고 나면 또 하나를 찾아야 하고 그것이 끝나면 또 다른 것을 찾아야 합니다. 결국 심리학이 만든 끝없는 미로 속에서 헤매다가 죽는 것이 내적치유입니다.

그러므로 부정적인 영향에서 진정으로 벗어나려면 눈을 감고 '구상화'를 할 것이 아니라, 죄를 회개하고 하나님의 말씀대로 똑바로 살아야만 합니다. 잠재의식 속의 기억을 치유하는 것이 사는 길이 아니라 하나님의 말씀대로 회개하고 그 진리에 순종하는 것이 유일하게 살 길입니다.

(상담자) 목사님이 쓰신 내적치유 책을 보면 치유된 자들의 간증 속에는 아픔을 당한 현장 속에서 함께하시는 예수님을 보았다는 표현이 많이 나오더군요. 이 말이 무슨 뜻인지요? 어떤 환상을 보았다는 것인가요?

(주서택 목사) 간증자들이 하나님을 보았다는 것은 여러 가지 의미가 있습니다. 물론 마음으로 뚜렷한 영상을 보는 분도 있지만 뚜렷하게 어떤 생각이 떠올랐다거나, 지나간 기억이 오늘 일처럼 생각나면서 그 기억에 대한 의미가 새롭게 해석되는 것, 말씀이 문자적 의미가 아닌 내게 말하는 것으로 깨달아지는 것 등입니다. 다시 말하면 특별한 능력같이 여겨지는 환상이란 의미가 전혀 아닌 '성령께서 말하고자 하는 것을 깨달음'이란 의미입니다.(p. 64-65)

이 부분은 질문과 답의 형태로 되어 있어서 그렇지 사실상 주서택 목사의 내적치유에 있어서 핵심에 해당되는 부분을 말하고 있습니다. 그가 말하는, "성령께서 말하고자 하는 것을 깨달음"이란 '구상화'를 염두해 두고 하는 말입니다. 그 "깨달음"이라는 것은 구상화를 통해 만난 '영적인 안내자'(Spirit Guide)와의 대화를 통해서 깨달은 것입니다. 그때 만난 그 예수는 성경에서 말씀하시는 예수님이 아닙니다.

한국 교회가 심리학의 위험성을 간과하고 시대사상에 물들어 있는 까닭에 '구상화'에 대해 사전 지식을 가지지 못했으며, 이런 미혹에 아무런 분별 없이 넘어가고 말았습니다. 지금이라도 이런 신비적이고 샤머니즘적인 '구상화'에서 벗어나야 합니다. 이런 더럽고 썩은 사상에 기초한 내적치유는 교회에서 반드시 배격되어야 합니다.

(주서택 목사) 우리는 성경을 통해 주님이 나와 함께 계신다는 말씀이 사실임을 알고 믿는다고 하지만 다만 관념적으로 이해하든지 아니면 어떤 문학적 표현으로 이해할 뿐 구체적으로 이 말씀의 사실성을 깨닫지 못하는 경우가 많습니다. 그런데 이렇게 주님을 보았다고 하는 자들은 하나님에 대해서 지식적인 하나님이 아닌 실재하시는 하나님으로 깊이 체험하게 되고 이런 체험은 모든 고통을 이기게 하는 힘이 됩니다.(p. 65)

이것이 수많은 성도들을 미혹한 그 실체입니다. 구상화를 통해 본 그 주님(?)을 두고서, "하나님에 대해서 지식적인 하나님이 아닌 실재하시는 하나님으로 깊이 체험하게" 된다고 주서택 목사 스스로가 말하고 있습니다. 그 "체험"은 "모든 고통을 이기게 하는 힘이" 된다고 합니다.

그는 이 체험이 "주관적 경험이 아닌 성령께서 주도하신 사건"(p. 65)이라고 말합니다. 구상화를 통해서 자기 스스로 만들어 낸 체험을 두고 "성령께서 주도하신 사건"이라고 하는 것은 매우 위험한 생각입니다. 구상화를 통한 체험은 인간이 종교적 열심을 동원하여 만들어 낸 신비적 체험입니다. 성경 어디에도 인간이 주도하고 흥분되어 체험 된 일에 성령 하나님께서 개입하셔서 하나님의 사건으로 만들어진 경우가 없습니다. 왜냐하면 그런 일들은 우상을 섬기는 이방종교의 사특한 궤계에 해당하기 때문입니다.

> 10 그 아들이나 딸을 불 가운데로 지나게 하는 자나 복술자나 길흉을 말하는 자나 요술을 하는 자나 무당이나 11 진언자나 신접자나 박수나 초혼자를 너의 중에 용납하지 말라 12 무릇 이런 일을 행하는 자는 여호와께서 가증히 여기시나니 이런 가증한 일로 인하여 네 하나님 여호와께서 그들을 네 앞에서 쫓아내시느니라 13 너는 네 하나님 여호와 앞에 완전하라(신 18:10-13)

여호와 하나님은 그런 일들을 가증히 여기시는 분이십니다. 하나님을 섬기는 언약공동체 안에서는 그런 일이 절대로 있게 해서는 안 되며 쫓아내도록 했습니다.

오늘날 교회에서 하나님의 이름을 내걸고 행하는 이런 이방의 사술에 속한 더러운 것들을 가증히 여기고 쫓아내어야 합니다. 그리하여 예수 그리스도의 십자가의 보혈만이 선포되고 계시된 말씀만으로 충분한 참된 교회가 되어야 합니다.

> (상담자) 내적치유 하는 과정을 통해서 자신을 파헤치는 일은 오히려 우리의 관심을 그리스도보다는 자신에게 맞추는 결과를 만들지 않을까요?

> (주서택 목사) 내적치유의 목적인 하나님과의 관계 성장을 진정으로 추구한다면 자기중심적인 태도에 빠져 죄에 대한 회개보다는 자신에 대한 지나친 분석과 집착에 매달린다든지, 고통의 원인을 모두 부모나 환경 탓으로 돌리는 부작용에 빠져들지 않을 것입니다.(p. 67)

그러나 그의 말과는 대조적으로 내적치유세미나 교재에서나 책들을 살펴보면 "고통의 원인을 모두 부모나 환경 탓으로 돌리는" 경우가 중요한 부분으로 차지하고 있습니다. 죄에 대한 회개를 다루고 있는 부분이 얼마나 되는지는 곰곰이 생각해 볼 정도입니다.

그래서, 요즘은 죄는 회개하고 상처받은 것은 용서하는 것을 병행하여 내적치유를 하는 묘한 변종들이 생겨났습니다. 내적치유만으로는 이상한 반응이 나오기 때문에 거기에 성경적인 개념을 심어서 분별을 하지 못하도록 만들어 버렸습니다.

> (상담자) 내적치유적인 상담에 관한 책들을 보니 대부분 부모에게 상처받은 이야기가 많았습니다. 이런 태도는 부모에게 잘못된 것을 다 뒤지어 씌우는 책임전가의 행동이 아닐까요?
>
> (주서택 목사) 어떤 한 인간을 가장 정확하게 이해하기 위해서는 그 사람에게 제일 큰 영향을 끼친 존재와의 관계 점검이 필수적인데, 그 대상이 바로 부모입니다. 그래서 부모의 이야기가 거론될 수밖에 없습니다. 하지만 이것은 부모에게 책임을 전가 시키는 것이 아니라 사실을 바로 알고 또 그 사실에 대해 바르게 처리하기 위한 필연적인 과정일 뿐입니다.(p. 68)

주서택 목사는 부모로부터의 영향을 받은 것을 알아내고 없애기 위하여 "시간 여행"을 합니다. 세미나에 참석한 모든 사람이 함께 합니다. '구상화'를 통한 시간여행은 매우 비성경적인 방법입니다. 하나님께서 행하신 과거의 역사를 인간이 감히 무슨 권세로 다시 과거로 돌아가 재구성을 한다는 말입니까! 하나님의 계획과 섭리에 무슨 오류와 실수가 있는 것으로 만드는 것은 하나님을 향하여 정면 도전하는 것이 아닐까요?

이 글에서는 "부모에게 책임을 전가 시키는 것이 아니라"고 말하지만 세미나와 그의 책을 통해서 알게 되는 진실은 그렇지 않다는 것입니다.

주서택 목사는 이런 과정을 "과거의 삶에 대한 바른 처리를 위한 드러냄"(p. 69)이라고 말합니다. 그것이 "드러냄"이라면, 오늘의 나를 이렇게 만든 모든 부모들은 다 죽일 죄인들에 불과합니다.

그는 "인위적으로, 혹은 기술적 방법"(p. 69)으로 이런 일을 해서는 안 된다고 말합니다. 그러나 정작 본인 스스로 "인위적이고 기술적인 방법"을 자행하고 있으면서도 아니라고 하는 것은 아무나 할 수 있는 범상(凡常)한 방법이 아닙니다. 주서택 목사가 이런 방법을 취하는 것은 앞에서도 언급했듯이 '결정론'에 기초하고 있기 때문입니다. 그러나 세상 사람들도 이제는 '결정론'으로는 인생의 문제에 대한 답을 주지 못한다는 것을 깊이 인식하고 있습니다. 그가 사용하는 방법은 인본주의의 '결정론'에 기초하고 있기 때문에 절대로 성경의 원리와 같은 방향으로 갈 수가 없습니다.

(상담자) 내적치유 후에 신체적인 질병이 치료된 경우가 많다고 하는데 편하게 생각해서 좋아진 것인가요? 이런 것은 요즘 적극적인 사고방식이나 자기 암시로 질병을 고치는 것들과 어떻게 다른가요?

(주서택 목사) …… 하지만 내적치유는 실제적인 사건의 치료이기에 의지적으로 사고방식을 전환하는 것이 아니라 자연적으로 사고방식이 전환되며, 감정의 변화가 필연적으로 따르게 되어 적극적사고 방식과는 비교할 수 없이 사고의 전환이 강하고 분명하며 따라서 건강에도 놀라운 효과를 나타낼 수밖에 없는 것입니다.(pp. 70-71)

주서택 목사는 "적극적인 사고방식"과 "내적치유"를 비교하면서 "내적치유"의 탁월함을 말합니다. 그러면서 "적극적인 사고방식"과는 비교할 수 없을 만큼 탁월한 것처럼 말합니다. 그러면 "적극적인 사고방식"을 도입하여 더 큰 치유의 경험을 하는 사람들은 뭐라고 대답할지 궁금합니다. 매주 '긍정의 힘'을 듣기 위해 모여드는 수많은 사람들이 '긍정의 힘'으로 성공했다고 하는 사람들은 다 무엇일까요? 긍정의 힘이든지 내적치유든지 사실은 다 같은 뿌리를 가지고 있습니다. 그러기에 주서택 목사의 말은 지극히 주관적이고 눈속임에 불과한 것입니다.

치유가 되는 것은 내적치유에서만이 아니라 타종교에서도 얼마든지 일어납니다. 심리치료를 통해서도 일어나고 무당을 통해서도 일어납니다. 치유가 일어나면 다 성경적이고 성령님이 함께 하시는 증거란 말일까요? 절대로 그렇지 않습니다. 성도는 그 시작과 과정이 성경적이지 못하면 어떤 내적치유세미나에도 참여해서는 안 됩니다.

(상담자)내적치유를 받기 위해서는 모임 속에서 자신에 대해 솔직하게 나누어야 한다는 말을 들었습니다. 자기가 쓴 모든 가면을 벗어야 한다고 했는데 솔직하게

자신을 나타낸다는 것은 도대체 어디까지인가요? 그리고 그렇게 자신을 나타냈을 때 그것에 따른 후유증은 없을까요?

(주서택 목사) 치유를 위한 모임 속에서 자신에 대한 가면을 벗고 솔직하게 드러내는 것은 중요한 태도입니다. …… 중요한 것은 사람들에게만 나를 드러낸 것이 아니라 모임 가운데 계신 주님께 자신을 드러내고 있음을 믿어야 합니다.(pp. 72-73)

성도는 자신의 죄에 대하여 사람에게 드러낼 필요가 없습니다. 로마카톨릭의 신도들은 신부에게 찾아가서 고해성사를 합니다. 그러나 기독교는 그 일을 금지합니다. 왜냐하면 신부가 우리의 중보자가 아니라 우리 죄를 위하여 십자가를 지시고 피를 흘리신 예수 그리스도 한 분만이 오직 우리의 중보자이시기 때문입니다.

만일 우리가 우리 죄를 자백하면 저는 미쁘시고 의로우사 우리 죄를 사하시며 모든 불의에서 우리를 깨끗케 하실 것이요(요일 1:9)

우리는 우리의 죄를 예수 그리스도의 이름으로 하나님께 자백하는 것이지 인간에게 다시 죄를 드러낼 필요가 없습니다. 인간이 인간의 죄를 대속해 줄 수가 없기 때문입니다. 인간이 그 죄를 예수 그리스도께 고백하는 것은 인간의 그 죄를 해결해 주실 수 있는 유일한 대상이기 때문입니다.

내적치유에서 죄를 드러내는 것을 강조하는 것은 다 심리학의 이론에서 나왔습니다. 내적치유 자체가 심리학의 이론을 배경으로 하고 있기 때문에 억압된 자아를 풀어 주기 위해서 내면에 있는 것을 드러내도록 유도합니다.

하나님 앞에 죄를 회개한 것으로 족합니다. 그것을 다시 꺼내어 놓고 말할 필요가 없습니다. 그때 그 순간에는 별 문제가 없어 보여도 인간의 죄성으로 인해 그 "드러냄"이 만들어 내는 부작용은 매우 심각합니다.

(상담자) 매사에 자신감이 없고 별로 살고 싶은 생각도 없습니다. 잠을 푹 잘 수가 없고 늘 불안합니다. 그래서 정신과에 몇 번 갔었습니다. 제가 나가는 교회 목사님께 상담을 했더니 저는 내적치유를 받아야지 일반 정신과에서 해결될 문제가 아니라고 말합니다. 저와 같이 정신적인 문제로 고통을 받고 있는 경우 일반정신과의 치료를 받는 것이 좋을까요. 아니면 내적치유를 통해 치료를 받는 것이 좋을

까요.

(주서택 목사) …… 내적치유란 단순히 심리적인 문제의 해결로 그치는 것이 아닌 성령께서 행하시는 진정한 치유와 회복의 현장입니다. 성경적인 내적치유 세미나와 내적치유 상담은 내면의 아픔과 고통을 회복하는 데 큰 도움을 줄 것입니다.(p. 81)

상담자가 이런 상태에 있다고 할지라도 내적치유 세미나에 갈 필요가 없습니다. 내적치유는 결국 그 포장한 모양만 다를 뿐이지 정신과의사가 사용하는 방법을 거의 그대로 사용하고 있습니다. 차이점이라면 약물을 투여하지 못한다는 것입니다.

상담자의 구체적인 상황을 파악하고 성경적인 삶의 방식으로 변화되어 가야 할 문제이지, 내적치유에 가서 울고불고 할 이유가 없습니다. 하나님께서 고통을 통하여 우리를 어떻게 연단해 가시는지 그 영적인 원리를 배워가야 합니다. 눈을 감고 과거로 돌아가서 하나님의 역사를 뒤집으려고 하지 말고 하나님의 역사 속에 언약에 신실한 백성으로 살아가야 합니다.

'4부 영적인 저주와 귀신에 대해' 의 분석과 비판

소위 능력대결은 영적전투 혹은 영분별도(靈分別圖, Spiritual Mapping)라는 이름으로도 널리 알려져 있습니다. 이 운동을 주도하는 사람들은 예수님께서 귀신을 쫓아내신 사역을 능력대결로 보고 이것이 오늘날에도 여전히 유효한 것으로 이해하고 있습니다.[359] 주서택 목사가 이런 영향들 속에 있음은 부인할 수 없는 사실이며 성경적으로 내적치유를 한다는 그의 말이 얼마나 허구인지 증명하는 부분입니다.

(상담자) 조상으로부터, 혹은 가계를 타고 내려오는 영적 굴레와 저주를 끊어야 한다고 들었는데 실제로 그런 굴레가 있는지 그리고 어떻게 끊을 수 있는지 궁금합니다.

(주서택 목사) 하나님께서 사람을 저주하지는 않으시지만 조상이 행한 죄악이나 죄악 된 사고, 습관 혹은 고통의 사건들이 마음으로 전해지거나 그런 부정적 요인을 악한 영이 이용할 때 그것이 마치 저주처럼 후손들에게 영향을 미칠 수는 있습

---

359) http://www.kscoramdeo.com 개혁주의적 관점에서 본 능력대결에 대한 소고(小考) 참고.

니다. ……

하지만 문제는 '그것들을 어떻게 정확히 파악하느냐' 입니다. 이것은 사실 어느 누구라도 정확하게 파악할 수 없습니다. …… 하지만 오직 크리스천만이 이 문제점들을 파악할 수 있습니다. 왜냐하면 자녀 된 모든 크리스천들에게는 진리의 성령님께서 가르쳐 주시는 도우심이 있기 때문입니다. …… 또한 결박처럼 우리를 묶고 있는 죄를 파악했다면 이제는 그것을 어떻게 끊고 해결하느냐가 중요합니다. …… 그러므로 예수님의 이름으로 대적할 때 그 저주와 굴레에서 벗어날 수 있습니다. …… 우리의 세대에 이런 죄악의 힘들을 끊어서 우리의 자녀들에게 죄나 죄악의 결과들을 유전시키지 않고 오직 예수님의 축복과 사랑을 유전시키는 세대가 되어야 합니다.(pp. 94-100)

주서택 목사는 어떤 부분에서는 '가계에 흐르는 저주' 이론을 비판하는 듯 하면서도 어떤 부분에서는 아직 부족한 부분이 있습니다. 교재를 살펴보면서 지적했듯이 그는 '가계에 흐르는 저주' 이론과 '대적' 이론을 적절히 섞어서 가르치고 있습니다.

그가 "오직 크리스천만이 이 문제점들을 파악할 수 있"다고 말하는 것은 '구상화' 를 염두해 두고 하는 말입니다. 그는 "어떤 신통한 무당이나 역술가라 할지라도 이런 문제를 정확하게 알 수 있는 자는 한 사람도 없"다고 합니다(p. 95). 그러나 믿지 않는 사람들의 이야기나 무당이었다가 회심한 분들의 이야기를 들어보면 주서택 목사의 말에 전적으로 동의하지만, 크리스천만이 이 문제점들을 파악할 수 있는 것에는 그렇다고 말할 수 없다고 합니다. '구상화' 를 통해서 알아낸 것이나, 무당이나 역술가가 알아내는 것이나 그 방법은 대동소이한 것이기 때문입니다.

주서택 목사는 "강씨의 도벽"에 대하여 말하면서 치유받은 사건을 말합니다. 글의 내용을 읽어보면 그의 도벽을 '죄' 라고 규정하는 말은 없습니다. 성경적으로 치유를 한다면 반드시 그런 일에 대하여 '죄' 라고 분명하게 지적해야만 합니다. 또한 대적기도를 통하여 끊었다고 말합니다. 이런 피터 와그너 식의 방법은 성경이 말씀하는 방법이 아닙니다.

(상담자) 사람이 억울하게 죽으면 귀신이 된다는데 맞는지요? 왜냐하면 저의 동생이 얼마 전 죽었는데 그 동생의 혼이 저를 따라다니는 것 같기 때문입니다. 저는 엄마가 남동생만 사랑해서 동생을 미워했습니다. 어느 날 동생을 향해 저주의 말을 퍼부었는데 얼마 뒤에 동생이 사고로 죽었습니다.

(주서택 목사) 사람이 죽어서 귀신이 되는 것은 아닙니다. 그러므로 자매님을 따라다니는 것은 동생의 혼이 아닙니다. …… 특히 자매님의 꿈에 동생 귀신이 나타나는 이유는 자매가 동생에 대한 죄책감을 가지고 있기 때문입니다. …… 자매님이 주님을 마음에 모시기 위해서는 먼저 자신을 용서해야 합니다. 주님은 어떤 죄도 용서하십니다. 자매가 동생에게 저주의 말을 퍼부은 죄를 고백하고 용서를 구하면 주님께서 분명히 용서하실 것입니다.(pp. 101-105)

주서택 목사는 자매에게 잘 설명해 나가다가 오류를 범합니다. "자매님이 주님을 마음에 모시기 위해서는 먼저 자신을 용서"하라고 합니다. 이것은 심리치유에서 권장하는 방법 중에 하나입니다. 성경은 '자기용서'에 대하여 말하지 않습니다. 인간은 스스로 죄를 용서할 권리를 가지고 있지 않습니다. 죄를 용서할 수 있는 분은 오직 하나님밖에 없습니다. 성도는 하나님께서 죄 용서를 예수님의 이름으로 구하고 용서해 주신 것을 믿을 뿐입니다. 그러므로 이 자매가 해야 할 일은 동생을 저주한 일에 대해서 하나님께 용서를 구해야 하고 그녀가 진정으로 회개했다면 용서받은 줄로 믿고 다시는 그런 일을 하지 않아야 합니다.

(주서택 목사) 크리스천의 영 안에는 이미 성령님의 등불이 켜져 있지만 한쪽에는 여전히 옛 사람이라고 불리는 죄 된 특성이 존재합니다. 이런 특성과 심리적 상처가 합해져서 악령에게 쉽게 공격받는 약한 영역이 되는 것입니다. 하지만 그렇다고 해서 악령이 한 부분을 차지해서 살고 있는 것은 아니니 그렇게 두려워하지 마십시오.(p. 108)

이 애매모호한 주서택 목사의 말은 분별없는 분들에게는 잘못된 영향을 미칠 수 있습니다. "크리스천의 영 안에는 이미 성령님의 등불이 켜져 있"다는 말이 무슨 뜻인지 애매모호합니다. 성령님이라는 등불이 꺼져있었는데 불이 켜졌다는 말인지, 켜졌다가 꺼졌다가, 왔다가 갔다가 한다는 것인지 분명하지 않습니다. 성령님께서는 거듭난 성도에게 내주하고 계십니다. 신자 된 신분에 대한 분명한 이해를 하고 있어야 합니다. 성령의 내주하심으로 인해 성도는 더 이상 죄의 종노릇을 하지 않습니다.

또한, "한쪽에는 여전히 옛 사람이라고 불리는 죄 된 특성이 존재"한다고 합니다. 한쪽에는 성령의 등불이 켜져 있고 한쪽에는 옛 사람이라는 죄 된 특성이 있다면 어떻게 이해를 해야 할까요? 그러면서 또 "악령이 한 부분을 차지해서 살고 있는 것은 아니"라고 합니다. 주서택 목사가 이런 비성경적인 말을 하는 것은 무의식에 속한 영역을 속사람이라고 말하기 때문입니다.

여기서 그가 "옛 사람"이라고 하는 것도 불분명 합니다. "한쪽에는"이라는 말이 더 혼란을 겪게 만듭니다. 그 말보다는 '아직도'라는 말이 더 적절하고 성경적입니다. 신자는 아직 완전한 자가 아닙니다. 성도는 죄의 권세에서는 벗어났으나, '아직도' 죄와의 싸움이 남아 있습니다. 하나님께서 원하시는 것을 하지 아니하고 세상으로 갈려고 하는 더러운 것들과 계속해서 싸워야 하는 옛 사람에 속한 것들이 있습니다.

그 싸움을 신자가 말씀으로 성령님 안에서 감당해 나가야 할 일이지 내적치유세미나에 가서 해결할 필요가 없습니다. 내적치유는 비성경적이고 심리학과 뉴에이지에 물든 썩은 더러운 물이기 때문입니다.

> (상담자) 내적치유 서적을 읽어보면 일반적인 눈으로 볼 때 귀신이 들렸다고 생각되는 상황에서도 귀신 때문이 아니라 그 사람의 마음의 상처 때문에 이런 현상이 벌어졌다고 하는 식의 해설이 많은데 그러면 귀신의 영향은 없는 것인가요?

> (주서택 목사) 상처 입은 사람 안에 귀신의 영향은 있습니다. 그러나 온전한 치유에 있어서 귀신 자체에 집중하는 것보다도 귀신이 역사하도록 길을 내주는 연약한 마음의 치유가 더 근본적이고 중요하다고 봅니다.(p. 111)

주서택 목사는, "상처 입은 사람 안에 귀신의 영향은 있다."라고 말합니다. "안에" 있다는 말은 위험한 말입니다. "상처 입은 사람"이 신자라고 한다면, 신자 안에 성령님도 계시고 귀신의 영향도 있는 것일까요? 애매모호한 주서택 목사의 입장은 더 혼란스럽게 만듭니다.

성도가 구원 이후로 신앙의 싸움을 싸워가기 위해서는 예수 그리스도 안에 확보된 지위와 신분을 바르게 알아야만 합니다. 이미 하나님의 자녀가 된 믿는 신자를 향한 마귀의 계략에 대하여 무엇이라고 성경은 말씀할까요?

> 근신하라 깨어라 너희 대적 마귀가 우는 사자같이 두루 다니며 삼킬 자를 찾나니(벧전 5:8)

대적 마귀는 영향을 끼치는 정도가 아니라, "우는 사자같이 두루 다니며 삼킬 자를 찾"고 있습니다. 그러나 중요한 사실은 그 마귀보다도 더 큰 자 곧 예수 그리스도께서 우리를 지키고 있습니다. 이것이 성도의 특권입니다. 성경은 계속해서 무엇이라고 말씀할까요?

> 9 너희는 믿음을 굳게 하여 저를 대적하라 이는 세상에 있는 너희 형제들도 동일한 고난을 당하는 줄을 앎이니라 10 모든 은혜의 하나님 곧 그리스도 안에서 너희를 부르사 자기의 영원한 영광에 들어가게 하신 이가 잠간 고난을 받은 너희를 친 히 온전케 하시며 굳게 하시며 강하게 하시며 터를 견고케 하시 리라 11 권력이 세세무궁토록 그에게 있을지어다 아멘(벧전 5:9-11)

'대적기도를 하라'고 말씀하지 않습니다. "믿음을 굳게 하여 저를 대적하라."고 하십니다. 여기에서, '굳게 하여'는 '흔들리지 않는 반석같은 단단함'을 의미합니다. 이 말은 원래 마귀를 대적하는 표현으로 많이 사용되었습니다. 본문에서도 마귀를 대적하기 위해 믿음을 반석처럼 견고하게 세울 것을 권면하는 데 이 말을 사용하고 있습니다. 이러한 '믿음'은 그리스도를 터로 하였을 때 굳건히 설 수 있으며 굳건한 믿음의 소유를 통해서 마귀를 강력히 대적할 수 있습니다.[360] 이는 죽음의 위협에서도 그리스도를 부인하지 않고 죽기를 각오하고 적극적으로 싸울 것을 의미하는 것입니다 (Kelly).[361]

왜냐하면, 고난 가운데 있는 성도들을 "친히 온전케 하시며 굳게 하시며 강하게 하시며 터를 견고케 하"실 것이기 때문입니다. 그 고난이 "형제들도 동일"하게 당하는 고난인 것을 사도는 알려주고 있습니다. 믿는 성도는 아무런 고난 없이 영원한 하나님의 나라에 들어가지 않습니다. 그 고난이 성도들을 위하여 허락된 것인 것을 알기에 끝까지 이 싸움을 싸워갈 수가 있습니다.

이상과 같이 그의 책의 내용을 살펴보면, 심리학과 성경을 섞어서 가르치고 있습니다. 이와 같은 혼합주의적 방식은 결국 성경을 뒤로 버려두게 되고 심리학이 주인 노릇을 하게 됩니다. 하나님께서는 예수 그리스도의 십자가의 피로 구원한 자기 백성이 심리학에 종노릇 하는 신자가 되기를 원하지 않으십니다.

---

360) 그런즉 너희는 하나님께 순복할지어다 마귀를 대적하라 그리하면 너희를 피하리라(약 4:7)
361) 카리스주석, 베드로전서, 기독지혜사, 2008, p. 699.

이 시대는 배교와 배도의 시대입니다. 포스트모던 사상이 교회 안으로 몰려와 하나님의 진리의 절대성을 무너뜨리고 있습니다. 구원은 받았지만 상처는 심리학으로 치유해야 한다고 합니다. 어떤 사람들은, 죄는 회개하고 상처는 용서해 줌으로써 치유받는다고 합니다. 진리의 말씀을 흐리게 하고 변질시키는 이런 모든 사악한 현실 속에서 성도는 오직 예수님, 오직 하나님의 말씀, 오직 성령님으로 싸워 이겨 나가야 합니다. 이제는 심리학과 뉴에이지에 물든 내적치유에서 벗어나 성경으로 돌아가야 합니다.

7. 그러면 우리는 어떻게 해야 하는가?

앞서서 주서택 목사의 내적치유에 대하여 살펴보고 비판을 했습니다. 그러나 분석과 비판도 중요하지만 거기에 대한 대안이 분명하게 있어야 합니다. 비판을 위한 비판이 되어서는 안 되며 성경적인 방향으로 나아가기 위한 비판이 되어야 합니다. 비판을 넘어서 '그러면 우리는 어떻게 해야 하는가?'에 대한 진지하고도 구체적인 대안을 제시해야만 합니다. 그렇다고 여기에서 '이렇게 해야 한다'고 다 말할 수는 없습니다. 대안이 없기 때문이 아니라 본 책의 목적이 심리학에 오염된 내적치유사역을 분석ㆍ비판함으로써 한국 교회의 내적치유사역이 성경적인 내적치유사역으로 그 방향을 돌려나가도록 돕는 데 있기 때문입니다.

교회 안에 이런 심리학에 물든 내적치유가 들어오게 된 것은 무엇보다도 하나님의 말씀에 대한 완전성과 충분성에 대한 신뢰가 무너졌기 때문입니다. 그 결과, 교회는 교리 교육을 소홀히 하기 시작했고, 교리는 상처받은 인간을 위한 치유의 역할을 감당하지 못하는 것으로 매도되었습니다. 그런 일이 일어남과 동시에 심리학은 점점 더 그 허물어진 교리의 자리를 점점 대신하게 되었습니다.

교회가 교회됨을 지켜가기 위해서는 무엇보다도 하나님의 말씀의 바른 선포와 성례와 권징의 시행이 있어야 합니다. 이것을 종교개혁은 분명하게 외쳤습니다. 하나님의 백성 된 교회는 걸어가야 할 이 핵심 된 원리를 놓쳐서는 안 됩니다. 심리학뿐만 아니라 세상의 철학과 사상에 맞서며 진리의 말씀을 바르게 선포하기 위해서는 어떻게 해야 할까요?

1. 시대의 멘탈리티(mentality)를 분별해야 한다

예수 그리스도를 믿는 목회자와 성도들은 이 시대가 어디로 흘러가고 있는지 분별할 줄 알아야 합니다. 시대정신(Mentality)이 무엇인지 알아차리지 못하면 동화되어서 노아의 시대와 같이 함께 멸망하게 됩니다.

오늘날 교회 안에 온갖 세상의 사상과 철학이 들어오게 된 것은 그들의 실체에 대한 통찰력을 상실했기 때문입니다. 앞서 살펴본 바와 같이, 심리학에서 사용하는 단어와 성경에서 사용하는 단어는 그 글자는 같아도 같은 뜻이 아닙니다. 심리학은 그 태생에서부터 반기독교적 입니다. 가면 갈수록 뉴에이지적인 성향을 더 포용하고 있습니다. 이제는 종교적인 차원으로 나아가고 있습니다. 좋은 것만 수용하면 된다는 그 순진한 생각이 교회와 성도들을 죽이고 있다는 사실을 결코 잊어서는 안 됩니다.

지금 이 시대는 뉴에이지 시대요 포스트모던 시대입니다. 교회가 이런 흐름 속에서 교회됨을 지켜가기 위해서는 하나님의 말씀과 성령님 안에서 깨어 있어야 합니다.

2. 혼합주의적인 태도를 버려야 한다

어느 시대에나 유행과 인기를 몰아가는 사역과 프로그램이 있어 왔습니다. 물론 성령 하나님과 하나님의 말씀의 역사로 말미암아 개혁주의의 참된 부흥이 있었던 때도 있었습니다. 그러나 그런 시대는 그리 오래가지 못했습니다. 여러 가지 이유가 있었지만, 저의 견해로서는 부흥의 시대에는 주로 구원 그 자체에 관한 것이 중심을 이루다 보니, 구원 이후의 성화에 대한 차원으로서 성도의 삶에 대한 이해와 접근과 대화가 부족했다고 생각합니다.

그런 일에는 세상의 심리학이 훨씬 더 탁월해 보였습니다. 교회와 목회자들은 뒤질세라 앞다투어서 기독교 상담이라는 미명하게 가르쳐지는 심리학을 배우기 시작했습니다. 그리고 금광을 발견한 광부같이 소리를 치며 그것이 마치 살 길인 것처럼 성도들에게 가르치기 시작했습니다. 극히 일부만 제외하고 그 효과의 탁월함에 다 반해버렸습니다. 필요한 것만 배워 오겠다던 생각은 어느 사이 아예 안방까지 내어 주는 모양이 되고 말았습니다. 그러면서도 교회는 그렇게 심리학에 물들어 가는 줄도 모르고 변질되어 버렸습니다.

기독교 상담을 가르치는 사람들은 기독교와 심리학을 섞어서 가르쳤습니다. 소위 앞서가는 교회, 대형교회에서 더 강하게 도입했기 때문에 더 많은 오류와 문제들은 숨겨지고 좋은 점들만 부각되어 미혹은 커져 갔습니다. 그런 분위기 속에서 교회들은 갈수록 그런 혼합주의적인 방법을 매우 만족스럽게 여겼습니다.

왜냐하면 그것을 가르치는 목회자는 앞서가는 목회자로 대접을 받았고, 그 가르침을 받는 성도들은 이제야 제대로 상처를 치유 받는 것처럼 느꼈기 때문입니다. 그것이 자신과 교회와 기독교를 죽이고 있는 줄도 모르고 말입니다.

그러나 분명한 것은 그런 혼합주의적인 방식을 따르는 것은 성경의 충분성을 스스로 포기하는 일입니다. 사도 바울은 그런 시대의 속임수를 알고 있었기에 다음과 같이 경고했습니다.

> 누가 철학과 헛된 속임수로 너희를 노략할까 주의하라 이것이 사람의 유전과 세상의 초등학문을 좇음이요 그리스도를 좇음이 아니니라(골 2:8)

혼합주의로 가는 것은 어느 시대에나 있어 왔습니다. 언제라도 현실에 대한 유용성과 세상에 대한 접근성의 차원에서 교회에 파고 들어왔습니다.[362] 얼마 가지 않아서 교회는 더 이상 버티어내지 못하고 교회의 정체성을 상실하고 말았습니다.

시대사상에 젖어 있는 사람들에게는 그 시대의 철학과 사상에서 벗어나기가 매우 힘듭니다. 더욱이 절대기준을 상실한 현대인은 스토리와 이벤트를 좋아하기 때문에, 그 속에 사는 성도들이라도 하나님의 말씀으로 만족하고 나아가기에는 쉽지 않은 길입니다. 그러나 하나님의 말씀의 충분성과 완전성에 대한 확고한 자세는 혼합주의와 맞서 싸우는 강력한 무기입니다.

주일날 설교는 하나님의 말씀대로 살아가라고 선포해 놓고서 주중 사역으로는 심리학을 가르쳐서 성도들을 세워간다는 것은 앞뒤가 맞지 않는 목회입니다. 그런데도 너무나도 많은 교회들이 경쟁적으로 이 일을 하고 있습니다. 하나님의 교회를 성경적 원리를 따라 세워가기를 원한다면 혼합주의적인 자세를 버리고 오직 하나님의 말씀만으로 충분하다는 원리를 지켜가야 합니다.

---

362) 최근에 존 맥아더와 매스터스 대학교의 교수진이 지은 『상담론』 (부흥과 개혁사, 2010)이 출판되었다. 무엇보다 놀라운 사실은, 소위 성경적으로 상담하려는 의도를 가진 이 책이 기독교 출판계통에서 가장 대담하게 심리학적이고 뉴에이지적인 Thomas Nelson Publishers에서 출판을 했다는 점이다. 한글 책에서 저작권에 관하여 다음과 같이 말하고 있다. "Copyright ⓒ 2005 by John MacArthur / Originally published in English under the title Counseling by Thomas Nelson, Inc, 501 Nelson Place, Nashville, TN 37214, USA." 두 번째로, 3부를 저술한 웨인 맥이 얼마나 심리학적 경향을 가지고 있는지 그리고 그가 얼마나 많은 심리학자들의 책과 테이프를 추천하고 있는지에 대해서 아는 사람들은 별로 없다. 세 번째로, 이 책을 옮긴 이가 '안경승' 교수다. 그의 이력을 보면 아세아연합신학대학교와 총신대학교 신학대학원에서 신학을 공부했으며 풀러 신학교에서 목회 상담학으로 석사(Th. m)을 받았다. 그의 이런 배경을 보아서 알 수 있듯이 실제로 그가 하는 상담사역이란 혼합주의방식을 따르고 있다.
(참고: http://www.kagsc.org/subpage_01_01.php)
성경을 인용하면서 성경적 상담을 해야 하며 심리학은 비과학적이고 비성경적이라고 아무리 주장할지라도 실제로는 심리학과 섞어서 가르치는 것은 혼합주의 방식이다. 서론 격으로 심리학의 부당성을 주장하면서 은근 슬쩍 심리학의 방법들을 사용하기 때문에 분별을 하지 못하고 미혹에 넘어가고 만다. 이런 아이러니컬한 사실들 앞에서 사람들은 망연자실하게 된다.

3. 목회에 적용 가능한 '개혁주의 실천신학'이 있어야 한다[363]

심리학이 잘못된 것은 알지만 불신자와 접촉하기 위해서는 심리학의 도구들을 사용해야 한다고 말합니다. 그러면서 사도 바울이 "약한 자들에게는 내가 약한 자와 같이 된 것은 약한 자들을 얻고자 함이요 여러 사람에게 내가 여러 모양이 된 것은 아무쪼록 몇몇 사람들을 구원코자 함이니 내가 복음을 위하여 모든 것을 행함은 복음에 참예하고자 함이라"(고전 9:22-23)고 말하지 않았냐고 반문합니다.

그러나 사도 바울은 교회 안에 들어와 복음을 변케 하고 성도들을 미혹케 하는 율법주의자와 영지주의를 철저히 배격하였습니다. "다른 복음은 없나니 다만 어떤 사람들이 너희를 요란케 하여 그리스도의 복음을 변하려 함이라 그러나 우리나 혹 하늘로부터 온 천사라도 우리가 너희에게 전한 복음 외에 다른 복음을 전하면 저주를 받을지어다"(갈 1:7-8)라고 엄하게 경계하며 복음의 본질을 지키려 하였습니다. 따라서 바울이 몇몇 사람을 얻고자 여러 모양이 되었다고 해서 복음의 본질을 버리고 세상의 사상을 수용한 것은 아니었습니다.

초대 교회 당시 영지주의가 적그리스도로서 교회의 위협이 되었듯이 오늘날 심리학이 얼마나 적그리스도적인 위협이 되고 있는지 분명하게 알아야만 합니다.

그러므로, 불신자들에게 성경적으로 전도하며 개혁주의 교회를 세워가기 위해서는 개혁주의 목회에 적용 가능한 '개혁주의 실천신학'이 있어야 한다는 것을 실제적인 측면에서 강력하게 외치고 싶습니다. 아무리 불신자에게 다가가는 방법이라 할지라도 심리학에 기초한 방법은 반드시 배격되어야만 합니다. 그런 방법들은 반드시 교회를 무너뜨리기 때문입니다.

---

363) 개혁주의 실천신학을 위한 실제적인 대안 - RPTministries의 성경적치유세미나 (http://www.esesang91.com) 개혁주의 실천신학의 필요를 절감하면서 RPTministries는 대안을 위해 기도하며 준비하여 개혁주의 실천신학을 만들어 가고 있습니다. 그 시작이 바로 RPTministries의 '성경적치유' 입니다. 많은 분들이 그 명목상으로는 '성경적 치유' 라고 하지만 실제로 그 사역을 들여다보면 '가계에 흐르는 저주론' 으로부터 시작하여 심리학을 그대로 답습하여 가르치고 있는 것을 보게 됩니다. 이런 일들은 심리학의 문제와 위험성을 간과하지 못한 결과입니다. 결국 그 영향은 고스란히 성도들의 경건생활에 악영향을 주게 됩니다. 그렇기 때문에 RPTministries는 심리학과 세상의 철학과 사상을 배제한 성경적치유 사역을 통하여 목회에 적용 가능한 개혁주의 실천신학을 교회 내에 적용시키고자 애쓰고 있습니다.

개혁주의 전통을 이어가는 교회라고 자부하는 교회라고 할지라도 실상은 그 교회의 양육체계를 살펴보면 심리학에 물든 가정사역이나 알미니안주의적인 전도방법과 신사도와 신복음주의에 물든 프로그램으로 가르치고 있는 경우가 허다합니다. 신학교에서 개혁주의 신학에 대하여 배웠다고 할지라도 목회의 실제에 있어서는 개혁주의 실천신학이 별로 없는 상황이기 때문입니다.

　이런 것은 일차적으로 시대를 분별하는 기준을 상실했기 때문입니다. 당연히 이렇게 분별력을 상실하게 된 것은 유용성의 차원에서 접근을 하기 때문입니다. 교회만 부흥된다면 어떤 프로그램을 도입해도 좋다는 생각은 결국 교회를 무너뜨리고 성도를 엉뚱한 길로 이끄는 지름길이 되고 있습니다.

　성도를 세워가는 실제적인 측면에서 주일설교만으로 양육해 나간다는 것은 어려운 면이 많습니다. 왜냐하면 주일설교는 일방적인 선포가 대부분이기 때문에 성도들의 삶과 그들의 아픔을 나눌 수 있는 시간이 필요합니다. 성도들의 삶은 세상에서의 삶이기에 그 속에는 세상 사람들과 동일하게 겪는 어려움도 있지만 성도이기 때문에 당하는 어려움이 많습니다. 그런 성도들에게 세상의 심리학이 아니라 하나님의 말씀이 무엇을 말씀하시며 어떻게 살아가기를 원하시는지 가르쳐 주어야만 합니다. 그러기 위해서는 저들의 아픔에 대한 일방적인 가르침만이 아니라 삶에 대한 대화와 소통이 있어야 합니다. 그렇게 하기 위해서는 결국 주중 사역이 있어야 한다는 결론에 이르게 됩니다. 교회마다 조금씩 차이가 있을 수 있지만, 한국 교회 대부분이 주중에 수요예배(혹은 기도회)가 있으나 역시 복음선포는 일방적입니다. 금요일에는 구역예배와 심야(혹은 철야)기도회가 있습니다. 자연히 월, 화, 목요일 중에서 한 날을 택하여 주중사역을 해야 합니다. 월요일은 주일 다음 날이기 때문에 효과적인 사역이 되기 위해서는 화요일과 목요일이 적당하다고 봅니다.

　현실적인 상황을 살펴보자면, 개혁주의 신학원리에 입각한 실천신학은 일반화 되어 있지 않습니다. 개혁주의 실천신학을 펼쳐가기 위해서는 목회자들의 모임이 필요합니다. 함께 기도하며 목회현장을 나누면서 개혁주의 원리에 충실한 실천신학을 만들어 가야 합니다.

4. 목회자는 기도하며 말씀에 대한 준비가 필요하다
　지금 유행하고 있는 사역과 프로그램을 거의 여과 없이 수용하는 교회는 목회자부터 변화되어야만 합니다. 하나님의 말씀에 대한 진지한 접근이 없이는 결코 개혁주의 교회를 세워갈 수가 없습니다.

목회 현실의 요구에 대해서 모르는 바가 아닙니다. 꿩 잡는 것이 매라고 부흥이 없으면 인정을 못 받는 것이 목회자의 고통인 것을 모르는 바가 아닙니다. 그러나 아무리 현실이 다급하다고 할지라도 비성경적인 방법을 동원하여 사람들을 데려다가 앉혀 놓고 그들이 좋아하는 말을 해주며 함께 즐거워하는 것은 목회의 바른 자세가 아닙니다.

행사위주의 교회는 성도들의 심령을 더 메마르게 할 뿐입니다. 성도들이 원하는 것은 하나님의 말씀으로 채워지는 푸른초장을 원합니다. 달마다 주마다 이벤트를 하는 교회의 성도들이 과연 신앙생활에 만족을 할까요? 성도들은 오늘의 현실에 대해서, 오늘 나의 가정과 삶에서, '하나님의 말씀은 무엇이라고 하실까?' 이것을 원합니다.

목회가 시대적 흐름을 좇아가는 이벤트성 프로그램이 되지 않기 위해서는 목회자가 기도하며 말씀을 연구하는 일에 시간을 집중하지 않으면 안 됩니다. 바쁜 목회일정 속에서 기도와 말씀 연구에 시간과 노력을 기울이는 것은 쉽지 않은 일입니다. 그런 노력 중에서도 하나님의 말씀이 현실 속에서는 어떤 원리로 자리 잡아야 하는지, 교리와 삶이 어떤 관계가 있는지 분명하게 선포할 수 있어야 합니다. 특히 성도들의 마음에 남아 있는 상처에 대하여 하나님께서 어떻게 말씀하시는지 해석해 주어야만 합니다. 동시에 인간의 연약함으로 인하여 계속해서 겪게 되는 성도의 고통과 아픔을 함께 하며 기도로 하나님께 나아가야 합니다.

그런 의미에서 기동연 교수[364]의 다음 글은 시사하는 바가 큽니다.

성경 연구를 위한 도구들이 턱없이 빈약했던 시대였음에도 불구하고 칼빈은 놀라운 주석과 설교를 했다. 좋은 성경 해석 도구들을 가지고 있으면서도 일과 시간, 게으름에 쫓기느라 성경을 바르게 연구하고 설교 준비를 너무 소홀하게 여기는 오늘날의 설교자들은 칼빈 만큼 주석하고 설교 준비하는 것이 불가능하더라도 그를 본받으려는 노력은 해야 한다.

---

364) 고려신학대학원 교수,
http://blog.onmam.com/allheart153/default.asp?cMenu=1&seqno=246027

이미 우리에게는 개혁주의의 좋은 주석과 설교와 자료들이 유산으로 주어져 있습니다. 이 좋은 도구들을 가지고 기도하며 말씀 앞으로 나아갈 때 피흘리며 쌓아 놓은 좋은 신앙의 유산을 더욱 빛나게 만들어 갈 수 있습니다.

얼핏 보면, '그러면 우리는 어떻게 해야 하는가?'에 대하여 너무 가벼운 결론으로 끝맺는 것 같기도 할 것입니다. 그러나 저는 이 몇 가지가 정말 중요한 목회의 본질적인 면이라는 것을 강조하고 싶습니다. 이 일을 위해서 우리는 기도하며 준비해야 합니다. 오직 하나님의 말씀만으로 만족하며 그 말씀에 순종하는 새언약에 신실한 믿음의 백성으로 살아가도록 그렇게 믿음의 경주를 달려가야 합니다. 하나님의 나라와 그 영광을 위하여 말입니다.

RPTministries 사역소개

'치유'는 이제 시대적 키워드로써 현대인의 삶에 필수불가결한 요소가 되었습니다. 그러나 참되고 성경적인 '치유'를 위해서 하나님께서는 세상의 것과 비교할 수 없는 가장 좋은 것을 주셨습니다. 주 예수 그리스도를 믿음으로 고백한 성도들에게는 성령 하나님의 역사가 있으며, 계시된 하나님의 말씀인 성경이 있습니다. 그럼에도 불구하고 세상의 심리학과 뉴에이지에 오염된 '내적치유'에 미혹이 되어서 경건의 본질을 상실해 가고 있습니다.

성경적인 치유와 경건으로 나아가기 위해서는 개혁주의 신앙으로 나아가야 합니다. 언필칭 '성경적치유', '기독교 상담', '기독교목회상담', '전인치유', '능력치유'라고 하면서도 실제로는 세상의 심리학을 가르치거나 심리학과 성경을 섞어서 가르치는 혼합주의 방식을 취하고 있습니다.

따라서 RPTministries는 이런 시대적이고 교회적인 상황을 바르게 분별하며 치유사역에 대한 목회적 대안을 위해 준비해 왔으며, 세미나를 통하여 더욱 사역을 펼쳐가고 있습니다.

RPTministries는 '개혁주의 경건회복'을 지향하면서 '오직 말씀만으로'(Sola Scriptura), '오직 그리스도만으로'(Sola Christus), '오직 은혜만으로'(Sola Gratia), '오직 믿음만으로'(Sola Fide), '오직 하나님께만 영광으로'(Soli Deo Gloria)라는 개혁주의 신앙에 기초한 성경적 치유사역입니다. RPTministries는 반기독교적인 사상을 가지고 있는 세상의 심리학과 뉴에이지 사상을 배제하며 사역합니다.

세미나 내용
세미나를 통하여 다루게 되는 강의는 다음과 같습니다.

Opening 강의-하나님 말씀으로 시대를 분별하라
제1과 하나님의 통치의 실현으로써 성경적 치유
제2과 변화는 먼저 예수님을 믿어야 한다
제3과 인간의 방법으로는 변화가 안 된다
제4과 하나님의 통치의 실현으로써 그리스도의 형상을 닮아라!
제5과 하나님의 통치의 실현으로써 분을 다루기
제6과 하나님의 통치의 실현으로써 쓴뿌리 다루기
제7과 하나님의 통치의 실현으로써 용서하기
제8과 하나님의 통치의 실현으로써 우울증 다루기
제9과 하나님의 통치의 실현으로써 결혼관계
제10과 하나님의 통치의 실현으로써 자녀관계

세미나 일정
세미나는 '2박 3일 집중세미나'로 1, 2차로 나누어서 진행합니다. 년 중 세미나 일정은 홈페이지 http://www.esesang91.com 을 참고 하시면 됩니다. 또한 교회에서 세미나를 요청할 때에는 교회의 형편에 따라 강의를 진행합니다.

RPTMINISTRIES
http://www.esesang91.com

내적치유의 허구성

지은이 정태홍
1판 2쇄 2012년 2월 6일
2판 1쇄 2014년 7월 20일
펴낸곳 RPTMINISTRIES
주소 충청남도 금산군 금산읍 29-3
전화 Tel. 010-4934-0675
등록번호 제455-2011-000001호
홈페이지 http://www.esesang91.com
     ISBN 978-89-968026-6-2 03230 : ₩ 15,000
     235.35-KDC5
     253.5-DDC21 CIP2014012563